효율적 한국어
교수를 위한
자료 기반 연구

한국 언어·문학·문화 총서

2

# 효율적 한국어 교수를 위한 자료 기반 연구

**강현화** 편

보고사

　연세대학교 국어국문학과 〈한국어교육 연구팀〉은 한국 언어·문학·문화를 전수하고 발전시켜 나아갈 교수자 및 연구자를 양성하기 위한 다양한 노력을 기울여 왔다. 이번에 이러한 노력들의 결실이 집약된 본 단행본을 출간하게 된 것을 진심으로 기쁘게 생각한다. 그간 〈한국어교육 연구팀〉은 세분화된 학문 영역 또는 주제별 소규모 세미나, 교과 담당 교수 및 학생의 공동 연구 방식의 강의를 통해 실질적인 연구 수행 능력을 향상하고 발표나 투고 등의 연구 성과로 이어질 수 있도록 노력해 왔다. 정례적인 월례 세미나를 통해 언어교육학의 최신 이론을 탐구하고 쟁점들을 토론하였으며, 이러한 세미나 활동을 통해 연구팀에 속한 일원들 모두가 자생적인 연구 역량을 가질 수 있도록 하였고, 팀 내 공동 연구를 통해 학술적 교류와 이를 통한 시너지 효과를 얻고자 했다.

　본 단행본의 결과를 산출하는 데에는 우선 국내외에서 교수하는 데에 필요한 이론 지식과 실용적인 교수 기법 등을 심도 있게 다룬 대학원 수업이 기초가 되었다. 본 단행본을 통해 연세대학교 국어국문학과의 한국어교육 교수학 연구의 단면을 살필 수 있을 것이다.

　1부는 교수·학습 방법론을 다루고 있다. 언어를 잘 가르치기 위해서는 교수·학습 전략도 잘 알아야 하지만 우선 언어 자체에 대해서도 잘 알아야 한다. 언어의 교수·학습 방법론은 학습 대상이 되는 언어라는 존재의 특성과 맞물려 불가분의 관계를 맺는다. 언어 교육에서 다루는 언어는 '모국인이 사용하는 언어', '외국인 학습자로서 사용하는 언어',

'헤리티지 학습자로서 사용하는 언어', 이렇게 세 가지를 상정해 볼 수 있다. 먼저 이윤진(2014)을 통해서는 '외국인 학습자로서 사용하는 언어'에 대한 모습의 한 측면을 관찰해 볼 수 있겠다. 학습자들이 생산한 언어를 통해 한류에 대해 형성되어 있는 담화를 관찰하고 이 담화의 분석을 통하여 한국어교육에의 함의점을 논의한 연구이다. 이 연구에서는 한국 문화에 대한 획일적이고 단편적인 주제뿐만 아니라 지금보다 더 심화되고 각 학습자에 따라 다양화된 주제를 다루어야 함을 시사하였다. 황은하(2014)는 '헤리티지 학습자로서 사용하는 언어'의 한 측면을 살펴본 연구로 이 논문에서는 재외 동포 아동 학습자의 대화 일지 쓰기에서 나타나는 부모의 피드백과 상호 작용의 특징을 분석하였다. 장채린(2013)은 목표어의 통사적 특징과 의미를 밝히기 위한 노력의 일환으로 진행된 연구로 '모국인이 사용하는 언어'의 한 부분을 살펴볼 수 있는 연구이다. 시간 부사 '이미'와 시제 및 상황 유형과의 공기 양상을 살펴 기존의 연구에서 제시하였던 '이미'의 통사적 특징을 비판적으로 고찰하였으며 이를 통하여 도출된 '이미'의 의미를 규명하였다. 한국어 교수·학습 방법에 입각하여 이들 세 연구를 비추어 보았을 때 '상호 작용', '문화', '자율성', '입력'을 키워드로 꼽을 수 있었다. 이와 같은 키워드들은 요즘의 의사소통 중심의 언어 교육에서 중요하게 여겨지는 것들로서 그 맥을 같이하고 있다. 아울러 이 세 연구는 언어의 교수·학습에 관한 연구가 말뭉치와 연계되어 진행될 필요가 있음을 시사한 연구들이다.

2부는 교재 연구를 다루고 있다. 교재 연구는 학습자의 학습 목적, 모어, 숙달도 등 학습자 변인을 고려한 연구와 교재 종류 및 통합 교재 내 읽기나 듣기 등 일부 영역이나 문법 및 어휘, 문화, 발음 등 특정 요소에 집중한 연구로 나뉜다. 최근에는 세부 영역별 주제들이 점차 다양해지는 추세를 보이고 있는데 이는 교재의 양적 팽창이 이루어진 지금 매우 바람직한 연구 방향이라고 할 수 있을 것이다. 먼저 원미진·최수정(2013)은 한국어 고급 교재 중 듣기 영역을 대상으로 듣기 과제 활동이 한국어 학습자가 개발해야 하는 듣기 능력 및 기술(skills) 향상에 실제적인 기여를 하도록 설계되었는지를 고찰하였다. 박효훈(2011)은 학문 목적 한국어 읽기 교재의 활동들을 유형화하고 교재별로 분석함으로써 그것이 학문 목적이라고 하는 점에 비추어 보았을 때 적합한지 여부를 살펴보았다. 서세정(2012)은 한국어 교재의 지시문을 대상으로 하고 있다. 이 연구는 지시문 말뭉치를 구축하고 지시문에 사용된 어휘량을 숙달도별로 계량적으로 살펴볼 뿐만 아니라 지시문에 사용된 어휘의 기존 학습 여부, 문장당 어절 수의 변화, 의사소통 기능과의 연계 등의 측면에서 지시문을 객관적으로 분석하였다는 점에서 의미가 있다.

3부는 학습자 사전 연구를 다루었다. 한국어교육이 확산됨에 따라 한국어교육에 사용될 여러 내용적·형식적 도구들이 요구되게 되었고 이러한 흐름에 맞춰 한국어 학습자들에게 필요한 학습자 사전에 대한 논의들이 나오게 되었다. 강현화·원미진(2012)에서는 현재 국립국어원에서 구축 중인 〈한국어기초사전〉의 구축 방안을 논의하고 있다. 이 사전은 2004년에 발행된 〈외국인을 위한 한국어 학습 사전〉 이후 제작 중인 약 5만 표제어가 등재된 가장 큰 규모의 한국어 학습자 사전이며 다국어 대역사전의 기초가 되는 사전이다. 이 논문에서는 사전에 등재될 어휘 선정에서부터 뜻풀이, 용례 기술에 이르기까지 사전 구축 과정에 있어 논의할 수 있는 쟁점들을 소상하게 밝혀 학습자 사전에 대한 논의를 이끌어 내었으며 그러한 논의들을 실제 사전 제작에 반영하게 하였다. 원미진·한승규(2011)는 한국어 학습자 사전이 한국어 모국어 화자를 위한 국어사전과 다르다는 것을 전제로 사전의 뜻풀이 어휘를 제한하기 위한 연구이다. 강현화(2011)는 학습자 말뭉치가 연구와 교수에 활용될 수 있음을 보이고 이론 연구와 사례 연구, 설문 분석 등을 통해 학습자 말뭉치의 자료 구성 방안을 제시하였다.

4부는 대조 연구를 다루었다. 세 편 모두 외국인 연구자에 의한 연구들로, 모두 실증적인 언어 자료로서의 코퍼스에 기반을 둔 대조 연구들이다. 먼저 이문화(2014)는 신문 기사와 드라마 병렬말뭉치를 분석함으로써 '叫, 讓, 給' 피·사동 표현과 대응되는 한국어 표현의 다양한 양상과 특징을 밝혔고 각각의 비율뿐만 아니라 대응 관계에서 나타나는 규칙을 살펴보았다. 유정정(2014)은 비교말뭉치를 통하여 한·중 분류사 사용에 대해 수사와의 결합 관계를 살펴보고, 목표어인 한국어 분류사를 기준으로 삼아 한·중 분류사를 대조하고자 하였다. 도옥 루이엔(2013)은 베트남어의 'anh, chi, em' 호칭과 한국어의 대응 표현을 대조했는데, 그 대응된 호칭들이 어떤 공통점과 차이점이 있는지, 특히 차이점에 나타나는 문화적 특징이 무엇인지를 밝혔다. 그간 〈한국어교육 연구팀〉은 〈한국어 학습자 언어 발달 연구를 위한 말뭉치 자료 구축팀〉을 통해 학습자 자료 말뭉치나 한-중, 한-일 병렬 말뭉치, 준구어 말뭉치 등을 구축하여 연구의 기초 자료를 마련한 바 있는데, 본 연구들은 이러한 자료를 활용한 결실들이다.

그간에 이루어진 연구들을 모아 보는 일은 매우 뜻깊은 일인 동시에 지난 몇 년의 연구를 돌아보는 반성적인 작업이기도 했다. 새삼 함께 가고 있는 제자 연구자들의 소중함을 느끼는 작업이었으며, 다시금 새로운 출발을 다짐하게 하는 계기가 되었다. 이번에 발간하는 연구 성과 모음들이 향후 자료 분석 기반의 한국어교육 연구를 이끄는 작은 역할을 하기를 기대한다.

2015. 4.

대표 저자, 강현화

# 학문 목적 한국어 읽기 교재의
# 읽기 후 활동 분석 연구 – 【박효훈】

# 한국어교재 지시문 분석
### 교재 수준별 지시문의 어휘적, 통사적 특징 분석 – 【서세정】

# 제3부 학습자 사전 연구

# 한국어학습자를 위한
# 〈한국어기초사전〉 구축 방안 연구 – 【강현화·원미진】

## 한국어 학습자 사전 뜻풀이 어휘 통제를 위한 기술 방법에 관한 연구 – 【원미진·한승규】

## 한국어 학습자 말뭉치의 자료 구축 방안 대한 기초 연구 – 【강현화】

# 제4부 대조 연구

## 중국어 '叫, 讓, 給' 피사동 표현에 대응되는
## 한국어 표현 연구 — 【이문화】

## 말뭉치기반 한·중 분류사와 수사의 결합관계 연구
### '한'과 '一'을 중심으로 — 【유정정】

## 현대 베트남어의 'anh, chị, em' 호칭과
## 한국어의 대응 표현 대조 연구 — 【도 옥 루이엔】

**제1부**

# 교수 학습 방법론

언어를 잘 가르치기 위해서는 교수·학습 전략도 잘 알아야 하지만 우선 언어 자체에 대해서도 잘 알아야 한다고 생각된다. 언어의 교수·학습 방법론은 학습 대상이 되는 언어라는 존재의 특성과 맞물려 불가분의 관계를 맺는다. 그런데 여기에서 말하는 '언어'에는 여러 차원의 언어가 있을 수 있겠다. 교수 및 학습의 대상이 되는 '모국인이 사용하는 언어', 그리고 '학습자들이 사용하는 또는 학습자들에게 내재화되어 있는 언어'가 바로 그것이다. 여기에서 후자는 '외국인 학습자로서 사용하는 언어'와 '헤리티지 학습자로서 사용하는 언어' 등으로 세분화될 수 있겠다. 즉 정리하면 언어 교육에서는 '모국인이 사용하는 언어', '외국인 학습자로서 사용하는 언어', '헤리티지 학습자로서 사용하는 언어', 이렇게 세 가지 측면에서의 언어를 상정해 볼 수 있다. 1부에서는 이러한 세 측면에서의 언어를 탐색하기 위한 세 편의 논문을 싣고 있다.

첫 번째로 실린 이윤진(2014)을 통해서는 '외국인 학습자로서 사용하는 언어'에 대한 모습의 한 측면을 관찰해 볼 수 있겠다. 이 논문에서는 한류에 대한 학습자들의 인식을 고찰하기 위하여 일본, 중국, 러시아, 필리핀, 태국 등의 외국인 한국어 학습자의 연상 문장 쓰기를 실시하였다. 이러한 학습자들이 생산한 언어를 통해 한류에 대해 형성되어 있는 담화를 관찰하고 이 담화의 분석을 통하여 한국어교육에의 함의점을 논의하였는데 앞으로 한국어교육에서 한국 문화에 대한 획일적이고 단편적인 주제뿐만 아니라 지금보다 더 심화되고 각 학습자에 따라 다양화된 주제를 다루어야 함을 시사하였다. 학습자들의 한국 문화에 대한 관심이 고정적인 것이 아니라는 것을 인식하고 학습자들의 요구와 시시각각 다변화되고 있는 사회에 적응하기 위해서는 교사와 학습자 간의 문화적 '상호작용'이 필요함을 도출할 수 있겠는데 이 '상호작용'은 바로 두 번째 논문, 황은하(2014)에서도 교수 학습의 중요한 기제로 등장한다.

황은하(2014)에서는 '헤리티지 학습자로서 사용하는 언어'의 한 측면을 살펴볼 수 있겠다. 이 논문에서는 재외동포 아동 학습자의 대화일지 쓰기에서 나타나는 부모의 피드백과 상호작용의 특징을 분석하였다. 여기에서 부모는 인이 교사의 역할을 대신하여 학습자의 능동적인 참여, 의사 결정이 반영된 상호작용을 이끌어내었다. 한편 학습자는 자신의 생활에 직접적으로 관련된 주제를 가지고 실제적인 의사소통에 참여함으로써 능동적인 학습을 이루었다. 부모의 피드백 언어의 특징은 의사소통에서의 주제를 주도하는 것보다는 아동 학습자의 발언에 대한 '반응'이 주를 이루었으며 이때 '서술하기'의 비중이 높았다는 점이다. 즉 부모는 '서술하기'를 통하여 '주제에 대한 반응'을 보임으로써 자신이 아동 학습자에게 자신이 적극적인 경청을 하고 있음을 알리는 동시에 '이해 가능한 입력'을 자연스럽게 제공하고자 노력하는 양상을 보였다. 여기에서 '입력' 또한 언어 학습에 있어서 빠질 수 없는 요소로 꼽을 수 있겠는데 이는 학습 대상으로 삼고 있는 목표어의 언어적 특징이 규명되어야 할 필요성으로 연결될 수 있다. 장채린(2013)은 바로 이러한 목표어의 통사적 특징과 의미를 밝히기 위한 노력의 일환으로 진행된 연구이다.

 마지막으로 장채린(2013)은 '모국인이 사용하는 언어'의 한 부분을 살펴볼 수 있는 연구로 볼 수 있겠다. 이 연구에서는 시간 부사 '이미'와 시제 및 상황 유형과의 공기 양상을 살펴 기존의 연구에서 제시하였던 '이미'의 통사적 특징을 비판적으로 고찰하였으며 이를 통하여 도출된 '이미'의 의미를 규명하였다. 나아가 기존의 사전에 제시되어 있던 '이미'의 의미 또한 비판적으로 보고 여러 예문 검증을 통하여 '이미'의 명확한 의미 기술을 제안하였다. 이러한 연구 결과는 사전의 의미 기술에 반영될 수 있을 뿐만 아니라 한국어 학습자들을 위한 '입력'으로서 교재 및 자료에서 예문을 제시할 때 길잡이가 될 수 있을 것으로 기대된다.

 한국어 교수·학습 방법에 입각하여 이들 세 연구를 비추어 보았을 때 '상호작용', '문화', '자율성', '입력'을 키워드로 꼽을 수 있었다. 이와 같은 키워드들은 요즘의 의사소통 중심의 언어 교육에서 중요하게 여겨지는 것들로서 그 맥을 같이하고 있다. 아울러 이 세 연구는 언어의 교수·학습에 관한 연구가 말뭉치와 연계되어 진행될 필요가 있음을 시사하였다. 첫 번째와 두 번째 논문인 이윤진(2014)과 황은하(2014)에서는 학습자 말뭉치가 구축될 필요성을, 세 번째 논문인 장채린(2013)에서는 목표어를 설명하기 위한 모국어 화자들의 언어로 구성된 말뭉치가 구축될 필요성을 암시한다. 또한 이들 연구에서 명시적으로 말뭉치를 사용하였다고 밝히고 있지는 않으나 자체적으로 어떤 형태로든 연구 목적에 따라 소규모의 말뭉치를 구축한 연구의 형태를 띄고 있기도 하다.

 지금까지 살펴본바와 같이 이들 세 연구를 따라가다 보면 한국어 교수·방법을 탐구하기 위한 연구의 세계로 안내 받을 수 있을 것으로 기대한다.

# 한국어 학습자의 연상 문장 쓰기를 통한 '한류'의 양상 분석 사례 연구

한국어교육에의 함의점 고찰을 목적으로

이윤진

연세대학교

## 1. 머리말

최근 한국어교육에서 한류의 가치 및 중요성이 점차 강조되고 있다. '한류'는 한국어 학습의 주된 동기가 되기도 하고 수업의 배경 혹은 내용이 되기도 한다. 한국어 수업 안에서 명시적으로 드러나지는 않는다 할지라도 한국어교육과 한류가 밀접한 관계에 있음을 부인하기 어렵다.[1] 또한 '한류'는 문화라는 범주의 안과 밖을 자유롭게 넘나들면서[2] 그 의미와 기능이 매우 광범위해진 '거시적인' 측면도 있지만 특정 가수의 노래

---

[1]  최근 한 신문의 머리기사에서도 '한국어 한류'라는 표현이 쓰인 바 있다.("뉴욕에 '한국어 한류'…정규과목 채택 학교 1년 새 40% 급증", 〈매일경제〉, 2013년 12월 12일자 참고)

[2]  문화와 통합된 한국어교육의 관점에서 한류를 다루는 것을 협의의 한류라 한다면, 한류를 광의 개념으로 보는 입장에서는 한국어교육이라는 행위 자체가 한류의 하위 범주가 될 수도 있을 것이다. 다만 전자와 후자 모두 "문화와 언어가 상승 작용을 일으켜 총체적 언어 능력 향상에 기여하도록 해야 한다"(전동진·조경순, 2013;256)는 측면에서는 공통점이 있다.

한 곡이 한류 그 자체로 인식되는 것과 같은 '미시적인' 한류의 모습도 동시에 존재한다.

언어 교사는 늘 학습자의 머릿속과 마음속이 궁금하다. 교육이라는 것이 단순한 지식 전달이 아니라, 학습자의 배경지식에 대한 교수자의 이해를 기반으로 할 때 그 효율성을 기대할 수 있기 때문이다. 그렇다면 크든 작든 '한류'가 한국어교육에 미치는 영향이 확대되어 가고 있는 이 시점에, '한류'에 대한 한국어 학습자의 인식이나 생각을 들여다보는 것은 매우 유의미한 작업일 것이다.

그런데 지금까지 '한류'와 '한국어'를 키워드로 한 성과가 적지 않게 축적되었음에도 불구하고 한국어 학습자의 배경지식 속의 '한류'의 단면을 관찰하고자 한 논의는 찾기 어려웠다. 이에 본 연구에서는 한국어 학습자의 눈높이에서 보는 '한류'의 모습을 이해하기 위한 하나의 방법으로, '한류' 연상 문장 쓰기를 활용하여 전체 문장의 내용별 범주화를 시도하고자 한다.

이를 위해 먼저 2장에서는 한국어교육과 한류의 연관성, 연상 문장 쓰기에 대해 살펴보고, 3장에서는 국내 대학 기관의 한정된 한국어 학습자를 대상으로 하여 연상 문장 쓰기를 통한 '한류'의 양상을 질적 분석한 사례를 보일 것이다. 4장에서는 전반적인 논의를 요약하면서 한국어교육에의 함의점을 고찰하도록 한다.

## 2. 이론적 배경

### 2.1. 한국어교육과 한류

최근 '한류'는 다양한 영역과 분야에서 많은 주목을 받고 있다. '한류'

라는 수식어가 교육, 경제, 예술, 의료 등 어느 분야에서도 자연스럽게
어울리게 되었으며 그 의미와 기능도 확대되었다. 학문 분야에서도 학제
간 연구의 좋은 화두로서 또는 연구의 주된 대상으로서 '한류'를 어렵지
않게 접할 수 있게 되었다. 특히 한국어교육 분야에서 '한류'는 한국어
학습의 수요 창출 및 지도 내용 및 방법을 결정하고 교육 자료를 개발함
에 있어서 중요하게 고려해야 할 대상이 되고 있다.

　'한류'와 '한국어'를 키워드로 삼은 성과도 2005년 이후 급격히 증가하
는 양상을 보인다. 박사학위논문인 교춘언(2011), 오문경(2013)[3], 석사학
위논문인 나카무라마유(2012), 김경미(2007), 남애리(2007), 두위(2007),
한유석(2005) 등을 비롯하여 그간 발표된 소논문을 통해서도 한류와 한
국어가 매우 밀접한 관계로 인식되고 있음을 알 수 있다. 한류의 현황
및 실태와 더불어 한국어의 보급과 전망을 개괄적으로 살핀 연구(장소원
·안경화, 2006; 최주열, 2006; 박춘태·권연진, 2011), 언어권별 한류와 한국
어교육 현황을 고찰한 연구(이희경, 2006; 강보유, 2007; 곽추문, 2008; 곽셀
튀르쾨쥬, 2007; 남상영, 2009), 한국어 학습자의 한류에 대한 인식 연구(강
승혜, 2008), 한류와 한국어 학습 연구(김희숙, 2007) 등이 그 대표적인 예
이다.[4]

---

3　한국어교육이 한류 사업에 연계되어야 함을 주장한 대표적인 논의인 오문경(2013:5)
　에서는 "한국어라는 문화적 요소와 한류 콘텐츠가 연계된 「문화 중심 한국어 콘텐츠」
　의 창출은 한류 기반 잠재적 학습자들에게 학습 동기를 부여하고 학습으로 유도하는
　학습 지원과 홍보 지원 전략에 사용될 수 있을 것이다."라고 하였다.

4　'한류'와 '한국어'를 화두로 삼은 학회 발표(한도치즈코, 2005; 김현정·박정아,
　2008; 권기환, 2009; 김효일·권기환, 2010)가 점차 증가하고 있으며 인문학 연구의
　새로운 패러다임으로 '한류학'이 급부상하고 있다. 최근 한 학술지(『겨레어문학』51권)
　에서는 '인문학의 한류를 위한 세계적 시야의 한국어문화 연구와 교육'이라는 제목으
　로 7편의 기획 특집을 실은 바 있다. '한류'에 있어서의 인문학의 활용 방안(정정숙,
　2010) 등 많은 성과를 발견할 수 있다.

이와 같은 성과는 한류와 한국어의 연관성을 파악함으로써 교재, 교수법, 교사, 교육과정, 평가 등을 내적기반으로 하는 한국어 보급에 대한 향후 방향성을 파악할 수 있다(장소원·안경화, 2006)는 점에서 그 의미가 크다. 더 나아가 한국어교육의 관점에서 한류가 효율적으로 반영되기 위해 논의되어야 할 것 가운데 한국어 학습자에 대한 이해를 빼놓을 수 없다. 학습자에 대한 이해는 한국어 교육과정의 개발 및 교수 방안 모색, 교육 자료 개발 및 활용의 근간이 되기 때문이다. 이러한 측면에서 한국어 학습자의 '한류'에 대한 인식 비교(강승혜, 2008)와 한국어 학습과 한류에 대한 학습자 요구 분석(이희경, 2006) 등의 논의는 그 가치가 크다고 할 수 있다. 또한 한국어교육에서 한류를 효율적으로 활용하기 위해서는 한류와 한국어 학습과의 관계 설정에서부터 한류를 선호하는 외국인들에 대한 분석이 선행되어야 한다(김현정·박정아, 2008:253)는 주장도 매우 타당한 것이라 판단된다.

이와 관련하여 한국어 학습자에 대한 이해도를 높이기 위한 방법으로써 자료 분석, 설문 조사, 관찰, 면담 등이 활용될 수 있다. 한류와 한국어에 대한 생각을 학습자에게 직접 질문하거나 간접적으로 규명하는 방법도 있을 것이다. 본 연구는 한국어 학습자의 배경지식 및 머릿속에 구조화된 '한류'의 양상을 밝히고자 하는 것이므로 직접적인 방법보다는 간접적인 방법이 적합하다고 보았다. 또한 명시적이고 직접적인 질문 형식보다는 학습자가 산출한 자료 분석을 통한 방법이 본 연구의 취지에 맞는다고 판단하였다. 이에 대한 구체적인 연구 절차 및 방법은 2.2에서 다룬다.

## 2.2. 연상 문장 쓰기

우리는 연상을 통해 우리의 심리 기제 속에 실타래처럼 얽혀 있는 여러 단서들을 찾는다. 언어학자는 인간의 언어 습득 및 학습의 비밀을 밝히기 위해, 인지심리학에서는 인간의 인지와 심리 사이에 보이지 않는 관계를 밝혀 그 발달 과정을 추적하거나 심리 치료 목적으로 활용하기도 한다. 더 나아가 우리의 삶 속에서 구체적으로 드러나지 않는 실체를 가시화하여 그것을 어떤 목적으로 활용하고자 할 때 연상은 매우 유용한 방법이다.[5]

특히 연상이 언어 연구 분야에서 쓰이는 대표적인 예로, 단어 간의 의미 관계를 규명하거나 연상 의미망[6]을 구축하는 것을 들 수 있다. 어떤 단어를 듣고 언어사용자가 떠올리는 단어가 계열관계 혹은 결합관계의 단어인지, 소리 혹은 맞춤법이 비슷한 단어인지, 자신의 경험이나 배경지식에서 기인한 단어인지를 알아보는 것이다. 이것은 개인을 대상으로 하거나 집단 간의 비교도 가능하며 같은 대상에 대해 통시적인 변화를 살필 수도 있다. 한국어교육에서 '연상'을 활용한 논의로는 중국인과 한국인의 연상어를 비교하여 언어문화권별 특징을 살핀 박선옥(2008)과[7] 여성결혼이민자의 연상어휘 중 경험에 의한 의미관계 분포에 초점을 두

---

5 연상은 언어학, 언어교육 및 학습, 언어병리학, 인지심리학 등 여러 분야에서 다양한 목적과 방법으로 활용되고 있다. 심리 치료, 상담 분야, 마케팅 분야, 관광 산업 등 우리의 삶을 둘러싼, 혹은 우리의 삶과 연관된 여러 분야에서 연상이 적용될 수 있는 범위가 점차 확대되고 있다.

6 이유미·이찬규(2007)에서는 '가족'에 대한 네티즌의 단어 연상 결과를 바탕으로 '가족'의 연상 의미망을 구축하고 또한 이를 통해 가족에 대한 사회 언어학적 의미를 고찰한 바 있다.

7 박선옥(2008:88)에서는 문화적 배경의 차이가 연상어의 결과에 큰 영향을 미칠 수 있음을 밝혔는데 그 예로, '빨갛다'라는 단어에 대해 중국인은 '국기', '중국', '행운' 등을 먼저 떠올리는 데에 반해, 한국인은 '피', '열정' 등을 연상하는 것을 들 수 있다.

고 고찰한 정성미(2012) 등이 있다.

두 번째로, 언어사용자의 어휘 수준 및 능력을 진단하거나 평가할 때
도 연상이 활용된다. 어린이의 연령별 어휘력을 가늠하고자 할 때나 언
어학습자의 머릿속 사전을 간접적으로 관찰하고자 할 때가 그 대표적인
예라 할 수 있다. 즉 연상으로 떠올리는 어휘의 양 또는 수준을 바탕으로
언어사용자의 기초 어휘를 파악하는 것이다.

세 번째로, 언어 교수 및 학습의 효율적인 전략과 방안 개발에 있어서
도 연상을 통해 풍부한 기초 자료를 제공받을 수 있다. 연상을 효율적으
로 활용하면 어휘를 기억하거나 어휘 간의 관계를 이해하는 데에 많은
도움이 되기 때문이다.[8] 연상을 한국어 어휘 교육에 활용한 최근 논의로
는 김은혜(2012), 신재윤(2012) 등을 찾을 수 있다.

이 가운데 본 연구는 언어 교육 즉 한국어교육의 관점에서 연상을 통
해 한국어 학습자의 '한류'에 대한 배경지식 및 인식을 파악하는 데에
목표를 둔 것임을 밝혀 둔다.

다음으로 연상을 활용한 연구 방법론을 살펴보겠다. 연상은 "머릿속
의 어휘가 어떻게 저장되어 있고 어떻게 서로서로 연관되어 있는가를
간단하게 알아볼 수 있는 기본적인 방법"(이창학, 2007:288)으로 '단어'를
연상하는 방법[9]이 자주 쓰인다. 이를테면 피실험자에게 연구자가 미리

---

8  어린이 대상의 영어 교육 관련 논의인 장진태(2011)에서는 연상과 이야기구성을 통하
   여 단어 간의 유의미한 관계를 만들고, 쉽고 재미있게 학습하며, 장기기억으로 전환시
   킬 수 있는 방법에 대해 논의하였다.

9  Clark과 Clark(1977:482)은 단어 연상 실험이 어떤 개념이 어떤 방식으로 사람들
   마음속에서 관계 맺고 있는가를 보여준다고 하였고, 이찬규(2002)는 단어 연상 실험
   은 한 언어의 어휘 구조를 파악하는 기초 자료가 되며 뇌 속에 형성되어 있는 의미들이
   어떻게 상호 관련되어 있으며, 또 그것을 어떻게 언어화하는지를 살펴보는 데도 기초
   적인 자료가 된다고 언급했다(신재윤, 2012:1-2 재인용).

선정한 어휘를 제시하고 즉시 떠오르는 단어를 하나씩 적게 하는 '단일 연상', 자극어를 보고 연상되는 단어를 자유롭게 쓰도록 하는 '자유 연상'[10]이 그것이다. 하지만 연상 실험이 반드시 단어의 단위로 국한되어 있는 것은 아니다. 이를테면 피실험자에게 어떤 것으로 인해 떠오르는 상황을 '직접 말로 설명하도록' 하거나 '그림으로 표현하도록' 하는 방법 등도 활용되는데 이것은 언어사용자의 심리 기제를 더 심층적으로 밝힐 수 있다는 면에서 이점이 있다.

본 연구에서는 단어 연상보다는 연상어를 활용한 문장 쓰기를 통해 질적 분석을 하는 것이 본 연구의 취지에 더 적합하다고 판단하였다. 이에 자극어(제시어)를 '한류'로 하여 떠오르는 단어를 여러 개 적는 자유 연상의 방법을 따르되, 연상어(반응어)를 떠올리게 된 배경을 더욱 심도 있게 파악하기 위하여 '연상어를 활용한 문장 쓰기'[11] 방법을 적용하고자 한다. 그리고 학습자가 쓴 문장의 내용(의미)에 중점을 두어 그 결과를 범주화한다.

본 연구의 분석 대상은 특정 시점(2013년)에 국내 대학에 재학 중인 외국인 유학생(36명)이며[12], 연구 절차는 다음과 같다.

---

10  자유 연상(word free association)을 통해 얻은 연상어를 가지고 연상구조를 알아볼 수 있다. 즉 '아름답다'라는 단어에 대해 계열관계(예쁘다, 추하다)나 결합관계(꽃, 얼굴, 풍경) 중에서 어떤 것을 빈도 높게 혹은 다양하게 반응할 것인가에 대해 살펴볼 수 있다(임지룡, 2011:246 참고). 단, 본 연구는 단어의 의미 관계를 밝히는 데에 목적을 둔 것이 아님을 밝혀 둔다.

11  이하, '연상 문장 쓰기'로 줄여 부르기로 한다.

12  2013년 1학기에 국내 대학에 재학 중인 외국인 유학생 36명을 대상으로 이루어졌다(S대학:21명, Y대학:15명). 학습자의 국적은 중국(17명), 일본(12명)을 비롯해서 러시아(2명), 기타(태국, 필리핀, 홍콩, 영국, 미국 각 1명)로 다양했다. 본 연구 목적은 '한류'에 대한 한국어 학습자의 인식을 일반화하는 데에 있는 것이 아니라, 한국어 교사가 학습자에 대한 이해도를 높이는 방법의 하나로 연상 문장 쓰기 방법론을 제안하는 데에 있으므로 언어권별 변인을 중점적으로 다루지 않기로 한다. 하지만 설문 시기,

① 한국어 학습자가 '한류'라는 제시어를 듣고 즉각 떠오르는 단어를 자유 연상을 통해 10개 내외로 쓰도록 한다. 이 때 언어에 장애를 받지 않고 최대한 자연스럽게 연상이 이루어지도록 하기 위하여 학습자의 모국어로 쓰도록 한다.

② 학습자가 쓴 연상어를 한국어로 바꿔보도록 한다. 이때는 시간 제한을 두지 않고 사전 등을 자유롭게 활용할 수 있으며 교수자가 도움을 줄 수도 있다.[13]

③ 각 연상어를 활용하여 짧은 문장을 쓰도록 한다.[14] 한국어나 모국어 중 문장 쓰기에 더 편한 것을 택하도록 한다. 부분 혹은 전체를 모국어로 쓴 경우는 한국어로 바꿔 쓰기를 하도록 한다. 모르는 것은 사전을 참고하거나 교수자의 도움을 받을 수 있다.

④ 〈그림 1〉과 같이 한국어 학습자들이 쓴 문장을 모두 엑셀 파일에 정리하고 그 내용을 분석한다.

---

한국어 학습 상황(국내, 국외), 언어권(문화권), 한국(어)에 대한 배경 지식 정도, 한국어 수준, 성별, 연령 등 다양한 변인에 따라 연상 실험의 결과가 차별화될 수 있음을 감안한다면 후속 과제에서 논의되어야 할 내용은 무궁무진할 것이다.

13  학습자 스스로 모국어로 쓴 표현을 한국어로 바꿔 쓰도록 한 까닭은 연상 실험 그 자체에만 의미를 두는 것이 아니라 이러한 과정이 한국어 학습에도 유의미한 행위가 되어야 한다고 보았기 때문이다. 다만 한류에 대한 학습자의 생각이 무의식적으로 반영된 결과를 자연스럽게 도출하기 위하여 연상 실험의 목적을 학습자에게 사전에 알려 주지 않았다. 즉 학습자는 수업의 일환으로 참여하였고 모든 실험이 끝난 후에는 이러한 활동의 의도를 학습자에게 설명해 주었다.

14  반드시 한류에 대한 내용을 써야 하는가에 대해 질문을 한 학습자가 있었으나 그 어떤 제약도 없다고 알려 주었다. 전체 문장 분석 결과, 한류 연상어로 '중국'을 쓰고 나서 '중국은 매우 큰 나라이다'라고 쓴 학습자가 있기는 했지만 한류와 연관성이 전혀 없는 문장을 쓴 경우는 거의 없었다.

**〈그림 1〉 한국어 학습자의 연상 문장 쓰기 자료 분석의 실제[15]**

| | | | |
|---|---|---|---|
| 11 | 1 드라마 | 한류 드라마는 좀 길지만 재미있다 | * 한국 드라마(길다/재미있다) |
| 11 | 2 영화 | 요즘 너무 강동적인 영화를 봤다 | * 세계 속의 한류 열풍 |
| 11 | 3 한글 | 한글은 세종대왕이 만들었다 | * 한글(세종대왕 창제) |
| 11 | 4 붐 | 세계 각국에서 한류 붐이 일어나고 있다 | * 세계 속의 한류 열풍 |
| 11 | 5 K-pop | K-pop은 젊은 사람에게 인기가 있다 | * K-POP과 세대별 특징: 젊은 세대에게 인기 |
| 11 | 6 동방신기 | 나는 동방신기를 너무너무 좋아했다 | * 특정 아이돌 : 동방신기 좋아함 |
| 11 | 7 김치 | 김치는 한국의 대표적인 음식이다 | * 한국 음식(김치-대표적인 한국 음식) |
| 11 | 8 아시아 | 아시아에서 인기있는 가수는 OO이다 | * 아시아(한류 붐의 중심지 언급) |
| 11 | 9 정부 | 지속적인 인기를 위해서는 정부의 역할도 중요하다 | * 한류 발전 방안(한국 정부의 역할 중요) |
| 11 | 10 드림콘서트 | 드림콘서트는 한 번은 꼭 가보고 싶다 | * 한류 콘서트(드림콘서트 관심 있음) |
| 11 | 11 배용준 | 일본에서 배용준을 모르는 아줌마는 없다 | * 특정 배우 언급(배용준-일본 아줌마에게 유명 |
| 11 | 12 겨울연가 | 겨울연가는 대표적인 한류 드라마라고 할 수 있다 | * 특정 드라마(겨울연가-대표적 한류 드라마) |
| 11 | 13 대장금 | 초등학생 때 대장금을 너무 재미있게 봤다 | * 특정 드라마(대장금) |
| 11 | 14 아이돌 | K-pop 아이돌이 되고 싶어하는 사람이 많다 | * K-POP아이돌을 꿈꾸는 사람 많음 |
| 11 | 15 배우 | 멋있는 배우를 만나고 싶다 | * |
| 12 | 1 K-pop | 나는 K-팝을 즐겨듣는다 | * K-POP을 좋아하는 나 |
| 12 | 2 동방신기 | 동방신기를 좋아해요 | * 특정 아이돌 언급 : 동방신기 좋아함 |
| 12 | 3 소녀시대 | 일본에서 소녀시대는 인기있는 가수입니다 | * 일본 지역-소녀시대 인기 |
| 12 | 4 한국 드라마 | 우리 엄마는 한국 드라마를 자주 봐요 | * 한국 드라마 선호(우리 엄마) |
| 12 | 5 배용준 | 겨울연가에 나온 배용준 | * 특정 드라마(겨울연가-배용준) |
| 12 | 6 장근석 | 한국에서는 장근석은 인기 많이 없다 | * [부정] 특정 배우 언급(장근석-한국에서는 인 |
| 12 | 7 미남이시네요 | 어제 "미남이시네요"를 봤어요 | * 특정 드라마(미남이시네요-봤음) |
| 12 | 8 카라 | 카라는 댄스가 귀여워요 | * 특정 아이돌(카라-댄스 귀여움) |
| 12 | 9 빅뱅 | 너무 멋있는 빅뱅 | * 특정 아이돌(빅뱅-멋있음) |
| 12 | 10 Gee | 소녀시대의 Gee는 일본에서도 유명해요 | * 특정 아이돌(소녀시대-일본에서 유명) |

⑤ 맞춤법, 띄어쓰기 등 표기가 불일치하더라도 문맥상 지시하는 내용이
동일하다고 판단되는 경우는, 하나의 대표형으로 일치시킴으로써 문
장 내용 분석 시의 효율을 높인다.[16]

---

15  결과 분석 과정 자료의 일부이다. 가장 좌측부터 '학습자 고유 번호, 개별 학습자의
    연상어(약 10개), 연상어로 만든 문장, 본 연구자의 1차 내용 분석을 위한 메모' 순서로
    되어 있다.
16  대표적으로 다음과 같은 예를 들 수 있다. 화살표의 좌측은 학습자의 연상 문장 쓰기
    에서 발견된 표현이고 그 우측은 본 연구에서 내용 분석 시에 같거나 유사한 것으로
    분류한 것이다.
    · 배연준, 배영준 → **배용준**
    · 이준지, 이준기 → **이준기**
    · 슈주, Super Junior → **슈퍼주니어**
    · 성형 수술, 정형수술 → **성형**
    · K-팝, K-pop, kpop, 케이팝, K.POp → **K-POP**
    · 겨를의 연가, 겨울의 연구 → **겨울연가**

## 3. 한국어 학습자의 연상 문장 쓰기에 나타난 '한류'의 양상

본 장에서는 국내 대학 기관의 한국어 학습자로 대상으로 하여 그들의 연상 문장 쓰기에 나타난 '한류'의 양상을 분석한다. 그리고 각 문장의 내용을 질적 분석하여 범주화해 보도록 한다. 그 결과를 〈그림 2〉와 같이 시각화해 보면 크게 '대중문화'를 필두로 하여 '음식', '한국어', '상품 및 유행'에 대한 네 가지로 구분할 수 있었다. 각 범주별 특징과 용례를 살피면 다음과 같다.

〈그림 2〉 한국어 학습자가 보는 한류의 범주

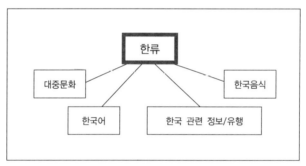

### 3.1. 대중문화의 포괄적·상징적 의미로서의 한류

본 연구의 분석 대상이 된 한국어 학습자가 쓴 전체 문장을 검토한 결과, 한류와 대중문화를 연결 지어 쓴 내용이 양적인 측면에서 단연 두드러졌다.

---

· 아줌마팬, 아줌마덕후, 일본아줌마, 중년아줌마 → **아줌마**

<그림 3> 한류와 대중문화

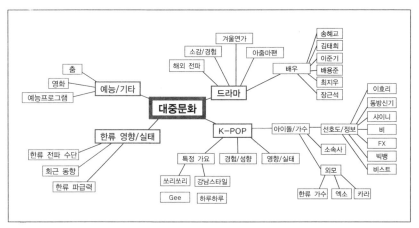

<그림 3>에서 볼 수 있듯이 대중문화에 대한 문장은, '한류의 영향 및 실태'를 언급하거나 '드라마' 혹은 'K-POP'을 화두로 삼기도 하고 '예능 및 기타'로 분류할 수 있는 문장도 드물게 발견되었다. 한류와 대중문화와 관련된 세부 범주를 예문과 함께 살펴보면 다음과 같다.

첫 번째로 거시적인 측면에서 한류의 영향 및 실태를 말한 문장은, 세계 각국에서 나타나는 한류의 파급력(1가)에 초점을 두기도 하고 '유튜브'와 같이 한류의 전파 수단(1나)에 대해 언급하기도 한다. 한류의 영향으로 인한 최근의 동향(1다)을 구체적인 사례를 들어 설명하는 경우도 발견할 수 있다.

(1) 한류 영향 및 실태
  가. 한류 파급력
      a. 한류는 다른 나라와(→다른 나라에) 한국 문화를 알려줍니다.[17]

---

17  이하 모든 예문은 학습자가 쓴 내용을 그대로 옮기되, 의미 전달이 모호하다고 판단된 경우에 한해 괄호 안에 원문을 수정한 내용을 제시하였다.

        b. <u>한류 지속적인 인기</u>를 위해서는 정부의 역할도 중요하다.

        c. <u>세계 각국에서 한류 붐</u>이 일어나고 있다.

        d. 한류는 <u>한국 대중문화의</u> 열풍이다.

    나. 한류 전파 수단

        a. <u>자막 때문에</u> 외국인 한국TV 볼 수 있다.

        b. <u>Youtube 덕분에</u> 싸이는 세계적인 유명한 가수가 됐다.

        c. 한류스타들이 날마다 <u>후지TV방송</u>에 나와 있었다(→나온다).

    다. 최근 동향

        a. 요즘 <u>미국의 음악 제작자들은</u> 한국인 가수와 같이 일하고 싶습
니다(→일하고 싶어 한다).

        b. <u>KOREAN TOWN의 발전.</u> 갈 때마다 새로운 가게, 사진 등 있다.

        c. <u>한국을 좋아하는 사람도 있지만 한국을 좋아하지 않는 사람도
있다.</u>

        d. 한국 드라마를 많이 방송했기 때문에 <u>후지방송국 앞에서 데모가
있었다.</u>

  두 번째로, 한류와 드라마를 연계하여 쓴 문장을 보면, 해외로 전파되
는 한국 드라마(2가)의 이야기를 비롯해서 특정 드라마를 화제로 삼아
언급하거나(2나) 자신이 좋아하거나 본 경험이 있는 드라마(2다)를 소개
한 것이 발견된다. 또한 특정 배우에 대해 언급하거나(2라)[18] 중요한 한
류 팬 집단이라 할 수 있는 아줌마(2마)에 대한 이미지를 묘사한 것이
흥미롭다.

---

18  본 연구의 예비 조사에서 한국인 대상(60명)으로도 동일한 실험을 진행해 본 결과
   한국인 대학생과 한국어 학습자가 '한류'라는 단어로 연상하는 '유명인'에는 큰 차이가
   있었다. 이를테면 한국어 학습자는 '한류'를 통해 '연예인'(가수, 배우)을 주로 떠올리
   는 반면 한국인 대학생의 연상에서는 김연아, 박인비, 박세리와 같은 '스포츠 선수'가
   많이 나타났다.

(2) 드라마

가. 드라마 해외 전파

    a. 일본에서 한국드라마 방송이 늘었다.

    b. 한국 드라마는 다른 나라에서도 중계한다(→방영된다).

    c. 한국은 드라마를 많이 만드는 국가인데 한국 드라마는 한류의 대표.

나. 겨울연가

    a. 겨울연가는 일본에서 큰 붐이 됐어요.

    b. 겨울의 연가는(→겨울연가는) 한류의 붐을 일으킨 영화(→드라마)라고 생각해요.

    c. 겨울연가는 해외에서는 처음 인기가 많은 드라마이다.

다. 소감/경험

    a. 한국 드라마 죽도록 슬프다.

    b. 시크렛 가든은(→시크릿 가든은) 재미있다.

    c. 나는 매일 한국 드라마가(→드라마를) 본다.

    d. 엄마는 한국 드라마를 자주 본다.

    e. 내가 어렸을 때부터 한국 드라마를 즐겨 본다.

    f. 초등학생 때 대장금을 너무 재미있게 봤다.

라. 배우

    a. 일본에서 배용준을 모르는 아줌마는 없다

    b. 배용준은 "용 사마" 라고 불려요.

    c. 한국 붐의 시작은 욘사마이다.

    d. 장근석은 "근 짱"라고 불려요.

    e. 최지우는 겨울 연가에 출연한 여배우예요.

    f. 김태희는 미인이고 머리도 좋은 완벽한 여배우예요.

    g. 미남이시네요는 정영회와(→정용화와) 이홍기가 멋있었다.

    h. <u>송혜교</u>는 풀 하우스에서 나온 여배우이다

    i. 제가 <u>이준지(→이준기)</u> 너무 좋아요

마. 아줌마팬

    a. 젊은이들뿐만 아니라 <u>아주머니의 열기</u>도 대단하다.

    b. 일본에서 한류는 <u>아주머니부터</u> 시작했다

    c. 한국 드라마는 젊은이들보다 <u>아준마들이(→아줌마들이)</u> 좋아할 지도 모른다.

    d. 배용준<u>에게 모여드는 아줌마들</u>

    e. 배용준은 <u>젊은</u>(→ 젊은) 사람들이 아니라 <u>아줌마들에</u> 인기가 있었어요.

    f. 일본 아줌마 중에 한국 배우에 빠지다가 돈이 바닥이 되어 남편이랑 <u>이혼당한 아줌마</u>도 있다.

세 번째로, K-POP에 대한 내용을 다룬 문장을 들 수 있다. 전반적인 K-POP에 대한 인기(3가)에 대한 언급을 비롯해 유행하는 특정 가요(3나)를 이야기하거나 자신의 선호나 경험을 반영하여 언급하는 것이 그 예이다.

(3) K-POP

가. K-POP영향/실태

    a. 한국음악 <u>인기가 많아졌다.</u>

    b. 유명한 한국 음악은 일본과 중국에서도 <u>인기가 많습니다.</u>

    c. K-pop은 요즘 세계적으로 <u>안기가(→ 인기가)</u> 있다.

    d. 아직까지 일본에서 <u>유행하고 있는</u> k-pop

나. 특정 가요[19]

    a. <u>강남스타일</u>

    b. 싸이의 <u>강남스타일</u>은 북미에서 유명했습니다.

    c. 싸이의 노래는 "<u>오빠강남 스타일</u>"작년에 인기 많이 있습니다.
       그리고 세상을(→전 세계에) 강남의 지역을 소개했다.

    d. <u>강남 스타일</u>로 강남이라고 하는 지명이 퍼졌다.

    e. <u>강남 스타일</u> 이 노래가 갑자기 아주 유명해진다.

    f. 오빠 <u>강남스타일</u>

  (3나)가 어떤 노래를 중심으로 언급한 것이라면 (3다)는 특정 가수 및 그룹(3다)에 초점이 두었다는 것이 차이점이다. 또한 (3라)와 같이 연예인의 외모에 대한 관심도 적지 않았다. 더 나아가 (3마)는 K-POP 선호가 한국의 연예 기획사(소속사)에 대한 관심으로까지 이어지고 있음을 잘 보여주고 있다.

  (3)

  다. 아이돌/가수

    a. <u>Psysms</u> 한국 가수 중에 가장 인기가 많다.

    b. <u>샤이니</u>는 완성도가 높다.

    c. <u>비스트</u>는 웃긴다(→재미있다).

    d. <u>소녀시대</u>는 모두 스타일이 좋아서 노래도 춤도 잘해요.

---

19 다른 곡에 비해 '강남스타일'에 대한 내용이 유난히 많았던 것은 본 연구의 설문 시점 (2013년 상반기)과도 직결되는 부분이다. 한류를 대중문화와 연관 지어 떠올릴 경우, 당시 유행이나 인기에 영향을 받는 것은 매우 자연스러운 현상이다. 이와 같은 맥락에서 보면, 특정 가요와 가수(그룹)명을 함께 언급한 다음의 문장들은 어느 시기에 실시한 연상 실험 결과인지를 대략 유추할 수 있게 한다.
  a. 쏘리, 쏘리는 많은 남자 아이돌 그룹의(→그룹이) 불렀던 곡이다.
  b. 소녀시대 노래 중에 Gee가(→Gee를) 처음 알았다/배웠다.
  c. 소녀시대의 Gee는 일본에서도 유명해요.
  d. 빅뱅의 하루하루라는 노래가 좋다.
  e. 샤이니의 곡을 듣고 학교에 가요.

e. 가수 "<u>비</u>"가 하는 노래를(→노래가) 중국에서 유행한 적이 있다.

f. 한국 가수 중에 <u>이효리가</u> 유명한 댄스 가수이다.

g. <u>빅뱅</u>은 일본에서도 인기가 높다.

h. 빅뱅의 중에서는 <u>지드래곤</u>이 제일 유명해요.

i. 한류 가수 <u>FX중에</u> 중국인 한 명 있다.

j. <u>동방신기</u>는 케이팝 아이돌 중에서 제일 인기가 있는 그룹이에요.

k. <u>샤이니</u>는 동방신기의 동생 같은 아이돌이에요.

라. 외모

　　a. 엑소는 모두 다 얼굴이 잘 <u>생긴다</u>(→잘생겼다).

　　b. 소녀시대는 다리가 <u>예쁘다.</u>

　　c. 카라는 애교가 있어서 <u>귀엽다.</u>

　　d. <u>다리가 길고 몸짱인 소녀시대.</u>

　　e. 난 <u>날씬한</u> 한류 가수를 부럽다

마. 소속사

　　a. 원더걸스의 회사는 바로 <u>JYP</u>이다

　　b. 박지영의 회사는 <u>JYP</u>이다

　　c. <u>YG</u>는 나의 가장 좋아하는 회사다

바. 경험/성향

　　a. K-POP을 <u>자주 듣는다.</u>

　　b. 저는 케이팝 아이돌을 아주 <u>좋아해요.</u>

　　c. 한국에서 <u>내가 좋아하는</u> 아이돌 그룹 있습니다.

　　d. 빅뱅 <u>콘서트에 간다.</u>

　　e. 저는 빅뱅을 <u>너무 좋아해요.</u>

　　f. 좋아하는 K-POP아이돌은 <u>비스트</u>이다.

　　g. 저는 비스트의 중에서 이 기광을 <u>좋아해요.</u>

(3바)는 학습자 자신의 선호도 및 경험을 중심으로 언급했다는 점에서

(3가-마)와 차별점을 보인다. 즉 K-POP에 대한 소개나 정보가 부각되는 것이 아니라 학습자 자신의 이야기 속에 K-POP을 주된 소재로 삼은 것이다.

끝으로 한류와 대중문화를 연관 지어 언급한 내용으로, '예능 및 기타(4)'를 꼽을 수 있다.

(4)

예능 및 기타

    a. 춤 : 한국 춤도 연예인들 때문에 세계적으로 유명하다.

    b 오락프로 : 내 친구와 나는 런닝맨의 엄청난 팬 있습니다

              (→팬입니다).

    c. 영화 : '미녀 괴로워' 이 영화를 여러 번 봤어요.

    d. 배용준의 펜이벤트모양이(→팬미팅이) 제가 일했던 극장에서 개봉이 됐다.

위의 (4)를 통해 한국의 대중분화에 대한 한국어 학습자의 관심이, 드라마와 K-POP에만 머무르지 않고 한국의 오락프로그램, 영화, 댄스 등으로 다각화되고 있음을 알 수 있다.

## 3.2. 한국 음식에 대한 기호 및 배경지식 표상으로서의 한류

3.1.에서는 대중문화의 포괄적·상징적 의미로서의 한류에 대해 살폈다. 본 절에서는 한국 음식에 대한 기호 및 배경지식의 표상으로서의 한류를 논하고자 한다. 본 연구의 전체 문장을 검토한 결과, 한국어 학습자가 '한류'하면 떠올리는 것 중에 두 번째 화두는 음식이라는 점을 알았다.

〈그림 4〉 한류와 한국 음식

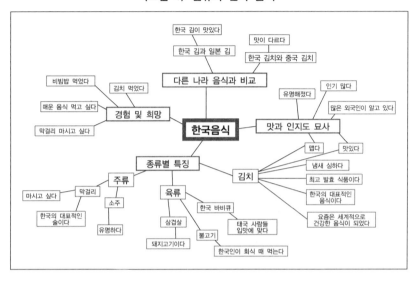

〈그림 4〉와 같이 한국 음식에 대한 내용은 크게 네 가지로 구분할 수 있었다. 전반적인 한국 음식의 맛이나 인지도에 대한 묘사(5), 종류별 한국 음식에 대한 언급(6), 한국 음식 관련 화자의 경험 및 희망(7), 다른 나라 음식과의 비교(8)가 그 예이다. 각 예문과 함께 살피면 다음과 같다.

한류와 한국 음식에 대한 내용의 첫 번째는 한국 음식 맛과 인지도 묘사이다. 이를테면 '맛있다', '맵다'와 같이 한국어 학습자가 알고 있거나 경험한 한국 음식의 맛을 이야기하거나(5가) 대표적인 한국 음식의 이름을 꼽거나 한국 음식의 인지도가 높아진 사실(5나)을 언급하는 것이다.

(5) 한국 음식 맛과 인지도 묘사
　가. a. 한국 음식은 너무 <u>맛있어요</u>.
　　　 b. 한국요리는 기본적으로 <u>맵다</u>.
　　　 c. 한국 요리는 거의 <u>고추장의 맛이 있어요</u>.

　나. a. 김치, 김밥, 비빔밥, 불고기에 대해 <u>많은 외국인들이 알고 있다</u>.

　　　b. 김치와 한식은 참 맛있어서 북미에서 한식은 <u>유명하졌습니다</u>
　　　　(→ <u>유명해졌다</u>).

　　　c. 한국 음식 일본에서 <u>인기 많다</u>.

　두 번째는 특정 한국 음식에 대한 소개 및 정보를 담은 문장을 들 수 있다. 한국의 가장 대표적인 음식인 김치에 대한 소개(6가), 삼겹살과 불고기(6나)에 대한 것이 눈에 띄었고 지짐이 및 주류에 관련 음식(6다)에 대한 언급도 발견되었다. 흥미로운 점은 단순히 음식의 이름만을 기억하는 것이 아니라 (6나c)와 같이 어떤 음식과 연관된 한국 문화의 특성을 함께 연상하는 양상이 나타난다는 사실이다.

　(6) 종류별 한국 음식의 특징

　가. 김치

　　　a. 김치가 <u>맵다</u>.

　　　b. 김치는 외국인들에겐 <u>맵다</u>.

　　　c. 김치 <u>냄새가 심하다</u>.

　　　d. 김치는 <u>한국 특유의 음식</u>이다.

　　　e. 김치는 한국의 <u>대표적인 음식</u>이다.

　　　f. 한국의 최고 <u>발효 식품</u>은 김치이다.

　　　g. 요즘은 김치가 세계적으로 <u>건강한 음식</u>이 되었어요.

　나. 육류

　　　a. <u>삼겹살</u>은 돼지고기이다.

　　　b 한국 <u>바비큐</u> 맛이 태국 사람들이 입에 맞다.

　　　c. 한국 사람이 회식하면 <u>불고기</u>를 먹는 사람이 많다.

　　　d. 중국에서 한국 <u>불고기</u> 너무 비싸다

　　다. 기타
　　　　a. <u>찌짐</u>(→지짐이)은 아주 맛있어요.
　　　　b. <u>김밥</u> 싸고 맛있다.
　　　　c. 술은 <u>소주</u>가 가장 유명하다.
　　　　d. <u>막걸리</u>는 한국의 대표적인 술이에요.

　세 번째는 자신이 먹어 본 한국 음식(7가)이나 먹고 싶은 한국 음식(7나)에 대한 내용이 반영되어 있는 것이다.

　　(7) 한국 음식 관련 경험 및 희망
　　가. a. 비빔밥을 <u>먹은다</u>.
　　　　b. 김치를 <u>먹었어요</u>.
　　나. a. 매운 한국 음식 <u>먹고 싶다</u>.
　　　　b. 막걸리 <u>마시고 싶다</u>.
　　　　c. 친구들 한국에 와서 첫 번째로 <u>먹고 싶어</u>(→먹고 싶은) 음식은
　　　　　삼겹살이라고 했다.

　네 번째는 (8)과 같이 한국 음식과 자기 나라 또는 다른 나라의 음식을 비교하면서 언급한 문장을 들 수 있다.

　　(8) 다른 나라 음식과 비교
　　　　a. 한국 김이 일본 <u>김보다 맛있다</u>.
　　　　b. 중국에서 김치가 있지만 한국 김치<u>에 비하면 맛이 다르다</u>.

　위의 예문(8)은 한국 음식에 대한 기호 및 배경지식 표상으로서의 한류의 범위가 한국적인 것에만 머무르지 않고 비교문화적인 태도로 연결될 가능성이 있음을 시사한다.

## 3.3. 한국어 학습 유인책 및 소통 매개체로서의 한류

본 절에서는 한국어 학습 유인책 및 소통 매개체로서의 한류에 대해 논의한다. 한류는 잠재적 한국어 학습자들에게 학습 동기를 부여할 뿐만 아니라(오문경, 2013:5) 다양한 목적과 방법의 소통 매개체로서의 구실을 한다. 이러한 의미에서 '한류'와 '한국어'의 접점을 모색하는 것은 매우 유의미한 일이라 할 수 있다.

### 〈그림 5〉 한류와 한국어

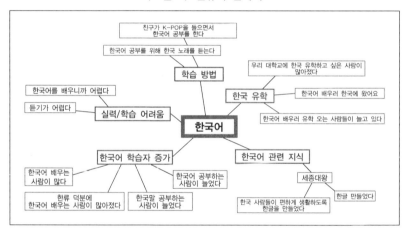

본 연구에서 분석한 전체 문장 가운데 한국어 학습에 관련된 내용은 앞서 살핀 대중문화 및 한국 음식에 비해 미미한 편이었지만 그 내용은 〈그림 5〉에서 볼 수 있는 바와 같이 한국어 관련 지식(9)을 비롯하여 한국어 실력 및 학습의 어려움(10), 한국어 학습 방법(11), 한국어 학습자 증가(12), 한국 유학(13) 등으로 다양했다.

(9) 한국어 관련 지식
   a. <u>한글</u>을 <u>세종대왕</u>이 만들었다.

  b. <u>한글은 세종대왕</u>이 한국 사람들은 <u>편하게 생활 할 수 있기 위해</u>
  <u>서</u> 만들었다.

(10) 한국어 실력/학습의 어려움
  a. 한국어 배우니까 <u>어려워요</u>.
  b. 한국어를 <u>잘 못 들었다.</u>

 특히 (9)는 한국어 학습자가 '한류'에 대해 '세종대왕'을 떠올렸다는 흥미로운 사실을 보여준다. 또한 (11)은 K-POP이 한국어 학습의 좋은 수단이 되고 있음을 보여 주는 예이다.

(11) 한국어 학습 방법
  a. <u>한국어를 잘 공부하기 위해</u> 자주 한국 노래를 듣는다.
  b. 요즘 친구가 <u>K-POP 들으면서</u> 한국어를 공부해요.
  c. <u>한국 노래 자꾸 들으면</u> 한국말 수준 높을(→높일) 수 있다

(12) 한국어 학습자 증가
  a. 한국말을 공부하는 사람이 <u>늘었다</u>.
  b. 한국어 배우는 사람은 <u>꽤 많아요</u>.
  c. 한류 덕분에 한국어를 배우는 사람들이 <u>많아진다</u>.

 (12)는 한국어 학습자가 증가하는 전반적인 추세에 대해 설명하는 것인 반면 (13)은 한국 유학에 대해 구체적으로 언급한다는 점에서 차별점이 있다.

(13) 한국 유학
  a. <u>한국어 배우러</u> 한국에 왔어요.
  b <u>한국어를 배우러 유학 오는</u> 사람들이 늘고 있다.
  c. 제 대학교에 <u>한국에 유학하고 싶은</u> 사람이 많아졌다.

위와 같이 한류는 현재 한국어 학습을 하게 만들거나 효율적으로 공부하기 위한 유인책이 되고 있다. 또한 본 연구 분석 결과에서는 발견할 수 없었지만 향후에는 한류가 한국어 학습자의 장래 꿈과 계획으로까지 구체적으로 연계될 수 있도록 하는 것이 한국어교육자에게 주어진 과제라 할 수 있겠다.

## 3.4. 한국 관련 정보 및 유행의 통합적 표지로서의 한류

한류는 한국에 관련된 다양한 정보 유행에 대한 통합적 표지로서의 의미를 지닌다. 〈그림 6〉과 같이 본 연구의 분석 결과, 한국어 학습자의 문장에서는 패션과 성형, 화장품과 같이 유행에 대한 내용(14)에서부터 한국 여행 및 문화적인 내용(15), 그리고 한국의 이미지를 제고하는 기업이나 제품에 대한 언급(16)으로 분류할 수 있었다.

〈그림 6〉 한류와 한국 관련 정보 및 유행

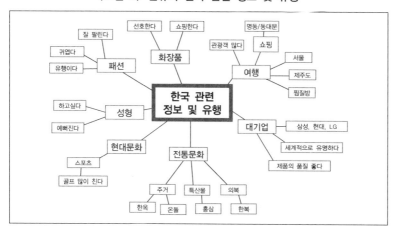

먼저, 한국에서 유행하는 것 또는 한국의 영향으로 유행하고 있는 것에 대한 내용이 눈에 띈다. (14가)는 한국의 패션에 대한 긍정적인 이미

지 및 해외에서의 호평에 대한 내용이다.

> (14) 유행
> 가. 패션
>> a. <u>한국 패션도</u> 일본에서 <u>유행으로</u>(→유행이) 되고 있다.
>> b. <u>한국 스타일의 옷이</u> 중국에서 많이 팔린다.
>> c. 요즘 미국과 프랑스의 <u>페션</u>(→패션) 잡지와 런웨이에서 한국 모델들 많이 나옵니다.
>> d. <u>한국 옷 스타일에</u> 숙녀복이 너무 귀엽다.

패션에 이어 한국어 학습자가 관심을 가지는 것은 한국 화장품이었다. 해외 여러 나라에서 한국의 화장품을 선호하고 있다거나 한국에서의 화장품 구매(14나)에 대한 내용을 반영함을 알 수 있었다.[20]

> 나. 화장품 선호 및 구매
>> a. 한국 화장품은 <u>복미 여인을</u>(→북미 여성들이) 지금 좋아하집나다.
>> b. 한국 화장품은 좋은 효과로 <u>중국에서 인기가 많다</u>.
>> c. 한국 화장품은 싸고 좋으니까 <u>일본에서 인기가 많다</u>.
>> d. 한국은 <u>아시아인은</u>(→아시아인이) 좋아하는 화장품 생산지
>> e. 나는 중국 갈 때마다 한국 화장품을 <u>선물로 많이 구매하고 있다</u>.
>> f. 명동에서 <u>화장품 쇼핑 하다</u>.
>> g. 인천공항에 <u>화장품 면세점이 많다</u>.
>> h. 한국에서는 <u>화장품 가개가</u>(→가게가) <u>많다</u>.

한편, 한국의 성형 수술에 대한 관심도 드러났는데(14다) 성형 미인보

---

20 본 연구의 대상이 된 한국어 학습자 가운데 여성이 상당수(36명 중 30명)이라는 점도 문장 쓰기 결과에 미친 영향이 클 것으로 본다. 그러나 남성의 화장품 구매에 대한 관심과 소비가 점차 증가하는 최근의 추세를 감안할 때, 본 연구의 결과에서 나타난 한국어 학습자의 화장품에 대한 관심이 여성에 국한된 것으로 단정하기는 어렵다.

다는 자연 미인을 선호한다는 개인적인 의견과 더불어 성형을 통해 예뻐
지고 싶은 희망을 표현한 학습자도 있었다.

(14)
다. 성형
    a. 내는 <u>정형수술보다(→ 성형수술보다)</u> 자연스러운 얼굴 더 좋아
       한다.
    b. 나중에 돈이 많을 때 작은 <u>성형 수술을 하고 싶다.</u>
    c. 많이 예뻐질 수 있으니까 여자들이 <u>성형 수술을 받아요.</u>

한국에 관련된 다양한 정보 유행에 대한 통합적 표지로서의 한류의
두 번째로, 한국 여행 및 문화에 대한 것을 꼽을 수 있다. 한국의 여행
및 관광에 대한 배경지식 및 자신의 경험(15가)을 말한 경우가 대표적인데,
서울과 제주도를 비롯하여 동대문, 명동, 찜질방에 대한 이야기가 있었다.

(15) 한국 여행 및 문화
가. 관광지(서울/제주도)
    a. <u>한국</u>이 경치가 아름답고 유적지가 많은 나라이라서 관광객이 항
       상 많다.
    b. 한국에 가면 꼭 <u>서울</u>에 여행가야 돼요
    c. <u>제주도</u>는 유명한 관광지이라서 한번 가바야 겠다(→ 가 봐야겠다).
    d. 한국 사람들은 신혼 여행지로 <u>제주도</u>에 가는 사람이 많다
    e. <u>한국</u>에 <u>여행로</u> 가는 사람이 많아졌다. 일본에서 한국까지 싸게
       갈수 있다.
    f. 서울의 <u>명동과 동대문</u>으로 슈핑은(→ 쇼핑을) 많은 여성 즐겨요
    g. <u>찜질방</u>에서 하룻밤 지냈다.

다음으로 (15나)와 같이 한국의 의식주 문화와 관련하여 한옥, 온돌,

한복에 대한 내용 특산물인 홍삼을 언급하기도 하였다. 이를 통해 한국
어 학습자의 한국 문화 체험에 대한 경험 및 희망을 엿볼 수 있었다. 또
한 골프를 좋아하는 한국인에 대한(15다) 언급도 눈에 띄었다.

(15)
> 나. 의식주 문화
>> a. 한옥을 한 번 보고 싶다.
>> b. 오늘은 너무 추웠지만 집에 가니까 온돌이 있어서 좋다.
>> c. 한복이 아름답다
>> d. 한국의 특산물 홍삼이 이다(→ 있다).
> 다. 현대 스포츠
>> a. 한국 사람이 운동으로써 골프를 많이 친다.

한국에 관련된 다양한 정보 유행에 대한 통합적 표지로서의 한류의
세 번째는, 한국 기업 및 제품에 대한 내용(16)이다. 이처럼 '한류'라는
단어로부터 한국의 기업과 제품을 떠올린다는 것은 한국어 학습자가 한
국 기업에 대해 긍정적인 인식을 가지고 있음을 보여 준다.

(16) 한국 기업 및 제품
> 가. 한국 기업의 해외 진출
>> a. 삼성은 한국 경제가 성장으로 도와 졌다.(→ 경제 성장에 기여를
>> 했다)
>> b. LG 기업이 중국에서 잘 운영하고 있어요
> 나. 대기업 제품의 인지도
>> a. 삼성의 제품이 품질이 좋아서 세계에서 유명해요
>> b. 삼성전자, LG, 현대 기업의 제품을 나라마다 볼 수 있다.
>> c. 한국 대기업:삼성과 현대 등 대기업, 산품을(→상품을) 세계적
>> 으로 많이 볼 수 있어요.

## 4. 한국어교육에의 함의점

본 장에서는 연상 문장 쓰기에 나타난 한류 양상의 분석 결과(3장)를 토대로 한국어교육에의 함의점을 고찰한다. 동일한 언어사용자라 하더라도 '첫눈'으로 연상되는 것이 '낭만'이었다가 시기나 상황이 바뀌면서 '외로움'으로, 다시 '추억'으로 바뀔 수 있듯이 어떤 단어의 연상 의미는 고정적이지 않다.[21]

특히 '한류'와 같이 시의성이 있는 단어는 언어 사용자의 변인, 시기, 상황 등 여러 요인에 따라 그 의미와 양상이 다양하게 나타나므로 그 실체를 한 마디로 규정짓기 어렵다. 따라서 본 연구에서 특정 시기(2013년)에 특정 상황(국내 대학 재학)의 한정된 한국어 학습자(36명)를 대상으로 '한류'의 양상을 질적으로 분석함으로써 밝힌 것은 한류의 다층적인 모습 중 하나의 단면임을 밝혀 둔다. 본 연구의 목적은 분석 결과의 일반화가 아닌, 교수자가 자신의 학습자에 대한 이해도를 높이기 위한 방법론의 하나로써 연상 문장 쓰기를 활용할 수 있음을 보이고자 함이었다.

한국어 학습자가 쓴 전체 문장을 종합적으로 분석한 결과, 한국어 학습자가 보는 한류의 양상에는 크게 지역적 범위, 한국과의 관련성 유무,

---

21  연상 의미의 비고정성, 언중의 심리에 따른 연상 의미의 변화에 대해 이종철(1996:140)에서 다음과 같이 설명한 바 있다. "단어는 개념적 의미가 동일하다 할지라도 연상적 의미까지 동일하지는 않다. 개념적 의미는 통시적으로는 변화하지만 공시적으로는 고정되어 있다. 연상적 의미는 공시적으로도 변화가 활발하고, 개인에 따라, 집단에 따라, 사회에 따라 다르게 인식된다. 개인에 따라 달리 인식되는 연상적 의미는 객관적으로 측정하기가 매우 어려우나, 시대상을 반영하는 연상적 의미는 언어 대중이 대체로 공감할 수 있으므로 언어 자료 분석, 관찰, 실험 등에 의하여 대체적인 경향을 측정하는 것은 가능하다. 언어 대중은 의도된 학습을 통하여 또는 언어 표현을 사용하는 경험을 통하여 그것의 개념적 의미와 연상적 의미를 학습하게 된다. 시대상을 반영하는 연상적 의미는 고정되어 있지는 않으나 경향성을 띠고 있으므로 발신자는 연상적 의미를 활용하여 언어 대중에게 그의 심리 내용을 간접적으로 전달하는 방법을 탐색할 수 있다."

판단의 근거 및 관점, 긍정성 유무 등에서 다음의 몇 가지 특징이 있음을
알았다.

첫째, 한국어 학습자에게 한류는 지역적 범위로 볼 때, 자신의 모국이
나 한국을 전제하기도 하지만 전 세계를 의미하기도 하며 지역 정보가
무표적이기도 하다. 다음의 예처럼 '한류'라는 단어로 연상 문장 쓰기를
했을 때 그 안에 담긴 지역은 한국(명동), 자신의 모국(일본 신오쿠보, 북미)
뿐만 아니라 전 세계를 망라하고 있었다.

- 명동에서 화장품 쇼핑하다.
- 신오쿠보는 코리안타운이다.
- 북미에서 한식은 유명하겠습니다.
- 한국 춤도 연예인들 때문에 세계적으로 유명하다.

둘째, 한국과의 관련성 유무의 측면에서 볼 때 '한류'라는 단어로 연상
문장 쓰기를 한 내용은 '삼성은 가장 영향력 있는 기업이다', '세종대왕
이 한글 만들었다' 등과 같이 한국에 대한 내용이 대부분이었다. 다만,
몇몇 예들은 '중국은 큰 나라이다', '팩을 하면 비부(*피부) 좋아진다'와
같이 일반 상식에 해당하는 내용을 반영한 것도 있었다. 이것은 한국어
학습자가 생각하는 한류는 한국과 직결되는 것이 일반적이지만 한국 이
외의 내용으로 연결될 가능성도 열려 있음을 시사한다.

셋째, '한류'라는 단어로 연상 문장 쓰기를 한 내용은 그 관점이 개인
적인 것인가 사회적인가로 나뉘었다.[22] 개인적 관점에서 쓰인 문장은 학

---

22  한국인 대학생(60여명)을 대상으로 한 본고의 예비실험과 한국어 학습자를 대상으로
한 실험 결과를 비교해 보면 흥미로운 차이점이 발견된다. 가령, 한국어 학습자의 문장
에는 한류와 자신의 경험을 직접적으로 연관 짓는 경향이 있는 반면, 한국인 대학생의
경우는 'A는 군대를 2번 갔다 왔다.', 'B는 연예병사 문제가 있다', 'C는 이혼 소송중이

습자 자신의 경험, 기호, 감정, 희망, 계획, 제안 등이 주를 이루는데, '매운 한국 음식을 좋아한다'(기호), '한류 대해서 리포트 썼다'(경험), '카라가 귀여워서 부럽다'(감정), '1월에 한류 콘서트에 가고 싶다'(희망) 등이 그 대표적인 예이다. 반면, 사회적인 현상이나 사실을 그대로, 혹은 들은 이야기를 정리하거나 자신의 의견을 덧붙여 언급한 문장도 있었다. 즉 한류를 '나'만의 이야기가 아니라 '우리'의 이야기로 확장시킨 것이다. '겨울연가는 일본에서 큰 붐이 되었다', '한류 덕분에 한국말을 공부하는 사람이 늘었다', '강남 스타일로 강남이라고 하는 지명이 퍼졌다' 등이 바로 '우리'의 관점에서 한류를 인식한 사례이다.

끝으로, 한국어 학습자가 보는 한류의 양상에 나타난 네 번째 특징은 긍정성의 측면이다.[23] 본 연구가 국내 대학의 유학생들을 대상으로 이루어졌기 때문에 친한적인 태도를 가졌을 가능성이 높고 수업 시간에 한국어 교수자의 주도 하에 이루어졌기 때문이라는 이유도 배제할 수는 없으나, 학습자가 쓴 대부분의 문장은 긍정적인 내용(혹은 무표적인 내용)이었다. 반면 극히 일부이기는 하지만 다음과 같은 문장도 있었는데 말하기(토론, 발표)와 쓰기로 발전시키기에 좋은 화두를 던진다는 점에서 의의가 있다.

---

다.', 'D는 해체할 뻔했다.'와 같이 한류 연예인의 사변적인 내용을 구체적으로 언급하는 일이 적지 않았다.

23  한국어 학습자의 경우 한류에 대해 긍정적인 내용의 문장을 쓴 것이 대부분이었던 반면, 본 연구의 예비 실험에서 본 한국인 대학생의 경우는 '혐한류'에 대한 인식이나 실태를 언급하면서 한류의 양면을 두루 보려는 경향이 있었다. 다만, '한류로 벌어들이는 돈이 천문학적이다.', '삼성 제품의 세계적 위상이 높아지고 있다.'와 같은 문장에서 알 수 있듯이 한국인 대학생의 경우 한류의 경제적 가치를 높이 평가하며 그 관심도 매우 높은 것으로 나타났다.

- 한류 스타 중에 노래를 잘 못하지만 잘 생겼다(→잘생긴 사람이 있다).
- 한국 연예인은 성형을 좋아한다.
- 후지방송국은 한국 드라마 많이 방송했기 때문에 시위가 있었다.
- 한국에서 드라마가 많고 유행하고 있지만 외국에서 한국 드라마를 좋아하는 사람이(→사람은) 일부이다.

다음으로 한국어 학습자들이 쓴 한류 연상 문장을 내용별로 범주화한 결과를 종합하면 다음과 같다.

첫 번째로, 한국어 학습자에게 '한류'는 대중문화의 포괄적·상징적 의미가 가장 큰 비중을 차지하고 있었다.[24] 학습자의 문장 분석 결과, K-POP에 대한 언급이 가장 두드러졌고 드라마가 그 뒤를 이었으며 부분적으로 예능 및 영화에 대한 관심도 나타났다. 대중문화에 관련된 학습자의 문장 내용의 상당 부분은, 학습자 자신이 선호하거나 경험해 본 한류의 모습을 구체적으로 밝힌 것이었다. 좋아하는 가수, 노래, 배우 등이 대표적이다. 그러나 '유투브 덕분에 가수 싸이가 세계적으로 유명해졌다'라는 내용이나 '한류는 다른 나라에 한국 문화를 알려 준다'는 내용과 같이 거시적인 관점에서 한류의 영향 및 실태를 언급한 내용도 흥미로웠다. 이것은 한국어교육에서 대중문화로서의 한류를 다룰 때 '학습자 자신의 이야기'로 그치지 않고 한류를 다양한 각도에서 바라볼 기회를 가질 기회를 제공하는 것도 유의미할 것임을 시사한다.

두 번째로, 한국어 학습자에게 한국 음식은 한류의 양상을 이루는 또 하나의 커다란 축임을 확인하였다. 학습자의 문장 내용 분석 결과, 한류는 한국 음식에 대한 기호, 경험 및 배경지식으로서의 의미를 지지고 있

---

24  이것은 1990년대 말부터 중국, 대만, 베트남 등 각 국가에서 한국의 대중문화를 동경하며 한국 문화를 배우려고 하는 일련의 문화 현상(오문경, 2013:57)이라는 한류의 개념적 의미와 가장 가까운 결과라 할 수 있겠다.

었다. 한 가지 아쉬운 점은 맵지 않은 한국 음식이 많이 있음에도 불구하고 여전히 한국 음식은 '매운' 맛 일색으로 인식되고 있다는 점이었다. 또한 대표적인 한국 음식으로서는 김치가 발효 음식, 건강에 좋은 음식이라는 등의 배경지식을 가지고 있었고 삼겹살, 불고기와 같은 육류에도 친숙해 보였다. 그러나 한식의 세계화에 정책적으로도 주력하고 있는 분위기임에도 국내 한국어 학습자들이 떠올리는 한국 음식의 종류는 매우 제한적인 양상을 보였다. 이것은 한국어교육에서 다양한 한국 음식과 한국의 식문화를 자연스럽게 노출할 필요성을 시사한다. 이를테면 초급에서 '먹다'를 제시할 때 한국인이 즐겨 먹는 음식의 이름을 더 풍부하게 반영한다거나 수단을 나타내는 '-(으)로'를 가르칠 때 '밥을 숟가락으로 먹어요'와 같이 한국인의 식문화를 접할 수 있는 예문을 넣는 것도 바람직하겠다.

세 번째는, '한류'는 한국어 학습 유인책 및 소통 매개체로서 한국어 학습자에게 인식되고 있었다. 앞서 살핀 대중문화, 한국 음식에 비해 한국어와 한류의 연관성이 상대적으로 높지는 않았지만 '한류'라는 단어가 한국어 학습 방법, 한국어 학습자 증가, 한국 유학, 한국어 관련 지식 등으로 연결되는 양상이 나타났다. 한국 노래를 한국어 학습에 활용한다거나 한국어를 배우러 한국에 오는 사람이 늘고 있다는 내용, 한류로 인해 한국어 학습자가 증가하고 있다는 내용 등은 한국어 학습자들도 한류와 한국어가 밀접한 관계에 있음을 인식하는 근거라 할 수 있다. 또한 비록 소수였지만 한류로부터 세종대왕이 한글을 만들었다는 사실을 떠올린 것도 주목할 만하다.

끝으로, 한국어 학습자에게 '한류'는 한국 관련 정보 및 유행의 통합적 표지로서의 의미를 지닌다. 유행하는 패션이나 화장품, 성형에 대한 내용뿐만 아니라 한국의 주거, 의복 문화에 대한 내용도 발견할 수 있었다.

뿐만 아니라 한국어 학습자에게 '한류'는 한국의 대기업 및 한국 제품에 대한 이미지로도 연결되고 있다는 점이 흥미로웠다.

이상으로 정리한 결과를 기초 자료로 삼아, 한국어 학습자가 보는 '한류'의 배경지식, 인식 등을 교수자가 살펴보는 일은 한국어교육에서 한류를 어떤 범위와 내용으로 어떻게 접목하는가를 결정하는 데에 많은 도움이 될 것이다.[25] 한국어교육의 다양한 상황에서 한류를 중점적인 혹은 보조적인 교육의 도구와 내용으로 활용할 가능성을 넓혀 주기 때문이다.

## 5. 맺음말

지금까지 본 연구에서는 한국어 학습자의 연상 문장 쓰기를 통한 '한류'의 양상 분석 사례를 기반으로 한국어교육에의 함의점을 논하였다.

현재 '한류'는 국경을 초월하고 영역과 분야를 망라하여 화두가 되고 있다. 어떤 이에게 한류는 좋아하는 한국 아이돌이고 또 어떤 이에게 한류는 한국 문화 그 자체로 받아들여지며 또 다른 이에게 한류란 전 세계적인 한국의 파급력을 의미하기도 한다. 뿐만 아니라 동일한 언어사용자가 가진 한류의 모습도 입체적이고 비고정적이다.

즉 미시적인 것이든 거시적인 것이든, 구체적인 모습이든 추상적인 모습이든 혹은 친근함의 정도가 다른 것이든 한류는 다양한 양상으로 존재하지만 우리는 그것을 한 단어로 통칭해 버린다. 이것은 한류가 어떤 모습과 방법으로 실제 교육에 녹아들어야 하는가에 대한 한국어 교수자의 고민으로 직결되는데, 한국어 학습자의 시선에서 본 한류를 이해하

---

25   교육과정의 어떤 시기에, 한국어 교재의 어떤 단원에서, 더 나아가 문법이나 어휘 교수 시의 실제성 있는 예문을 제시하고자 할 때 유용하게 활용할 수 있다.

는 것이 그 실마리가 될 수 있다는 것이 본 연구의 입장이었다.

본 연구는 특정 시기에 국내 대학의 한정된 한국어 학습자를 대상으로 삼은 사례 연구의 성격을 지니는 것으로 다층적인 한류의 양상 가운데 한 단면을 밝힌 것이다. 이를 통해 '한국의 대중문화'를 필두로 '한국 음식', '한국어 학습', '한국 관련 유행 및 정보'를 의미하는 '한류'를 확인할 수 있었다. 또한 본 연구의 방법론은 한국어 교육 현장의 교수자가 학습자의 배경지식을 파악하고자 할 때, 학생들이 쓴 문장들을 실제 수업의 기초 자료로써 다각도로 활용하고자 할 때 유용하게 활용할 수 있을 것이다.

후속 연구에서는 마치 퍼즐 조각을 맞추어 나가듯이, 다양하고 역동적인 한류의 양상을 규명해 보는 작업이 지속적으로 이루어져야 하겠다. 한류는 학습자 변인 및 상황, 지역, 시기 등에 따라 그 양상도 차별화될 것이기 때문이다. 한국어교육 분야의 연구자와 교수자의 몫은 앞으로 '한류'가 어떤 변화의 과정을 거쳐 가고 그것은 한국어교육에 어떻게 연계되며 교육 현장에서의 구현은 어떠해야 할지를 예의주시하는 것이다. 한국어교육에서의 '한류'가 교수자와 학습자에게 '동상이몽'이 되지 않으려면 말이다.

·

─이 글은 『한국어 의미학』 43집, 189~219쪽에 실린 논문을 수정·보완한 것임.

# 재외동포 아동의
# 한국어 쓰기 교육을 위한
# 대화일지 쓰기 사례 연구

부모의 피드백과 상호작용을 중심으로

**황은하**
연세대학교

## 1. 들어가기

본 연구는 해외에 거주하는 아동 한국어 학습자(Korean Heritage Lear-ners)를 위한 쓰기 교육 방안으로 '대화일지(Dialogue Journals)' 사용의 가능성을 탐색해 보는 동시에, 재외동포 아동 학습자와 부모 간의 대화일지를 질적으로 분석하여 부모의 피드백 및 아동과 부모 간의 상호작용의 특징을 알아보는 것을 목적으로 한다.

해외 거주하는 아동 학습자, 특별히 미주 지역의 재외동포 아동 학습자들은 초기 한국어교육 논의가 본격적으로 시작된 1950년대부터 주요한 교육의 대상이었음에도 불구하고 상대적으로 다른 분야에 비해 다양한 연구가 일궈지지 않은 대상이다. 그동안 재외동포 대상 한국어교육에 관한 연구는 주로 교육 현황과 상황을 파악하는 거시적인 관점의 연구들이 상대적으로 많았고, 실제 교수–학습의 현장이나 학습자들이 아동으로서 갖는 연령 변인에 근련된 구체적인 교육 방안이나 교수법에 대해 논의한 연구들은 2008년 이후부터 본격적으로 이루어졌다고 볼 수 있다 (최은지·류선숙·이경, 2013:367-368).

특별히 재외동포 학습자의 쓰기와 관련하여서는 백봉자(1987)[1]에서 교포2세 성인들의 작문에서 나타나는 특징을 구체적으로 제시한 이래로, 재외동포 학습자들의 상대적으로 매우 취약한 철자 오류와 맞춤법 학습을 위한 기초 연구(이동은, 2007; 최인실, 2006), 중급 재미교포 학습자를 대상으로 하는 한국어 쓰기 교육 방안(이지영, 2006)과 같은 논의가 이루어졌다. 그러나 재외동포 아동 학습자의 구체적인 쓰기 과정이나 중간언어적인 발달을 살펴본 연구는 찾기가 쉽지 않다.

쓰기라는 활동 자체는 자신의 생각, 느낌 또는 정보를 문자를 통해 전달하는 의사소통 과정이며 이를 위한 복잡한 사고 작용을 필요로 하는 작업이어서, 일반적인 제2언어 성인 학습자들에게도 기술적인 부담 외에 쓰기 자체에 대한 두려움이나 부담감 같은 정의적 요인들이 영향을 미치는 것이 사실이다. 더군다나 한국어에 대한 노출이 적은 외국어로서의 한국어 상황에서 재외동포 아동들은 한국어 쓰기에 대한 경험의 부재와 기초적인 문식력(literacy)을 다 갖추지 못한 상태로 인해 쓰기 활동 자체에 대한 거부감을 갖기가 쉽고, 이것은 추후 성인이 되어서도 기초 문식력 자체에 큰 영향을 미치는 결과를 낳게 된다.[2]

---

1  교포 2세들의 쓰기와 관련된 문제로 다음과 같이 제시했다. 1)한글을 전혀 못 쓰는 경우, 2)글자 쓰는 순서를 모름, 3)구어체만 알고 문어체로 바꾸어 쓰지 못함, 4)쓰기에 대한 두려움이 많음, 5)맞춤법이 많이 틀림, 6)문법과 구문 구조를 모름(백봉자, 1987).

2  이동은(2007)에서도 대학 단계 이전의 교포 청소년 학습자들의 철자 오류 개선 방안을 제시하면서, 이 시기의 학습자들은 이중언어화자로서 맞게 되는 결정적 시기(critical period)이자 인지적으로 형태 인식에 관한 매우 중요한 시기에 있다고 강조하였다. 그리고 결정적 시기에 음운적 인식이 형태 교육을 통해 향상된다면 쓰기에 있어서 반복되는 오류로 인해 이것이 음운적 인식으로 회귀되는 과정을 개선할 수 있

'대화일지' 쓰기는 이러한 점에서 재외동포 아동 학습자들에게 상호작용을 통한 긍정적인 쓰기 경험을 통해 아동 학습자의 쓰기에 대한 인식을 재정립해 줄 수 있는 좋은 도구가 되며, 동시에 쓰기 과정을 통한 아동의 쓰기 능력의 향상을 관찰할 수 있는 의미있는 자료를 제공하는 과제가 된다고 볼 수 있다. 따라서 본 연구는 재외동포 아동의 쓰기 과정을 탐색하는 일련 연구의 첫 출발로서, 재미교포 아동과 부모의 대화일지 쓰기 과정에서 나타나는 서로 간의 피드백과 상호작용에 주된 초점을 두고 살펴보고자 한다. 따라서 본고에서 중점을 두는 것은 대화일지 쓰기를 통해 실제적인 언어 사용이 드러난 쓰기 양상을 질적으로 분석하고 탐색하여 재외동포 아동 학습자의 쓰기 능력 향상을 위한 방안으로서의 가능성을 보려는 것이며, 대화일지 쓰기가 다른 종류의 쓰기 활동보다 더 효과적이라는 것을 검증하려는 것은 아님을 먼저 밝혀 둔다.

## 2. 이론적 배경

### 2.1. 대화일지의 정의

대화일지(dialogue journals)[3]는 기본적으로 교사와 학생이 공책에 글을 써서 소통하는 '문자적 대화(a written conversation)'의 형태를 가지고 있

---

을 것이라고 언급했다. 따라서 청소년기보다 더 이전 언어발달단계의 아동기 때부터 문식력을 탄탄히 정립한다면 차후의 오류들을 미연에 방지하는 결과를 낳을 것이다.

3  Dialogue journals는 대략 '대화 일기', '대화 일지(또는 '대화일지')', '대화식 저널'로 많이 번역된다. 본고에서는 하루를 뒤돌아보는 의미가 강한 '일기'보다는 개인적인 의견들을 자유롭게 쓰는 의미로 '일지'를 선택하며, 문자를 사용하여 양방향적인 의사소통을 진행하는 고유적인 의미를 생각하여 고유명사화한 '대화일지'를 선택해서 사용하기로 한다.

는 쓰기 과제의 한 종류이다. 보통 공책의 한 쪽이나 윗부분에는 학생이
글을 쓰고, 그 옆이나 밑에 교사가 또다시 글을 쓰는데, 이러한 쓰기 과
정은 일회적으로 끝나지 않고, 일정한 기간 동안 규칙적으로 반복된다는
것이 특징이다. Staton(1988)은 기존의 전통적 쓰기와 대화일지의 차이
를 다음과 같이 구분하였다.

〈표 1〉 전통적 쓰기와 대화일지의 차이[4]

| | 전통적 쓰기 | 대화일지 |
|---|---|---|
| 내용 | 실제 경험 및 사회적 문맥과 떨어진 내용 | 사회적 문맥과 연관된 내용 |
| 주제 | 교사나 교재에 의해 제시된 주제 | 학습자들이 결정한 주제 |
| 표현 및 문체 | 비개인적이고 객관성 강조 | 개인적 표현, 모든 문체 사용 가능 |
| 독자와의 관계 | 비상호적 | 상호적 관계, 글쓴이와 읽는 이가 서로 알고 있음 |
| 평가 | 표면적 오류와 담화 형식에 중점 | 소재와 의미에 중점 |

　　대화일지의 장점으로 Peyton과 Seyoum(1989)은 첫째, 대화일지는 학
습자들에게 자신이 원하는 주제에 대해서 쓸 기회를 준다는 점, 둘째,
형태보다는 전달하고자 하는 의미에 우선적으로 초점을 두게 한다는 점,
셋째, 대화일지에서 학습자는 자신이 쓰는 글의 독자를 알고 글을 쓸 수
있다는 점을 들었다. 특히 여기서 독자는 학습자의 글을 평가하기보다는
생각을 이해하고 공감하려는 사람을 의미한다. 즉 독자로서 교사는 오류
를 수정하고 평가하는 사람이 아니라 학생과 문자로 대화하는 참여자인
것이다. 이러한 장점들은 대화일지 쓰기가 학습자 중심이자 과정 중심의
쓰기로서 구체적인 대상을 상대로 하는 지속적이며 정기적인 쓰기이자

---

4　고경숙(2003:18)에서 재인용.

동시에, 문자를 통한 의사소통을 목적으로 하는 상호작용적 쓰기임을 보여 준다.[5] 따라서 대화일지 쓰기는 교사와 학생 간에 정기적으로 자유로운 주제에 대해 생각과 정보를 주고받는[6] 의사소통적 쓰기 활동이라고 정의할 수 있다(Peyton, 1990; 1997; Peyton&Staton, 1993).

## 2.2. 대화일지 연구

### 2.2.1. 제2언어 학습과 대화일지 연구

실질적인 대화일지 쓰기의 효과 중, 문식력 또는 문자교육으로부터 학습자의 쓰기 능력과 언어 발달 양상 및 사용을 다루는 ESL 의 연구들은 주로 아동을 대상으로 교사-학생 상호작용의 연구들이 주를 이루었다(Peyton, 1984; Peyton과 Seyoum, 1991; Nassaji와 Cumming, 2000). 이것은 본래 아동과 성인의 문식력을 위해 대화일지 쓰기가 개발되고 사용된 기원과도 관련이 깊다. 그러나 점진적으로 대화일지 쓰기의 효용성 인식이 확대되면서 이를 활용한 여러 방안들과 함께 EFL 상황에서의 연구들도 늘어나기 시작하였다. 외국어로서의 영어 상황에서의 문자교육 증진 방안에 대한 연구(김혜리, 경지숙, 2008)[7]를 비롯하여, 독후감 쓰기(litera-

---

5 대화일지 쓰기는 학습자에게 쓰기를 위한 동기를 제공하고, 교사와의 개인적인 상호 작용을 통해 자신을 표현할 수 있게 만들어 준다는 점에서 총체적인 쓰기 능력과 동시에 수사적, 문법적 형태를 다루는 역량을 증진시킬 수 있으나, 특정 학문이나 전문적 장르를 위한 쓰기 교육에는 적합하지 않다는 지적도 있다(Hyland, 2003).

6 보통 일기 쓰기와 같은 개인일지(personal journals)가 일방향적이고 특정한 독자의 반응을 기대하지 않는다는 것에 비해, 대화일지는 학습자와 교사, 즉 양쪽 참여자들 중 아무나 원하는 주제에 대해서 문자를 사용하여 의사소통(written communication)을 할 수 있다는 것이 특징이다(Reyes, 1991:292).

7 김혜리·경지숙, 「대화식 저널쓰기를 기반으로 하는 초등영어 문자교육 증진 방안에 대한 연구」, 『영어교육연구』 20(3), 2008.

ture logs)나 일반 읽기 과제 등과 같은 다른 언어 과제와 대화일지 쓰기를 비교하는 실험 연구(Reyes, M. L., 1991)[8], 이메일로 쓰는 대화일지와 일반 대화일지 쓰기의 효과를 비교한 연구(Noordin et al., 2013)[9], 학습자 대 학습자가 대화일지 쓰기를 하는 동료 대화일지에서의 숙달도에 따른 상호 작용 연구(Lee, J. W., 2007) 등과 같이 점점 학습자의 문화 및 연령, 대화일 지 쓰기의 파트너, 타 쓰기 과제와의 비교 등으로 대화일지 쓰기 과제를 중심으로 하여 여러 연구들이 다각도로 펼쳐지고 있다.

### 2.2.2. 한국어교육과 대화일지 연구

이렇게 ESL과 EFL에서 그동안 활발하게 대화일지 쓰기와 관련된 다양한 연구들이 진행되었던 것에 비해, 한국어교육에서는 그동안 쓰기 과제의 하나인 대화일지에 대한 관심이 그리 많지는 않았던 것으로 보인다. 현재까지 대화일지와 관련된 한국어교육 논문들은 모두 6편의 학위 논문들이 있는데, 이 연구들의 주된 주제들은 쓰기에 대한 불안 감소를 위한 도구로서의 대화일지 (신현미, 2003; 김수경, 2008), 말하기를 위한 준비 단계으로서의 대화일지 활용 (최수현, 2012), 쓰기 능력 향상에 있어서 대화일지와 일반 피드백과의 비교(채상이, 2011), 초급 학습자를 위한 대화일지(천은정, 2003)와 수필을 이용한 대화일지 활용(민유경, 2011)[10]이

---

8  Reyes, M. L., "A Process Approach to Literacy Using Dialogue Journals and Literature Logs with Second Language Learners", *Research in the Teaching of English*, Vol. 25, No.3, 1991.
   Song, M. J., "A Dialogue Journal Study with Korean College Freshmen", *Modern English Education*, Vol.9, No.1, 2008.
9  Noordin et al., "Use of E-mail Dialogue Journal in Enhancing Writing Performance", *Asian Social Science*, Vol.9. No.7, 2013.
10  민유경(2011)에서는 대화일지(dialogue journal)와 독후감 쓰기(literature jour-

다. 이 연구들을 연구 방법의 관점에서 보면, 대화일지 쓰기로 생산된 텍스트 자체에 대한 연구보다는, 대화일지 쓰기의 사전과 사후에 실시한 설문조사를 통해 학습자의 정의적 영역과 대화일지의 사용 효과를 묻는 절차로 진행되는 연구들, 그리고 대화일지 쓰기 활동의 사전과 사후에 수행한 작문 평가를 분석적 또는 총체적인 평가로 채점하거나 문장 내의 연결어미 사용이나 어휘 밀도 분석을 통해 쓰기 능력이 향상되었음을 입증하는 연구들이 주를 이루고 있다. 또한 연구 대상으로는 귀국학생을 대상으로 연구한 한 편의 논문(김수경, 2008)을 제외하고는 모두 초급과 중급의 성인 학습자를 대상으로 하고 있다.

## 2.3. 대화일지와 상호작용 연구

언어학습 과정에서 상호작용의 중요한 역할은 제1언어 습득 연구들에서 먼저 부각되기 시작했다. Holzman(1983)은 성인-아동의 대화에서 성인이 아동에게 본을 보이는 언어의 형태, 기능, 언어 사용들은 점진적인 상호작용을 통해 아동에게 내재화된다고 보았다(Peyton과 Seyoum, 1991:310-311). 마찬가지로 상호작용을 통한 학습은 제2언어 교수-학습에서도 중요한 과정이다. Peyton과 Seyoum(1989)에서는 교실 밖에서의 모어화자와 비모어화자의 대화에 대한 Long(1983)의 연구를 인용하며, 유창한 모어화자가 덜 유창한 비모어화자를 위해 언어적 조정(conversational adjustments)을 하는 것만으로는 습득에 도움이 될 수 없고, 모어화자가 비모어화자의 참여를 촉진하고 확장시켜야 하는 역할을 수

---

nal/log)를 약간 혼동하고 있어 대화일지의 본래적 의미에 집중한 연구라고는 보기 어렵다. 사실상 대화일지는 '일지'의 하위분류로 구분될 수 있는데, 이 연구에서는 대화일지의 하위분류로 여러 일지 종류들을 아우르고 있다.

행해야 함을 강조하였다. 이는 모어화자가 비모어화자의 발화도 '대화에 기여하는 유용한 것(valid conversational contributions)'으로 받아들이고, 질문과 조정된 입력 및 상호작용을 사용하여 비모어화자가 대화에 적극적으로 참여하도록 돕는 것을 의미한다. 사실상 언어를 익히는 데 있어서는 노출되는 시간보다 그 언어로 상호작용을 얼마큼 했느냐가 훨씬 중요한 것이며, 상호작용이 없는 입력만으로는 충분한 언어 발달이 완성될 수 없는 것이다.

한편 언어학습에 있어서 상호과정에 대한 관심은 주로 구어 사용에 주로 집중이 되었고, 상대적으로 쓰기는 고립적이고 비상호작용적인 활동으로 취급되는 경우가 많았다. 그러나 점점 쓰기도 구어 발달처럼 의미있는 상호작용과 연계하여 쓰기 발달을 촉진시킬 수 있다는 논의가 시작되었는데, 그 중의 대표적인 것이 바로 대화일지 쓰기와 관련된 연구들이다. 학습자가 흥미를 느끼고 선호하는 주제에 대해서 특정한 독자를 상대로 지속적인 쓰기를 할 때, 그 과정에서 문어(written language) 사용의 동기가 부여되고 동시에 쓰기 능력의 발달도 촉진된다는 연구들이 대화일지와 관련하여 수행된 것이다. 이 연구들은 대화일지 쓰기에 나타난 1) 문어 의사소통 전략, 2) 문어 상호작용의 언어기능, 3) 사회문화적 관점에서의 피드백을 통한 스캐폴딩(Scaffolding)을 주로 다루고 있다.

먼저, 문어 의사소통 전략과 연관하여, 교사와 학생 간에 문자를 통해 이루어지는 대화라는 면에서 대화일지의 상호작용적인 특성을 강조한 연구들이 있다(Peyton&Seyoum, 1989; Nassaji&Cumming, 2000; 김혜리와 경지숙, 2008; 차경애와 최승희, 2013). Peyton과 Seyoum(1989)의 연구에서는 학생이 문어 의사소통인 쓰기에서 효과적으로 의사소통하는 법을 배우는 것이 대화일지 쓰기의 중요한 목적 중의 하나라고 보았다. 그리고 성공적인 문어 의사소통을 위해 교사가 여러 가지 전략을 사용하게 된다는 가정 하에, 이들은 학생의 쓰기 활동을 촉진시키기 위해 학생 작문의 길이와 복잡성에 영향을 주는 교사 전략의 효과를 검증해 보았다. 연구 결과에 따르면 교사는 학생이 제시하는 주제를 수용한 후 무조건적으로 질문을 던지기보다는, 대화에 기여(contribute)하는 전략을 주로 사용하고 있었다. 동시에 이러한 전략의 도움으로 교사—아동 학습자 간의 대화 일지 쓰기는 상호간의 협력을 토대로 주제를 발전시켜나가기도 하고, 학생들이 제시된 양보다 더 긴 작문을 하는 결과를 이끌어내기도 했다.

두 번째, 대화일지에 나타난 문어 상호작용(written interaction)에서 나타나는 언어기능(language functions)을 분석한 연구로는 Shuy(1988)와 Staton(1993)이 대표적이다. Shuy(1988)는 대화일지 활동이 아동에게 이미 숙달된 구어 능력을 문어 능력으로 자연스럽게 이동(natural transition)을 시킨다고 하였다. 즉 대화일지 쓰기는 처음 글을 쓰는 학습자가 이미 구어에서 숙지한 여러 종류의 언어 기능을 쓰기에 적용하도록 돕는데, 이는 에세이나 격식적인 편지, 다른 종류의 학교 작문에서는 나타나지 않는 특징이라고 하였다(Peyton, J. K.와 Staton, J. 1993:105). 또한 Staton(1993)은 학습자가 자기 자신의 언어 수준을 약간 넘어선(i+1) 이해 가능한 언어 자료를 입력받음으로써 목표어에 대한 이해를 증진시키고 언어 능력을 향상시킬 수 있다는 크라셴(Krashen)의 '입력 가설'이 문어 상호작용(written interaction)에서도 같은 결과를 도출하는가에 대한 질문으로 연구를 시작하였다. 그는 분석할 자질들을 언어적 입력 자질(linguistic input features), 상호작용적 자질, 그리고 좋은 대화를 위한 자질(features of good conversation)의 범주로 나누었다.[11] 그리고 숙달도

---

11  세 종류의 자질의 세부 내용은 다음과 같다. 1) 입력 자질(input features) : 시제, 발화의 길이, 통사적 복잡성, 기능적 복잡성, 어휘; 2) 상호작용적 자질(interactional features) : 주제 변화, 주제 설립, 순서 교대, 반복, 확장, 어휘 대치 : 3) 좋은 대화를

가 각각 상이한 학습자 4명과 교사 1명 간의 대화일지 텍스트를 각각 분석한 결과, 언어 입력으로서의 교사의 쓰기가 대상에 따라 체계적으로 조정이 됨을 발견하였다. 이는 구어에서처럼 문어에서도 더 능력 있는 언어 사용자가 비모어화자의 숙달도에 맞추어 '이해 가능한 입력'을 생성하는 내재된 능력이 있음을 보여주었고, 이것은 대화의 형태를 띤 쓰기인 대화일지를 통해 가시적으로 드러났다고 하였다.

세 번째, 제2언어 학습에서 일어나는 '피드백'을 학습의 사회문화적 이론의 관점에서 바라보며, 대화일지 쓰기의 상호작용을 탐색한 연구들이 있다(Nassaji&Cumming, 2000; Lee, 2007). 이 연구들은 협력, 상호작용, 그리고 의사소통의 과정을 통해 지식을 구성해 나간다는 사회문화적 관점으로 제2언어 쓰기에 접근한다. 따라서 대화일지에서 교사의 역할은 Vygotsky의 '사회적 타자(social other)'[12]의 견지에서, 또 제2언어 쓰기 과정은 근접발달영역(ZPD : zone of proximal development)과 연계가 된다. Nassaji와 Cumming(2000)은 그동안 Vygotsky의 근접발달영역에 관한 연구들이 주로 구어 상호작용에만 초점을 두었음을 먼저 지적하고, 그와 동시에 쓰기에서 그동안 다루었던 상호작용은 교육 환경에서 주로 학습자의 쓰기 결과물에 대한 동료 피드백이나 교사의 수정, 또는 피드백의 의미로만 제한되어 사용되고 있었음을 지적하였다.[13] 따라서 이들은 연속

---

위한 자질 : 언어 기능(화행)의 다양한 사용, 상대의 주제에 대한 직접적이고 관련성 있는 코멘트, 공유된 맥락과 알려진 주제를 심화시키는 코멘트, 학습자에게 순서를 취할 수 있는 기회를 열어 놓는 것(Staton 1993:107-109).

12  Greenfield(1984)는 사회적 타자란 아동과 함께 상호작용을 이루는 성인일 수도 있고 더 발달된 또래가 될 수도 있다고 정리하였고, 이러한 사회적 타자의 역할로Wood, Bruner&Ross(1976)는 아동의 인지발달을 돕는 사회적 파트너의 스캐폴딩(scaffolding)을 제시하고 더 발달된 파트너가 덜 발달된 파트너를 돕는 견지에서의 상호작용을 설명하고 있다(강정순 외, 2006).

13  이것은 Ferris 외(1997)에서 관찰한 사실과도 일맥상통하는 것으로, 쓰기에서 상호작

적이고 지속적인 쓰기의 근접발달영역에서 이루어지는 상호작용을 보기
위해서 제2언어로서의 영어를 학습하는 이란 태생의 6살 아동과 언어
교사 사이에 이루어진 대화일지 총 95쌍의 언어기능(language function)을
분석하였다. 그리고 그 과정에서 교사와 학생이 구성하고 유지하는 상호
보완적이고 비대칭적인 스캐폴딩(complementary and asymmetrical scaffol
-ding)의 복잡한 패턴[14]을 살펴보았다.

## 3. 연구 방법

### 3.1. 연구 참여자와 자료 수집

본 연구의 분석 대상 자료는 8주에 걸쳐 수집된 총 31쌍[15]의 대화일지
이다. 대화일지 쓰기의 참여자는 8살 재미교포 여아 '지수'(가명)와 그의
어머니이다. 지수는 미국 태생으로 대화일지 활동을 시작할 당시 남부
캘리포니아 소재 미국 초등학교 3학년에 재학 중이었으며, 한국어와 영
어를 모두 집에서 사용하지만 영어를 더 편하게 느끼고 있었다.[16] 대화일

---

용을 다룬다고 했던 그동안의 연구들은 일괄적인 교사의 코멘트나 일회적으로만 제공되
는 고립된 피드백을 상호작용으로 보았던 것이지 진정한 의미로서 지속적이고 연속적인
상호작용을 탐색한 것은 아니었다(Nassaji와 Cumming, 2000:100).

14  분석 결과, 근접발달영역을 구성하는 상호작용의 특정한 패턴으로 1)질문하기, 2)상
호작용에서 주고 받기, 3)보고하기와 요구하기 4)교사의 평가, 5)문어 장르에서 나타
나는 구어의 사용이 있었다(Nassaji와 Cumming, 2000:106-113).

15  대화일지의 기본 쌍은 아동이 쓴 텍스트와 그 밑에 부모가 쓴 텍스트, 즉 두 개의
텍스트가 한 쌍으로 계산된다.

16  본 연구 초반에 시행한 서면 인터뷰에 따르면, 지수의 어머니는 한국어교육의 중요성
과 자녀의 쓰기 교육의 필요성을 충분히 인식하고 있었다. 특별히 자녀가 쓰기에서
제일 어려워하는 부분은 맞춤법이라고 생각하고 있었고 자녀에게 풍부한 어휘와 글쓰
는 과정을 교수하면 도움이 될 것 같다고 자각하고 있었다.

지는 지수가 규칙적으로 한국어로 쓰기를 시작한 첫 번째 쓰기 결과물이었다. 대화일지의 파트너로서 지수의 어머니는 한국에서 출생하여 대학에서 유아교육을 전공하고 결혼 후 미국으로 이주한 경우로, 한국어 사용에 있어서는 모어화자의 요건을 충족시키고 있었으며 아울러 유치원 교사 및 한글학교 교사로 일한 경험이 많았다.[17]

## 3.2. 자료 분석 방법

대화일지 쓰기 자료를 분석하는 첫 단계로, 수집된 아동과 부모 텍스트에 전체에 주제 변화를 표시하였다.[18] 보통 하나의 주제는 한 문장 또는 그 이상으로 구성되었는데 대화일지 내용의 흐름에 따라 주제가 달라질 때마다 '#' 기호로 주제 변화를 표시하였다.

그 다음 대화일지의 주제 제기가 누구에 의해 이루어지는가를 보기 위해서, '주제 주도'와 '주제 반응'으로 코딩을 하였다. 부모 텍스트를 중심으로 보면, '주제 주도(Topic Initiation)'는 부모가 새로운 주제를 제시했을 경우이고 '주제 반응(Topic Response)'은 상대, 즉 아동 학습자인 자녀가 제시한 주제를 받아들이고 거기에 대해 같은 주제로 내용 쓰기를 이어가는 경우이다.

부모의 피드백 유형은 먼저 언어적 피드백과 비언어적 피드백으로 구

---

17  국내외 연구에서 대화일지의 파트너로 부모를 참여시킨 것은 본 연구가 처음이다. 이것은 재외동포 한국어 교육 현장의 특성상 1)주말학교에서 봉사하시는 교사분들의 특성상 그분들에게 또 다른 역할을 부과하기 힘들다는 점, 2)현장에서 전문적인 교사 참여가 쉽지 않다는 점, 3)접근의 용이성과 지속할 수 있는 가능성, 4)한국어를 매개로 부모와의 정서적 유대감 형성 가능성의 면에서 어머니(부모)를 대화일지 쓰기의 파트너로 선정해 보았다.

18  자료의 분석틀은 Peyton&Seyoum(1989), Shuy(1984), Todd et al.(2001)를 참조하여 본 연구에 적용하였다.

분한 후, 언어적 피드백을 '물어보기(Requests for a reply)'와 '서술하기 (Personal contribution)'로 나누어 코딩을 하였다. '물어보기'는 상대방에 게서 능동적인 반응을 얻으려고 하는 범주로 주로 정보, 의견, 명확성을 요청하기 위한 것이다. 물어보기의 형태는 의문형, 명령형, 서술형이 모두 포함된다.[19] '서술하기'는 상대방의 대답을 반드시 얻으려고 하지 않는 범주로 상대방이 대답하든지 말든지 상관없는 모든 형태의 서술(all statements and comments)들이 포함된다. 그리고 이러한 '서술하기'와 '물어보기'가 같은 주제 단위에서 모두 발생할 때, 이를 '복합'으로 분류하였다. 비언어적 피드백은 이모티콘, 각종 기호와 그림 사용이 해당되며, 괄호 안에 그 내용을 문자로 표시하였다.

> (1)  8.  아동  # 오늘은 다리찌기부터 하고 나는 5항연 운동할 거
> 야. # 우리 하야신스 집 팔인대 말해조. # 내일은
> 모할래? #
>
> *주도*
>
> 부모  # 5학년 운동이 뭐야? (웃는 얼굴) #
>
> *반응―물어보기*
>
> # 우리 하야신스 집 팔리려면 한달 정도 더 걸릴 것
> 같아. 지수가 기도 많이 해죠. 잘 팔릴 수 있도록.
> 하나님이 지수 기도를 제일 잘 들어 주시는 것 같
> 아. (웃는 얼굴) #
>
> *반응―서술하기*

앞의 (1)은 자료 코딩의 예이다. 번호 8은 이것이 대화일지 31쌍 중에

---

19  '물어보기'는 Peyton(1993:157)에서와 마찬가지로, 문장 형태보다는 그 기능에 의해 나뉜다. 따라서 자료 분석을 할 꼭 의문형이 아니더라도 그 기능에 따라 물어보기로 코딩이 될 수 있다.

서 8번째 쌍이라는 것을 나타낸다. #는 주제 변화를 나타내고, '(웃는 얼굴)'과 같이, 괄호 안에 쓴 내용은 문자 외에 첨가된 비언어적인 요소로 기호나 그림을 포함한다. 덧붙여 정서법과 관련해서 틀린 철자의 경우는 원본 그대로 전산화하였으나, 띄어쓰기가 거의 되어 있지 않았던 아동의 텍스트는 분석의 편의를 위해 띄어쓰기를 적용하여 표기하였다.

## 4. 연구 결과

앞에서 제시한 방법으로 자료를 분석한 결과를 논의하고자 한다. 하나는 부모 피드백의 특징이고, 다른 하나는 대화일지 쓰기에서 나타나는 상호작용의 촉진과 활성화라는 두 측면이다. 상호작용의 촉진은 대화일지 참여자들 간의 '물어보기'에 대한 반응을 통해 살펴볼 것이고, 상호작용의 활성화는 순서 교대의 확장과 비언어적 요소의 기호화를 통해 살펴볼 것이다.

### 4.1. 부모 피드백의 특징

대화일지 쓰기에서 부모는 자신의 말을 학습자가 이해할 수 있도록 능동적으로 피드백을 제시한다. 이때 피드백은 아동에게 추가적인 읽을 기회를 주는 동시에 다음번 대화일지의 입력 자료가 되고, 이것은 또다시 계속적인 저널 쓰기와 답하기로 이루어지는 순환 과정을 지속하게 된다. 대화일지 쓰기에서 나타나는 부모의 피드백은 일반 쓰기 교실에서 교사가 학생에게 주는 피드백과 다르다. 가장 큰 차이점은 피드백의 대상을 텍스트에 두느냐 글을 쓰는 대상(writer)에 두느냐의 문제이다. 일반적인 쓰기 활동에서의 교사 피드백은 학습자 글의 형태와 내용의 언어

적인 부분에 집중적으로 초점을 두는 것에 비해서, 대화일지 쓰기에서는
부모의 피드백이 아동이 쓴 글 자체보다 글을 쓴 사람을 대상으로 이루
어진다는 점에 차이가 있다.

부모 피드백의 양상을 살펴 보기 위해서 먼저 대화일지 전체 쌍에서
나타나는 '주제'의 변화를 단위로 삼아 표시한 후, 각각의 주제를 누가
먼저 제기하는가에 따라 '주제 주도'와 '주제 반응'으로 유형을 나누어
보았다. 그리고 부모의 피드백에서의 '주제 주도'와 '주제 반응'의 비율
을 살펴 보았다. 전체 자료에서의 부모 피드백을 주제 변화에 따라 구분
해보니 모두 46개의 주제별 발화로 나뉘어졌다. 다음 〈표 2〉는 46회의
주제별 발화에서의 부모의 주제에 대한 반응을 보여준다. 부모의 피드백
은 본인이 주제를 먼저 제시하는 '주제 주도'보다 아동이 제시한 글의
주제를 따라 동일하게 내용을 이어가는 '반응'의 비율이 압도적으로 높
았다.

〈표 2〉 부모 '주제' 피드백에서의 '주제 주도'와 '주제 반응'

| | 주제 주도<br>Topic initiation | 주제 반응<br>Topic response | 총합 total |
|---|---|---|---|
| 부모 주제 피드백 | 4회(8.70%) | 42회(91.30%) | 46회(100%) |

아래의 (2) 예는 부모가 아동에 의해 제시된 주제에 반응하는 것과 새
로운 주제를 스스로 제시하는 주도를 보여준다.

(2)  14.  아동  # 나 오늘 짐내스틱애 모했는지 알아? 우리 새려운
애들 두명이나 있어. 둘다 여자야. #

*주도*

부모  # 지수가 체조하는 동안 엄마가 마켓에 다녀와서 뭐
했는지는 못봤어. 마지막에 색깔찾기 게임하는 건

봤어~(웃는 얼굴). 쉬는 날이라 애들 별로 없을 줄
알았는데 오늘 친구들 많이 왔더라~#

*반응*

# 지수야! 지수 벌써 8살이고 3학년이 되었네. 이제
는 스스로 할 수 있는 것도 많아졌지? 엄마가 잔소
리 많이 해서 미안해. 지수도 씩씩하게 해야할 일
을 해주렴. OK? (하트) #

*주도*

　Peyton&Seyoum(1989)에 따르면, 대화일지 쓰기와 교실 담화(class-
room talk)의 가장 큰 상호작용의 차이는 바로 주제를 주로 누가 먼저
제시하는가의 문제와 그 주제에 대한 반응 유형이다. 구어 의사소통으로
이루어지는 교실담화에서는 교사의 질문이 교사가 하는 말의 95% 정도를
차지하며, 교사의 질문은 토의 주제를 형성해 나가고 교사의 통제를 유지
하기 위한 역할을 한다고 보았다. 그러나 대화일지를 분석한 결과 이들은
교실에서 일어나는 상호작용과 다르게 교사는 주제를 주도해가기 위한
질문보다 학생의 글에 대한 반응으로 주로 하고 있었다는 것을 발견했다.
이는 말하기보다 쓰기에서 학생이 주제를 더 주도해 간다는 의미가 아니
라, 학생이 흥미가 있고 이야기하고 싶어 하는 주제에 대해서 계속 표현
할 수 있도록 교사가 도와준다는 것이다. 이러한 현상은 본 연구의 대화
일지 쓰기에서도 비슷한 양상으로 나타났다. 전체 대화일지 31쌍의 텍스
트들을 주제로 각각 쌍들을 나눈 결과 부모가 쓴 텍스트 분량은 모두
46회의 주제 변화가 있었다. 그 중에 먼저 부모가 제시한 주제는 46회
중에 단 4회만 해당이 되었고, 나머지 42회는 모두 아동이 제시한 주제에
대한 반응이었다. 이것은 아동이 제시한 주제에 대한 맞장구이자, 적극적
인 경청(active listening)[20]의 표현으로 보여진다.

다음은 부모의 '주제 반응' 피드백의 세부 유형이다. 〈표 2〉에서 부모의 '주제 반응'은 모두 42회 발화로 나타났고, 이 42회의 발화를 다시 '물어보기', '서술하기', '복합(물어보기+서술하기)'로 하위 분류한 것이 바로 〈표 3〉이다.

〈표 3〉 부모의 '주제 반응' 피드백의 세부 유형

| | 물어보기 Requests | 복합 Requests + Contribution | 서술하기 Personal contributions | 총합 Total |
|---|---|---|---|---|
| 주제 반응 피드백 | 6회(14.29%) | 13회(30.95%) | 23회(54.76%) | 42회 |
| 주제 주도 피드백 | 1회(25%) | 1회(25%) | 2회(66.67%) | 4회 |
| 총합 | 7회(15.22%) | 14회(30.43%) | 25회(54.35%) | 46회 |

부모의 '주제 반응'에서는 '서술하기'의 단독 사용이 총 42회에서 23회로 빈번하게 나타나는 것을 볼 수 있다. 여기에다가 '복합'에서 사용된 것까지 합치면 총 36회(85.71%)로 부모 피드백에서 '서술하기'가 많은 비중을 차지하고 있음을 보여준다. 이것은 기존 구어 수업담화를 다룬 연구들에서 '물어보기'가 교사 발화에서 매우 높은 빈도 비율을 차지한 것과는 완전히 반대의 결과로, Peyton et al.(1989)의 연구 결과와도 일치하고 있는 부분이다. 즉 개인적 정보나 일반적 정보, 의견, 명확성을 알기 위해 질문하는 '물어보기'가 문어 대화일지 쓰기 담화에서는 상대적으로 낮은 빈도를 보이고 있는 것이다. 그리고 '복합'에서 사용되는 '물어보기'도 '서술하기'를 동반하고 있다는 점은 '서술하기'가 수행하는 언어적 기능[21]의 다양성과도 관련이 있다.

---

20  Johnson(1986)은 적극적 경청과 연관된 다섯 가지의 반응으로 1)지지하기, 2)증명하기, 3)평가하기, 4)이해하기, 5)분석하기를 제시했다(Todd et al., 2001 : 356 재인용).
21  '서술하기'의 세부적인 언어 기능을 본 연구에서는 1)개인적 사실 전달하기, 2)일반적

아래에 제시되는 예 (3)에서 부모의 답글은 두 가지 주제로 구성되는데, 모두 아동이 제시한 내용에 대한 직접적인 대답이자 구체적인 설명이다. 일반적 사실을 전달하고 예측하는 기능과 평가하기, 제안하기와 의견 요청하기의 기능을 포함하고 있다. 동시에 밑줄 그은 부분에서 보는 것과 같이 아동의 형태 오류에 대해 간접적인 수정을 해주기도 한다.

(3)  24.  아동　# 내가 스트 스투댄트 언재 댈까? # 오늘밤의는 나 아빠랑 잘개. # 요즘의 무한도전 안 본다. 왜? #

　　　　　　　　　　　　　　　　　　　*주도*

　　　　부모　# 지수는 2월달에 스타 스튜던트 하는 걸로 알고 있어. 아마 하기 일주일 전에 선생님께서 알려주실 거야.#

　　　　　　　　　　　　　　　　　*반응—서술하기*

　　　　　　# 무한도전 요즘엔 별로 재미없어서 잘 안 보게 되네. 우린 그냥 런닝맨만 보자~거기서 나오는 끝말 잇기 정말 재미있었지? #

　　　　　　　　　　　　　　　　　　*반응—복합*

의사소통의 상호적인 차원으로 보면 대화일지에서 부모가 아동이 먼저 제시한 동일한 주제에 '서술하기'로 반응하는 주된 이유는 두 가지로 볼 수 있다. 하나는 아동의 질문에 답을 하고 같은 주제로 내용을 씀으로써, 아동의 글을 하나하나 꼼꼼하게 읽고 있음을 반응하는 것이다. 즉 부모의 '주제 반응'의 '서술하기'는 아동에게 부모가 관심을 가지고 대화

---

사실 전달하기, 3)의견 전달하기, 4)제안하기, 5)감사하기, 6)평가하기, 7)예측하기, 8)사과하기, 9)지시하기, 10)불평하기, 11)약속하기로 정하였다. 그리고 '물어보기'의 언어 기능을 1)개인적 정보 물어보기, 2)일반적 정보 물어보기, 3)의견 물어보기, 4)명확성 물어보기로 분류하였다(Shuy, 1984; 1993; Peyton&Seyoum, 1989, 천은경, 2003 참조).

일지 쓰기를 하고 있다는 것을 보여주어, 아동이 계속적으로 주도적으로 자신을 글로 표현하게 돕는다. 다른 하나는 부모 글 자체가 아동에게 읽을거리로서의 입력을 주기 위한 것이다. 부모의 답글을 통해 아동은 추가적인 읽을 기회를 갖게 되는데, 특히 초급 수준의 학습자로서 부모의 답글은 아동의 관심있는 주제를 다루고 있는 쉬운 본문으로서 좋은 읽을 기회를 제공하게 된다.

또한 대화일지 쓰기에서 나타난 비언어적인 피드백도 일반적인 쓰기에서 나타나는 않는 부분이다. 부모는 아동에게 웃는 얼굴이나 하트 그림 같은 이모티콘을 문장 말미에 자주 사용하고 있었는데, 주제 변화로 분류한 전체 발화 46회 중에서 21회의 비언어적인 피드백을 사용하여 전체 45.65%로 거의 절반에 해당하였다. 이것은 대화일지 자체가 갖는 구어적인 성격과 비격식성이 가져오는 독특한 신체언어의 기호화로 볼 수 있다.

## 4.2. 대화일지 쓰기 참여자들의 상호작용

이 절에서는 본 연구 자료 대화일지 쓰기에서 나타난 상호작용의 특징에 대해, 1)'물어보기'를 통한 상호작용의 촉진(facilitating)과 2)구어 담화적 특징을 통한 상호작용의 활성화(vitalizing)의 두 가지 측면에서 기술하고자 한다.

### 4.2.1. '물어보기'를 통한 상호작용의 촉진

먼저, 대화일지 쓰기의 상호작용의 특징은 '물어보기(requesting)'를 통한 상호작용의 촉진이다. 대화일지 쓰기에서 '물어보기'의 사용은 대화일지 참여자들의 관심과 초점을 하나의 주제로 모아 글을 작성해가는 맥락을 제시해준다. 일반적으로 상호작용이 없는 전통적인 쓰기에서 '물어보기'는 수사적인 표현을 위해서가 아니면 나타나지 않는 경우가 대부분이다. 이에 비해서 본 연구의 대화일지 자료에서는 부모의 전체 발화에서는 '물어보기'가 단독 또는 '복합'으로 나타난 것이 총 46회 발화 중 21회로 전체 발화의 45.65%에 해당되었다. 아동은 전체 52회 발화에서 물어보기가 27회가 사용되었고 전체에서 51.92%를 차지했다.

〈표 4〉 부모와 아동의 '물어보기'

|  | 물어보기 Requests | 복합 Requests + Contribution | 서술하기 Personal contributions | 총 주제별 발화 수 |
|---|---|---|---|---|
| 부모 | 7회(15.22%) | 14회(30.43%) | 25회(54.35%) | 46회 |
| 아동 | 15회(28.85%) | 12회(23.08%) | 25회(48.08%) | 52회 |

그런데 '물어보기'에 대한 반응은 아동과 부모의 양상이 매우 상이하였다. 부모의 경우, 대부분 아동의 질문 하나하나에 상세히 답변하는 양상을 띠었다. 이것은 아동이 제시한 주제에 반응하는 부모의 피드백으로 나타나는데 전체 발화에서 91.30%를 차지한다. 이는 상호작용에서 아동이 택한 주제를 지지해 주려는 것으로 보이며, 동시에 아동의 모든 질문에 대해서 상당히 적극적으로 수용하는 태도로 볼 수 있다. 이를 통해 부모는 아동의 질문에 답하는 일차적인 목적과, 동시에 자연스럽게 한국어 읽기 이해 자료를 입력해 주는 역할의 이차적인 목적을 모두 달성할 수 있는 것이다.

그러나 부모의 '물어보기'에 대한 아동의 반응은 부모의 경우와는 다른 양상을 보인다. 주제로 분류한 총 아동 발화 52회에서 아동은 단 5회 (9.62%)의 경우만 부모의 질문에 직접적으로 답하였다. 아동은 자신에게 직접적인 흥미를 주는 질문에 대해서만 반응하는 경우가 많았고, 아동의 대답은 주로 순서 교대(turn-taking)를 통한 다음 쌍에서 나타났다. 아래의 예 (4)의 13-14번과 (5)의 22-23번은 부모의 물어보기가 아동에게 유의미한 것일 때만 반응하고 있는 구체적인 모습이다.

(4) 13. 아동    # 나 짐냇틱 선새임 앉애 조은 질문이 있어. # 버리벌 진자 재미있어. # 차의서 긎말잇기 하자. #

*주도*

부모    # <u>짐네스틱 선생님께 무슨 질문했어? 궁금해~.</u> # 배구 재밌게 해서 다행이다. 운동하면서 몸도 더 건강해지고 튼튼해질거야~(웃는 얼굴) # 우리 차에서 끝말잇기 한 거 재미있었지? 지수가 한국말도 잘 하고 영어도 많이 알아서 참 좋다. 우리가 같이 한국말로 게임하니까 (웃는 얼굴) 나중에 현호랑도 같이 해보자. #

*반응—복합*

아동    # <u>내가 무러본개 이거야~"여름박학의 짐내스틱있어요? 선생님이 짐내스틱 있대.</u> #

*물어보기에 대한 반응*

(5) 22. 부모    # 애마랑 플레이 데이 하니까 좋았어? #

*반응—물어보기*

23. 아동    # <u>어, 에마랑 노리까 조화.</u> (웃는 얼굴)

*# 물어보기에 대한 반응*

대체적으로 아동은 부모의 물어보기에 대해서는 크게 책임을 가지고 반응하지 않았지만, 그 반면에 본인이 중요하다고 생각하는 질문에 대해서 부모가 대답을 안 한 경우는 아래 (6)의 예에서 보듯이, 29~31회에 걸친 무려 세 쌍의 대화일지에서 부모의 대답을 직접적이고 적극적으로 촉구하는 모습도 볼 수 있었다.

(6) 29. 아동　　# 그림 그려도 돼? 돼면, <u>이거 얘뻐?</u> (화살표, 집 그
　　　　　　　　림, 별 그림, 트로피 그림) #

*주도-물어보기*

30. 아동　　# <u>거기에서 모 각고 싶어?</u> 다? 두게? 한아만? # 내
　　　　　　　일 저녁 아니면 아침에 떡국 먹을레. #

*부모의 무응답에 대한 반응-복합*

부모　　# 오늘 떡국 못 먹었네~짜장면, 짬뽕, 탕수육 먹었
　　　　　으니까 괜찮지? (웃는 얼굴) 지수가 이제 제법 컸
　　　　　나봐~매운 짬뽕도 잘 먹고~한국 음식도 잘 먹으
　　　　　니까 엄마는 참 좋아~내일은 떡꾹 끓여줄께~(웃
　　　　　는 얼굴) #

*반응-복합*

31. 아동　　# 티처 컨퍼렌스 잘 됐어? # <u>내가 악아 부러 보았자
　　　　　나, 모 가고 십나고? 내가 그림의서</u> #

*주도 및 부모의 무응답에 대한 반응-물어보기*

부모　　# 지수 선생님이랑 상담 잘 했어. 지수가 학교에서
　　　　　친구들과 사이좋게 잘 지내고 공부도 잘 하고 착한
　　　　　어린이라고 선생님께서 칭찬 많이 해 주셔서 엄마,
　　　　　아빠가 아주 많이 기쁘고 자랑스러웠어. # <u>그리고
　　　　　그림 중에는 첫번째 것이 좋아~</u>(웃는 얼굴) #

*반응-서술하기*

이렇게 부모와 아동이 상대의 물어보기에 대해 반응하는 양상이 다르다
는 것은 대화일지에 참여하는 두 참여자의 역할이 매우 상이함을 의미한
다. 다시 말해, Vygotsky의 근접발달영역(ZPD)과 스캐폴딩(scaffolding)
개념으로 이 역할의 차이점을 살펴보면, 부모는 아동보다 한국어 능력이

더 발달한 참여자로서 아동에게 지원을 줄 수 있는 역할[22]을 부지불식간에 하고 있다고 볼 수 있다. 따라서 한국어를 사회의 공용어로 사용하지 않는 재외동포 아동의 제한된 언어 현실에서 부모와 대화일지를 쓰는 과정과 그에 따른 상호작용은 중요한 학습 및 언어사용의 장이 될 수 있는 것이다. 대화일지 상호작용에서 문자를 사용한 '서면 대화(written conversations)'는 유의미한 한국어 입력이 되어 아동이 자연스러운 언어 학습을 하게 되는 기회를 제공해 주기 때문이다. 아동의 '물어보기'는 부모의 입력을 촉진하고 강화하고, 부모의 '물어보기'는 자연스럽고 상호작용적인 문자 의사소통 습득 과정을 배울 수 있는 계기를 제공한다. 즉 '물어보기'는 대화일지 쓰기라는 공유된 활동에서의 상호작용을 촉진시키는 기능을 수행하고 있는 것이다.

### 4.2.2. 구어 담화적 특징을 통한 상호작용의 활성화

대화일지 쓰기에서 상호작용의 두 번째 특성은 구어 담화적 특징을 통한 상호작용의 활성화이다. 전통적인 쓰기와는 다르게 학습자의 능동적인 참여와 의사소통을 강조하는 대화일지의 상호작용은 학습자들의 쓰기 능력을 자연스럽게 향상시킬 뿐 아니라, 쓰기 자체에 대한 불안감 및 부담감을 감소시키는 역할도 한다. 이는 학습자들이 이미 구어 의사소통에서 학습한 것을 자연스럽게 쓰기 과제에 적용할 수 있게 만드는 대화일지의 특성상 가능한 것이다. 따라서 말하기에서 문자로, 구어체적

---

22 학습자가 상호작용 안에서 과제를 수행할 때 학습이 가장 잘 일어난다. 근접발달영역은 학습자가 지원을 받을 수도 있고, 독립적으로도 할 수 있는 영역이다. 학습은 학습자보다 지식적으로 좀더 알고 있는 사람과의 언어적 상호작용과 과제 협상으로부터 발달되는데, 교사는 이러한 스캐폴딩 과정에서 핵심적인 역할을 한다(Highland, 2003:21).

의사소통에서 문어체적 의사소통으로 가는 과도기적 모습들을 자연스럽게 많이 담게 되는 대화일지는 쓰기 숙달도가 낮은 재외동포 아동의 자연스러운 문식성 발달[23]이 이루어지기 유용한 맥락을 제공한다(Kreeft, 1984:149).

본고에서는 대화일지에 나타난 구어 담화적 특징을 순서 교대의 확장과 비언어적 요소 사용에 초점을 두고 상호작용의 활성화를 살펴 보려고 한다. 먼저 순서 교대의 확장을 보여주는 다음 예 (7)을 보도록 한다. 예 (7)은 아동이 제시한 주제(미국의 홈타운 부페 음식)가 16회와 17회에 걸친 순서 교대를 통해 연이어 진행되면서, 대화일지에서의 상호작용을 활성화시켜 주는 것을 보여 주고 있다.

> (7) 16. 아동 　# 호타운부패에서 마커로니, 사파개티 그리고 아이스크림도 6가지나 있어. 디저트는 초코캐익, 컵캐이크, 단거 마니 있어. 치킨, 커피, 사이다, 스러시도 있고. 민서랑 민채 그런 거 조아할 거 같아? 개내들은 한국의서 와스니까 맛업개지?#
>
> *주도*
>
> 부모 　# 홈타운부페에 정말 음식이 많이 있네~지수가 좋아하는게 거의 대부분이고~(웃는 얼굴) 엄마는 초코케익이랑 커피 먹고 싶어. 민서랑 민채도 좋아할 것 같아. 미국에 오게 되면 같이 먹으러 가자. 우리는 일요일에 갈까? (하트) #
>
> *반응—복합*

---

23　Peyton(1997)은 언어 능력과 문식성을 발달시키는 상호적 쓰기로서 대화일지를 강조했다. 대화일지를 통해 문자로 써여진 상호작용은 학생들이 읽고 쓰기를 연습하도록 돕는 것과 동시에, 추후 다른 종류의 쓰기로의 자연스러운 교량 역할도 한다고 본 것이다(Peyton, 1997:46).

17. 아동     # 커피 혼자 만들수 있은 기개가 있어. 아빠가 그 커피 마시있때. 엄마 진자 조아할거 갔아. (웃는 얼굴) #

*서술하기에 대한 반응*

부모     # 엄마 그 기계 정말 갖고 싶다.(웃는 얼굴) #

*반응-서술하기*

예 (7)에서 보이는 것과 같은 확장된 순서 교대는 전체 31쌍의 대화일지 자료에서 모두 여덟 번 등장했는데, 그 중 두 번은 세 쌍에 걸쳐서 주제를 이어나가며 순서 교대를 하고 있다. 보통 대화일지는 아동-부모의 두 부분으로 구성된 교환 구조(two-part exchange structure)로 이루어지는데, 때때로 관심있는 주제 또는 질문에 대한 답변으로 인해 기본 교환 구조가 세 부분 이상의 구조로 확장되고 있는 것이다. 순서 교대 확장은 다시 주제로 인한 확장과, 질문으로 인한 확장으로 세분될 수 있다. 위의 예 (7)은 주제에 따른 확장이었고, 아래의 (8)은 질문에 대한 짧은 답변에 따른 확장이다.

(8)   27. 아동     # 아빠가 엄마 아이패드에 모 따음 바드레.#

*주도*

부모     # 엄마는 아이패드에 게임 다운받고 싶지 않아. 지금 들어있는 비디오랑 지수 수학 놀이면 충분한 것 같아. <u>지수가 좋은 프로그램 아는 거 있으면 알려줘.</u> 게임 빼고 다른 거는 엄마가 설치해 줄께. #

*반응-복합*

28. 아동     # <u>OK.</u> #

*물어보기에 대한 반응*

앞의 (8)과 같은 예와 관련하여, Nassaji 와 Cumming(2000)은 대화일지 쓰기에서 순서 교대의 확장을 학생이 교실이나 일상 대화 담화로부터 새로운 담화의 수단(new meditational means)을 학습해가는 신호로 해석할 수 있다고 하였다. 즉 Lemke(1990)에서 말한 교실과 일반 대화의 구어 담화에서 흔히 볼 수 있는 '정보 요구(requesting for information) – 답변 (answer) – 인정(acknowledge)'의 '삼원 구조 (the triadic structure)'가 문어 상호작용에서 서면 형태(written forms)로 구현되고 있다는 것이다(Nassaji & Cumming, 2000:112-113). 이러한 순서 교대의 확장은 대화일지가 학습 자의 자발적인 쓰기를 유발하고, 실제 관심있는 주제에 대한 쓰기를 학습 자가 평가와 상관없이 계속 시도할 수 있는 맥락을 제공해 주기 때문에 가능한 것이다.

순서 교대의 확장과 더불어 또한 재외동포 아동과 부모와의 대화일지 에서 관찰된 구어 담화적 특징에는 비언어적 요소 사용이 있다. 이는 실 제 구어 발화시에 사용하는 몸짓 언어를 웃는 얼굴이나 하트 등으로 기 호화하거나 의성어를 간략하게 표현한 것들로서 본 연구 자료에서 출현 빈도가 상당히 높았다. 부모의 46회 발화 중에서 거의 절반(21회, 45.65%) 에 해당하는 발화에서 기호화된 비언어적 표현이 사용되었고, 아동은 이 에 대해 부모에게 그 기호가 무엇인지 직접적으로 질문을 하기도 했다.[24] 이렇게 비언어적 요소를 기호화하여 사용하는 것은 정의적 측면에서 쓰 기에 대한 부담감과 문어 의사소통의 제한점을 감소시키어 대화일지 쓰 기의 참여자들이 적극적인 상호작용을 하도록 돕기 위한 것으로 해석할 수 있다. 따라서 순서 교대의 확장과 더불어 시각적인 그림이나 이모티 콘 및 기호의 사용은 대화일지를 좀더 입체적이고 생생한 대화의 장으로 만들어 준다고 할 수 있겠다.

---

24 "ㅋㅋ는 무슨 뜻이고 ㅎㅎ는 무슨 뜻이야?"(아동 : 자료 6회)

## 5. 나가기

지금까지 재외동포 아동 학습자의 대화일지 쓰기에서 나타나는 부모의 피드백과 상호작용의 특징을 살펴보았다. 먼저 부모 피드백은 언어적 피드백과 비언어적 피드백으로 분류되는데, 언어적 피드백의 특징은 1) '주제 반응'이 '주제 주도'보다 많았고, 2) '주제 반응'에서 '서술하기'의 비중이 높았다는 것이다. 이러한 부모 피드백은 부모가 적극적인 경청을 하고 있음을 알려주기 위한 것이자 동시에 아동에게 이해가능한 읽기 입력을 자연스럽게 제공하는 기능을 수행하였다. 더불어 본 연구 자료에서 3) 감정을 표현하는 기호 및 이모티콘 사용과 같은 비언어적 요소들이 부모의 피드백에 많이 드러난 것은 국외 연구들에서는 잘 찾아볼 수 없는 특이한 점이었는데, 이것은 아동을 적극적으로 격려하여 동기를 부여하고, 서면 의사소통의 한계점을 보완하려는 피드백의 기능이었다. 또한 상호적 쓰기의 차원에서 대화일지 쓰기 참여자들의 상호작용은 '물어보기'를 통해 촉진되었고, 순서 교대의 확장과 비언어적 요소의 기호화를 통해 상호작용이 더욱 활발하게 활성화되었다.

이러한 분석을 바탕으로 본고의 재외동포 아동 대화일지 쓰기에 나타난 담화적 특징과 교육적인 함의를 다음과 같이 정리해 볼 수 있을 것이다. 먼저, 대화일지 쓰기는 학습자 중심 담화이다. 대화일지에서 주제는 대부분 학습자에게 그 선택권이 주어지는데, 이러한 주제 선택의 자율성이 학습자에게 부담이 될 수 있다는 견해들도 있다. 그러나 장기적으로 볼 때 주제와 소재를 찾는 과정은 재외동포 아동 학습자에게 사고력의 확장과 글감 찾기의 전략을 익히는 계기가 되어 능동적인 쓰기를 학습하도록 돕는 도구가 될 수 있을 것이다. 또한 쓰기의 결과물에 모든 초점과 평가를 두지 않고, 쓰기 과정과 쓰는 이를 고려하여 이루어지는 대화일지의 피드백은 부모(또는 교사)가 대화일지의 내용과 언어 난이도를 학습자 개인의 수준별로 개별화시켜서 제공한다는 점에서 학습자 중심적인 특징을 보여 준다. 둘째, 대화일지 쓰기는 일상적인 구어체와 문어체 글쓰기를 연결하는 과도기적 담화이다. 한국어 모어의 문식력 형성 과정에 있는 재외동포 아동 한국어 학습자들은 대화일지 쓰기를 통해 구어로 습득된 한국어를 문자화하는 과정에서 나타나는 오류를 통해 잘못 습득된 음운 인지 및 철자 혼동을 바로 잡을 수 있는 기회를 얻을 수 있다. 셋째, 대화일지 쓰기는 제한된 언어 사용 현실을 보충해주는 담화이다. 실제적인 한국어 사용 현장이 제한되어 있는 재외동포 아동 학습자들에게 대화일지 쓰기는 구체적인 독자와의 상호작용을 통해 매번 새로운 읽기 자료를 제공해 줄 뿐만 아니라, 진정한 의사소통의 실제 현장에서 언어를 사용하고 이해하는 기회를 부여해 줄 것이다.

본 연구는 대화일지 쓰기의 사례 연구로서 연구 결과를 모두 일반화하기에는 제한점이 있지만, 재외동포 아동 초기 쓰기 단계의 양상과 부모의 피드백을 통한 상호작용을 구체적으로 살펴보았다는 것에 의의가 있고, 계승어로서의 한국어교육과 중간언어 발달의 연구 측면에서 대화일지 사용의 가능성을 모색해 본 것에 의미가 있다고 볼 수 있다. 추후 대화일지 쓰기 수집 자료의 양적인 보완을 통해 재외동포 아동의 쓰기 능력 향상 및 중간언어 발달 과정을 고찰하는 지속적인 연구를 기약하도록 한다.

─이 글은 『한국어 교육』 25권 2호, 221~247쪽에 실린 논문을 수정·보완한 것임.

# 시간 부사 '이미' 연구

**장채린**
이화여자대학교 언어교육원

## 1. 서론

시간 부사를 논의함에 있어서 그 동안 많은 연구에서 시간 부사를 크게 '시제'와 '상'의 범주로 나누어 각각에 해당하는 부사로 보았다. 민현식(1999)에서는 시간 부사를 '시제 관련 부사'와 '상 관련 부사'로, 봉원덕(2004)에서는 '위치 시간부사'와 '양상 시간부사'로 나누었다.[1]

위와 같은 시간 부사의 분류에 의하면 '이미'는 민현식(1999)과 봉원덕(2004)에 따라 '상 관련 시간 부사'로 볼 수 있으며, 이 밖에 '쌍대성' 개념을 도입하여 '이미'와 '아직'을 연구한 임서현·이정민(1999)에 의해서도 이들을 '상 부사'로 볼 수 있다. 또한 김진수(1985)에서는 '이미'와 '벌써'를 완료상에 속하는 것으로 보았다.[2] 부사, 관형사를 비롯한 수식언의

---

[1]  임채훈(2003)에서는 기존의 논의와는 다르게 문장의 의미와 관련하여 '시간 논항 부사'와 '사건 논항 부사'로 나누었다. 한편 우인혜(1991)에서는 시간 부사의 어휘상을 네 가지로 나눈 바 있다.

[2]  여기에 쓴 '완료상'과 '미완상'이라는 용어는 참고한 문헌에 나온 그대로 사용한 것이다. 김진수(1985)에서 사용된 '완료상'은 'perfect'로 사용된 것으로 보인다. 하지만 '완료상'이라는 용어가 올바른 술어인지는 확실하지 않다. 'perfect'를 과연 상의 일부분으로 볼 수 있는지에 대해서는 논란의 여지가 있기 때문이다. 따라서 본 연구에서는 앞으로 'perfect'에 해당하는 내용으로 '완료상' 대신 '완료'라는 술어를 쓰도록 하겠다.

유형에 대해 논의한 임유종(2005)에서는 종래의 시간 부사가 대부분 '시제/상 호응 부사'에 속하며, 이 중에 '이미, 벌써'는 완료상적인 의미가 강하며, 이와 반대로 '아직, 여태'는 미완료상적인 의미가 강한 부사라고 하였다(임유종, 2005 : 95~96). 즉 임유종(2005)에서도 '이미'를 상 부사로 규정하는 것으로 볼 수 있다. 김선희(1987:58)에서도 '이미'와 '벌써'는 완료를 가리킨다고 보면서 역시 '이미'를 상의 영역에서 다루고 있다.

위의 연구들은 '이미'가 쓰인 절의 내용이 완료 의미를 나타낸다고 보고 '이미'를 의심 없이 상 부사로 규정하고 있다. 하지만 과연 '이미'를 상적인 속성만을 가지는 부사로 보는 것이 타당한지는 전반적인 검토가 필요하다. '이미'가 상의 영역뿐만 아니라 시제 또는 양태의 영역과도 호응할 수 있는 가능성을 자세히 살핀 후에 '이미'의 정체성에 대해 밝힐 수 있으리라 생각된다.

따라서 본 연구에서는 '이미'가 상 부사라는 기존의 논의에 대해 재점검하기 위해 시제와 상의 개념에 입각하여 검토해 보고, '이미'와 시제 형태, '이미'와 상황 유형과의 공기 관계를 살펴봄으로써 '이미'와 호응하는 범위는 무엇이며, '이미'의 의미가 무엇인지 밝히고자 한다. 즉 '이미'의 호응 영역이 상뿐만 아니라 양태까지 확장될 수 있는지를 살펴보고 이와 관련하여 생길 수 있는 의미에 대해 탐구해 보도록 하겠다.


## 2. 이론적 논의

우선 '시제'와 '상'에 관한 기본적인 논의부터 점검해 보자. '시제'는 시간이라는 축에 어떠한 지점을 표시하는 화시적 범주이며, '상'은 어떤 상황에서의 시간 흐름의 내면적 구조에 관한 문법 범주이다(Comrie,

1976:1~3). 따라서 이들 두 개념은 서로 분리가 되어 있고, 상은 시간의 지점에서 안착될 수 있다.

'이미'가 시간을 '과거-현재-미래'로 나누는 삼분 시제 체계 중 모든 시점과 공기할 수 있다는 점을 들어 이들 부사를 '상 부사'로 볼 수 있지 않겠느냐는 의견이 있을 수 있겠다. 이에 관한 예문은 아래와 같다.

  (1)  ㄱ. 이미 밥을 먹{었|는|겠}다.
      ㄴ. 이미 밥을 먹지 않{았|는|겠}다.

위와 같은 예문을 살펴보면 '이미'가 시점을 명시적으로 표현하는(시제와 관련된) 부사와는 거리가 먼 것을 알 수 있다. 하지만 시제 부사가 아니라고 해서 이들을 시간 관련 문법 범주의 다른 하나인 '상' 관련 부사라고 하기에는 그 연결 고리가 미흡함이 있다. 시제와 상이 아닌 다른 문법 범주와도 호응할 수 있는지 여러 기제를 통해서 검토할 필요가 있다.[3]

만약 여러 가지 방법에 의해 '이미'가 오직 완료의 영역과 문법적으로나 의미적으로 깊이 관계되는 부사라는 점이 검증되면 민현식(1999)에서

---

3  한편 김진수(1985), 임유종(2005), 임서현·이정민(1999)을 비롯한 대부분의 앞선 연구들에서는 '이미'와 '벌써'를 완료로, '아직'을 미완상으로 보아 자연스럽게 이들이 상 부사로 편입되는 것으로 보고 있다. 김진수(1985)에서는 '상'을 '완료(perfect)'와 '미완상'의 대립으로 보고 있었다. 그러나 Comrie(1976:3~5)에서 제시한 상의 하위범주는 '완결상(perfective)'과 '미완결상(imperfective)'이며, '완료(perfect)'가 상의 범주에 속하는지는 불확실하다고 하였다. 그에 따르면 완결상은 어떤 상황을 그 전체성으로 파악하는 것이며 외부에서 상황을 바라보는 것과 관련이 된다. 이를 근거로 한동완(1999)에서는 'perfective'를 외망상(外望相)이라 하고, 'imperfective'를 내망상(內望相)이라고 하였다. 한편 완료는 상황의 내적인 시간을 보여준다기보다는 '상황의 종료로 인하여 생긴 결과'와 관련이 되어 있다. '상(aspect)'이 어떤 상황의 내부적인 시간 구성과 관련된 개념이라는 점을 미루어볼 때 결과와 관련되는 '완료'를 과연 '상' 범주의 하위로 볼 수 있는지는 잘 모르겠다. 그러나 본고에서는 이와 관련한 논의는 논지에서 벗어난 내용이므로 자세하게 다루지 않는다.

와 같이 '상 관련 부사' 정도로 불릴 수 있을 것이다. 임유종(2005:98)에 의하면 시간 부사들이 어울리는 요소에 따라 이들을 두 종류로 나눈다. 하나는 시제, 상의 특정 문법 형태소와 호응하는 '문법 기능소 호응부사' 이며 다른 하나는 용언 자체의 의미적 특질에 관련한 '어휘 범주 수식부 사'다. 즉, 예를 들어 '이미'가 과거 시제 형태소이자 동시에 완료를 나타 내는 '-었-'과만 호응한다면 완료 관련 시간 부사로 보아 상 부사로 볼 여지가 커지게 되는 것이다. 하지만 아래의 내용에서 알 수 있듯이 여러 가지 이유에서 '이미'를 꼭 상 부사로만 볼 수는 없을 것이다. 따라서 다 음 장에서는 '이미'가 시제 형태소 혹은 상을 나타내는 우언적 구성 형태 들과 결합하는 양상을 살피고 Smith(1997)에서 제시한 다섯 가지 상황 유형과의 결합에 있어서도 과연 제약을 보이는지, 만약 제약이 있다면 어떻게 나타나는지 살펴보겠다. 이를 통하여 '이미'가 시제, 상, 양태의 범주 중에 어느 부분과 밀접한 관련을 가지는지를 알아보겠다.

## 3. '이미'와 문법 형태 및 상황 유형과의 공기 양상

부사어 '이미'의 대표적인 문법 기능은 서술어의 수식이다. 서술어에 는 용언과 해당 명제를 감싸고 있는 시제 및 상 정보가 결합된다. 따라서 '이미'의 의미를 살펴보기 위해서는 각각 서술어의 구성 성분인 (a) 동 사[4]의 상황 유형과 (b) 시제 및 상 문법 형태와 '이미'와의 공기 양상을

---

4   본 연구에서는 동사에 '예쁘다, 착하다'와 같은 형용사도 포함시킨다. 동사와 형용사 의 구분은 의미에 따라 나눈 것이지만 문장 내에서 주어에 대해서 서술한다는 똑같은 서술어의 기능을 갖고 있기 때문이다. 또한 동사와 형용사를 굳이 나누지 않는 이유는 Smith(1991/1997)에서 얘기하는 다섯 가지 상황 유형 안에서 형용사를 함께 다룰 수 있기 때문이다.

살펴볼 필요가 있다. 만약 '이미'가 특정 (a) 동사의 상황 유형과의 공기 제약을 보인다면 '이미'는 특정 상황 유형과 호응하는 상 관련 부사로 볼 수 있는 근거가 생기며, 다른 한편으로 (b) 시제 및 상 문법 형태와의 공기 관계에서 제약을 보인다면 이는 특정 시제와 호응하는 시제 관련 부사로 볼 수 있는 여지가 커지게 된다. 아니면 '이미'와 (a)와 (b)의 공기 양상에 별 특징적인 제약을 보이지 않을 수도 있다. 그렇다면 다른 요인에서 '이미'의 수식하는 기능을 찾아야 할 것이다. 이때 '이미'는 시제, 상, 양태의 범주 중에서 한 범주와만 연결될 수도 있고, 혹은 여러 범주에 걸쳐서 호응이 나타날 수도 있다. '이미'가 어떠한 영역과 호응을 보이는지 또는 제약을 보이는지를 밝히기 위하여 '이미'와 여러 요인 간의 공기 관계를 살필 것이다.

본 연구에서는 우선 명제의 바깥 부분에 위치하고 있는 시제 및 상 표현과 '이미'와의 공기 관계를 살핀 후에 Smith(1991/1997)에서 제시한 동사의 상황 유형과의 공기 관계를 살펴보도록 하겠다.

## 3.1. '이미'와 시제 및 상 문법 형태와의 공기[5]

기존의 논의에서 '이미, 벌써'의 시제 형태와의 공기는 거의 '-었-'과의 결합으로 논의되어 왔다. 김진수(1985)에서는 '이미'와 '벌써'가 과거 중심적이라 단정 지었으며, 논의에서 다루고 있는 예문 또한 과거의 상

---

5  본 연구에서는 '문법 형태' 안에 '-고 있-', '-어 있-', '-어 버리-'와 같은 보조용언 구성(우언적 구성) 또한 포함하고자 한다. 이들이 아직은 비록 완전한 형태소의 단위로는 인정받지 못하고 있지만 문법 형태로 볼 수 있는 여지가 크다. 이와 같은 보조용언 구성은 문법적 기능이 강하고, 각각 진행상 또는 결과상의 의미를 나타낼 때 이들 '-고'와 '있-' 사이, '-어'와 '있-', '-어'와 '버리-' 사이에는 어떠한 요소도 개입될 수 없기 때문이다.

황에 한정되어 있다. 임서현·이정민(1999)에서도 '이미'를 완료상을 표현하는 부사로 보고, 과거형과 가장 자연스럽게 결합한다고 보고 있으며, '-고 있-'과 결합할 경우에는 사건의 시작점이 부각되며, 현재형과의 결합에는 제약이 있다고 하였다.

그러나 '이미'가 '-었-'과만 자연스럽게 공기하는 것은 아니다. '이미'가 완료를 나타낸다고 보고 있는 김선희(1987)에서도 '이미'가 여러 시제 및 상 형태들과 공기하는 경우를 제시한 바 있다. 김선희(1987:62~68)에서는 '이미'가 '-었-'과 공기하는 경우, '-고 있-, -어 있-'과 공기하는 경우, '-아지-, -ㄴ/는-, -고 있-'과 공기하는 경우로 나누어 상적 특성을 논의하였다.

이 밖에도 '이미'가 '-었-, -어 있-'외의 형태와도 자연스럽게 공기할 수 있다는 점은 몇 가지 예문을 만들어 보면 쉽게 알 수 있다.

> (3)  ㄱ. 수지는 이미 선생님이다.
> ㄴ. 수지는 이미 아침을 먹고 있다.

이와 같이 '이미'는 얼핏 보아 시제 및 상을 나타내는 문법 형태와의 공기 제약에서 자유로운 것으로 보이는데, 이들의 공기 관계가 어떻게 나타나며 이때 '이미'가 가지는 의미 기능은 무엇인지 살펴보도록 하겠다.

### 3.1.1. '이미'와 시제 형태와의 공기

우선 '-었-'과 '이미'와의 공기를 살펴보겠다. 이미 앞에서 밝힌 바와 같이 '이미'와 '-었-'과의 공기 관계의 자연스러움은 '이미'를 완료를 나타내는 상 부사인 것으로 결론짓는 데에 가장 큰 뒷받침이 되었다.

'-었-'은 한국어에서 기본적으로 과거시제를 나타내지만 동시에 완료

를 나타내기도 한다. '이미'와 '-었-'과의 공기를 예문을 통해 살펴보도
록 하겠다. 아래의 예문 (4)는 상황 유형에 따른 변인을 통제하기 위해
Smith(1997)에서 언급한 다섯 가지 상황 유형(상태성, 동작성, 완성성, 순간
성, 성취성)에 해당하는 동사와 '-었-'을 결합하여 제시한 것이다.[6] (4ㄱ,
ㄴ)은 상태성, (4ㄷ)은 동작성, (4ㄹ)은 완성성, (4ㅁ)은 성취성, (4ㅂ)은
순간성[7]의 상황 유형으로 분류할 수 있다.

(4)    ㄱ. 수지는 이미 선생님이었다.

ㄴ. 수지와 철수의 사이는 이미 가까웠다.

ㄷ. 수지는 이미 점심을 먹었다.

ㄹ. 수지는 이미 가방을 꺼냈다.

ㅁ. 수지는 이미 산 정상에 다다랐다.

ㅂ. 수지는 이미 기침을 했다.

위의 예문들을 보면 역시 대부분 '이미'와 '-었-' 형태와의 공기가 자
연스러운 것을 알 수 있다. 여기에서의 '이미'의 의미에 대하여 앞선 연
구들에서는 '이미'가 완료의 의미를 나타내거나 보태주는 역할을 하는

---

6   Smith(1991/1997)에서 제시한 동사의 유형과 상적 자질에 따른 상황 유형 분류를
표로 정리하면 아래와 같다. 한편 ㅁ, ㅂ, ㅅ 예문에서 사용된 동사는 조민정(2001)에
서의 동사 목록에서 가져왔다.

| 동사유형<br>상적자질 | 상태성 동사<br>(States) | 동작성 동사<br>(Activities) | 완성성 동사<br>(Accomplishments) | 성취성 동사<br>(Achievements) | 순간성 동사<br>(Semelfactive) |
|---|---|---|---|---|---|
| 상태성<br>[+stative] | + | − | − | − | − |
| 순간성<br>[−duration] | − | − | − | + | + |
| 종결성<br>[+telic] | − | − | + | + | − |

7   (4ㅂ) 문장의 서술어를 보면 '하다'이다. 하지만 실질적인 의미를 가지고 있는 것은
'기침'이다. 또한 '기침하다'라는 동사가 있는 것으로 보아, 단어 '하다'가 아닌 구 '기침
을 하다'를 실질적 의미를 가진 완전한 하나의 의미를 가진 동사로 보아야 한다.

것으로 보았다. 즉 '-었-' 형태와 함께 쓰인 '이미'는 과거 시점의 어느 상황이 종료된 것을 강조하거나 또는 사건의 종료 후 그 결과가 발화시까지 지속되는 상황을 부각시키는 것으로 볼 수 있다는 것이다. 이에 따르면 '-었-'과 '이미'가 (4ㄱ~ㄴ)에서는 해당 문장의 명제 내용의 상황이 되도록 만드는 어떠한 사건이 종결된 후의 결과 상태를, (4ㄷ~ㅂ)에서는 과거의 어떤 상황의 종료를 나타내는 것으로 보고 있다. 하지만 이러한 언급은 면밀히 재검토 될 필요성이 있다. (4)에서 '이미'가 없이도 '-었-'에 의해 위와 같은 의미를 이미 가질 수 있기 때문이다. 즉, '이미'는 '-었-'과 공기하여 '-었-'이 쓰인 상황의 의미 이외에 특별한 기능을 보태고 있지 않다.

한편 앞서 밝힌 바와 같이 현재시제 형태소로 받아들여지고 있는 '-ㄴ/는-' 또는 '-∅-'과의 공기는 기존 연구에서 자연스럽지 않다고 주장하고 있으나 (5)에서 볼 수 있는 것과 같이 현재형과의 공기도 자연스럽다. 이때도 역시 '이미'는 '-ㄴ/는-' 또는 '-∅-'의 원래 의미를 보태주는 역할을 하는 것으로 보인다.

> (5) ㄱ. 수지는 이미 선생님이다.
> ㄴ. 수지와 철수의 사이는 이미 가깝다.
> ㄷ. 수지는 이미 점심을 먹는다.
> ㄹ. 수지는 이미 가방을 꺼낸다.
> ㅁ. ?수지는 이미 산 정상에 다다른다.
> ㅂ. ?수지는 이미 기침을 한다.

(5)를 보면 ㅁ과 ㅂ을 제외한 나머지 상황 유형에서의 현재시제와 '이미'는 모두 자연스럽게 공기한다.[8] (5ㅁ, ㅂ)은 '이미'를 차치해도 이미 어색한 문장이 되는 점을 감안한다면 '이미'와 현재시제 형태와의 공기

관계에 있어서 제약이 있다고 보는 것은 무리이다. 한편 김선희(1987:63)에서 '이미'를 설명하면서 "기준시 이후의 변화과정을 나타낼 때, 동사의 형태적 특징은 '-아진-, -는-, -고 있-' 등으로 나타난다"고 하였는데, 이러한 설명은 엄밀히 살펴보면 '이미'의 의미나 기능에 대한 언급이 아니라 '-아진-, -는-, -고 있-'이 원래 가진 기능으로 볼 수 있다. 즉, '이미'와 현재시제 형태 또한 특별한 제약 관계를 보인다고 볼 수 없다.

마지막으로 미래시제에 해당하는 '-을 것이-', '-겠-'과의 공기를 살펴보겠다. 주어의 차이로 인하여 문제가 생길 수 있으므로 기존의 예문에 약간의 변형을 가하였다. (6)의 ㄱ~ㅂ까지 명제의 주어에 일인칭과 삼인칭 주어를 모두 대입하였다.

(6)  ㄱ. {나|수지}는 이미 {선생님이겠다|선생님일 것이다}.
     ㄴ. {나|수지}와 철수의 사이는 이미 {가깝겠다|가까울 것이다}.
     ㄷ. {나|수지}는 이미 점심을 {먹겠다|먹을 것이다}.
     ㄹ. {나|수지}는 이미 가방을 {꺼내겠다|꺼낼 것이다}.
     ㅁ. {나|수지}는 이미 산 정상에 {다다르겠다|다다를 것이다}.
     ㅂ. {나|수지}는 이미 기침을 {하겠다|할 것이다}.

'이미'와 '-을 것이-', '-겠-'과의 공기 관계 또한 자유로운 것을 알 수 있다. 하지만 '-을 것이-'과 '-겠-'이 가지는 모든 의미와 '이미'와의 공기 제약이 자유로운 것은 아니다. '-을 것이-'과 '-겠-'이 "화자의 의지"를 표현하기도 하고, "화자의 추측 및 예상"을 나타내기도 하는 표지

---

8  (5ㅁ, ㅂ)은 '이미'가 없이도 이미 어색하다. 이것은 [-지속성]을 가지는 상황 유형인 순간성, 성취성의 상황 유형과 지속 또는 관찰할 내부 시간이 필요한 현재형과 결합한다는 것 자체가 의미적으로 모순되기 때문이다. 하지만 (5ㅁ, ㅂ)의 문장에서 현재시제를 나타내는 '-ㄴ/는-' 형태가 현재시제가 담당하는 상적인 기능인 습관상을 나타낼 때에는 (3ㅁ, ㅂ) 문장이 자연스러워질 수 있다.

라는 점을 고려했을 때, '이미'와 공기하는 형태는 "화자의 추측 및 예상"을 나타내는 경우에만 해당된다.[9] 그렇다면 '이미'가 그 자신과 공기한 미래시제 형태의 "의미"를 제약하는 이유는 무엇일까?[10] 그 전에 우선 (6)의 예문으로 돌아가 생각해 보자. 사실 혹자는 (6)의 문장들에 대해서 약간은 어색하다고 느낄 수도 있을 것이다. 하지만 아래 (6')과 같이 부사어를 삽입하여 어떤 문맥을 형성해 주면 이러한 어색함은 사라진다.

(6')　ㄱ. 그때쯤 {나ㅣ수지}는 이미 {선생님이겠다ㅣ선생님일 것이다}.
　　　ㄴ. 그때쯤 {나ㅣ수지}와 철수의 사이는 이미 {가깝겠다ㅣ가까울 것이다}.
　　　ㄷ. 그때쯤 {나ㅣ수지}는 이미 점심을 {먹겠다ㅣ먹을 것이다}.
　　　ㄹ. 그때쯤 {나ㅣ수지}는 이미 가방을 {꺼내겠다ㅣ꺼낼 것이다}.
　　　ㅁ. 그때쯤 {나ㅣ수지}는 이미 산 정상에 {다다르겠다ㅣ다다를 것이다}.
　　　ㅂ. 그때쯤 {나ㅣ수지}는 이미 기침을 {하겠다ㅣ할 것이다}.

(6)의 문장에 '그때쯤'이라는 미래의 어느 시간을 지시하는 부사어를 덧붙이니 (6')에서 볼 수 있는 것과 같이 자연스러워졌다. 물론 이때도 문장의 해석은 "화자의 추측 혹은 예상"이 되며 "화자의 의지"로 해석되는 것은 배제된다. 한편, (6')에서 '이미'를 빼고 보면 (6'ㄱ~ㅂ)에서 미

---

9　(6ㄱ, ㄴ)은 동사의 속성 때문에 미래시제 형태가 화자의 의지를 표현하지 못하는 제약을 이미 가지고 있다. 한편 (6ㅂ)의 문장은 어색하게 느껴질 수 있는데 이는 '이미'가 없어도 어색하다. 이러한 어색함은 (6ㅂ)의 서술어 '기침을 하다'의 내재적인 의미에서 기인한다. '기침을 하다'는 몸의 상태 변화인데, 몸의 상태 변화는 그 변화의 시간을 정확하게 예측하기가 어렵기 때문이다.

10　여기에서 주의해야 할 점은 '이미'가 형태가 아닌 "의미"를 제약한다는 점이다. 즉 '이미'는 미래시제가 있는 문장에서 실현될 때, 미래시제는 "화자의 의지"를 표현하지 못하게 된다.

래시제 형태 '-겠-'과 '-을 것이-'는 "화자의 추측 혹은 예상"뿐만 아니라 "화자의 의지"로도 해석될 수 있다. 여기에서 '이미'와 미래시제 형태가 공기하면 '이미'가 "미래시제에서의 의미"를 제약한다는 점이 다시 한 번 증명된다. 그렇다면 '이미'가 호응하는 부분은 무엇이며 어떻게 기능하는 것일까?

'이미'와 미래시제 형태의 공기에서 '이미'가 '화자의 추측'을 선택한다는 점과 (6)의 어색함을 배제하기 위하여 삽입한 '그때쯤'이라는 시간 설정에서 이에 대한 실마리를 찾을 수 있을 것으로 기대된다. 이를 근거로 아래와 같은 가설을 세울 수 있으리라 생각된다.

> ( i ) '이미'는 명제 외의 요인인 '화자'와 호응하며, '추측'의 양태와 호응한다.
> (ii) '이미'는 참조시 설정을 필요로 한다.

우선 가설 ( i )에 대해 살펴보겠다. 문장의 층위는 명제, 그를 감싸는 상과 시제, 이를 다시 감싸고 있는 양태(화자의 명제에 대한 양태와 화자의 청자에 대한 양태)로 이루어져 있다. 미래시제 '-겠-'과 '-을 것이-'의 의미 중 하나인 '화자의 추측'은 엄밀히 말하면 '화자의 명제에 대한 추측'이며, 이는 위의 문장의 층위를 빌려 말하면 '화자의 명제에 대한 양태'에 해당한다. 즉 '이미'는 문장 층위 중 시제나 상의 층위 밖에 있는 '양태'의 영역과도 호응하는 것으로 보인다.

다음으로 가설 (ii)를 살펴보겠다. Comrie(1985)에 의하면 시제는 상황시와 발화시간의 관계에서 설정되는 상황시의 위치를 의미한다. 즉 상황시와 발화시로 시제의 개념을 설정한다. 하지만 (6')에서 살펴본 것과 같이 '이미'는 상황시와 발화시 이외에 다른 시간을 필요로 한다. 상황시와 발화시 이외에 시제에서 참고할 만한 시간의 개념으로 '참조시'가 있다. 이 개념은 Reichenbach(1947)에서 제시되었으며 Comrie(1981, 1994), Lindstedt(2001)에서도 '참조시'에 대하여 논의하였다. '참조시'의 개념에 대해 모호한 점이 있기는 하지만 Comrie(1981)와 Lindstedt(2001)에서 언급한 개념이 주목할 만하다. Comrie(1981:24)에서는 '참조시'가 "어떤 상황을 보는 '화자'의 위치"라고 하였고, Lindstedt(2001:772)에서는 "담화가 의미하는 시간"이라고 하였다.[11] 이를 통해, 문장에서 '이미'와 호응하는 것은 화자가 설정한 참조시라는 것이 확실해진다.

가설 (ⅰ)와 (ⅱ)를 정리하면 아래의 (가)와 같이 '이미'에 대한 가설을 세울 수 있을 것이다.

(가) '이미'는 명제 성분 밖의 요소인 화자가 설정한 참조시와 호응한다.

이상의 내용을 종합하면 '이미'는 지금까지 보아온 것과 같이 과거-현재-미래시제를 나타내는 문법 '형태'와 공기하는 양상에 있어서 별 제약을 보이지 않았다. 단지 형태가 아닌 '양태적인 의미'를 선택함에 있어서 제약이 있는 것으로 드러났으며 이는 '이미'를 논함에 있어 '화자의 양태'

---

11　이 부분은 문숙영(2005:26~27)을 참고하였다. 한편 본고는 문숙영(2005:31)에 따라 '시제'를 정의하는 데에 있어서 '참조시'가 결정적인 역할을 하지 않는다는 것에 동의한다. 시제는 '상황시, 참조시, 발화시 간의 관계'가 아니라 '상황시와 참조시' 또는 '상황시와 발화시'의 관계에 의해서 정의되는 화시적 범주라고 본다. 참조시가 기존의 상황시나 발화시와 같은 경우도 있기 때문이다. 그러나 시간 부사 또는 시간 부사구의 의미를 해석함에 있어서 '참조시' 개념의 도입은 유용하다고 판단된다. 문숙영(2005:29)의 예문 '(11ㅁ) 그는 내일 정오쯤이면 이미 떠났을 거야.'에서 '내일 정오쯤이면'이라는 부사어구가 상황시로 놓이기보다는 순수하게 기준시로 기능한다고 보았는데 이때 '내일 정오쯤이면' 바로 다음에 나오는 '이미'는 이와 동격으로 보인다. 따라서 문숙영(2005:30)에서 언급된 바와 같이 한국어의 경우 시간 부사류가 지시하는 시간에 대해서는 발화시나 상황시가 아닌 기준시로 기능하는 경우에 '참조시'라는 술어를 사용할 수 있을 것으로 보인다.

를 고려할 필요성과 '참조시' 설정의 필요성을 환기하였다. 이로써 '이미' 는 명제 성분 밖의 요소인 화자가 추측한 참조시에 호응하는 것으로 가 설을 설정할 수 있었다.

### 3.1.2. '이미'와 상 형태와의 공기

'이미'는 진행상, 결과상을 나타내는 '-고 있-'과 '-아 있-', '-어 버 리-'와의 공기도 자연스럽다. 여기에서의 예문은 3.1.1.절에서 사용한 것과 다른 예문을 사용하였다. 상황 유형과 '-고 있-', '-어 있-', '-어 버리-'는 그 내재적 속성으로 인해 의미 간에 서로 충돌하는 경우가 많 기 때문에 서로의 상적 의미가 충돌하는 경우는 배제하여 아래와 같이 제시하였다.

    (7)  ㄱ. 수지는 이미 점심을 먹고 있다.
        ㄴ. 수지는 이미 가방을 꺼내고 있다.
        ㄷ. 수지는 이미 코트를 입고 있다.

    (8)  ㄱ. 꽃은 이미 피어 있다.
        ㄴ. 문은 이미 열려 있다.

    (9)  ㄱ. 수지는 이미 점심을 먹어 버렸다.
        ㄴ. 수지는 이미 숙제를 끝내 버렸다.

(7)~(9)를 보면 '이미'와 상 형태와의 공기 또한 자유로움을 알 수 있 다. 한편 '이미'가 '-고 있-', '-어 있-', '-어 버리-'가 본질적으로 가지 고 있는 의미 외의 다른 의미를 수식하는지 또는 보태고 있는지를 살펴보 도록 하겠다. (8), (9)에서는 '이미'가 새로운 의미 기능을 보태고 있지 않으나 '-고 있-'과 '이미'의 공기를 보이는 (7)은 면밀히 살펴볼 만하다.

(7ㄱ)에서 '이미'를 뺀 '수지는 점심을 먹고 있다'라는 예문에서는 점심을 먹는 '진행상'을 나타내는 경향이 강하지만, '이미'를 더하게 되면 점심을 먹는 행동의 시작점에 초점을 맞추게 된다. (7ㄴ) 또한 행동의 '-고 있-'이 가진 본래 의미인 진행 과정이 아니라 시작점에 초점이 가게 된다. 한편 (7ㄷ)은 문맥에 따라 다르게 해석될 수 있다. 상황에 따라 '이미'가 시작점에 초점을 두거나, 또는 결과 상태에 중점을 둘 수도 있다.

　지금까지 '이미'와 시제 및 상 관련 문법 형태와의 공기 관계에 대해서 살펴보았다. 여기에서 주목할 만 한 것은 미래시제 형태와의 공기 관계에서 '이미' 절은 특정 양태적 의미만을 선택하는 제약이 있다는 것이었다. 다음으로는 '이미'와 Smith(1991/1997)에서 언급된 상황 유형과의 공기를 살펴보도록 하겠다.

## 3.2. '이미'와 상황 유형과의 공기 : '이미'와 상태성 동사의 공기

　'이미'와 Smith(1991/1997)에서 제안한 다섯 가지 상황 유형과의 공기 양상에 대해 살피고자 한다. 하지만 위에서 '이미'와 시제 형태 간 공기 관계를 살펴보았을 때 변인을 통제하기 위해 다섯 가지 상황 유형을 대입시켜 시제의 제약을 살펴본 것에서 확인할 수 있듯이 '이미'와 다섯 가지 상황 유형의 공기 관계에 제약은 그리 많지 않음을 알 수 있었다.[12]

　하지만 다섯 가지 상황 유형 중 '상태성'의 상황 유형과 관련하여 주목

---

12　이해를 돕기 위해 정리하여 다시 제시하면 아래와 같다.
　　ㄱ. 나는 이미 선생님이{ø│었}겠다.
　　ㄴ. 나와 철수의 사이는 이미 가깝{ø│었}겠다.
　　ㄷ. 나는 이미 점심을 먹{는│었}겠다.
　　ㄹ. 나는 이미 가방을 꺼내{ㄴ│었}겠다.
　　ㅁ. 나는 이미 산 정상에 다다르{ㄴ│었}겠다.
　　ㅂ. 나는 이미 기침을 하{ㄴ│었}겠다.

할 것이 있어 '이미'와 '상태성 동사'와의 공기 관계를 살펴보도록 하겠다. 이들의 공기 관계를 통해 '이미'가 어떠한 의미 속성을 가지며, '이미'와 호응하고 있는 것이 무엇인지에 대해 시사점을 찾을 수 있을 것이다.

상태성 동사와 '이미'가 공기하는 예문으로 아래와 같은 것이 있다.

> (10) ㄱ. ?된장국은 이미 짜다.
> ㄴ. ?책상은 이미 높다.
> ㄷ. 수지는 이미 예쁘다.
> ㄹ. 수지는 이미 착하다.

예문 (10ㄱ, ㄴ)을 보면 '이미'는 상태성 동사와의 공기 제약이 있는 것처럼 보이기도 하지만 (10ㄷ, ㄹ)을 보면 그렇지 않기도 하다. (10ㄱ, ㄴ)은 어색하고 (10ㄷ, ㄹ)은 비교적 적절한 문장이라고 느껴지는 이유는 무엇일까? (10ㄱ, ㄴ)과 (10ㄷ, ㄹ)의 차이점은 "명제의 주어의 속성에 대한 화자의 판단"이다. (10ㄱ, ㄴ)은 무생물 주어이며, 자신의 의지가 없고, 외부의 영향 없이는 변화의 가능성이 희박하다. 반면 (10ㄷ, ㄹ)의 주어는 생물 주어이며, 자신의 의지에 변화할 수 있는 속성이 있는 것으로 인식된다. 즉 이때 '이미'와 호응하는 것은 (10ㄱ, ㄴ)의 상태와 (10ㄷ, ㄹ)의 "상태의 변화 가능성을 판단하는 화자의 인식"이다. 이것은 3.1절에서 밝힌 '이미'에 대한 가설 "( i ) '이미'는 명제 외의 요인인 '화자'와 호응하며, '추측'의 양태와 호응한다."와도 연결되는 내용이다.

한편 (10ㄱ, ㄴ)도 아래 (10'ㄱ, ㄴ)과 같이 대화쌍으로 만들어 적절한 맥락을 형성해 주면 옳은 문장으로 판정될 수 있다.

> (10') ㄱ. A : 된장국에 소금을 좀 더 넣어라.
> B : (간을 본 후) 된장국은 이미 짜요.

ㄴ. A : 책상이 너한테 좀 낮지? 책상 좀 높일래?

　B : 아니요. 책상은 이미 저에게 높은걸요.

ㄷ. 수지 : 엄마, 나 성형수술 하고 싶어.

　엄마 : 수지는 이미 예뻐.

ㄹ. 아빠 : 수지 좀 혼내야겠어. 너무 말을 안 듣네.

　엄마 : 수지는 이미 착한데 왜 애를 혼내려고 해요.

　위의 (10'ㄱ, ㄴ)의 발화자 'B'의 대답에서 명제에 해당하는 부분은 (10 ㄱ, ㄴ) 문장의 명제와 같은 내용임에도 불구하고 적절한 것으로 판정될 수 있다. 단독으로 출연한 문장은 어색하게 느껴졌지만 대화 속에서 제시되니 적절한 문장으로 느껴지는 이유는 무엇일까? 여기에서도 3.1.1 절에서 살펴본 '이미'와 미래시제의 의미 선택 간 공기 제약에서 드러난 "화자가 설정한 참조시"의 역할이 필요한 것으로 보인다. 좀 더 자세히 살펴보겠다. (10'ㄱ)에서 화자 'B'의 대답에서 참조시는 아직 발생하지는 않았지만 화자가 상상한 상상 혹은 가정의 세계에서 '된장국에 소금을 넣는 시점'이며, (10'ㄴ)에서 또한 화자 'B'의 대답에서 참조시 또한 화자가 가정하는 세계에서 '책상의 높이를 높이는 시점'이며, (10'ㄷ)의 화자 '엄마'의 대답에서도 참조시는 화자가 설정한 "딸이 성형수술을 하는 시점"을 가리키며, 이와 같은 원리로 (10'ㄹ)의 엄마의 대답에서 참조시는 화자가 설정한 "수지를 혼내는 시점"이다. 이러한 참조시를 복원하여 (10')의 대답에 해당하는 문장을 써 주면 아래와 같다.[13]

---

13　한편, (10')에서와 같이 '이미'가 상태성 동사의 현재형과의 결합이 자연스러울 수 있다는 점은 '이미'를 완료의 의미를 가진 상 부사로 보는 주장에 대한 반례가 된다. 이와 같은 사실은 선행 연구에서 그동안 주장해 온 '이미'의 의미를 재고할 필요성으로 이어진다. '이미'를 완료로 보고 있는 선행 연구에서의 예문을 통해 이를 좀 더 면밀히 살펴보겠다. 임서현·이정민(1999:438)에서는 '이미'가 항시적 진리를 나타내는 '현재형'과 어울리지 않는다는 주장에 뒷받침하기 위해 예문을 제시하였다. 이 예문을 그대로 옮

(10")  ㄱ. A : 된장국에 소금을 좀 더 넣어라.

B : 소금을 {넣기 전에도|넣지 않아도} 된장국은 이미 짜요.

ㄴ. A : 책상이 너한테 좀 낮지? 책상 좀 높일래?

B : 아니요. 책상을 {높이기 전에도|높이지 않아도} 이미 저에게 높은 걸요.

ㄷ. 수지 : 엄마, 나 성형수술 하고 싶어.

엄마 : 수지는 성형수술 {하기 전에도|안 해도} 이미 예뻐.

ㄹ. 아빠 : 수지 좀 혼내야겠어. 너무 말을 안 듣네.

엄마 : 수지는 {혼내기 전에도|혼내지 않아도} 이미 착한데 왜 애를 혼내려고 해요.

이상의 내용을 정리해 보면 모두 '이미'가 사용된 문장에서는 참조시로서 해당 명제의 "상황을 변하게 하는 사건의 시간" 내지는 "상황이 부정되는/부정된 시간"이 내제된 것을 알 수 있다. 또한 이 모든 것을 판단하는 화자의 인식 내지는 양태가 개입되어 있는 것을 살필 수 있다.

한편 (10")의 대화쌍에서 '이미'가 포함된 문장의 참조시를 복원할 때 안긴 절이 '-기 전에도' 또는 '-지 않아도'와 같은 구성으로 표시하였을 때 가장 자연스러운 것을 발견할 수 있었다. 이것은 '이미'가 지시하는 시간이 '참조시' 이전 시간 혹은 '참조시'의 상황에 부정을 가정하였을 때의 시간을 지시하는 것으로 생각된다. 즉 '참조시' 이전의 선시적인 의

---

기면 아래와 같다.

ㄱ. *기름은 이미 물 위에 뜬다.

ㄴ. *2 더하기 2는 이미 4이다.

위의 예문에서 주목해야 할 점은 위의 명제들은 항진성 명제이며 여기에는 '변화의 가능성'이 개입될 여지가 없다는 점이다. 따라서 이것은 '이미'를 상 부사로 보는 것을 증명하는 예문이 된다기보다는 '이미'가 '해당 명제 상황의 변화 가능성을 판단하는 화자의 양태'를 전제로 하고 있다는 점을 오히려 반증하는 것으로 보인다.

미를 가진다.

　위의 내용을 정리하며 '이미'에 대한 또 하나의 가설을 설정하면 아래 (나)와 같다.

　　(나) '이미'가 사용된 문장에서는 참조시로서 "상황의 변화가 있는 시간"이
　　　　요구되며, '이미'가 가리키는 시간은 참조시 '이전'부터 시작된다.

　이와 같이 상태성 용언과의 공기 관계를 통해 위의 결론이 도출될 수 있는 이유는 동작성, 완성성, 순간성, 성취성 용언은 상황의 변화 가능성이 기본적으로 수반되지만 '상태성 용언'은 그렇지 않기 때문에 여러 가지 변수에 따른 상황의 변화 가능성에 대해서 좀 더 촘촘히 살펴볼 수 있었기 때문이라고 생각된다.


## 4. 가설 검토 및 의미 고찰

### 4.1. 가설 검토

　지금까지 '이미'와 문법 형태, '이미'와 상황 유형과의 공기 관계를 살펴보고 도출한 '이미'에 관련한 가설은 아래와 같이 정리될 수 있다.

　　(가) '이미'는 명제 성분 밖의 요소인 화자가 설정한 참조시를 요구한다.
　　(나) '이미'가 사용된 문장에서는 참조시로서 "상황의 변화가 있는 시간"이
　　　　요구되며, '이미'가 가리키는 시간은 참조시 '이전'부터 시작된다.

　'이미'에 대한 가설 (가)와 (나)를 보면 '참조시'의 역할이 매우 중요하게 다루어진다. 본 연구에서는 다양한 공기 관계를 통해 '이미'를 논함에

있어서 '참조시'의 설정이 중요함을 내세웠다. 하지만 기존 연구에서 위와 같이 '이미'에 대하여 '참조시'에 대한 설명을 하지 않은 것은 아니다. 김선희(1987), 김진수(1985), 임서현·이정민(1999)에서 '이미'를 완료로 규정하면서 기준시, 평가 시점과 같은 술어를 사용하여 참조시의 존재를 인식해 왔다. 하지만 왜 그 동안 '이미'에 화자의 참조시 설정이 필요하다는 전제가 부각되지 않았는가? 이는 '이미'를 '-어 있-' 내지는 '-었-'과 대부분 결합하는 것으로 보고 현재형 또는 미래형과 공기했을 경우의 '이미'의 의미에는 초점을 두지 않았기 때문일 것이다. 즉 완료 중에서도 '현재완료'의 의미에만 초점을 두었기 때문일 것이다.[14] 현재완료에서는 참조시가 발화시 현재가 된다. 따라서 마치 참조시 설정이 필요 없는 것처럼 보일 수가 있다. '이미' 또한 마찬가지다. '-었-'과 공기하는 '이미'는 아래 예문에서와 같이 해당 문장의 참조시가 발화시 현재가 된다.

(11) 나는 이미 밥을 먹었다.

하지만 이 문장의 참조시를 복원하면 예를 들어 아래와 같은 문장이 될 수 있을 것이다.

(11') 나는 엄마가 밥을 차려 주기 전에 이미 밥을 먹었다.

따라서 '이미' 안에는 이미 발화자가 설정한 참조시가 내포되어 있다는 것을 전제하지만 현재완료에서 발화시 현재가 참조시가 되는 것처럼 '-었-'과 공기한 '이미'는 참조시의 역할이 전면적으로 드러나 있지 않

---

14  앞서 밝힌 바와 같이 본고는 참조시가 시제의 정의에 필수적이라고 보지는 않으나, 완료의 의미 해석에 있어 참조시의 도입은 유용한 측면이 있다. Reichenbach는 완료와 단순 시제의 해석을 참조시를 조건으로 하여 보인 바 있다. (문숙영, 1995:25) 참조.

기 때문에 그 동안 '이미'의 의미 및 기능을 논함에 있어 참조시의 역할이 전면적으로 드러나지 않았던 것으로 판단되다.

이와 같이 참조시를 요구한다는 점에서 '이미'가 쓰인 문장과 '완료'로 표시된 문장의 의미는 서로 가깝다고 볼 수도 있겠는데 그렇다면, '이미'를 완료의 개념과 비교했을 때 어떻게 설명될 수 있을까?

가장 큰 차이점은 둘 다 '참조시'를 요구하나 '이미'에는 "'이미' 절의 해당 상황의 부정 혹은 변화가 있는 상태의 시간"이 개입된다는 점이다. 이에 비해 완료로 나타난 문장은 상황의 변화 가능성과 별 다른 상관성이 없다. 아래 두 예문을 비교해 보자.

(12) ㄱ. 꽃이 피어 있다.
ㄴ. 꽃이 이미 피어 있다.

(12)에서 두 개의 예문 모두 시작점은 언제부터인지 모른다. 과거의 어느 시점에서 시작하여 현재의 피어 있는 상태에 초점을 맞추어 설명하고 있다. 하지만 (12ㄱ)은 발화자가 앞뒤 맥락을 개입시키지 않고도 발화시 현재를 참조점으로 삼아 지금까지 피어 있는 모습을 얘기한 것이며, (12ㄴ)은 꽃이 피게 하기 위해서 물을 주려고 했는데 물을 주기도 전에 꽃이 피어 있다는 맥락에서 사용되었음을 상정해 볼 수 있다. (12ㄴ)에서 참조점은 발화시 현재이기도 하지만 동시에 발화자가 설정한 "물을 주려고 한 시간"을 나타내기도 한다.

지금까지 '참조시' 설정에 대한 논의를 하였는데, 그렇다면 '이미'가 지시하는 시구간은 어디서부터 시작되는 것일까? 참조시 이전에 시작되는 것은 분명할 테고, 과연 시작점이 존재하는 것일까? 아래의 예문을 통해 살펴보도록 하겠다. 아래의 예문은 (Van der Auwera, 1993(Michaelis,

1996:481)에서 재인용)에서 참고한 예문이다.

> (13) A : 나 이제 미국 시민권 신청을 할 거야.
>   B : 네 남편도 신청 할 거야?
>   C : 내 남편은 이미 미국인이야. 미국에서 태어났거든.

위의 예문을 보면 '이미'와 '남편은 미국인이다'라는 명제의 내용과 공기하는데, 여기에서 위 대화의 의미를 따져보면, 태어남과 동시에 미국인이었으므로 '태어남' 자체가 남편을 미국인으로 되게 만드는 사건처럼 보인다. 하지만 태어나기 이전에는 남편의 존재가 없었으며, 따라서 '남편은 미국인이다'라는 명제의 진리치도 판단하지 못한다.[15] 즉 '이미' 절에서 공기한 상황에는 시작점이 없는 것으로 보인다. 이는 "나는 갈색으로 염색하지 않아도 이미 머리가 갈색이다."와 같은 문장을 쓸 수 있다는 점과도 연관된다. 태어날 때 머리카락 색이 갈색인 것이 결정이 되는 것과 같은 맥락이기 때문이다. 다시 말해 '이미' 절의 상황에는 시작점이 없을 수도 있다.

지금까지 '이미'와 관련한 가설과 관련하여 논의점들을 짚어 보고 기존의 논의에서 주장한 '완료'로서의 '이미'와 어떤 차이점이 있는지에 대해 살펴보았다. 정리하면 '이미'가 사용된 문장과 완료로 표현된 문장 모두 '참조시'가 설정되며 그 이전에 사건이 일어난다는 점에서 공통점이 발견되나 전자에서는 참조시로서 "상황의 변화가 있는 시간"이 전제되나 후자에서는 참조시로서 그러한 전제가 요구되지 않는다는 점이다.

'이미'가 참조시의 설정을 필요로 하고 참조시 이전의 선시성을 가진

---

15  하지만 문학 장르와 같은 특별한 맥락에서 조물주가 그 사람(남편)을 미국인으로 태어나게 만든다는 상황이 주어졌을 때에는 '태어남'을 시작점으로 보는 해석이 가능할 수도 있겠다.

다는 점은 '이미'가 완료의 영역과도 분명히 호응하는 부분이 있음을 보이는 부분이다. 완료의 해석에 있어서 참조시 설정이 필요한 부분이 있을 수 있기 때문이다. 문숙영(2005:30)에서 한국어의 경우 시간 부사류가 지시하는 시간에 대해서는 발화시나 상황시가 아닌 기준시로 기능하는 경우에 한해 '참조시'로 불릴 수 있다고 한 바가 있는데 이를 '이미'에 대입해 본다면 '이미'에 설정되는 의미는 '해당 명제의 상황과는 다른 상태(혹은 변화된 상태)의 시간 이전에'로 볼 수 있을 것이다.

다음 4.2절에서는 '이미'가 쓰인 문장에서 "상황의 변화가 있는 시간"이 '이미'의 의미를 규정하는 데 있어서 어떻게 작용하는지 고찰해 보고자 한다.

## 4.2. '이미'의 의미 고찰

앞서 가설 (가)와 (나)에서 보았듯이 '이미'가 만약 '참조시'와 호응하는 것이 확실하다면 '참조시'의 위치가 애매하기 때문에 '이미'를 무엇에 호응하는 시간 부사로 볼 것인지의 문제가 복잡해진다. '참조시'는 위에서 언급한 바와 같이 시간의 개념이면서도 화자의 양태와 연관이 되어 있으므로 사실 '상, 양태' 모두에 걸쳐져 있는 부사로 볼 수 있다. 따라서 이는 '이미' 절의 다양한 예들을 살펴볼 필요성과도 연관이 된다.

따라서 본 절에서는 '이미'가 쓰인 문장에서 "상황의 변화가 있는 시간"의 경우의 수를 예문을 통해 살펴보면서 '이미'가 가진 의미에 대해 알아보겠다.

### 4.2.1. 상황의 변화를 가져오는 사건에 대한 경우의 수

논의의 편의상 몇 가지 기호를 정하여 살펴보도록 하겠다. Michaelis

(1992)에서 사용한 영어의 'already'의 의미를 설명하기 위해 RI, AS, AS'를 사용하였다. 각각 RI(Reference Interval)은 참조점의 시구간 즉 어떤 상황의 과정, AS(already-state)는 발화된 문장에서 already로 표현된 상태, AS'는 RI로 인한 상태를 의미한다. 앞에서 사용한 예문을 통해 자세히 알아보자.

> (10')  ㄱ. A : 된장국에 소금을 좀 더 넣어라.
> 　　　　　B : (간을 본 후) 된장국은 이미 짜요.

　(10')에서 RI는 "된장국에 소금을 좀 더 넣는 행위", AS는 "현재 된장국의 짠 상태", AS'는 "된장국에 소금을 더 넣었을 때의 상태"를 의미한다.
　즉 정리하면 본고에서 RI는 "'이미' 절 상황의 변화가 있는 시간"이며 이것은 참조시로 삼는 사건의 시간과 일치한다. AS는 현재 '이미' 절에서 나타난 상태, AS'는 "상황의 변화를 가져오는 사건의 결과 상태"를 의미한다. RI, AS, AS' 이렇게 세 가지 변수의 관계를 따져 보면 아래와 같은 함수로 표현될 수 있을 것이다. AS'는 RI의 결과 상태를 의미하기 때문이다.[16]

> (14)  $f(x) = AS'(RI)$

　한편 위의 함수 AS'(RI)의 결과는 두 가지가 될 수 있다.

> (15)  $AS'(RI)=AS$

---

[16] 본고에서 상황을 단순화시키기 위해 Michaelis(1992, 1996 : 485~488)의 RI, AS, AS' 개념을 사용하였지만, 이를 이용하여 함수 관계를 만든 것은 본고에서 고안해낸 것이다.

(16) AS'(RI)≠AS

따라서 크게 AS'와 AS가 일치하는 경우와 AS'와 AS가 불일치하는 경우로 나누어 살펴보도록 하겠다.

## 가. AS'와 AS가 일치하는 경우

이 경우는 참조시로 삼는 어떤 행동의 결과가 발화된 '이미' 절에 표현된 상태와 같을 경우를 의미한다. 예를 들어 아래와 같은 상황이다.

> (17) ㄱ. A : 차에 설탕 좀 넣어줘.
>        B : 이 차는 꿀차라서 이미 달아.
>     ㄴ. A : 수지야, 나 코 높이는 수술 좀 해 볼까?
>        B : 글쎄, 네 코는 이미 높은걸.
>     ㄷ. A : 얘야, 밥 차려 놓았다. 밥 먹어라.
>        B : 엄마, 나 이미 밖에서 먹었어요.
>     ㄹ. A : 토익 공부를 좀 해야겠어.
>        B : 넌 이미 토익 점수가 높잖아.

(17ㄱ)에서는 차에 설탕을 넣는 행위가 RI, 그리고 RI로 인해 예상되는 결과 AS'는 꿀차가 단 상태이며 이것은 AS와 같다. 이와 같은 설명 방식으로 (17ㄱ~ㄹ)이 설명된다. 이때 RI로 표현되는 "'이미' 절 상황의 변화가 있는 상황"은 필요가 없어진다. RI의 효과인 AS'가 기존의 상태인 AS와 동일하기 때문에 RI가 개입될 필요는 없는 것이다. 따라서 이때 '이미' 절의 내용은 RI가 필요 없다는 의미를 내포한다. 즉, 위의 예문에서 (17ㄱ~ㄹ)까지 '설탕을 넣을 필요 없어', '수술 안 해도 돼', '밥 안 먹어도 돼요', '토익 공부 필요 없어'라는 의미를 '이미'가 설정하고 있다.

한편 위의 예는 AS'와 AS의 일치가 아닌 정도성의 차이로 설명될 수 있다. 즉 (18ㄱ)에서는 차가 단 정도가 이미 높기 때문에 RI가 필요 없다고 할 수 있다. 이것은 (17ㄴ~ㄹ) 모두에 적용된다.

**나. AS'와 AS가 불일치하는 경우**

AS'와 AS가 불일치하는 경우는 RI가 개입되어도 그 RI로 인한 AS'가 '이미'로 표현된 AS가 다른 경우를 일컫는다. 역시 예문을 통해 살펴보도록 하겠다.

> (18) ㄱ. A : 수지야, 왜 국어 시험공부 안 해?
> B : 수학을 50점 받아서 이미 시험을 망쳤거든.
> ㄴ. A : 이제부터라도 이미지 관리 좀 해 볼까?
> B : 이미 지수가 너에 대해서 나쁜 얘기를 해 놓아서 그러기 힘
> 들걸.
> ㄷ. A : 수지야, 목욕탕 같이 갈래?
> B : 나 이미 다녀왔거든.
> ㄹ. A : 나 이제부터 너한테 잘 할게. 그러니까 헤어지지 말자.
> B : 우리 관계는 이미 돌이킬 수 없어.

위 예문에서는 RI가 각각 "시험공부를 하는 것, 이미지 관리를 하는 행위, 목욕탕에 가는 것, 상대방에게 잘 하는 것"을 가리키며 이 사건 내지는 행위의 결과인 AS'가 '이미'와 공기하는 상황인 AS와 일치하지 않는다. 따라서 여기에서 '이미'의 의미는 AS가 RI로 인해 AS'가 될 수 없으므로 "어쩔 수 없음"의 의미가 도출된다고 할 수 있다.

즉, 정리하면 '이미' 절의 의미는 AS'(RI)=AS일 경우에는 "RI가 필요 없음"이며, AS'(RI)≠AS일 경우에는 "더 이상 어쩔 수 없음"이다.

## 5. 결론

본 연구는 '이미'가 상 부사라는 기존의 논의에 대해 재점검하기 위해 시제와 상의 개념에 입각하여 검토해 보고, '이미'와 시제 형태, '이미'와 상황 유형과의 공기 관계를 살펴봄으로써 '이미'와 제약을 보이는 범위와 호응하는 범위는 무엇인지 밝히고 여기에서 도출된 가설로 '이미'의 의미를 밝혔다.

많은 선행 연구에서 '이미'를 상 부사로 규정하고 있으나 '이미'가 시제 부사가 아니라는 이유로 '상 부사'에만 편입하는 것은 재고의 여지가 있으며 '상 부사'라는 술어의 타당성 또한 재고될 필요성으로 이어진다. 여러 검증을 통하여 시제, 상 영역 또는 양태 영역에 걸쳐 어떠한 양상을 보이는지, 어떤 요소와 제약 또는 호응을 보이는지를 살필 필요성이 제기될 수 있었다.

3장에서는 '이미'와 문법 형태 및 상황 유형과의 공기 양상을 살폈다. 우선 3.1절에서 선행 연구에서 '이미'는 '-었-'과 대부분 공기한다고 한 것과는 달리 과거, 현재, 미래시제의 형태와 대부분 자유롭게 공기할 수 있음을 보였다. 여기에서 주목할 만한 것은 미래시제와 '이미'의 공기 양상이었는데, '이미'가 나온 절에서의 미래시제의 의미는 화자의 의지가 아닌 화자의 추측으로만 해석된다는 점이었다. 즉 '이미'는 미래시제에 있어서의 '의미'를 제약하고 있는 양상을 보였다. 이를 통해 '이미'에 대한 첫 번째 가설을 아래와 같이 세울 수 있었다.

(가) '이미'는 명제 성분 밖의 요소인 화자가 설정한 참조시를 요구한다.

다음으로 3.2절에서는 '이미'와 상황 유형과의 공기 양상을 살폈다. '이미'는 Smith(1991/1997)에서 제시한 대부분의 상황 유형과 잘 공기하

였으나 상태성 동사와 공기하는 예문의 경우 약간의 설정을 통해서 해석
에 있어서의 어색한 점을 해소할 수 있었는데, 이 과정을 통해서 세운
'이미'의 호응 관계에 대한 또 다른 가설은 아래와 같았다.

> (나) '이미'가 사용된 문장에서는 참조시로서 "상황의 변화가 있는 시간"이
> 요구되며, '이미'가 가리키는 시간은 참조시 '이전'부터 시작된다.

위와 같은 과정을 거쳐 세운 '이미'에 대한 가설을 통해 알아낸 사실은
'이미'의 기능 및 의미를 논의함에 있어서 '참조시'가 중요하다는 사실이
었다. 따라서 '참조시'와 관련하여 본고의 가설을 다시 되짚어 보고, 기
존의 논의에서 주장한 '완료'로서의 '이미'와 어떤 차이점이 있는지에 대
해 살펴보았다. 그 결과 '이미'가 사용된 문장과 완료로 표현된 문장 모
두 '참조시'가 설정되며 그 이전에 사건이 일어난다는 점에서 공통점이
발견되나 전자에서는 참조시로서 "상황의 변화가 있는 시간"이 요구되나
후자에서는 참조시로서 그러한 전제가 요구되지 않는다는 점이 발견되
었다.

이와 같이 '이미'에서 '참조시'의 역할이 부각된 것은 기존의 논의에서
'이미'를 완료와 관련된 의미 또는 시제와 관련된 의미로 보고 있는 것과
도 맞닿아 있는 부분이라고 볼 수 있다. 완료의 의미를 해석하기 위해서
는 참조시의 설정이 도움이 되는 경우가 있기 때문이다.

마지막으로 4.2절에서는 '이미'의 의미에 대한 논의가 이루어졌다. 바
로 앞 절에서 밝힌 바와 같이 '이미'가 쓰인 문장에서 "상황의 변화를 가져
오는 상태"가 중요하게 작용한다면 이를 이용하여 어떻게 '이미'의 의미를
규정할 수 있는지에 대해 살펴보았다. 논의의 편의상 Michaelis(1992)에
서 사용한 RI, AS, AS' 기호와 개념을 도입하여 논의하였다. RI는 "'이미'

절 상황의 변화가 있는 시간"이며 이것은 참조시로 삼는 사건의 시간과 일치하며, AS는 '이미' 절에서 나타난 상태, AS'는 "상황의 변화를 가져오는 사건의 결과 상태"를 의미한다. 이 개념을 이용하여 본고에서는 "f(x) = AS'(RI)" 같은 함수 관계를 고안하였다. 또한 이 함수 결과의 경우의 수는 다음 두 가지였다. ① AS'(RI)=AS, ② AS'(RI)≠AS

예문을 통해 살펴본 결과 '이미' 절의 의미는 AS'(RI)=AS일 경우에는 "RI가 필요 없음"이며, AS'(RI)≠AS일 경우에는 해당 상황에 대해 "더 이상 어쩔 수 없음"으로 나왔다.

이 연구는 기존의 연구에서 '이미'를 완료와 잘 결합한다는 이유로 상 부사로 본 것에 대하여 비판적으로 검토하였고, 그 결과 '이미'를 논의함에 있어서 화자의 추측 또는 판단과 참조시의 역할이 크다는 것을 재조명하였다. 여기에서 완료의 참조시와 차별되는 점은 '이미'의 참조시는 "상황의 변화가 있는 시간"의 시점에 해당된다는 점이다. 따라서 '이미'가 완료의 영역과 분명 호응하는 부분도 있으나 '화자가 설정하는 참조시'를 요구한다는 점에서 양태의 영역도 넘나들고 있다는 점을 지적할 수 있었다. 즉 '이미'는 상과 양태의 영역 모두를 아우르고 있는 시간 부사로 볼 수 있는 계기가 되었다. 나아가 이렇게 밝힌 '이미'의 특성과 결부시켜 '이미'의 의미를 설명할 수 있었다. 그러나 '이미'의 의미를 더욱 구체적으로 규명하기 위해서는 실제 말뭉치에서의 양상을 살피고, 유의 관계에 있는 '벌써'와의 의미 관계, 또는 반의 관계에 있는 '아직, 여태'와 같은 시간 부사와의 관계도 살펴볼 필요가 있다.

·

─이 글은 『한국어 의미학』 42집, 269~295쪽에 실린 논문을 수정·보완한 것임.

**제2부**

# 교재 연구

　지금까지 한국어 교재에 관한 연구는 상당히 활발하게 이루어져 왔다. 한국어 교재는 교육 내용 및 방법을 구현하고 있는 총제적인 도구로서 교수 학습 현장에서 일종의 안내자 역할을 담당한다(강승혜, 2003 : 252). 따라서 교재 개발의 이론을 살피고 기존의 교재를 분석 및 진단하여 새로운 교재의 개발 방향을 제시하는 것이 교재 연구의 주요 흐름이었다. 교재 연구는 학습자의 학습 목적, 모어, 숙달도 등 학습자 변인을 고려한 연구와 교재 종류 및 통합 교재 내 읽기나 듣기 등 일부 영역이나 문법 및 어휘, 문화, 발음 등 특정 요소에 집중한 연구로 나뉜다. 최근에는 세부 영역별 주제들이 점차 다양해지는 추세를 보이고 있는데 이는 교재의 양적 팽창이 이루어진 지금 매우 바람직한 연구 방향이라고 할 수 있을 것이다(강현화, 2008:614). 향후에도 더욱 다양한 주제로 교재 연구가 이루어져야 할 것이며 교재를 활용한 연구뿐만 아니라 한국어 교재를 전면에서 다룰 필요가 있을 것으로 보인다. 또한 교재 분석의 객관성을 확보하는 것도 주요한 과제중 하나이다.

　아래에 소개할 세 개의 논문은 이러한 한국어 교재 연구의 주요 과제를 극복하기 위해 진행되었다. 이들은 〈한국어교육 연구팀〉의 정례 세미나를 통해 우수한 성과를 보인 것들을 국제 학술대회 발표 및 논문으로 발전시킨 연구들이다.

먼저, 원미진·최수정(2013)은 한국어 고급 교재 중 듣기 영역을 대상으로 듣기 과제 활동이 한국어 학습자가 개발해야 하는 듣기 능력 및 기술(skills) 향상에 실제적인 기여를 하도록 설계되었는지를 고찰하였다. 그간 듣기 활동을 분석한 연구에서는 선택하기, 받아쓰기 등 표면적인 활동 유형을 분석하는 데에 중점을 두었으며, 숙달도에 대한 고려가 미비했다(기준성, 2006; 마쯔자키, 2008; 이준호, 2011a 등). 이 연구에서는 이러한 선행 연구의 한계점을 극복하기 위해 고급 교재의 듣기 활동을 연구 대상으로 한정하였으며, 연구 방법 상에 있어서도 듣기의 인지과정 및 듣기 방법, 이해 유형, 듣기 기술, 듣기 활동 유형에 관한 이론에 근거하여 분석 틀을 마련하였다. 또한 연구자간 신뢰도를 측정하여 분석의 신뢰성을 높이고자 하였다. 이 연구는 기존의 연구와 달리 학습자의 내적 이해 과정이라는 측면에서 교재의 듣기 활동을 분석하였다는 점에서 큰 의의를 지닌다.

다음으로 박효훈(2011)은 학문 목적 한국어 읽기 교재의 활동들을 유형화하고 교재별로 분석함으로써 그것이 학문 목적이라고 하는 점에 비추어 보았을 때 적합한지 여부를 살펴보았다. 분석 결과, 학문 목적 읽기 과제 중 비판적 읽기 기능과 관계된 읽기 활동이 거의 나타나지 않음이 밝혀졌다. 이는 궁극적으로 학문 목적 한국어 읽기 활동이 일반 목적 한국어 읽기 활동과 어떻게 차별화되어야 하는지를 시사하고 있으므로, 읽기 활동을 타 영역과의 연계라는 측면에서만 다룬 기존의 연구들과(이준호, 2011b; 정윤규, 2013 등) 방향을 달리한다고 할 수 있다. 학습 목적을 토대로 교재의 활동을 분석하는 이 연구의 접근법은 비단 학문 목적 한국어 읽기에 국한되지 않으며, 특수 목적 한국어 학습자들을 위한 교재 개발 및 진단에 있어서 매우 유용할 것으로 기대한다.

끝으로 서세정(2012)은 한국어 교재의 지시문을 대상으로 하고 있다. 방성원(2011:614)은 교재의 이상적인 단원 구성을 위해서는 대화문, 과제 등에 관한 정밀한 연구가 필요하다고 언급한 바 있는데, 교재의 지시문 역시도 단원 구성에서 절대로 빼 놓을 수 없는 요소이다. 그러나 그동안 교재의 지시문에 주목한 연구는 거의 전무했던 것이 사실이며 이 연구를 시작으로 지시문에 대한 학위논문으로 발표되는 등(박소영, 2013) 논의가 활성화되고 있다. 이 연구는 지시문 말뭉치를 구축하고 지시문에 사용된 어휘량을 숙달도별로 계량적으로 살펴볼 뿐만 아니라 지시문에 사용된 어휘의 기 학습 여부, 문장 당 어절 수의 변화, 의사소통 기능과의 연계 등 보다 종합적인 측면에서 지시문을 객관적으로 분석하였다는 점에서 의미가 있다.

# 한국어 고급 교재의
# 듣기 활동 타당성 연구

**원미진 · 최수정**
연세대학교

## 1. 머리말

언어교육에서 듣기 능력을 가르치는 것이 중요한가에 대한 지난 40년
간의 언어교육 논의를 보면, 듣기 기술의 지도와 함께 듣기 능력에 대한
교육도 이루어지는 것이 바람직하다는 결론에 도달한 듯하다. 그럼에도
불구하고 그동안의 듣기 교육은 듣기를 다른 언어 기술보다 '먼저' 가르쳐
야 하는가에 대한 문제에만 초점이 맞춰져서, 듣기의 '무슨 능력'을 가르
쳐야 하는가에 대한 논의는 빈약했다. 듣기 교육은 듣기 능력의 향상을
위한 듣기 기술 지도가 궁극적인 듣기 교육의 목표가 되어야 함에도 불구
하고 듣기 능력의 기술적 향상을 위한 목표 설정이나 듣기 능력 신장을
위한 활동에 대한 관심 부족은 언어 교재에서 듣기 활동의 유형 또는
활동의 목표에 대한 반성 없이 진행된 감이 있다. 사실 제2 언어 교육에서
듣기 활동에 대한 이러한 지적은 전혀 새로운 것이 아니다. Anderson
& Lynch(1988)에서는 듣기를 가르치고 평가하는 데 듣기 활동이 문제가
없는가를 지적하였으며, 그 이후 많은 연구들에서도(Rost, 1990; Rost,
1991; White, 1998; Field, 1998; Buck, 2001) 시중에 다양한 교재가 출판되었

음에도 불구하고, 많이 사용되는 교재에 제시된 듣기 활동의 유형은 거의 변화가 없었다는 점을 지적했다. 한국어교육에서도 이에 대한 문제의식을 가지고 여러 연구에서 듣기 학습 활동에 대한 분석이 이루어졌다(기준성, 2006; 김수미 외, 2008; 나은선, 2002; 마쯔자키 마히루, 2008; 박선영, 2012; 이상희, 2010; 이준호, 2011; 조위수, 2005; 조항록, 1993 등). 그러나 그동안의 듣기 학습 활동 분석 연구들은 '내용'에 초점을 두기보다는 '문제 유형'이나 '형식'을 분석한 경우가 많았다. 본고는 이러한 문제의식으로부터 출발하여 듣기 활동의 목표를 듣기 이해 기술 향상에 두고, 이해의 전반적인 영역에 걸쳐 능력을 향상시킬 수 있는 듣기 기술의 개별 영역에 대한 범주와 내용을 제시해 보고자 한다. 이러한 범주와 기준 설정을 위해 선행 연구의 분석틀을 비교·비판하고, 이해 내용과 듣기 기술 향상에 초점을 둔 네 가지 범주를 설정하였다. 이를 바탕으로 듣기 활동의 분석 기준을 마련하여 고급 한국어 교재에 나타난 듣기 활동을 비판적으로 살펴 이 활동들이 듣기 이해 능력 향상을 위해 얼마나 기여하고 있는가의 타당성을 살펴보고자 한다.

## 2. 이론적 배경

### 2.1. 듣기 인지 과정

언어생활에서 이해 과정이 무엇인가에 대한 정의는 언어교육의 철학적 기반에 따라 달라질 수밖에 없다. 행동주의자들의 시각에서 이해는 상향식 과정에 의지한 정보의 단선적 처리 과정인 반면, 70~80년대 이후의 사회언어학이나 구성주의자들의 시각에서의 이해는 하향식 과정에 의지한 문맥 주도의 해석(context driven interpretation)에 초점이 맞춰져

왔다. 이러한 의사소통 교수적인 맥락에서 주요한 듣기 활동 중 하나는 듣기 전 활동을 통해 학습자들의 스키마를 활성화시켜 듣기 이해에 도움이 되도록 하는 것이었다. 그러나 인간의 이해 영역에 대한 상향식, 하향식 모형은 그 중 하나만의 작용으로는 판단하기가 쉽지 않고 상향식과 하향식이 동시에 작용하는 양방향의 상호작용 모형으로 설명되기도 한다. 이러한 정보처리의 인지적 관점에서 구성주의적 관점으로 이동하면서 이해 기능을 파악한다면 듣기의 유형을 상향식, 하향식, 상호작용식 듣기로 나눌 수 있으며, 듣기 기술 역시 각각의 영역에 따라 필요한 부분의 능력을 개발하는 것이 목표가 되어야 한다.

Peterson(1991)은 이러한 상향식, 하향식, 상호작용식 인지 과정에 각각 숙달도별로 적당한 듣기 학습 활동의 목표를 설정하였다(차경환·이경민, 1998:479-500에서 재인용). 상향식 과정의 듣기 학습은 초보 단계의 학습자들에게 주로 적용되는 과정으로, 학습자가 학습하여 알고 있는 어휘나 문법 지식들을 동원하여 들은 내용이 지시하는 바를 이해하는 것이다. 즉, 듣기를 할 때 음성, 단어, 구문, 문장을 순서대로 해독하는 과정을 의미한다. 하향식 과정의 듣기 학습은 학습자가 가지고 있는 배경 지식, 상황의 사전 지식, 문맥, 논제 등의 언어 외적 사전 지식을 최대한 이용하여 예측한 것을 바탕으로 총체적으로 추론하여 의미를 이해하는 것을 말한다. 하향식 과정에서는 듣기를 할 때 학습자가 가지고 있는 사전 지식에 대한 전반적인 예상에 비추어 들려오는 내용을 해석하고 이해하게 된다. 하향식 과정은 이미 상당한 수준의 듣기 능력이 있어 어휘와 문법 구조에 대한 해독 능력을 지닌 학습자에게 적절하다. 상호작용식 과정의 듣기 학습은 들려준 대화의 어휘나 문법 관계와 같은 언어적 지식을 통하여 의미를 파악하는 상향식 과정의 학습자가 사전에 이미 가지고 있는 배경 지식을 이용하여 예측 및 추론을 하는 하향식 과정이 서로 상호작용하여 이루어진다고 할 수 있다. 즉 상호작용식 과정은 하향식 과정에서 강조하는 학습자의 선행 지식과 배경 지식을 바탕으로 예측 활동을 하면서 동시에 상향식 과정에서 강조하는 어휘력, 문법 관계 및 문장 구조에 대한 지식 등을 함께 사용하는 것이다.

학습자의 이해 영역을 인지의 정보처리에 기준을 두고 본다면 초급에서 고급으로 갈수록 상향식에서 하향식, 그리고 상호작용식 과정의 정보 처리 유형이 듣기 활동에 나타나야 함을 전제할 수 있다. 그러므로 본고에서는 기초적으로 가장 먼저 한국어 고급 교재의 듣기 활동이 상향식, 하향식, 상호작용식 중 어디에 가깝게 구성되어 있는지를 분석해 보고자 한다.

## 2.2. 이해 유형

인지 과정의 측면에서 듣기 활동을 분석하는 것이 학습자를 고려한 학습자 측면의 분석이라면, 텍스트 측면에서도 좀 더 자세히 분석해 볼 필요성이 있다. Long&Ross(1993:37)는 이해의 유형을 사실적(replication) 이해, 종합적(synthesis) 이해, 추론적(inference) 이해로 나누어 각각의 이해의 유형을 확인해볼 수 있는 활동 문항에 대해 다루었는데, 각각을 자세히 기술하면 다음과 같다. 먼저 사실적 이해문항에서는 텍스트에서 언급된 내용을 사실적으로 이해했는지를 알아보기 위해 텍스트에 있는 내용을 찾아 있는 그대로, 혹은 최소한의 어휘 변형을 해서 답하게 하는 활동이 주어진다. 이는 '표면적 이해문항(surface comprehension question)'과 비슷한 의미로 쓰인다. 종합적 이해문항은 사실적 이해와 마찬가지로 텍스트에 명시적으로 서술되어 있는 내용이지만, 서로 다른 단락의 문장을 연관 지어 이해할 수 있는 내용을 파악하도록 하는 것이며, 추론적 이해문항은 텍스트 내용의 이해와 주제에 대한 배경지식을 바탕으로 텍스트의 내포된 의미에 대해 추론해서 답하도록 하는 것을 말한다.

허지은(2007)에서는 이러한 Long&Ross(1993)의 듣기 이해의 유형에 따른 듣기 이해도를 한국어 초급 학습자를 대상으로 연구한 바 있다. 듣기 이해의 유형별 총점의 기술 통계 결과, 평균점수는 종합적〈추론적〈사실적의 순서로 나타났으며, 종합적 이해가 사실적, 추론적 이해의 점수보다 상대적으로 크게 낮았다. 물론 초급 학습자를 대상으로 한 것이기는 하지만 이는 이해의 유형에 따라 난이도가 달랐음을 의미하며, 지문 내용을 그대로 답하도록 하는 사실적 이해가 가장 쉬웠고, 지문의 전체적인 내용을 이해하고 다시 한 번 생각해야 하는 종합적 이해와 추론적 이해는 상대적으로 어려웠다는 것을 보여준다. Oh(2001:78)에서도 이해 문항을 일반적(general), 구체적(specific), 추론적(inference) 이해 문항으로 나눈 바 있다. 일반적 이해 문항은 겉으로는 언급되지 않은 정보를 통합해서 글의 주제를 찾게 하는 것이고, 구체적 이해 문항은 명시적으로 서술된 사실적 정보에 주의해서 글에 관한 구체적인 진술이 맞는 것인지 틀린 것인지 가려내도록 하는 것이며, 추론적 이해 문항은 Long&Ross(1993)에서 말한 추론적 이해의 개념과 비슷하다.

## 2.3. 듣기 기술 유형

앞에서 살펴본 듣기의 인지 과정과 텍스트 유형뿐만 아니라 이를 구체적으로 실현시키는 듣기 기술이 무엇인가도 살펴볼 필요가 있다. 이것을 범주화하여 듣기 기술 개발의 범주로 제시해 보는 것은 듣기 능력의 향상을 위한 구체적인 기술 개발의 범주가 된다는 점에서 의미가 있다. Rost(1991)와 White(1998)는 듣기 활동의 방안으로서 듣기 기술을 구조적으로 가르치는 것과 연습하는 데 필요한 듣기의 부기술(subskills) 목록을 개발하는 것, 그리고 이러한 연습을 위해 적합한 교육학적 수단을 찾는 것을 제안하였다. 특히 White(1998)는 듣기 기술을 '지각 기술(Perception Skills), 언어 기술(Language Skills), 세상 지식의 활용(Using Knowledge of the World), 정보 다루기(Dealing with Information), 화자와의 상호작용 (Interacting with a Speaker)'의 5가지 영역으로 분류하였다.

먼저 '지각 기술'은 축약형을 찾아내고 억양 패턴을 알아냄으로써 각각의 소리를 인지하는 것과 같은 기술을 말한다. 여기에는 각각의 개별음 인식, 음간의 차이구별, 빠른 화행 속에서 음의 축소형 찾아내기, 강세를 받는 음절 찾아내기, 발화 문장에서의 강세 받는 어휘 찾아내기, 억양 패턴 인식 등이 속한다. 다음으로 '언어 기술'은 각각의 단어와 덩어리를 이해하고 그들의 의미를 형성하는 것과 같은 기술이다. 이 범주 안에는 개별 어휘와 어휘군을 찾아내 의미 형성하기, 화자의 말을 조직적으로 구성하는 남화 표시 찾기 등이 속한다. '세상 지식 활용'은 주제의 지식을 사용하면서 의미의 단서를 얻기 위해 비언어적인 특징에 단어를 연결하는 것이다. 이 기술에는 의미에 대한 단서를 얻기 위해 여러 어휘군을 비언어적 특성(제스처, 얼굴표정)에 연결하기, 특정 주제에 대한 지식을 사용하여 화자가 말하고자 하는 바 추측하기, 특정 상호작용이 취하는 전형적 유형에 대한 지식 활용하여 화자가 하는 말 추측하기 등이 속한다. '정보 다루기'는 전반적 요지 이해하기, 요점 이해하기, 세부사항 이해하기, 명확히 진술되지 않았거나 빠진 정보 추론하기 등이 속한다. 끝으로 '화자와의 상호작용 기술'은 말하는 속도 및 강세 차이 등의 변수 이해하기, 화자의 의도 인식하기, 화자의 기분이나 태도 알아내기, 말하는 순서나 화제를 바꿀 때 화자의 신호 알아내기, 화자가 다음에 무슨 말을 할지 예측해보기 등이 속한다.

## 2.4. 듣기 활동 유형

Rost(1991)는 듣기 활동의 유형을 4개의 넓은 범위로 분류하여 사용했는데, '주의 깊은 듣기(Attentive Listening), 집중적인 듣기(Intensive Listening), 선택적인 듣기(Selective Listening), 상호적인 듣기(Interactive Listening)'가 그것이다.

먼저 '주의 깊은 듣기'는 학습자들이 실제 상호작용에서 화자에게 언어적, 비언어적인 응답을 하도록 고안된 듣기 유형이며, '집중적인 듣기'는 언어적인 형식에 집중하도록 고안된 듣기 유형이다. '집중적인 듣기'에서는 소리, 구조, 어휘가 어떻게 의미에 영향을 미치는지 인지하기 위해 언어 체계의 특정한 측면에 초점이 맞춰진다. 교사는 언어 형식의 복잡성을 높임으로써 고급 학습자들에게도 이 유형을 적용시킬 수 있다. 다음으로 '선택적인 듣기'는 학생들이 듣기의 목적을 파악하도록 돕는 듣기 유형이다. 정보에 기반한 과제를 제공함으로써 키워드, 담화 장면이나 정보 구조에 집중하게 한다. 끝으로 '상호적인 듣기'는 학습자들이 정보차 활동이나 문제 해결 유형의 활동을 짝이나 그룹으로 수행함으로써 능동적인 청자가 되도록 하는 듣기 유형을 말한다.

## 3. 연구 방법

본고에서는 한국어 고급 교재의 듣기 활동을 분석해보고자 듣기 활동의 분석 기준을 마련하고, 고급(5, 6급)까지 모두 개발된 4종의 한국어 통합교재 중 고급 교재를 대상으로 듣기 활동을 분석하였다.[1] 고급을 집

---

1 구체적인 본고의 분석 대상 교재는 다음과 같다.

중적으로 분석한 이유는 숙달도가 높아질수록 듣기 학습 활동에서 학습
자에게 듣도록 요구하는 듣기 능력의 범위가 넓어지기 때문이다. 분석
대상 교재에는 말하기와 듣기가 함께 제시된 활동이나 읽기, 쓰기와 같
이 연계된 듣기 활동도 있었는데, 이러한 듣기 활동은 본고의 분석 대상
에서 제외하고, 교재에 제시된 듣기 활동 중에서도 특히 독립적인 듣기
활동으로 제시된 것들만을 분석 대상으로 선정하였다. 또한 본고의 연구
목적을 고려하여 '듣기 전 활동(pre-listening)'[2]과 '듣기 후 활동(post-
listening)'[3]은 분석 대상에서 제외하고, 듣는 활동 자체가 중심이 되며
듣고 난 직후에 이루어지는, 들은 내용에 대한 이해 활동인 '듣기 활동
(while-listening)'만을 분석 대상으로 삼았다.

위 분석 대상을 바탕으로 듣기 활동을 분석하기 위해서는 타당한 분석
기준이 필요하다. 본고에서는 듣기 학습 활동의 분석 기준을 세우기 위
해 '듣기 학습 활동을 통해 이해 능력의 향상을 위해 듣기의 무슨 능력을
향상시킬 수 있는가'에 초점을 맞췄다. 그동안의 듣기 학습 활동들은 대
부분 이해 문제라고 할 수 없을 만큼 어휘와 문법에 치중한 경우가 많았

---

경희대학교 국제교육원(2002~2003), 『한국어』 고급 I · II.

고려대학교 한국어문화교육센터(2008~2011), 『재미있는 한국어』 5, 6.

연세대학교 한국어학당(2013), 『연세 한국어』 5-1, 5-2, 6-1, 6-2.

이화여자대학교 언어교육원(2013), 『이화 한국어』 5, 6.

2 '듣기 전 활동'은 들을 내용의 배경이나 맥락을 만들어 줌으로써 학습자가 들을 내용
을 예측할 수 있게 하는 데 목적이 있다(강현화 외, 2009:78). 이는 본고의 듣기 활동
분석의 목적에 해당되지 않으므로 제외하였다.

3 '듣기 후 활동'은 학습자의 언어 학습 효과를 극대화하기 위해 이들은 내용을 활용하
여 또 다른 언어 훈련을 도모하는 것이다. 즉 들은 내용을 학습자의 희미한 기억 속으
로 날려 버리지 않고 활용할 기회를 만들어 주는 것이 듣기 후 활동의 목적이다. 듣기
활동이 듣고 난 직후 이루어지는 들은 내용에 대한 이해 활동이라면 들은 후 활동은
들은 내용에 대한 이해보다는 듣기로 수용한 내용을 재생산하는 활동이다(강현화 외,
2009:104). 따라서 본고에서는 분석 대상에서 제외하였다.

다. 또한 서론에서 지적한 바와 같이 그동안의 듣기 활동 분석 연구들은 내용에 초점을 두기보다는 문제 유형이나 형식을 분석한 경우가 많았다. 본고는 이러한 한국어교육 듣기 연구의 문제점을 인식하고 듣기 활동이 학습자의 '이해 능력으로서의 듣기'를 도울 수 있고, 단순한 문제 유형 분석이 아니라 이해 과정 및 내용, 그리고 학습자들이 개발해야 하는 듣기 기술과 듣기 활동 유형에 초점을 둔 네 가지 범주로 듣기 활동의 분석 기준을 마련하였다. 이러한 범주 틀의 설정은 이해 영역으로서의 듣기의 범주에 대한 확인 작업이며, 이해 과정을 고려한 듣기 활동의 유형을 파악해 보려는 시도이다. 또한 한국어 학습자가 듣기 능력 향상을 위해 듣기 텍스트가 가지고 있는 특성에 대한 파악 능력이 필요한 점을 지적하여 이것들을 이해하기 위한 구체적인 듣기 기술 향상의 영역을 고려한 범주를 설정하였다. 이러한 본고의 분석 틀은 전반적인 듣기 이해 능력 향상을 위해 필요한 부분을 고려했다는 점에서 분석의 틀로서 의의가 있다고 할 수 있다. 본고의 분석 틀을 구체적으로 살펴보면 다음과 같다.

첫째, 듣기의 인지과정 및 듣기 방법과 관련된 기준이다. 여기에는 이해의 인지 과정에 초점을 맞춘 Peterson(1991)의 상향식 과정과 하향식 과정, 상호작용식 과정이 해당된다.

둘째, 듣기의 내용과 목적에 초점을 두어 이해 유형을 분석기준으로 삼았다. 다시 말해 학습자가 듣는 텍스트의 내용에 초점을 맞춰 Long& Ross(1993)의 이해 유형인 '사실적 이해, 종합적 이해, 추론적 이해'를 분석 기준으로 삼았다.

셋째, 학습자들이 개발해야 하는 듣기 기술을 범주화하였다. 이 영역에 대해서는 White(1998)의 듣기 기술 유형을 가져와 분석 기준으로 삼았다. 이미 앞에서 살펴본 바와 같이 White(1998)에서는 듣기 기술 유형을 '인지 기술(Perception Skills), 언어 기술(Language Skills), 세계적 지식의 사용(Using Knowledge of the World), 정보 다루기(Dealing with Information), 화자와의 상호작용(Interacting with a Speaker)'으로 설정하였다.

마지막으로, 듣기 활동의 유형에 대한 분석이다. Rost(1991)에서 설정한 '주의 깊은 듣기(Attentive Listening), 집중적인 듣기(Intensive Listening), 선택적인 듣기(Selective Listening), 상호적인 듣기(Interactive Listen-ing)'로 나누어 듣기 활동을 다양성의 측면에서 분석해 보고자 하였다.

이상에서 살펴본 내용을 정리하여 본고의 듣기 활동 분석 기준을 자세히 제시하면 〈표 1〉과 같다.

〈표 1〉 듣기 학습 활동 분석 기준

| | 분식기준 | 세부시항 | 활동내용 |
|---|---|---|---|
| 1 | 인지과정 (Peterson, 1991) | 상향식 과정 | 어휘나 문법 지식들을 동원하여 들은 내용 이해 |
| | | 하향식 과정 | 배경 지식, 상황의 사전 지식, 문맥 등의 언어 외적 사전 지식을 최대한 이용하여 예측한 것을 바탕으로 총체적으로 추론 |
| | | 상호작용식 과정 | 학습자의 선행 지식과 배경 지식을 바탕으로 예측 활동을 하면서 동시에 어휘력, 문법 관계 및 문장 구조에 대한 지식 등을 함께 사용 |
| 2 | 이해유형 (Long&Ross, 1993) | 사실적 이해 | 글에 언급된 구체적인 정보 찾기, 글의 내용과의 일치·불일치 |
| | | 종합적 이해 | 글의 주제, 요지, 제목 등 중심 내용 |
| | | 추론적 이해 | 추론, 지칭 대상 찾기, 함의 파악 등 |
| 3 | 듣기기술 (White, 1998) | 지각 기술 | 개별 음 인식, 음간 차이 구별, 음의 축소형 인식, 강세 음절 인식, 발화문장에서 강세 받은 어휘 찾아내기, 억양 패턴 인식 |
| | | 언어 기술 | 개별어휘와 어휘 군으로 가능한 의미 형성하기, 담화 표시 찾아내기 |
| | | 세상 지식 활용 기술 | 특정 주제에 대한 지식 이용하여 화자의 발화 의도 추측, 상호작용이 취하는 전형적 유형에 대한 지식 활용하여 화자의 발화 의도 추측, 의미 단서 포착 위해 다양한 어휘군을 비언어적 특성에 연결하기 |

| | | | |
|---|---|---|---|
| 4 | 듣기활동유형 (Rost, 1991) | 정보 다루기 | 전반적 요지 이해하기, 요점 이해하기, 세부사항 이해하기, 빠진 정보나 명확히 진술 되지 않은 정보 추론하기 |
| | | 화자와의 상호작용 기술 | 발화 속도 및 강세 차이 등 변수 이해하기, 화자의 의도 인식하기, 화자의 심정이나 태도 인식하기, 이어질 말 예측하기, 발화순서나 화제 전환 시 신호 인식하기 |
| | | 주의 깊은 듣기 | 상호작용에서 화자에게 언어적, 비언어적인 응답 |
| | | 집중적인 듣기 | 언어적인 형식에 집중. 소리, 구조, 어휘가 어떻게 의미에 영향을 미치는지 인지하기 위해 언어 체계의 특정한 측면에 초점 |
| | | 선택적인 듣기 | 학생들이 듣기의 목적을 파악하도록 도움. 키워드, 담화 장면이나 정보 구조에 집중 |
| | | 상호적인 듣기 | 학습자들은 정보 차 활동[4]이나 문제 해결 유형의 활동을 짝 혹은 그룹별로 수행함으로써 능동적인 청자가 됨 |

위 분석 기준을 가지고 한국어 고급 교재에 제시된 총 382개의 듣기 학습 활동을 다음 〈표 2〉와 같이 분석하였다.

**〈표 2〉 듣기 활동 분석 예시[5]**

| 교재 | 등급 | 과 | 활동 내용 | 인지과정 (Peterson) | 이해 유형 (Long & Ross) | 듣기 기술 (White) | 듣기 유형 (Rost) |
|---|---|---|---|---|---|---|---|
| 고려대 | 고급1 (5권) | 3 | 면접에서의 대화를 듣고 지원자가 말을 더듬은 이유 쓰기 | 하향식 | 사실적 | 세상 지식 활용 | 선택적 |
| 고려대 | 고급1 (5권) | 3 | 면접에서의 대화를 듣고 언급한 내용을 모두 고르기 | 상호작용식 | 사실적 | 정보 처리 | 선택적 |

---

4 '정보 차 활동(Information gap activity)'은 '정보 결함 활동'이라고도 하며, 대화 참여자 간에 알고 있는 정보에 차이가 있어, A만 알고 있는 내용을 B에게 전달하거나 서로가 가진 정보를 교환하는 활동이다(강현화·이미혜, 2011:258).

5 총 382개의 듣기 활동 중 각 기관에서 2개씩을 무작위로 추출하여 총 8개의 듣기 활동 분석 내용을 예시로 제시하였다.

| 연세대 | 고급2 (6-1) | 4과 -2 | 통일부 장관의 반론을 정리한 것을 보고 알맞은 말 써넣기 :남북대화에는 __이/가 필요하다. 단기적으로 계산하는 태도는 옳지 않다. 북한에 대해 지원하는 것도 __은/는 아니다. 차관으로 제공되는 것이다. | 상호작용식 | 추론적 | 세상 지식 활용 | 집중적 |
|---|---|---|---|---|---|---|---|
| 연세대 | 고급2 (6-1) | 5과 -1 | 무엇에 대한 내용인지 고르기 | 하향식 | 종합적 | 정보 처리 | 선택적 |
| 이화여대 | 고급2 (6권) | 5 | 들은 내용과 다른 것은 무엇인지 고르기 | 상향식 | 사실적 | 정보 처리 | 선택적 |
| 이화여대 | 고급2 (6권) | 6 | 들은 내용과 같은 것은 무엇인지 고르기 | 상호작용식 | 사실적 | 정보 처리 | 선택적 |
| 경희대 | 고급2 | 3 | 잘 듣고 들은 내용에 맞게 __안에 들어갈 단어 쓰기 | 상호작용식 | 추론적 | 언어 기술 | 집중적 |
| 경희대 | 고급2 | 5 | 잘 듣고 왕영은 왜 자리에 앉지 않았는지 쓰기 | 상향식 | 사실적 | 세상 지식 활용 | 선택적 |

그동안의 듣기 활동 분석에 대한 연구와는 달리 본고에서는 문제 유형만을 분석한 것이 아니라, 같은 문제 유형이라 하더라도[6] 교재의 부록에 실려 있는 듣기 스크립트를 일일이 분석하여, 학습자들이 스크립트를 듣고 교재의 듣기 활동을 해결하기 위해 거쳐야 하는 과정을 중심으로 분

---

6  예를 들어, 〈표 2〉에 제시한 이화여대의 듣기 활동의 경우, 5과와 6과에 나타난 활동 내용은 각각 '들은 내용과 다른 것은 무엇인지 고르기', '들은 내용과 같은 것은 무엇인지 고르기'와 같이 유사하지만, 그 분석 결과를 보면 인지과정에서 하나는 '상향식', 다른 하나는 '상호작용식'으로 차이가 있음을 알 수 있다. 이는 단순히 문제 유형만을 분석한 것이 아니라, 교재 뒤에 부록으로 첨부되어 있는 듣기 스크립트와 듣기 활동의 내용을 비교·분석해 도출한 결과이다. 즉, 학습자가 스크립트 내용을 들은 후, 교재에 제시된 듣기 활동을 해결하기 위해 어떠한 과정을 거치는지를 본고의 기준에 맞추어 판단한 결과이다.

석하였다.

모든 듣기 활동은 〈표 2〉와 같은 방법으로 엑셀에 태깅하였다. 그런데 이 과정에서 활동의 특성상 하나의 활동에 두 가지 이상의 유형이 드러나는 경우도 있었다. 예를 들어, '듣기 기술'에는 '지각 기술, 언어 기술, 세상 지식 활용 기술, 정보 다루기, 화자와의 상호작용 기술'이 있는데, 하나의 활동에서 여러 기술이 나타나기도 하였다. 이 경우 중복 태깅을 하지 않고, 해당 활동을 해결하기 위해 가장 핵심적으로 사용해야 하는 기술이 무엇인지를 판단하여 주된 기술을 태깅하였다. 이는 중복으로 태깅할 경우 중복을 허용하는 범위가 불분명하고, 가능한 한 계량화된 틀 안에서 듣기 활동의 경향성을 명료하게 살피기 위함이다. 또, 이러한 분석 과정에서 개입될 수 있는 연구자의 주관을 최대한 배제하고 연구자 내의 신뢰도를 높이기 위해 한 연구자가 두 번에 걸쳐서 판단하였으며, 판단이 어려운 것은 연구자 간에 이견을 조율하는 과정을 거쳤다.[7]

## 4. 듣기 활동 분석 결과

인지 과정, 이해 유형, 듣기 기술, 듣기 활동 유형의 분석 기준을 가지고 한국어 고급 교재의 듣기 활동을 분석한 결과를 정리하면 〈표 3〉와 같다. 하나의 활동은 네 가지 분석 기준으로 보아 네 개의 영역에 속하기 때문에 각 분석 기준에 따라 382개의 활동이 각각의 영역에 들어간다.

---

7  연구자 간 신뢰도를 높이기 위하여 분석 활동의 10%를 다른 연구자가 태깅하여 일치하는 비율이 얼마인가를 파악하였다. 일치하지 않는 비율이 10%를 넘지 않을 경우에 이는 연구자간의 신뢰도가 있는 것으로 판단되는 것이 보통의 연구에서 신뢰도를 평가하는 기준이므로 이 연구의 분석은 연구자 간의 신뢰도를 측정해 본 결과 연구자 간의 신뢰도에 문제가 없었다.

<표 3> 한국어 고급 교재의 듣기 학습 활동 분석 결과

| 분석기준 | | 세부사항 | 활동 개수 | 백분율 |
|---|---|---|---|---|
| 1 | 인지과정<br>(Peterson, 1991) | 상향식 과정 | 193 | 50.52% |
| | | 하향식 과정 | 102 | 26.70% |
| | | 상호작용식 과정 | 87 | 22.77% |
| 2 | 이해유형<br>(Long&Ross, 1993) | 사실적 이해 | 279 | 73.04% |
| | | 종합적 이해 | 71 | 18.59% |
| | | 추론적 이해 | 32 | 8.38% |
| 3 | 듣기기술<br>(White, 1998) | 정보 다루기 기술 | 299 | 78.27% |
| | | 화자와의 상호작용 기술 | 33 | 8.64% |
| | | 세상 지식 활용 기술 | 29 | 7.59% |
| | | 언어 기술 | 19 | 4.97% |
| | | 지각 기술 | 2 | 0.52% |
| 4 | 듣기유형<br>(Rost, 1991) | 선택적인 듣기 | 327 | 85.60% |
| | | 주의 깊은 듣기 | 26 | 6.81% |
| | | 집중적인 듣기 | 23 | 6.02% |
| | | 상호적인 듣기 | 6 | 1.57% |

한국어 고급 교재의 382개 듣기 활동을 분석한 결과, 현재 한국어 고급 교재의 듣기 활동이 가지고 있는 문제점을 파악할 수 있었다. 전체적인 문제점은 듣기 활동 유형의 불균형성이라고 할 수 있다. 숙달도에 따라 비중을 두는 이해 유형, 듣기 기술, 인지 과정 등이 다르기 때문에 불균형성은 어찌 보면 당연한 결과라고 할 수 있다. 그러나 앞에서 살펴본 이해의 인지과정이나 이해의 유형의 측면에서 봤을 때 고급 학습자에게 필요한 기술이 전반적으로 다뤄지고 있지 않음을 볼 수 있다.

먼저, 상향식 과정 듣기 활동이 절반인 50.52%로 가장 많이 제시되어 문제가 있는 것으로 나타났다. 상호작용식 과정은 26.7%였고, 하향식 과정은 22.77%에 불과했다. 상향식 과정은 고급 학습자에게 적합한 활동이라기보다는 초급 학습자들이 처음 듣기를 연습할 때 많이 사용하는 인지과정으로서, 초급 한국어 교재의 듣기 학습 활동에 많이 필요한 유형이다. 오히려 고급 단계에서는 하향식 과정을 넘어 상호작용식 과정까지도 요구하는 듣기 활동이 있어야 하는데, 상향식이 절반을 차지한다는 점에서 문제가 있는 것을 알 수 있다.

둘째, 고급 교재임에도 불구하고 지나치게 사실적 이해에 초점을 맞추고 있다. 분석 결과, 이해 유형(Long&Ross, 1993) 중에서 사실적 이해가 73.04%(279개)나 차지했다. 사실적 이해는 들은 그대로 혹은 약간의 변형을 가하여 정답을 선택하는 유형이라고 봤을 때, 초·중급 학습자들에게 적당한 유형이라고 할 수 있다. 물론, 고급 학습자에게도 사실적 이해 문항이 필요한 건 사실이다. 듣기 지문의 성격에 따라 고급 학습자들이 이해해야 하는 텍스트의 사실적 이해가 중요하지 않다고 주장하는 것은 아니다. 다만 고급 학습자가 듣기 활동을 통해 사실적 이해를 발달시키는 데에만 비중을 두고 있다는 것은 문제가 있다. 지문 내용을 그대로 답하도록 하는 사실적 이해는 지문의 전체적인 내용을 이해하고 다시 한 번 생각해야 하는 종합적 이해와 추론적 이해에 비해 상대적으로 쉬운 활동임에도 고급에서 가장 비중 있게 다루고 있는 것이다. 그러므로 종합적, 추론적 이해 유형에 해당하는 학습 활동이 개발될 필요가 있다.

셋째, White(1998)에서 설정한 5가지 범주의 듣기 기술에서는 정보다루기 기술이 78.27%로 가장 큰 비중을 차지하고 있었다. 이는 아무래도 정보 다루기의 범위에 전반적인 요지나 요점을 이해하는 것과 세부사항을 이해하는 것, 빠진 정보나 명확히 진술되지 않은 정보를 추론하는 것이 모두 해당되기 때문으로 보인다. 그럼에도 불구하고 이것이 문제가 되는 것은 상호작용 기술과 세상 지식 활용 기술이 각각 8.64%와 7.59%로 너무나도 낮은 비중을 차지하고 있다는 점이다. 세상 지식 활용 기술에는 특정 주제에 대한 지식을 이용하여 화자의 발화 '의도'를 추측하는 것과 의미 단서 포착을 위해 다양한 어휘군을 '비언어적 특성'에 연결하는 것 등이 포함된다. 상호작용 기술에는 발화 속도 및 강세 차이 등 변수 이해하기와 화자의 심정이나 태도 인식하기 등이 포함된다. 이러한 화자의 발화 의도, 심정, 태도를 파악하는 것과 비언어적 특성과 변수를 이해하는 능력은 고급 학습자에게 필요한 능력이다. 따라서 고급 교재에서는 학습자들이 이러한 기술을 개발시킬 수 있도록 돕는 듣기 활동을 개발할 필요가 있다. 그런데도 현재 한국어교재에는 이러한 기술을 포함하는 듣기 활동의 비중이 현저하게 낮다는 것이 큰 문제점이다.

마지막으로 듣기 활동의 유형을 살펴보면, 한국어 고급 교재에 가장 많이 나타난 듣기 유형은 선택적 듣기로서, 무려 전체의 85.6%를 차지하였다. 하지만 이는 앞서 밝혔듯이 듣기 학습 활동 유형이 불균형하기 때문이라기보다는 선택적인 듣기 유형의 범위가 종합적, 사실적, 추론적 이해를 모두 포함할 정도로 포괄적이기 때문에 나타난 현상으로 보인다. 하지만 이를 문제점으로 지적한 것은 주의 깊은 듣기와 상호적인 듣기가 고급 학습자에게 매우 필요한 듣기 유형임에도 불구하고 현재 교재에는 그 비중이 턱없이 낮기 때문이다. 주의 깊은 듣기는 상호작용에서 화자에게 언어적이고 비언어적인 응답을 요구하는 듣기 유형으로서, 실제 발화 현장에서 가장 자주 사용되는 듣기 유형이라고 할 수 있다. 또한 상호적인 듣기는 학습자들이 정보 차 활동이나 문제 해결 유형의 활동을 짝이나 그룹별로 수행함으로써 능동적인 청자가 되도록 이끄는 듣기라고 할 수 있다. 다시 말해 주의 깊은 듣기와 상호적인 듣기 유형의 활동이 부족하다는 것은 현재 한국어 교재의 듣기 활동이 수동적인 듣기에 머물러 있다는 것을 반증하는 것이다. 현재 가장 큰 비중을 차지한 선택적인 듣기는 학습자들이 듣고 문제를 풀면서 그 활동을 해결하는 경우가 많다. 하지만 주의 깊은 듣기와 상호적인 듣기는 듣고 나서 학습자들이 직접 그것에 대해 응답하거나 상호작용을 함으로써 능동적인 듣기를 하도록 돕는다. 그런데 이러한 듣기 유형의 부족은 현 교재의 듣기 활동의 문제점이라고 할 수 있다.

## 5. 듣기 활동 제언

분석 결과 한국어 교재에 나타난 듣기 활동의 경향을 파악할 수 있었다. 먼저, 인지 과정에서는 상향식이 주를 이뤘고, 이해 유형의 측면에서는 대부분의 듣기 활동이 사실적 이해 중심이었다. 듣기 기술 중에는 정보 다루기 기술을 사용해야 하는 활동이 가장 많았으며, 끝으로 듣기 활동 유형에서는 선택적인 듣기가 가장 큰 비중을 차지하였다. 본고에서는 이러한 분석 결과를 바탕으로 한국어 고급 교재에서 듣기 활동을 개발할 때 고려해야 하는 점들에 대해 논의해 보고자 한다.

첫째, 하향식 및 상호작용식 과정의 듣기 활동을 개발해야 한다. 현재 한국어 고급 교재의 듣기 활동에서 가장 큰 비중을 차지하고 있는 상향식 과정의 듣기 학습은 초급 학습자들에게 주로 적용되는 과정이다. 고급 학습자는 상향식을 넘어 하향식 과정의 듣기 활동을 할 필요가 있다. 또, 하향식 과정에서 더 나아가 상향식 과정과 하향식 과정이 서로 상호작용하여 이루어지는 상호작용식 과정도 개발해야 한다. 구체적으로는 '강의 도입부분 듣고 앞으로 토의될 화제를 가장 잘 표현한 것 고르기, 강의 한 부분을 듣고 어떤 말이 생략되었는지 인식하고, 문맥과 전체내용의 지식을 활용하여 빈칸정보 메우기' 등의 활동을 개발할 수 있다.

둘째, 추론, 지칭, 대상 찾기, 함의 파악 등의 추론적 활동을 개발할 필요가 있다. 고급 학습자가 초급이나 중급 학습자들과는 차별적으로 더욱 개발시켜야 하는 이해 영역은 추론적 영역이다. 따라서 현재 한국어 고급 교재의 추론적 활동의 비중을 높일 필요가 있다.

셋째, 세상 지식 활용 기술과 상호작용 기술의 듣기 활동을 개발시키는 것이다. 고급 학습자들에게 필요한 화자의 발화 의도, 심리 파악과 비언어적 특성 등에 대한 이해를 위해서는 세상 지식 활용 기술과 상호작용 기술의 듣기 활동을 개발시킬 필요가 있다. 구체적인 활동으로는 '대화 후에 이어질 말 예측하기, 상호작용이 취하는 전형적 유형에 대한 지식을 활용하여 화자의 발화 의도 추측하기' 등을 들 수 있다.

마지막으로는 주의 깊은 듣기와 상호적인 듣기의 학습 활동을 개발시켜야 한다는 것이다. 앞서 밝혔듯이 그동안의 한국어 교재의 듣기 활동이 학습자로 하여금 수동적인 청자가 되도록 했다면, 이제는 상호작용에서 화자에게 언어적이나 비언어적인 응답을 할 수 있는 활동이나 정보차 활동의 개발을 통해 능동적인 청자가 되게끔 도울 필요가 있다.

## 6. 맺음말

본고는 듣기 활동을 통한 언어 학습의 이해 능력 개발이라는 목표를 가지고 이해 능력을 개발시키기 위해 이해 능력의 구성 요소를 살펴보고, 그것을 개발하기 위해 필요한 요소가 무엇인가에 초점을 맞춘 다차원적 접근을 통해 한국어 고급 교재의 듣기 활동을 분석해 보았다. 기존의 듣기 활동 분석 연구가 문제 유형을 분석하는 것에 중점을 두었다는 데에 문제의식을 가지고, 듣기 활동 목표가 이해 영역 범주와 그것을 이해하는 듣기 능력 기술 개발에 있다는 점을 전제로 듣기 활동을 분석하였다. 이를 위해 Peterson(1991)의 듣기 인지 과정, Long & Ross(1993)의 이해 유형, White(1998)의 듣기 기술과 Rost(1991)의 듣기 활동 유형에 대한 검토를 바탕으로 듣기 활동의 분석 기준을 마련한 뒤, 실제 한국어 고급 교재의 듣기 활동을 이 기준에 맞춰 분석해보았다.

본고는 앞서 지적했듯이 그동안 이루어진 듣기 활동에 대한 연구 대부분이 문제 형식에 초점을 둔 분석이었다는 문제의식을 가지고, 단순히 문제 유형을 분석하는 것이 아니라 듣기 활동을 이해 영역 안에서 학습자가 개발해야 하는 듣기 능력 및 기술에 초점을 맞춰 분석하였다는 점에서 의의가 있다. 그러나 분석 과정에서 하나의 활동 유형에 속한다고 판단하기 힘든 것들을 처리할 때 연구자의 주관이 개입하였을 소지를 줄이고, 연구자 간의 신뢰도를 높이기 위해 분석 대상을 검증하였으나 연구 방법 상 주관적 판단이 개입했을 가능성을 전적으로 배제하기는 힘들다. 또한 본고에서는 한국어 고급 교재에 초점을 두고 연구했기 때문에 초급과 중급에서의 듣기 활동의 양상에 대해서는 분석하지 못한 한계가 있다. 그럼에도 불구하고 고급 교재의 듣기 활동에 대한 다차원적인 분석을 통하여 교재의 활동 유형에 대한 비판적인 검토가 이루어진 점에서 의의가 있으며, 이를 바탕으로 추후에는 초급과 중급에서의 듣기 학습 활동에 대한 분석도 실시한다면 한국어 교재 전반의 듣기 활동을 개발하는 데 의미 있는 기초 연구가 될 수 있을 것이라 생각한다.

― 이 글은 『국제어문』 59집, 61~83쪽에 실린 논문을 수정·보완한 것임.

# 학문 목적 한국어 읽기 교재의 읽기 후 활동 분석 연구

**박효훈**
연세대학교

## 1. 머리말

이 글은 학문 목적 학습자를 대상으로 하는 한국어 읽기 교재에 제시되어 있는 읽기 후 활동의 내용을 분석하여 유형화하고 이를 통해 학문 목적 학습자가 중점적으로 학습하는 읽기 후 활동의 유형이 무엇인지 알아보는 데 그 목적이 있다.

언어의 네 기능 중 읽기는 학문 목적 학습자의 언어활동에서 필수적인 영역이라고 할 수 있다.[1] 일상의 언어활동에서 볼 수 있는 문어의 비중이나 그 양상과 비교하여, 학문을 목적으로 하는 언어활동에서 그것들의 모습은 사뭇 다르다고 본다.[2] 대체로, 학문 목적 언어활동에서 문어 활

---

[1] 김정숙(2000), 김인규(2003), 이덕희(2004)의 요구 분석 결과에서 그 근거를 찾을 수 있다. 이들 연구에 의하면, 대학에서의 학업을 수행하는 데 있어서 중요하면서도 어려운 기술이라고 들고 있는 '학문 관련 텍스트를 읽고 이해하는 기술이 필요하다'라는 대답이 높은 비중을 차지하고 있다.

[2] 이덕희(2004:30)는 대학 수학 중인 외국인 학생들을 대상으로 학업에 필요한 언어 기술에 대해 조사하여 순위를 매겼는데, 그 결과는 '듣기〉읽기〉말하기〉쓰기'로 나타나고 있다. 한편, 김유정(1999:57)은 일반 목적 한국어 학습자를 대상으로 필요한 언어

동의 비중은 높으며, 그 양상도 일반 목적의 읽기에 비해 텍스트의 주제나 텍스트 구조에서 특수성을 찾을 수 있다고 하겠다. 한편, 학문 연구의 결과를 수용하는 일차적인 활동이라고 할 수 있는 학문 목적의 읽기는 학문 탐구의 결과를 표현하는 이차적인 활동이라고 볼 수 있는 쓰기에 우선한다.

이렇듯 학문 탐구의 필수 언어활동으로 볼 수 있는 읽기를 학문 목적 학습자가 수행하는 데 필요한 읽기 제반 기능은 일반 읽기의 기능과는 차별성을 가질 것으로 예상할 수 있다. 학문 목적 읽기 기능 습득을 위해 다양한 측면에서 교육 활동이 이루어질 수 있지만, 이 글에서는 학문 목적 읽기 교재에 드러나는 읽기 활동을 통해 학문 목적 학습자가 읽기 기능을 어떻게 습득하고 있는지를 살펴보고자 한다.

교육 활동에서 교재는 교육 과정이 실현된 구체물이라고 볼 수 있다. 이런 측면에서 학문 목적 읽기 학습을 표방하고 만들어진 학문 목적 읽기 교재는 학문 목적 읽기 교육의 구체물 혹은 실현체라고 할 수 있는데, 효과적인 학문 목적 읽기 교재는 학문 목적 읽기에 필요한 기능 습득에 도움을 주는 활동으로 그 내용이 구성되어야 할 것이다. 이 글에서는 기존 학문 목적 읽기 교재의 읽기 후 활동을 분석하여 그 활동들이 학문 목적에 적합한 읽기 기능 연습의 기회를 제공하고 있는지에 대해서도 밝힐 것이다.

이 연구는 다음과 같은 절차로 이루어진다.

먼저, 교재를 분석하기 전에 기존 연구에서 밝히고 있는 학문 목적 읽기의 특성을 규명하고자 한다. 여기에서 읽기 활동의 의미를 규정하고

---

기능에 대해 조사하였는데, 60% 이상의 응답자가 각 영역을 고루 학습하고자 하였고, 영역별로 차등 학습을 할 경우에는 '말하기〉듣기〉쓰기〉읽기'의 순으로 답하였다.

읽기 전·중·후의 읽기 과정에서 볼 수 있는 읽기 활동의 특성을 밝히며 이를 바탕으로 읽기 후 활동 유형 분석의 틀을 제시하고자 한다.

다음으로, 이미 간행된 학문 목적 읽기 교재의 읽기 후 활동을 분석하여 이것들이 어떠한 특성을 가지고 있는지를 밝히고자 한다. 이 과정에서 여러 가지 읽기 후 활동을 유형화하고 그 유형별 빈도와 유형화된 각 읽기 후 활동 비율이 어떠한지 조사하고자 한다.

끝으로, 앞의 내용을 바탕으로 하여 학문 목적 한국어 읽기 교재에 제시된 읽기 후 활동이 학문 목적 읽기에 필요한 기능을 연습할 수 있도록 제시되어 있는지를 밝히고 학문 목적 읽기라는 특수성이 읽기 후 활동에서 어떻게 제시되어야 하는지도 덧붙이고자 한다.

앞의 연구 과정에서, 학문 목적 읽기 교재에 제시된 읽기 후 활동의 특성을 밝히기 위해 분석하고자 하는 교재 목록은 아래의 〈표 1〉과 같다. 이 교재들을 분석의 대상으로 삼은 이유를 들면, 아래 교재 모두 읽기 영역이 독립적으로 다루고 있는 교재이기 때문이며, 학문 목적 학습자를 대상으로 한다고 책의 제목과 머리말에 명시하고 있기 때문이다.[3] 덧붙여, 이 교재들은 최근 5년 안에 간행된 것으로 읽기 교재의 근래 동향을 담고 만들어졌다는 근래 교재로서의 대표성이 있다고도 판단했기 때문이다.

〈표 1〉 분석 대상 학문 목적 읽기 교재 목록과 약호

| 책 제목(출판사) | 출판연도 | 저자 | 약호 |
|---|---|---|---|
| 외국인 유학생을 위한 한국어 독해<br>: 한국어 고급 학습자용(한국문화사) | 2007 | 최윤곤 | A |
| 유학생을 위한 한국어 읽기[4](도서출판 하우) | 2008 | 조현용, 김낭예 | B |

---

3  A의 6쪽, B의 5쪽, C의 3쪽, D의 7쪽에서 찾을 수 있다.

| 유학생을 위한 대학한국어1 읽기·쓰기 (E press) | 2008 | 이미혜, 배재원, 구재희, 오은엽 | C |
| 유학생을 위한 대학한국어2 읽기·쓰기 (E press) | 2008 | 김현진, 박수지, 연남경, 백인자 | D |
| 대학 한국어II 읽기와 쓰기 (성균관대학교 출판부) | 2010 | 김경훤, 신영지, 이금희 | E |

## 2. 학문 목적 읽기의 특성과 교재에서의 읽기 활동

여기서는 학문 목적 읽기가 갖는 특성을 밝히고자 한다. 이와 관련지어, 이 연구에서 주로 다루고 있는 읽기 후 활동에 대해서도 밝혀볼 것이다.

### 2.1. 학문 목적 읽기의 특성

학문 목적 읽기의 특성을 규정하기 위해 선행 연구를 간략히 밝히겠다.

학문 목적 읽기에 대해, Jensen(1986:115)은 고급 단계 학문 목적 학습자는 텍스트를 잘 이해하고 빨리 읽을 수 있는 기술을 필요로 한다고 하며, 이러한 기능을 개발하기 위해 읽기 수업은 읽는 속도를 향상하고, 핵심 읽기 요소, 다독 요소를 개발할 수 있도록 구성되어야 한다고 하였다. 한편, Jordan(1997:9)은 대학 수학에서 필요한 언어 기술에 따른 전략을 이해 영역과 표현 영역으로 나누어 제시하고, '요약하기', '정독하기', '훑어 읽기', '특정 정보 찾아 읽기', '이해하기와 구별하기(중심 생각과 부연 설명, 사실과 의견, 사고와 예, 내용 구조)', '관습 및 생략 현상 고려하기' 등을 들었다.

---

4  이 교재는 "「외국인 학부 유학생을 위한 한국어 읽기」(조현용(2006))"을 수정·보완하여 만든 교재로 서로 같은 텍스트나 읽기 활동이 중복되는 내용이 있어, 학문 목적 읽기 교재임에도 따로 분석의 대상으로 삼지 않았다.

전수정(2004)은 학문 목적 학습자의 요구를 분석하고, 윤혜리(2006), 김정남(2007), 이동연(2007), 이은주(2008)은 학문 목적 학습자를 위한 교재 개발이나 분석 내용에 대해 밝혔다.

이 글에서는 학문 목적 읽기의 특성을 다음과 같이 보고자 한다.

학문 목적 읽기란 학습자가 학문 활동 상황에서 접하는 전공 서적, 논문, 보고서 등과 같은 학문적 텍스트를 읽고 이해하는 과정으로 볼 수 있다. 학문적 텍스트를 읽고 이해하는 과정은 크게 보아 일차적으로 텍스트 자체를 이해하는 활동이다. 그런데, 학문이라는 영역이 기존의 연구를 바탕으로 새로운 연구를 창출하는 데 최종적인 목적이 있다고 보면, 텍스트를 읽고 이해하는 차원을 넘어서 텍스트의 내용을 적용하고 비판하는 활동 또한 필요하다. 이 점을 고려하여, 학문 목적 읽기에 필요한 기능을 다음의 네 가지로 제시하고자 한다.

첫째, 학문 텍스트에 제시된 어휘 및 학문 용어에 대한 이해 기능이다. 어휘 및 학문 용어에 대한 이해는 어휘 학습을 통해 길러질 수 있는 기능이다. 일반적인 글에서도 어휘력은 텍스트 이해에서 기본적이며 필수적인데, 학문 목적 읽기에서도 이것은 유효하다. 특히 학문 용어에 대한 이해는 읽기 측면에서뿐만 아니라, 학문 자체의 기초 활동이다. 학문 용어 습득은 모국어 학습자도 의도적으로 학습하여야만 하는 영역이다. 외국인 학습자에게는 일반적인 어휘 습득과 이를 학습하는 방법을 병행하여 학문 목적 읽기를 보다 수월하게 할 수 있도록 접근해야 할 읽기 기능이다.

둘째, 주요 내용, 주제, 특정 정보 파악하기와 같은 사실적 이해 기능이다. 학문 활동에서 텍스트 이해를 통해 연구에 대한 정확한 이해 또한 필수적인 기능이다. 즐거움을 위한 읽기와는 달리 논문과 같은 정보적이며 논리적인 글에서는 텍스트의 세부 내용에 대한 이해가 중요하며, 텍스트 내용과 구조에 대한 상세하고 정확한 이해도 필수적이다. 학문적 텍스트를 정리, 요약하여 이해하고, 원인과 결과를 파악하며, 이를 서로 비교하는 데 사실적 이해 기능을 필수적으로 사용하는데, 이 사실적 이해는 추론적 이해와 비판적 이해 기능에 있어서도 기본이 되는 부분으로 학문 목적 학습자가 필수적으로 습득해야 할 읽기 기능이다.

셋째, 학문적 텍스트에 대한 사실적 이해를 통해서 유추하고, 예상하여 텍스트가 함의하고 있는 내용과 관련 내용을 추측할 수 있는 추론적 읽기 기능이다. 대체로, 학문적 텍스트는 논리 전개의 흐름이 정연한데 이를 따라 텍스트 너머에 존재하는 의미를 찾아내는 읽기로, 이는 사실적 읽기가 제대로 되었을 때 가능한 읽기 기능이다. 효과적인 사실적 읽기, 추론적 읽기는 뒤의 나오는 비판적 읽기에 필수가 되는 읽기 기능이다.

넷째, 학문적 텍스트에 대한 일차적인 이해를 바탕으로 기존 연구를 평가하는 읽기가 필요한데, 이는 비판적으로 읽는 기능이다. 비판적 읽기 기능은 사실적 이해를 바탕으로, 텍스트 내용에 대한 독자 판단이 더해지는 이해라고 볼 수 있다. 학문 영역에서 읽기 학습자는 기존 연구 결과의 타당성을 판단하여 문제점과 보완점을 찾고 더 나은 연구물을 창출해야 한다. 이 바로 전 단계에 필요한 읽기 기능이 비판적 읽기 기능이라고 할 수 있다. 비판적 읽기 기능을 다양한 층위에서 논의할 수 있는데, 텍스트 자체에 대한 평가나 적용의 문제만이 아니라 새로운 대안 창출의 측면까지도 포함하는 읽기로 학문의 목적이 기존 연구에 대한 이해를 넘어 새로운 연구를 생산한다는 점을 고려하면 학문 목적 읽기에서 최상위 목표를 이 비판적 읽기에 두어야 할 읽기 기능이다.

위에서 제시한 세 가지 읽기 기능을 중심으로 학문 목적 읽기를 위한 읽기 활동 및 읽기 세부 기능에 대한 논의를 다음에서 자세히 펼치고자 한다.

## 2.2. 교재에서의 읽기 활동

읽기란 텍스트를 해독하는 차원을 넘어 이해하는 과정으로, 독자는 배경지식을 활용하여 텍스트가 의미하는 바를 재구성한다. 일반적으로 읽기 과정은 상향식 모형과 하향식 모형, 상호작용 모형이 있다. 근래에는 주로 절충적인 모형이라 할 수 있는 상호작용 모형으로 그 과정을 설명하고 있다. 한편 이러한 읽기는 텍스트의 성격에 따라 읽는 목적이 다르며 그 목적에 따라 보다 효과적으로 읽는 방법의 차이가 있다.

읽기 학습에서는 텍스트를 보다 효과적으로 읽는 방법을 연습하는 기회를 제공할 수 있다. 텍스트 이해를 위해 독자가 읽기 과정에서 사용하는 읽기와 관련되는 모든 수행을 읽기 활동이라고 할 수 있는데, 이러한 읽기 활동은 읽기 전략, 읽기 과제와 구별하여 쓰이기도 하고, 때로는 섞여 사용되기도 한다. 그 개념을 명확히 하기 위해 이상의 용어들을 비교하여 살펴보고자 한다.

읽기 전략에 대한 논의에서, Barnett(1988)는 읽기 전략을 글 내용의 이해에 중점을 둔 전략으로 학습자가 글을 효과적으로 읽고 읽은 내용의 이치를 깨닫기 위해 사용하는 일종의 정신적 조작이며 문제 해결 기술이라고 하였다. Cohen(1990)은 읽기 전략을 독자가 글을 읽을 때 사용하기 위해 의식적으로 선택하는 정신적 과정이라고 정의하고 있다. 이런 뜻과는 대별되어 읽기 활동이란 주로 읽기 전 활동, 읽기 중 활동, 읽기 후 활동에서의 의미와 같이 읽기 과정에서 나타나는 실현적인 읽기 관련 행위에 초점을 두는 의미라고 할 수 있다. 읽기 활동 중에도 읽기 전략은 쓰이는데, 이 글에서는 읽기 전략의 의미를 학생들의 인지적인 작용의 관점에 더 비중을 두고 보고, 읽기 활동은 학습자의 읽기 행위로 눈에 보이고 유형화할 수 있는 것으로 보고자 한다.

한편, 읽기 과제에 대한 논의에서, Breen(1987)은 과제를 학습자의 언어 사용 능력을 배양하기 위한 모든 종류의 구조화된 활동으로 정의하고 있다. Nunan(1989)은 과제를 의미에 중심을 둔 자체 완결성을 지니고 있는 활동으로 파악하고 있다. 두 학자의 논의를 보면, 읽기 과제는 개별 읽기 활동의 의미도 포함하지만, 읽기 활동의 구성 체계라고도 볼 수 있다. 즉, 읽기 활동은 텍스트 읽기와 관련지을 수 있는 제반 행위를 모두 아우를 수 있다고 하겠다.

이 글에서는 한국어 교재에 나오는 학습자에 대한 지시 사항, 학습자에 대한 요구 사항 등도 읽기 활동으로 다루고자 한다. 그 이유는 기존 학문 목적 한국어 교재에 제시된 텍스트 읽기 관련 학습자에 대한 과업 요구 사항들이 읽기 전략의 구현을 이끌어내는 것도 있지만 읽기 전략과 연결시키기 어려운 면이 있는 활동도 있고, 읽기 활동을 넘어선 읽기 과제로서의 의미를 찾기도 어려운 면이 있는 활동도 있기 때문이다. 또 하나의 문제는 읽기 문제와의 차별인데, 교재의 특성에 따라 읽기 문제에 가까운 읽기 활동도 있다. 그러나 읽기 문제는 시험, 측정, 평가의 의미를 포함하고 있고 분석 대상인 전체 교재를 볼 때, 읽기 문제보다는 읽기 활동으로 볼 수 있는 것들이 더 많다. 그리하여 읽기 활동이라고 일컫는 부분은 교재에서 읽기 활동과 관련하여 요구하는 사항, 지시하는 사항과 같이 읽기 텍스트를 이해하는 과정에서 텍스트 이외의 글로 학습자에게 무엇인가를 하도록 요구하는 내용을 모두 포함한다. 즉, 읽기 교재에서 학습자에게 명시적으로 제시하고 요구하는 낱낱의 읽기 과업들이라고 할 수 있다. 실제의 학습자가 읽기 활동 중에 사용하는 이해에 관련된 수행(전략)의 내용에 대한 분석이 아닌 학습자에게 요청된, 읽기 중에 해결하기를 바라는 읽기 문제를 읽기 활동으로 보고 그 특성을 밝히고자 한다.

이 글에서는 교재의 읽기 활동 중 읽기 후 활동을 중심으로 분석하고자 하는데, 이는 분석 대상 교재들이 읽기 전이나 읽기 중 활동에 비해 읽기 후 활동을 월등히 많이 다루고 있고, 이에 대한 구분 없이 제시된 활동도 텍스트를 읽은 후에 할 수 있는 활동들을 중심으로 제시되어 있기 때문이기도 하다.

## 2.3. 학문 목적 읽기 교재의 읽기 후 활동 유형 분석의 틀

여기서는 교재에서 제시하는 여러 읽기 활동을 유형화하는데 필요한 준거의 틀을 마련하고자 한다. 교재의 읽기 후 활동은 다양한 형태로 나타나는데, 이를 유형화 할 때, 학문 목적 읽기에 필요하다고 제시한 기능과 읽기 활동을 관련지어야 할 것이다.

일반적으로 읽기라는 과제를 성공적으로 수행하는 데 필요한 능력을 읽기 능력이라고 할 수 있는데 이는 읽을 수 있는 데 관여하는 것에 대한 총체적인 의미를 갖는다. 이러한 읽기 능력을 크게 나누어 보면 어휘력, 사실적 이해력, 추론적 이해력, 비판적 이해력으로 나누어 볼 수 있다. 이와 같이 읽기 능력을 실현의 측면이라는 기능으로 연결 지어 보면 읽기라는 기능이 어휘 이해 기능, 사실적 이해 기능, 추론적 이해 기능, 비판적 이해 기능으로 나누어 볼 수 있다. "어휘 이해 기능"의 활동 유형으로 '어휘 익히기', '(전문)용어 익히기', '표현 익히기', '어휘 관계 알기'를 들고자 한다. "사실적 읽기 기능"에는 '세부 내용 파악하기', '주제 찾기', '요약하기', '문단 사이 관계 알기'와 '텍스트 내에서의 관련 내용 찾기'를 들고자 한다. "추론적 읽기 기능"에는 '예측하기와 추측하기', '적용하기', '텍스트 외에서의 관련 내용 찾기', '추론하기'를 들고자 한다. 그리고 "비판적 읽기 기능"에는 '사실과 의견 구분하기', '의견 제시하기', '평가하기'를 들 것이다. 이를 정리한 내용을 다음의 〈표 2〉로 제시하고자 한다.

〈표 2〉 학문 목적 읽기 후 활동의 유형

| 읽기 능력　　　기준 | 기능 | 유형 |
|---|---|---|
| 어휘력 | 어휘 이해 | 어휘 익히기, 용어 익히기,<br>표현 익히기, 어휘 관계 알기 |
| 사실적 이해 | 사실적 읽기 | 세부 내용 파악하기, 주제 찾기, 요약하기,<br>문단 사이 관계 알기, 관련 내용 찾기(텍스트 내) |
| 추론적 이해 | 추론적 읽기 | 예측하기와 추측하기, 적용하기,<br>관련 내용 찾기(텍스트 외), 추론하기 |
| 비판적 이해 | 비판적 읽기 | 사실과 의견 구분하기, 의견 제시하기, 평가하기 |

## 3. 학문 목적 한국어 읽기 교재별 읽기 후 활동 유형 분석

여기서는 다섯 권의 학문 목적 한국어 읽기 교재에 나타나는 읽기 문제를 각각의 읽기 활동으로 보고 이를 분석하여 유형화하고자 한다.[5] 이를 위해, 각 교재의 구성 체제를 간략히 제시하고 세부 읽기 후 활동의 유형을 살펴 볼 것이다.

### 3.1. 교재 A의 읽기 후 활동 유형 분석

교재 A는 4개의 장(章)이 있고 27개의 텍스트가 나온다. 각 텍스트에는 모두 제목이 달려있고, 각 텍스트의 문단마다 ㉮, ㉯, ㉰, ㉱, ㉲와

---

5  교재에서 어휘 학습과 관련된 읽기 활동의 경우 일반적인 문제 하위에 세부 번호를 두어 여러 문제가 하나의 문제로 제시되는 경우가 있는데, 이때는 같은 방법의 문제 해결 활동으로 보고 한 가지 문제로 처리하여 유형화하고 이에 따라 빈도와 비율을 조사하였다.

같은 약물로 문단 번호가 매겨져 있다. 텍스트의 어휘 중 어려운 한자어
는 따로 어휘가 출현하는 행 옆의 공간에 설명을 제시하고 있다. 두 쪽
분량의 텍스트 제시 후 다음 쪽에서 바로 읽기 후 활동을 5가지 제시하고
있는데, 매 텍스트마다 나오는 이 읽기 문제 5가지가 모두 같은 유형으로
되어 있다. 읽기 후 활동 유형 5가지를 〈표 3〉으로 제시하고자 한다.

〈표 3〉 교재 A의 읽기 후 활동과 유형

| 활동번호 | 읽기 후 활동 | 유형 |
|---|---|---|
| 1 | 다음 글을 읽고 □ 안에 알맞은 말을 쓰십시오. | 어휘 익히기 |
| 2 | 다음 글을 읽고 옳은 것은 ○, 틀린 것은 × 하십시오. | 세부 내용 파악하기 |
| 3 | ~과 ~의 관계에 대해서 설명하십시오.<br>~과 ~의 차이점을 설명하십시오. | 세부 내용 파악하기 |
| 4 | ~은 어떤 의미인지 설명하십시오.<br>~은 어떠한 특징이 있는지 설명하십시오. | 세부 내용 파악하기 |
| 5 | 본문을 읽고 문단의 내용을 요약하십시오. | 요약하기 |

교재 A에서 제시한 읽기 후 활동에서 1번 문제는 '어휘 익히기', 2~4번
문제는 '세부 내용 파악하기', 5번 문제는 '요약하기'로 볼 수 있다. 이를
단순히 비율로 보면, '어휘 익히기'는 20%, '세부 내용 파악하기'는 60%,
'요약하기'는 20%이다.

## 3.2. 교재 B의 읽기 후 활동 유형 분석

교재 B는 8개의 대주제와 이와 관련 있는 13개의 텍스트로 되어 있다.
텍스트 앞에 〈읽기 전에〉를 두어 읽기 전 활동을 2~4가지 제시하고, 텍
스트 뒤에 〈읽기 후 활동〉을 두어 읽기 후 활동 3~5가지를 제시하고
있다. 읽기 후 활동이 있는 쪽 하단에 '주요 어휘'를 제시하고 있다. 책의
끝부분에 '부록 1 학문 목적 한국어 어휘', '부록 2 한국어 신체 관련 관

용 표현 목록', '부록 3 한국어 연어 목록', '부록 4 한국어 교재 속의
주요 속담 목록'을 두었다. 교재 B에 나오는 읽기 활동의 유형별 빈도를
단원별로 정리하면 다음 〈표 4〉와 같다.

〈표 4〉 교재 B의 읽기 후 활동 유형별 빈도와 비율

| 유형<br>단원 | 세부 내용<br>파악하기 | 어휘<br>익히기 | 요약<br>하기 | 적용<br>하기 | 쓰기, 말하기로<br>표현하기 | 추론<br>하기 | 관련 내용 찾기<br>(텍스트 외) | 합계 |
|---|---|---|---|---|---|---|---|---|
| 단원 1 | 4 | 1 | · | · | · | · | · | 5 |
| 단원 2 | 1 | 1 | · | · | 1 | 2 | · | 5 |
| 단원 3 | · | · | 1 | · | 2 | 1 | 1 | 5 |
| 단원 4 | 3 | · | · | 1 | · | · | · | 4 |
| 단원 5 | 2 | · | · | 1 | · | · | · | 3 |
| 단원 6 | 1 | · | 1 | 1 | 1 | · | · | 4 |
| 단원 7 | 2 | · | 1 | · | · | · | 1 | 4 |
| 단원 8 | · | 1 | · | · | 1 | 1 | · | 4 |
| 단원 9 | 2 | 1 | 1 | · | · | · | · | 4 |
| 단원 10 | · | · | 1 | 1 | 1 | · | 1 | 4 |
| 단원 11 | 2 | 1 | · | 1 | · | · | · | 4 |
| 단원 12 | 3 | 2 | · | · | · | · | · | 5 |
| 단원 13 | 1 | · | 1 | 1 | · | 1 | · | 4 |
| 빈도 | 21 | 7 | 7 | 6 | 6 | 5 | 3 | 55 |
| 비율 | 38 | 13 | 13 | 11 | 11 | 9 | 5 | 100 |

　　교재 B에서 제시한 읽기 후 활동 유형은 '세부 내용 파악하기'가 38%
로 가장 빈번히 나온다. 그 다음으로, '어휘 익히기'와 '요약하기'가 각각
13%, '적용하기'와 '쓰기나 말하기로 (의견) 표현하기'가 각각 11%, '추론
하기'가 9%, '텍스트 외에서 관련 내용 찾기'가 5%를 차지하고 있다.

## 3.3. 교재 C의 읽기 후 활동 유형 분석

교재 C는 읽기와 쓰기가 합본으로 되어 있는 교재로 한 주제로 묶어

읽기와 쓰기 활동이 나온다. 10개의 과로 되어 있고 각 과는 읽기와 쓰기의 2개의 장(章)으로 되어 있다. 각 장별로 읽기 텍스트가 1개씩 나온다. 읽기 한 장의 체제는 '준비', '읽기(텍스트 제시)', '새단어', '내용 이해', '더 생각해 보기', '어휘 및 표현 익히기'로 되어 있다. 교재 C 구성 체제 중 읽기 후 활동은 '내용 이해', '더 생각해 보기'에서 볼 수 있는데, 그 결과를 정리하면 다음의 〈표 5〉와 같다.

〈표 5〉 교재 C의 읽기 후 활동 유형별 빈도와 비율

| 단원＼유형 | 세부 내용 파악하기 | 어휘 익히기 | 표현 익히기 | 적용하기 | 요약하기 | 합계 |
|---|---|---|---|---|---|---|
| 단원 1 | 4 | 3 | 2 | 1 | 1 | 11 |
| 단원 2 | 5 | 3 | 2 | 2 | 1 | 13 |
| 단원 3 | 5 | 4 | 2 | 2 | 1 | 14 |
| 단원 4 | 3 | 4 | 2 | 2 | 1 | 12 |
| 단원 5 | 5 | 4 | 2 | 2 | 1 | 14 |
| 단원 6 | 4 | 4 | 2 | 2 | 1 | 13 |
| 단원 7 | 4 | 3 | 2 | 2 | 1 | 12 |
| 단원 8 | 5 | 4 | 2 | 2 | 1 | 14 |
| 단원 9-1[6] | 5 | · | · | · | · | 5 |
| 단원 9-2 | 3 | 3 | 2 | 2 | 1 | 11 |
| 단원 10 | 5 | 5 | 2 | 1 | 1 | 14 |
| 빈도 | 48 | 37 | 20 | 18 | 10 | 133 |
| 비율 | 36 | 28 | 15 | 14 | 7 | 100 |

교재 C에서 볼 수 있는 읽기 후 활동의 유형은 '세부 내용 파악하기'가 36%로 가장 빈번히 나오며, 그 다음으로, '어휘 익히기'가 28%, '표현 익히기'가 15%, '적용하기'가 14%, '요약하기'가 7%로 나타나고 있다.

---

6 교재 C의 9단원에는 다른 단원과 달리 텍스트를 두 개 제시하고 있다.

## 3.4. 교재 D의 읽기 후 활동 유형 분석

교재 D는 교재 C와 연계성을 가지는데, 교재 D가 높은 숙달도의 학습자를 대상으로 하고 있다. 그러나 단원 내 구성 체재는 좀 다른데, '준비', '읽기(텍스트 제시)', '확인하기', '마무리'로 되어 있다. 교재 D의 읽기 후 활동 유형별 빈도와 그 비율을 조사한 내용은 다음의 〈표 6〉과 같다.

〈표 6〉 교재 D의 읽기 후 활동 유형별 빈도와 비율

| 유형<br>단원 | 세부내용<br>파악하기 | 표현<br>익히기 | 어휘<br>익히기 | 요약<br>하기 | 자기<br>평가하기 | 적용<br>하기 | 추론<br>하기 | 훑어<br>읽기 | 단락 구성<br>파악하기 | 합계 |
|---|---|---|---|---|---|---|---|---|---|---|
| 단원1 | 4 | 2 | 2 | 2 | 1 | 1 | · | · | · | 12 |
| 단원2 | 2 | 2 | 2 | · | 1 | 1 | 2 | · | · | 10 |
| 단원3 | 2 | 2 | 1 | 2 | 1 | · | · | 2 | · | 10 |
| 단원4 | 4 | 3 | 3 | 1 | 1 | 1 | · | · | · | 13 |
| 단원5 | 3 | 3 | 1 | 2 | 1 | 1 | · | · | · | 11 |
| 단원6 | 3 | 2 | 1 | 2 | 1 | 1 | · | · | · | 10 |
| 단원7 | 4 | 2 | 1 | 1 | 1 | 1 | · | · | 1 | 11 |
| 단원8 | 4 | 2 | 4 | 1 | 1 | 1 | · | · | · | 13 |
| 단원9 | 2 | 2 | 3 | 1 | 1 | 2 | · | · | · | 11 |
| 단원10 | 4 | 2 | 1 | 2 | 1 | 1 | · | · | · | 11 |
| 빈도 | 32 | 22 | 19 | 14 | 10 | 10 | 2 | 2 | 1 | 112 |
| 비율 | 28 | 19 | 17 | 13 | 9 | 9 | 2 | 2 | 1 | 100 |

교재 D에 나오는 읽기 후 활동 유형은 '세부 내용 파악하기'가 28%로 가장 빈번히 나타나며, 그 다음으로, '표현 익히기'가 19%, '어휘 익히기'가 17%, '요약하기'가 13%, '읽기 후 자기 평가하기'가 9%, '적용하기'가 8%, '추론하기'와 '훑어 읽기'가 각각 2%, '단란 구성 파악하기'와 '자료 활용하기'가 각각 1%씩 나타나고 있다.

## 3.5. 교재 E의 읽기 후 활동 유형 분석

교재 E는 읽기와 쓰기를 함께 다루는 교재로 교재 C, D와 달리 읽기 활동을 쓰기 활동과 관련지어 제시하고 있다. '읽기' 다음에 '읽고 쓰기'를 제시하고 있다. 총 10개의 단원으로 되어 있는데, 단원 하위에 '기능' 항을 두어, 1~3 단원은 '이해와 기술과 활용 1~3'으로, 4~7단원은 '표현의 기술과 활용 1~4'로, 8~10 단원은 '이해와 표현의 실제 1~3'으로 나누고 있다. 이와 함께 '과별 기능'이라는 항목을 설정하여, 주요 학습 관련 기능을 제시하고 있다.

교재 E의 단원 내 구성은 '도입', '읽기', '심화 읽기', '읽고 쓰기', '더 읽기'로 되어 있다. 각 단원에 총 5개의 텍스트가 나오는데, 첫 번째 텍스트는 '도입'을 위한 텍스트로 매우 짧다. 나머지 4개의 텍스트는 교재 1~2쪽 정도의 길이다. 그리고 쓰기 활동은 읽은 것을 바탕으로 하고 있기 때문에 읽기 활동 분석에 이를 포함시킨다. 교재 E의 읽기 후 활동 유형별 빈도와 그 비율은 다음의 〈표 7〉과 같다. 교재 E는 한 단원 내에 있는 5개의 텍스트 중 4개의 텍스트에 각각의 읽기 후 활동이 따르고 있다. 그래서 〈표 7〉에서는 각 단원을 네 부분으로 나누어 읽기 후 활동을 제시한다.

〈표 7〉 교재 E의 읽기 후 활동 유형별 빈도와 비율

| 단원 | 유형 | 세부내용 파악하기 | 적용 하기 | 어휘 익히기 | 읽기 후 쓰기 | 글의 구조 알기 | 주제 찾기 | 수사 구조 알기 | 감상과 의견 제시 | 요약 하기 | 중심 문단 찾기 | 브레인 스토밍 | 합계 |
|---|---|---|---|---|---|---|---|---|---|---|---|---|---|
| 단원 1 | 읽기 | 1 | 1 | · | · | · | · | · | · | 1 | · | · | 3 |
| | 심화 읽기 | 2 | 1 | 2 | · | · | 2 | · | · | · | · | · | 7 |
| | 읽고 쓰기 | 2 | 1 | · | 2 | · | 3 | · | · | · | · | 1 | 9 |
| | 더 읽기 | · | 1 | · | · | · | · | · | · | · | · | · | 1 |
| 단원 2 | 읽기 | 1 | · | · | · | 1 | 2 | · | · | · | 1 | · | 5 |
| | 심화 읽기 | 3 | · | 2 | · | 1 | 2 | · | · | · | · | · | 8 |
| | 읽고 쓰기 | 3 | 1 | · | 1 | · | · | · | · | · | 1 | · | 6 |
| | 더 읽기 | · | 2 | · | · | · | · | · | · | · | · | · | 2 |

| 단원 | 활동 | | | | | | | | | | | | 계 |
|---|---|---|---|---|---|---|---|---|---|---|---|---|---|
| 단원 3 | 읽기 | 4 | · | · | · | 1 | 1 | · | · | 1 | · | · | 7 |
| | 심화 읽기 | 4 | · | 2 | · | 1 | · | · | · | 1 | · | · | 8 |
| | 읽고 쓰기 | 1 | · | · | 2 | 2 | · | · | · | · | · | · | 5 |
| | 더 읽기 | · | 2 | · | · | · | · | · | · | · | · | · | 2 |
| 단원 4 | 읽기 | 3 | 1 | · | · | · | · | · | · | · | · | · | 4 |
| | 심화 읽기 | 10 | · | 2 | · | · | · | · | 1 | · | · | · | 13 |
| | 읽고 쓰기 | 2 | · | · | · | · | · | · | 2 | · | 3 | · | 7 |
| | 더 읽기 | · | 2 | · | · | · | · | · | · | · | · | · | 2 |
| 단원 5 | 읽기 | 4 | · | · | 1 | · | · | · | 1 | · | · | · | 6 |
| | 심화 읽기 | 3 | 1 | 1 | · | · | · | · | 1 | · | · | · | 6 |
| | 읽고 쓰기 | 2 | · | · | 2 | · | · | · | 2 | 1 | · | · | 7 |
| | 더 읽기 | · | 4 | · | · | · | · | · | · | · | · | · | 4 |
| 단원 6 | 읽기 | 4 | 1 | · | · | 1 | · | · | · | · | · | · | 6 |
| | 심화 읽기 | · | 1 | 2 | · | 2 | 1 | 1 | · | · | · | · | 7 |
| | 읽고 쓰기 | 4 | 1 | · | 1 | 1 | · | · | · | · | · | · | 7 |
| | 더 읽기 | · | · | · | 1 | · | · | · | · | · | · | · | 1 |
| 단원 7 | 읽기 | 4 | · | · | · | · | · | · | · | · | · | · | 4 |
| | 심화 읽기 | 4 | 2 | 2 | · | · | · | · | · | · | · | · | 8 |
| | 읽고 쓰기 | 2 | 1 | 1 | 1 | · | · | · | · | · | · | · | 5 |
| | 더 읽기 | · | 2 | · | · | · | · | · | · | · | · | · | 2 |
| 단원 8 | 읽기 | 3 | 2 | · | · | · | · | · | · | · | · | · | 5 |
| | 심화 읽기 | 2 | 2 | 2 | · | · | · | · | · | · | · | · | 6 |
| | 읽고 쓰기 | 7 | · | · | 2 | 1 | · | · | 1 | · | · | · | 11 |
| | 더 읽기 | · | 3 | · | · | · | · | · | · | · | · | · | 3 |
| 단원 9 | 읽기 | 3 | · | · | · | · | · | · | 1 | · | · | · | 4 |
| | 심화 읽기 | 2 | 2 | 2 | · | · | · | · | 1 | · | · | · | 7 |
| | 읽고 쓰기 | 3 | 2 | · | · | · | · | · | · | · | · | · | 5 |
| | 더 읽기 | · | 2 | · | · | · | · | · | · | · | · | · | 2 |
| 단원 10 | 읽기 | 5 | 1 | · | · | · | · | · | 1 | · | · | · | 7 |
| | 심화 읽기 | 6 | · | 2 | · | · | · | · | · | · | · | · | 8 |
| | 읽고 쓰기 | 4 | · | · | · | 1 | · | · | 1 | · | · | · | 6 |
| | 더 읽기 | · | 2 | · | · | · | · | · | · | · | · | · | 2 |
| | 빈도 | 98 | 41 | 20 | 13 | 12 | 11 | 8 | 6 | 6 | 2 | 1 | 218 |
| | 비율 | 45 | 19 | 9 | 6 | 5 | 5 | 4 | 3 | 3 | 1 | 0 | 100 |

교재 E에서 제시하고 있는 읽기 후 활동의 유형은 '세부 내용 파악하기'가 45%로 가장 많이 나타나고 있으며, 그 다음으로, '적용하기'가 19%, '어휘 익히기'가 9%, '읽기 후 쓰기로 표현하기'가 6%, '글의 구조 알기'와 '주제 찾기'가 각각 5%, '수사 구조 알기'가 4%, '감상과 의견 제시하기'와 '요약하기'가 각각 3%, '중심 문단 찾기'가 1%로 나타나고 있다.

## 4. 학문 목적 한국어 읽기 교재의 읽기 후 활동의 특성

여기서는 학문 목적 한국어 읽기 교재에 제시된 읽기 후 활동 분석의 결과를 종합하고 정리하여 그 특성을 찾고, 학문 목적 읽기라는 특수성이 학문 목적 한국어 읽기 교재의 읽기 활동에서 어떻게 반영되어야 하는지에 대해서 덧붙이고자 한다.

### 4.1. 학문 목적 한국어 읽기 교재의 읽기 후 활동 분석

앞의 장에서 분석한 학문 목적 한국어 읽기 교재 5권에서 제시하고 있는 읽기 후 활동을 종합하여 살펴보기 위해 각 교재의 읽기 후 활동 빈도 비율이 상위 5위 이내인 읽기 후 활동 유형을 제시하면 다음의 〈표 8〉과 같다.

〈표 8〉 교재별 읽기 후 활동 유형(빈도 비율 상위 5위 이내)

| 순위＼교재 | 교재 A | 교재 B | 교재 C | 교재 D | 교재 E |
|---|---|---|---|---|---|
| 1 | 세부 내용 파악하기 (60%) | 세부 내용 파악하기 (38%) | 세부 내용 파악하기 (36%) | 세부 내용 파악하기 (28%) | 세부 내용 파악하기 (45%) |
| 2 | 어휘 익히기 (20%) | 어휘 익히기 (13%) | 어휘 익히기 (28%) | 표현 익히기 (19%) | 적용하기 (19%) |
| 3 | 요약하기 (20%) | 요약하기 (13%) | 표현 익히기 (15%) | 어휘 익히기 (17%) | 어휘 익히기 (9%) |
| 4 | · | 적용하기 (11%) | 적용하기 (14%) | 요약하기 (13%) | 쓰기로 표현하기 (6%) |
| 5 | · | 쓰기나 말하기로 표현하기 (11%) | 요약하기 (7%) | 적용하기, 자기 평가하기 (각 9%) | 글의 구조 알기, 주제 찾기 (각 5%) |

위의 〈표 8〉을 보면, 모든 교재에서 '세부 내용 파악하기' 유형의 읽기 후 활동을 가장 높은 빈도로 제시하고 있다. 그 다음으로 높은 빈도를

보이며 공통적으로 나타나는 읽기 후 활동으로는 '어휘 익히기'와 '요약하기'이다.

'세부 내용 파악하기'는 학문 목적 한국어 읽기 교재에서 가장 빈번히 등장하는 읽기 후 활동 유형으로, 분석 대상인 다섯 가지 교재 모두에서 나타나고 있고, 교재에 따라 60%~28%로 이를 다루고 있다. 교재의 실제 활동에서는 '특정 정보 찾아 쓰기', '틀린 설명이나 맞는 설명을 선다형 문제에서 고르기'와 같은 형태로 제시하고 있다. 이는 '세부 내용 파악하기'가 텍스트 단위에서의 이해에 가장 기본적이며 중요한 활동이라고 보고 교재에서 학습자들이 충분히 연습할 수 있는 기회를 제공하고 있다.

'어휘 익히기'는 '세부 내용 파악하기' 다음으로 학문 목적 한국어 읽기 교재에서 자주 등장하는 읽기 후 활동 유형으로, 분석 대상인 다섯 가지 교재 모두에서 이를 다루고 있다. 그 빈도 비율을 보면, 교재에 따라, 28%~9%로 나타나고 있다. '어휘 익히기' 활동은 '낱말의 의미 묻기', '유의어 찾기', '문맥에서 어휘 뜻 파악하기', '텍스트에 제시된 어휘를 이용해 문장 만들기'와 같은 활동의 형태로 교재에서 제시하고 있다. 이는 어휘에 대한 이해가 텍스트 단위 이전 단계에서의 읽기 기초 기능으로 보고 교재에서 학습자들이 어휘력을 신장시킬 수 있도록 연습할 기회를 제공하고 있다.

그 이외에, '요약하기'는 4종의 교재에서, '적용하기'는 3종의 교재에서 자주 출현하는 유형으로, 5위 이내에 드는 비중 있는 읽기 후 활동 유형으로 볼 수 있다. '요약하기'는 문단의 이해나 글 전체의 이해를 확인하는 활동으로, '적용하기'는 주로, 텍스트의 내용에 대한 자신의 경험에 비추어 보기 활동으로 나온다.

이상에서 살펴본 바에 따르면, 학문 목적 한국어 읽기 교재에서 대표적으로 제시하고 있는 읽기 후 활동 유형은 '세부 내용 파악하기'이며, 이와 함께 '어휘 익히기' 활동도 중요하게 다룬다고 할 수 있다.

위의 분석 내용을 앞의 〈표 2〉로 제시한 유형 분석의 틀과 비교하여 해석하면 다음과 같다.

유형 분석의 틀에서 든, '어휘 이해 기능'을 도모하는 활동 중, 기존 학문 목적 읽기 교재에서 주요하게 나타나는 활동은 '어휘 익히기'와 '표현 익히기'이다. 이는 학문 목적 읽기 교재가 어휘 이해에 관한 읽기 후 활동을 주요하게 다루고 있다고 볼 수 있다. '사실적 읽기 기능'을 도모하는 활동 중에는, '세부 내용 파악하기'와 '요약하기'가 높은 빈도로 나타나는데, 이는 기존 학문 목적 읽기 교재에서 사실적 읽기 관련 읽기 후 활동을 상당히 중요하게 다루고 있다고 해석할 수 있다. 한편, '추론적 읽기 기능'을 위한 활동 중에서는 '적용하기'와 '추측하기'가 나오는데, '적용하기' 활동이 더 많이 제시되고 있다. 그러나 앞의 '어휘 이해'나 '사실적 읽기 기능'과 관련된 활동에 비해 그 비중이 적다고 있다. 그리고 '비판적 읽기 기능'과 관련해서는 '사실과 이해 구분하기'의 활동이 나타나고는 있으나, 거의 전무하다고 할 수 있는데, 이는 기존 학문 목적 읽기 교재에서 '비판적 읽기'에 대해서는 등한시한 면이 있다고도 해석할 수 있다.

## 4.2. 학문 목적 한국어 읽기 교재의 읽기 후 활동의 특성 및 시사점

앞서 분석한 결과를 바탕으로 학문 목적 한국어 읽기 교재의 읽기 후 활동의 특성을 간추리고 그 시사점을 들면 다음과 같다.

첫째, 학문 목적 한국어 읽기 교재는 최근의 교재일수록 보다 다채로

운 읽기 후 활동을 제시하고 있다. 앞의 교재 분석에 있어 그 약호인 A∼
E를 그 발간연도의 순서대로 매겼다. 〈표 3〉부터 〈표 7〉까지는, 각 교재
에 나타나는 세부 읽기 활동을 든 것인데, 뒤쪽의 표로 갈수록 더 많은
종류의 세부 읽기 활동이 나타나고 있다. 이는 보다 다채롭고 다양한 읽
기 후 활동에 대한 학습자의 요구에 대한 반영이 나타난 결과로 볼 수
있다. 앞으로의 학문 목적 교재의 읽기 후 활동을 이와 같은 방향으로
제시하여야 할 것이다.

둘째, 학문 목적 한국어 읽기 교재에서는 읽기 후 활동으로 '비판적
읽기' 활동을 적게 제시하고 있다. 이는 우선 비판적 읽기 활동이 필요한
텍스트를 덜 다루는 데 그 원인이 있을 것이다. 그러나 학문 목적 학습자
에게 있어, '비판적 읽기'는 기존 학문 연구의 결과에 대한 문제점을 발
견하고 보완하여 새로운 연구를 창출하는 데 있어 필수적인 읽기 활동이
라고 할 수 있는데, 이러한 의의를 갖는 '비판적 읽기' 기능 관련 활동에
대한 내용을 학문 목적 읽기 교재에서 다루지 않는 것을 기존 학문 목적
읽기 교재의 문제점으로 지적할 수 있다. 앞으로 제작할 학문 목적 읽기
교재에는 이러한 '비판적 읽기' 기능 관련 읽기 활동을 보충하여, 학문
목적 학습자가 보다 효과적으로 학문 목적 읽기 기능을 습득할 수 있도
록 배려해야 할 것이다.

셋째, 학문 목적 한국어 읽기 교재에서는 읽기 후 활동으로 '쓰기'와
'말하기' 같은 다른 영역의 활동을 연관 지어 빈번히 제시하고 있다. 이
는 실제 언어활동이 총체적이라는 측면에서 의미도 있지만, 학문 목적
언어활동에서 자신의 지식과 견해를 표현하는 방법으로서 '쓰기'와 '말
하기(발표하기)'라는 측면을 고려하면 학문 목적 읽기에서의 읽기 후 활동
으로 효과적이라고 할 수 있을 것이다. 특히, 학문 목적 언어활동에서
문어 활동이 차지하는 비중이 높음을 고려하면 학문 목적 읽기와 관련

지어 학문 목적 쓰기를 연습할 수 있는 기회를 읽기 후 활동으로 보다 많이 제시할 수도 있을 것이다.


## 5. 맺음말

지금까지 학문 목적 한국어 읽기 교재에서 제시하고 있는 읽기 후 활동을 유형화하여 분석하고 그것이 학문 목적 읽기에 적합한지를 살펴보았다. 학문 목적 한국어 읽기 교재의 읽기 후 활동을 중심으로 그 유형을 분류해 보고, 높은 빈도로 나타나는 유형을 찾아 이것이 의미하는 바를 모색해 본 것에 이 연구의 의의가 있다고 하겠다. 그러나 이 논의는 학문 목적 읽기 교재에 나타나는 읽기 후 활동을 일반 목적 읽기 교재에서 찾을 수 있는 읽기 후 활동과 비교하는 연구 방법으로 접근하여서는 그 특징을 밝히지는 못하였는데, 추후 연구를 통해 보완해야 하는 한계점이 있음을 밝힌다.

이 논의를 요약하여 마무리하면, 기존에 간행된 학문 목적 한국어 읽기 교재 다섯 권에는 '세부 내용 파악하기' 유형의 읽기 후 활동이 가장 높은 빈도로 제시되고 있으며, '어휘 익히기'와 '요약하기' 활동도 비교적 높은 빈도로 나타나고 있다. 이러한 활동은 학문 목적 학습자의 '어휘 이해 기능'과 '사실적 읽기 기능' 향상을 도울 것으로 볼 수 있다. 그런데 학문 목적 읽기에서 또 하나의 필수적인 읽기 기능인 '비판적 읽기 기능'을 도모하는 읽기 후 활동은 거의 찾을 수 없다. 이 점은 학문 목적 한국어 읽기 교재가 보완하여야 할 부분이라고 제안하였다.

―이 글은 『새국어교육』 제88호, 171~192쪽에 실린 논문을 수정·보완한 것임.

# 한국어교재 지시문 분석

## 교재 수준별 지시문의 어휘적, 통사적 특징 분석[1]

**서세정**
시마네현립대학교

## 1. 서론

본고는 한국어교재[2] 지시문의 어휘적, 통사적 특징 분석을 통해 교재의 구체적 학습 활동 내용을 살피고 교재 집필 방향과의 부합성, 학습자 이해 용이성을 진단하고자 한다.[3] 이를 통해 '지시 기능 어휘'(study activity directive function word) 및 표현 목록을 정리하고 적절한 지시문 구성을 위한 방안을 제안하고자 한다.[4]

교재는 교수자, 학습자와 함께 언어 학습의 삼대 요소 중 하나로서 교

---

1  이 연구는 2011년 11월 16일부터 18일까지 호주 시드니에서 개최된 한국학 협회 (KSAA)의 제7차 국제학술대회에서 발표한 내용을 수정·보완한 것이다.

2  한국어교재는 한국어 학습자들의 한국어교육을 위해 개발된 다양한 매체의 형태를 갖는 교육 자료의 묶음으로서 본고는 그 중 종이책 형태의 Y교재 초·중·고급 6권을 연구 대상으로 정하였다. Y교재는 한국어교육의 역사가 가장 오래된 어학 교수 기관에 서 의사소통 교수법에 근거하여 개발하였다.

3  본고의 주된 의의는 분석 결과의 일반화나 Y교재의 평가가 아니라 지시문 분석과 연 구 방법의 실효성 검증, 효과적인 지시문 구성 방안 제시라고 할 수 있다.

4  교재에서 학습 활동을 지시하는 기능을 담당하는 어휘를 뜻한다. 문법적인 의미에서의 기능 어휘(function word : prepositions, pronouns, auxiliary verbs, conjunctions, grammatical articles or particles)와는 다르다.

재는 학습자의 언어 능력 신장에 지대한 영향을 끼친다. 2009년에 국립
국어원과 한국어세계화재단에서 발간한 '국내외 한국어 교재 백서'에 따
르면 2009년 1월까지 국내외에서 발간된 한국어 교재는 33개국에서 총
3,399권에 이른다. 다양한 대상과 목적, 환경을 가진 한국어 학습자의
요구에 부응하기 위한 한국어 교재의 개발은 현재도 활발하게 이뤄지고
있다. 이에 따라 바람직한 교재의 개발을 위해 기존 교재의 내용과 구조
에 관한 분석은 많이 이루어지는 실정이다. 그런데 언어 교육 교재에서
실제적으로 언어 학습을 주도하는 지시문이 갖는 기능적 역할과 바람직
한 방향에 대해서는 연구된 바가 거의 없다. 그래서 교재 개발 시 이용할
수 있는 지시문의 적절한 모형안이 제시되지 않은 실정이다. 또한 한국
어 교재 중에도 지시문을 구성하는 학습 활동 어휘나 지시 표현을 목록
화하여 이를 따로 세시한 경우가 없다. 이러한 사실은 지시문이 갖는 중
요성을 간과했음을 나타내는 것이다.[5]

언어 교재에서 지시문의 역할은 다음과 같다. 첫째, 지시문은 언어 교
실에서 수업의 구체적인 방향을 주도하는 길잡이 역할을 한다. 언어 교
실에서의 교수와 학습은 교재 의존도가 높다. 교사와 학생들은 지시문에
서 지시하는 학습 활동의 유형과 방법에 따라 실제적인 활동을 한다. 둘
째, 지시문은 교실에서의 실제적인 언어 학습 활동 전에 학습에 필요한
스키마를 활성화시킨다. 교재는 특정 교수 이론에 근거하여 매 과마다
일관된 패턴의 학습 활동으로 구성된다. 이에 따라 매 과의 학습 내용은
변하더라도 지시문의 구성 어휘와 문법적 형식은 어느 정도 고정되어

---

5  한국어 교재의 지시문에 관한 연구는 아직 이루어지지 않았다. 다만 다문화가정 자녀
들을 위한 초등학교 교과서의 활동 지시문에 관한 연구가 이루어진 바가 있다. 이보라
미(2010)는 초등학교 교과서에서 '~봅시다' 구성으로 나타나는 어휘를 분석하여 초등
학교 수업에서 이루어지는 학습 활동들의 구체적인 양상을 살폈다.

반복적으로 나타난다. 교수자와 학습자는 지시문을 통해 학습 활동에 필요한 내용적, 형식적 배경지식을 활성화시켜 학습 활동을 준비할 수 있다. 셋째, 지시문은 교재의 각 과와 단원 앞에서 학습 내용을 소개하고 학습자가 수행해야 하는 활동을 구체적으로 지시한다. 넷째, 지시문은 학습 활동의 구체적인 방법을 통제한다. 예를 들어 같은 내용을 혼자서 수행할 것인지 짝과 함께 수행할 것인지에 대한 방법적 통제를 할 수 있다.

이처럼 교사와 학습자 모두에게 효율적인 한국어교재 활용을 위해서는 지시문의 정확한 이해가 최우선적으로 요구된다. 만약 학습자가 교재의 지시문을 정확하게 이해하지 못했을 때에는 교실 수업에 원활하게 참여할 수 없고 한국어 학습에 부정적인 결과를 가지게 된다. 따라서 교재의 지시문은 명료하고 쉽게 파악할 수 있도록 학습자의 숙달도별로 어휘와 문법이 통제되어 제시되어야 한다. 그리고 학습 활동을 구체적으로 지시하는 '지시 기능 어휘'(지시문 핵심 어휘)나 지시 표현 등의 목록이 교재에 따로 제시되어야 한다. 그러나 상기한 바와 같이 현재 출판된 한국어 교재에서 이러한 목록을 따로 제시한 경우는 없는 것으로 판단된다.

이에 본고의 목적 및 효용성은 구체적으로 다음과 같다. 첫째, 지시문 분석이 교재의 집필 방향, 의도와의 부합성 여부를 검증할 수 있는 도구가 됨을 보인다. Y교재는 의사소통 교수법에 근거하여 집필되었다. 지시문의 구성 어휘의 계량적 분석을 통해 이 의도가 구체적으로 어떻게 드러났는지를 살피고자 한다. 둘째, 지시문의 학습자 이해 용이성을 진단한다. 지시문은 학습을 돕는 도구적 역할을 하기 때문에 모든 학습자들의 정확한 지시문 이해는 한국어 교실 수업의 전제 조건이라고 할 수 있다. 때문에 학습 도구어의 습득이 이루어지지 않은 초급 때에는 교재의 지시문이 목표어와, 학습자의 이해가 용이한 언어로 함께 제시되어 있는 경우도 있다. 그러나 초·중·고급 교재 전권이 목표어로 구성되어 있는 교재의 경우 학습자가 배우지 않은 어휘로 지시문이 구성되었을 시 지시문의 이해에 어려움을 가질 수 있다. 이에 본고는 지시문의 구성 어휘의 교재 제시 여부 및 시기를 살펴보고자 한다. 또한 교재의 지시문 은 숙달도가 낮을수록 단문 위주로 구성될 것을 예상할 수 있다. 이에 지시문의 교재 권별 통사적 복합도 변화 양상을 보이고자 한다. 셋째, 적절한 지시문의 구성 방안 및 학습 활동별 '지시 기능 어휘'와 표현 목 록을 제시한다. 이는 교재 집필 및 한국어능력평가시험 등과 같은 숙달 도 평가 시험 등에 이용될 수 있다.

## 2. 연구 자료 및 방법

### 2.1. 연구 자료

연구 자료는 Y교재 초·중·고급 2권씩, 총 6권에 나타나는 모든 지시 문 말뭉치이다. Y교재는 의사소통 교수법에 근거하여 개발되었으며 머 리말의 교재 소개와 집필 방향은 다음과 같다. 'Y교재는 한국어 학습 단 계별로 요구되는 내용을 주제로 대화가 구성되었으며 어휘와 문법에 대 한 집중적인 연습뿐만 아니라 말하기, 듣기, 쓰기, 읽기 능력을 균형 있 게 향상시킬 수 있도록 다양한 과제와 활동으로 구성된 통합형 교재이 다.' 본 연구는 Y교재에서 학습을 소개하고 지시하는 도구적 역할을 하 는 모든 문장을 지시문으로 보고 총 23,340어절의 말뭉치를 구축했다. 각 권 별 어절 규모는 다음과 같다.

〈표 1〉 교재 각 권별 지시문 말뭉치 규모

| 권 | 1 | 2 | 3 | 4 | 5 | 6 | 전체 |
|---|---|---|---|---|---|---|---|
| 지시문set 수[6] | 535 | 501 | 516 | 595 | 543 | 615 | 3,305 |
| 어절 수 | 1,934 | 2,235 | 4,238 | 5,055 | 4,877 | 5,001 | 23,340 |

## 2.2. 연구 방법

지시문의 어휘와 통사적 특징은 말뭉치 언어학의 양적 연구 방식으로 분석하였다. 말뭉치 언어학(corpus linguistics)은 컴퓨터가 인식 가능하도록 입력된 텍스트 자료를 대상으로 언어학적 사실을 연구하는 학문이다. 지시문 말뭉치에서 추출된 어휘와 통사적 특징들은 교재 지시문이 가지는 성격을 실제적으로 드러낸다. 본 연구는 Y교재에서 학습 지시 기능을 하는 모든 문장을 다음과 같이 엑셀에 입력하여 말뭉치를 구축하였다.

〈그림 1〉 지시문 말뭉치 구축

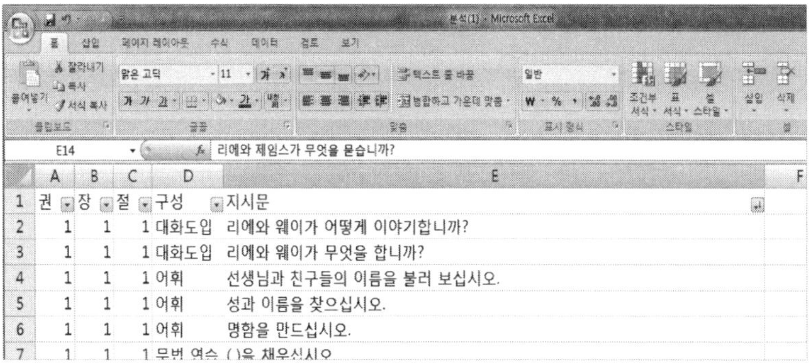

----

6  본고에서 '지시문 set'는 교재에서 단일한 학습 지시 기능을 위해 한 번에 제시된 문장들의 묶음으로 정하였다. 예를 들어 '여러분은 물건을 교환하거나 환불하고 싶을 때 어떻게 이야기합니까? 다음 상황에 맞게 [보기]와 같이 이야기해 보십시오'는 두 개의 문장으로 이루어진 하나의 지시문 set인 것이다.

'지시문 핵심 어휘'의 추출 방법은 '객관적 선정 방법'과 '주관적 선정 방법'을 모두 사용하였다.[7] 우선 교재 지시문 말뭉치에서 고빈도 어휘들을 추출하였다. 그 후 고빈도 어휘 목록에서 연구자의 직관을 사용하여 학습 활동을 지시하는 어휘가 아닌 교재의 내용에 관련된 어휘들을 배제하였다. 그리고 저빈도로 나타난 어휘들 중 중요하다고 판단되는 어휘들은 따로 추출하였다.

지시문 구성 어휘 빈도의 측정 절차는 다음과 같다. 우선 지시문에서 활용형으로 나타난 어휘들의 기본형을 복원한다.[8] 한국어의 어휘는 활용을 하기 때문에 빈도 측정이 간단하지 않다. 명사와 같은 체언의 경우 후행에 결합된 조사를 삭제하면 되지만 동사나 형용사와 같은 용언의 경우 기본형을 일일이 찾아야 한다. 이를 위해서 '지능형 형태소 분석기'와 '파이썬'을 사용하였다. '형태소 분석기'는 한국어 문상에서 활용된 어휘 옆에 자동으로 품사 표지를 부착해준다. 그리고 '파이썬'(Python)은 어휘 옆에 부착된 품사 표지를 기준으로, 활용 어휘를 기본형으로 바꾸어 준다.

---

7  임지아(2007 : 122)는 어휘 선정(vocabulary selection)의 방법을 세 가지로 구분했다. 첫째는 선정자의 주관적 판단에 따른 '주관적 방법'이고, 둘째는, 문헌 자료에서 통계적으로 처리한 어휘 빈도를 근거로 선정하는 '객관적 방법'이다. 셋째는 교사가 '주관적, 객관적 방법'으로 선정되지 않은 어휘들을 수업의 흐름에 따라 임의로 선정하는 '경험적 방법'이다. (이보라미(2010), p331 재인용)

8  지시문의 구성 어휘 중에서 학습 활동의 구체적인 지시는 상당량이 문장 끝 부분에 '~봅시다', '-십시오', '-니까?'의 구성으로 나타났다. 이보라미(2010)에서는 초등학교 교과서의 지시문이 '~봅시다'의 구성으로 되어 있다고 보고 '~봅시다'를 검색하여 이에 결합된 용언의 종류와 빈도만을 조사했다. Y교재 지시문은 '~봅시다' 외에 '-십시오', '-니까?' 구성으로 학습 활동을 명시적으로 지시하였다. 하지만 단문이 아닌 종속문이나 연결문의 경우 학습 활동 어휘들이 '-아서', '-고' 등의 다양한 연결어미와 결합되어 나타난다. 따라서 본고는 지시문의 모든 어휘의 기본형을 복원한 후 빈도와 연구자의 직관에 따라 지시문 핵심 학습 활동 어휘들을 추출했다.

**〈그림 2〉 한국어 형태소 분석기를 사용한 어휘 품사 표지 부착**

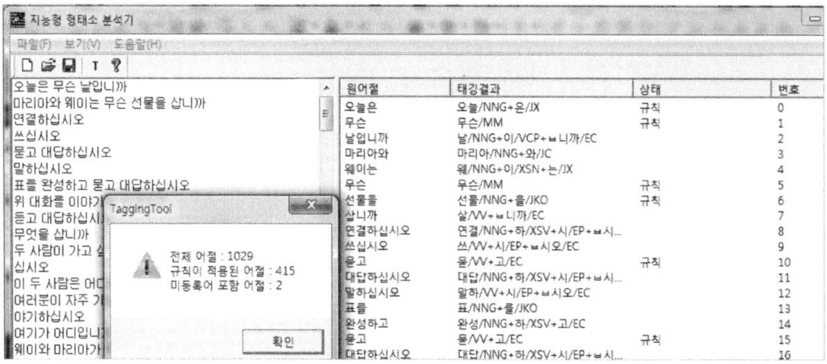

어휘의 빈도 측정은 한국어 자료 처리 프로그램인 '깜짝새'(SYN-the-sized Korean Data Processor)를 이용하였다. '깜짝새'는 2b 파일로 저장된 한글 텍스트 자료의 음소, 음절, 어절 등의 빈도 정보를 나타내주는 프로그램이다. 이 프로그램을 사용하여 Y교재의 권별로 지시문에 사용된 어휘의 빈도를 측정했다.

**〈그림 3〉 '깜짝새'를 사용한 지시문 어휘 빈도 측정**

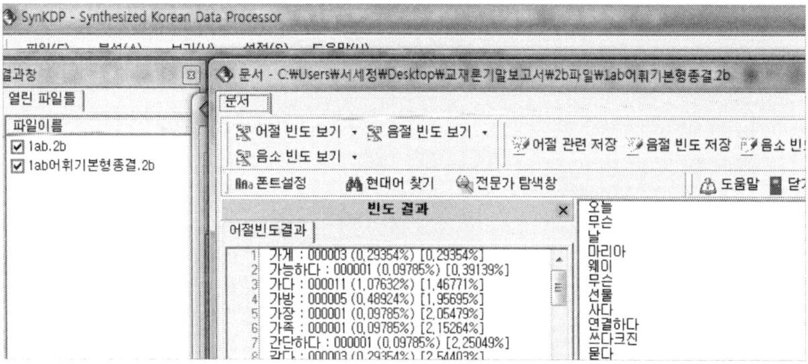

위와 같은 방법으로 교재 권별로 지시문 구성 어휘들의 빈도를 측정하여 빈도순으로 정리한다. 그리고 연구자의 직관에 따라 의사소통 기능

활동을 명시적으로 지시하는 용언을 추출한다. 즉 '말하다(말해 보시오),
대답하다(대답하시오)/듣다(들으세요)/읽다(읽으세요)/쓰다(써 보세요), 작성
하다(작성하시오)' 등과 같이 '말하기, 듣기, 읽기, 쓰기' 의사소통 기능
활동을 명시적으로 지시하는 '지시 기능 어휘'의 종류와 빈도를 산출한
다. 이를 통해 Y교재의 난이도별로 학습자의 의사소통 능력 향상을 위해
지시하는 학습 활동의 종류를 구체적으로 알아본다. 또한 어떠한 의사소
통 기능을 중요시하는지를 객관적으로 살핀다. 즉 예를 들어 만약, 교재
에서 '쓰기'에 관련된 '지시 기능 어휘'의 빈도가 높다면 이는 교재가 '쓰
기' 영역을 중요시함을 의미한다. 이를 통해 Y교재가 과연 학습자의 의
사소통 기능을 골고루 향상시키고자 하는 의도에 부합하게 구성되었는
가 여부를 객관적으로 살핀다.

지시문의 학습자 이해 용이성은 두 가지 방법으로 진단하였다. 첫 번
째 방법은 교재 지시문의 통사적 복합도(syntactic complexity)를 측정하
는 것이다. 교재의 난이도가 높아질수록 지시문이 길어지고 통사적 구조
가 복잡해질 것으로 예상할 수 있다. 이는 T단위 연구방법(t-unit analy-
sis)을 사용한다. 'T단위 연구방법'은 단어, 구, 절 등과 같은 문장 이하
통사적 단위당 하위 단위의 빈도를 측정하여 통사적 복합도를 진단하는
양적 연구방법이라고 할 수 있다. 이는 Hunt(1965)에서 영어 텍스트의
통사적 숙달도를 진단하는 목적으로 처음 시도되었다. Hunt가 텍스트
분석의 기본 단위로 설정한 T단위란 영어 문장 안에서 주절과 이에 종속
된 절을 합한, 통사적으로 독립적인 단위이다. Hunt(1970)는 T단위 연구
방법으로 문장의 복합도를 측정하는 4가지 방법, 문장의 평균 길이, 평
균 절의 길이, T단위 안의 평균 절 수, T단위 당 절의 비율(1. mean sen-
tence length, 2. mean clause length, 3. number of T-units. 4. ratio of
clause per T-units)을 재안했다. 이를 이용하여, 고등학교를 졸업한 20

세 영어 모어 화자의 작문의 통사적 숙달도가 '설명문의 매 T단위마다 평균 20개의 단어를 사용하고 매 절 안에 평균 11개의 단어를 사용하는 것'이라고 밝혔다. 문장당 T단위의 빈도가 높을수록 통사적 복합도가 높은 것이다. Hunt(1965) 이후 T단위 외에 문장 내의 어절, 구, 절 등 여러 기능적 단위 지표들의 빈도를 측정하여 문장의 통사적 복합도를 진단하는 계량적 연구가 언어 교수, 언어 치료 등 여러 분야에서 활발하게 진행되어 왔다.

그런데 영어와 달리 첨가어적 특징을 가진 한국어는 T단위가 문장과 거의 일치한다.[9] 그래서 한국어는 T단위 설정의 효용성이 낮다. 따라서 본고는 T단위의 설정은 하지 않고, 다만 T단위 연구의 연구 방법만을 수용하여 교재 지시문의 통사적 복합도를 살핀다. 이를 위한 지표는 '문장당 어절 수', '문장당 절 수'이다. 문장 당 어절 수는 문장의 길이를 측정하기 위한 지표이다. 절은 주어와 술어를 갖추었으나, 독립하지 않고 다른 문장 한 성분으로 쓰이는 단위이다. 문장당 절 수의 측정은 지시문 말뭉치에서 각 지시문마다 절의 수를 직접 세었다. 절은 주어와 서술어가 나타난 것은 다 절로 판정하였다. 다만 주어가 빈번히 생략되는 한국어의 특성상 의미적 주어가 생략된 경우도 절로 인정했다. '문장당 어절 수'와 '문장당 절 수'의 수치를 통해 교재 권별 문장 길이와 통사적 복합도의 변이 양상을 살펴보고자 한다. 즉 교재의 난이도가 높아질수록 과연 지시문의 문장의 길이가 길어지고 통사적 복합도가 높아지는지, 또한 그 변이가 어떠한 양상으로 나타나는지 살펴보도록 한다.

지시문의 학습자 이해 용이성 진단의 두 번째 방법은 지시문이 학습자가 배운 어휘로 구성되었는가 여부를 살피는 것이다. 즉 지시문에 사용

---

9  서세정(2009:32)

된 어휘가 교재에서 미리 제시되었는가 여부를 진단한다. 이를 위해 '지시 기능 어휘'에 한정하지 않고 지시문을 구성하는 모든 어휘를 교재 전권의 어휘 색인 목록에서 일일이 찾아보았다. 다의어의 경우 의미를 기준으로 제시 여부와 시기를 조사했다. 예를 들어 '보다'의 경우, '눈으로 대상을 보는' 의미 외에 '시도하다, 경험하다' 등 보조 동사로 나타나는 예도 상당 수 나타난다.[10] 이러한 예는 보조동사 '보다'의 해당 의미가 교재에 제시되었는지 여부를 살폈다.

마지막으로 교재 수준 및 학습 활동별 '지시 기능 어휘 및 표현'을 유형화하여 목록을 제시하고 바람직한 지시문 구성 방안을 제안한다.

## 3. 분석 결과

### 3.1. 지시문 어휘 분석

본 절에서는 교재 지시문 구성 어휘의 계량적인 특성을 살피고 교재의 집필 방향, 의도와의 부합성 여부를 검증한다. Y교재는 의사소통 교수법에 근거하여 집필되었다. 지시문의 구성 어휘의 분석을 통해 이 의도가 구체적으로 어떻게 드러났는지를 살핀다.

지시문은 학습 내용을 명시적으로 나타내는 어휘뿐만 아니라 여러 어휘들로 구성된다. 지시문이 속한 단원의 학습 대상이 되는 내용 어휘들, 대명사와 관형사와 같은 문법적 기능 어휘들이 그러하다.

다음은 권별로 지시문 구성 어휘를 빈도순으로 추출하여 나타낸 표이다.

---

10  1권에서 '보다'는 본래적 의미로 30회, 보조동사의 의미로 30회 나타났다.

## 〈표 2〉 Y교재 권별 지시문 구성 어휘 빈도

| 1권 | |
|---|---|
| 빈도 | 어휘 : 총 1,923회, 287개(용언 96개) |
| 100회 이상 | 쓰다(106 : 5.6%) |
| 50회 이상 | 하다(73), 대답하다(73), 묻다(61), 무엇(52) |
| 20회 이상 | 사람, 표(44), 친구(40), 완성하다, 말하다(36), 어떻다, 만들다(34), 여러분(33), 듣다(32), 보다(try : 30), 보다(30), 무슨(28), 연결하다, 읽다(27), 맞다(25), 어디, 이야기, 그림(24), 문장, 두, 이야기하다(23), 것(20) |
| 10회 이상 | 있다(19), 질문하다(18), 고르다(17), 나라(16), 가다, 위, 다음(15), 대화, 한(14), 음식, 씨, 글(13), 전화(12), 날씨, 사다, 이름, 소개하다(11), 물건(10) |
| 5회 이상 | 확인하다, 대하다, 여기, 싶다, 발표하다(9), 누구, 틀리다, 이, 같이(8), 계절, 선물, 영화, 개, 아래, 곳, 알맞다(7), 가방, 한국, 단어, 좋아하다, 장소, 왜, 채우다, 표시하다(6), 지금, 직업, 가족, 찾다, 많이, 있다(진행), 쓰다(use), 말(5) |

| 2권 | |
|---|---|
| 빈도 | 어휘 : 총 2,230회, 427개(용언 125개) |
| 100회 이상 | 하다(161 : 7.2%) |
| 50회 이상 | 보다(try : 70), 무엇(67), 사람(65), 있다(51) |
| 20회 이상 | 어떻다, 이야기하다, 대답하다(43), 여러분(42), 만들다(41), 이야기(40), 문장(37), 어디(36), 가다(35), 쓰다(31), 무슨, 두(30), 있다(진행), 씨(26), 이(24), 다음(23) |
| 10회 이상 | 보다(19), 때, 단어, 나라, 친구(17), 알맞다, 싶다, 여러, 모임(16), 왜, 수(15), 일, 완성하다, 듣다(14), 그림, 가지, 채우다(13), 것, 어느, 번, 음식, 여기, 전화, 빈칸(12), 아프다, 말, 소개하다(11), 곳, 여행, 넣다(10) |
| 5회 이상 | 지금, 뭐, 물건, 약속, 연습하다(9), 좋다, 도서관, 필요하다, 누구, 질문, 발음, 대화(8), 버스, 한국, 먹다, 사용하다, 그, 말하다(7), 제일, 집, 이곳, 약, 사다, 표, 대하다, 더, 한, 찾다, 보이다, 설명하다(6), 만나다, 계획, 병원, 시장, 타다, 몇, 추천하다, 같다, 보다(경험), 연결하다(5) |

| 3권 | |
|---|---|
| 빈도 | 어휘 : 총 4,144회, 467개(용언 158개) |
| 100회 이상 | 다음(186 : 4.5%), 여러분(155), 보다(try : 152), 쓰다(139 : 3.4%), 하다(138), 보기(119), 표(117) |
| 50회 이상 | 어떻다(92), 같이(84), 고르다(82), 것(80), 사람(78), 빈칸(77), 알맞다(68), 무엇(67), 이야기하다(66), 어휘(65), 친구(61), 채우다(60), 대화(59), 있다(57), 대하다(52) |

| | |
|---|---|
| 20회<br>이상 | 같다(47), 질문(46), 듣다(45), 답하다(43), 보다(41), 내용(39), 있다(진행38), 완<br>성하다(37), 이(35), 이야기(32), 한국, 나라, 읽다(30), 문장(28), 만들다, 씨, 그<br>(26), 두, 부탁(25), 다르다, 사용하다, 글(24), 그림, 일(23), 공연(22), 표현, 중<br>(21), 때(20) |
| 10회<br>이상 | 좋다(19), 무슨, 싶다, 맞다(16), 적(15), 위, 말하다, 상황, 가장, 지금(13), 연결하<br>다, 않다(12), 가다, 취미(11), 관계있다(10) |
| 5회<br>이상 | 수(9), 건강, 이유, 찾다, 한, 동아리, 거절하다, 옆, 적당하다, 생각하다, 대화하<br>다, 후, 모임(8), 여자, 문화, 어디, 비교하다, 발표하다, 생활, 방법, 보통, 되다,<br>음식(7), 조사하다, 가족, 반, 경험, 받다, 오다, 활동, 부탁하다, 그리고, 점, 언제<br>(6), 회식, 왜, 알다, 누구, 실수, 모습, 가지, 편지, 다른, 학교, 순서, 고민, 위하<br>다, 제목(5) |

| 4권 ||
|---|---|
| 빈도 | 어휘 : 총4,956회, 총702개(용언196개) |
| 100회<br>이상 | 다음(210 : 4.2%), 여러분(196), 보다(try : 191), 어떻다(157), 쓰다(145), 이야기<br>하다(134), 하다(107), 것(106) |
| 50회<br>이상 | 대하나(90), 어휘, 사람(85), 있다(78), 같다, 빈칸(70), 알맞다(69), 맞다(62), 무<br>엇(53), 있다(진행 : 52), 위(51) |
| 20회<br>이상 | 생각하다(49), 보다(48), 읽다(43), 같이(42), 글, 보기(41), 나라, 이야기(40), 질<br>문(38), 성격(36), 한국(31), 상황(28), 이(27), 되다(26), 왜(25), 문제, 듣다(24),<br>그림(23), 설명, 친구, 표, 살다, 말하다, 대화, 대답하다(22), 중, 생각, 때(20) |
| 10회<br>이상 | 찾다, 인터넷(19), 알다, 답하다(18), 수, 돈, 그리고, 앞(17), 연결하다, 생활, 그<br>렇다, 가장, 신문(16), 고르다(15), 내용, 그, 아래, 영향, 가지다, 시간, 일(14),<br>건강, 예, 많다, 만들다, 완성하다, 정보(13), 점, 좋다, 관계, 기사, 두, 어디, 놀이<br>(12), 방법, 서로(11), 채우다(10) |
| 5회<br>이상 | 어느, 위하다, 인생, 잘, 모두, 싶다, 적, 씨, 의견(9), 무슨, 달라지다, 텔레비전,<br>많이, 다르다, 생기다, 언어, 사진, 가족, 뭐, 음식, 여가, 광고(8), 이용하다, 곳,<br>없다, 의사소통, 물건, 여자, 경우, 가다, 남자, 이유, 문장, 누구, 속담(7), 좋아하<br>다, 현대인, 어울리다, 후, 계획, 모으다, 또, 중요하다, 외국인, 소개하다, 문화,<br>통신, 축제, 말, 꿈, 여러, 춤, 미신, 미치다, 가지, 금기, 신용카드(6), 믿다, 뜻,<br>삶, 혹, 비슷하다, 나타나다, 우리, 주다(보조동사), 나, 조사하다, 처음, 직업, 명<br>절, 정리하다, 사다, 결과, 지금, 주로, 단절, 오다, 기념일, 관리(5) |

| 5권 ||
|---|---|
| 빈도 | 어휘 : 총 4,684회, 911개(용언 246개) |
| 100회<br>이상 | 보다(try : 277 : 5.9%), 다음(208), 이야기하다(145), 위(102), 같이(102) |

| | |
|---|---|
| 50회<br>이상 | 쓰다(94), 대하다(89), 여러분(88), 어떻다(82), 무엇(80), 글(73), 보기, 고르다<br>(66), 빈칸(59), 읽다, 하다(58), 알맞다(57) |
| 20회<br>이상 | 표현(49), 있다(진행 : 46), 질문, 답하다, 대화(44), 것, 말(43), 생각하다(39), 사<br>용하다, 익히다(38), 어떤(35), 사람, 내용(34), 있다(33), 연결하다(32), 채우다<br>(31), 나라(30), 정리하다(27), 보다, 곳(26), 말하다, 표, 문법(24), 씨(23), 그<br>(22), 듣다, 한국, 이유, 중, 및(21), 결과(20) |
| 10회<br>이상 | 두(18), 후, 어휘(17), 맞다(16), 싶다, 조사, 기사, 하나(15), 완성하다, 다르다,<br>가족(14), 왜, 상황, 이, 문제, 찾다(13), 같다, 배우다, 자신, 경우, 만들다(12),<br>발표하다, 생활, 방법, 어느, 잇다(11), 문장, 제목, 사례(10) |
| 5회<br>이상 | 유형, 중심, 그렇다, 간단히, 되다, 직업, 이야기(9), 보다, 위하다, 조사하다, 번,<br>가지, 수, 활동, 한국어(8), 평생, 고치다, 제도, 친구, 소개하다, 어디, 기업, 비<br>다, 여가, 설문, 그림, 여러, 편지, 단어, 년, 인간(7), 사회, 전통, 교육, 예, 각각,<br>의견, 가지다, 기관, 가운데, 시대, 나누다, 프로그램, 때, 의미, 학습, 세, 나타나<br>다, 어울리다, 좋다, 특성(6), 설문지, 비교하다, 또, 적, 메모하다, 대상, 따르다,<br>입장, 토론하다, 설명하다, 호칭, 받다, 형태, 봉사, 부장, 해결책, 학생, 이용하<br>다, 신문, 직장(5) |

| 6권 | |
|---|---|
| 빈도 | 어휘 : 총 4,868회, 881개(용언 241개) |
| 100회<br>이상 | 보다(try : 235 : 4.8%), 다음(211), 이야기하다(141), 여러분(127), 표현(123), 무<br>엇(112), 위(107), 대하다(104) |
| 50회<br>이상 | 어떻다(83), 같이(76), 보기(74), 질문, 하다(72), 것(65), 채우다(57), 빈칸(57),<br>있다(진행 : 51), 쓰다(51), 읽다(50) |
| 20회<br>이상 | 답하다, 찾다(48), 표(45), 생각하다, 알맞다(44), 이(42), 내용(41), 익히다(40),<br>사용하다(37), 글(35), 나라, 있다(34), 만들다(30), 고르다(29), 문장(28), 두, 사<br>람(27), 문법(25), 한국, 대화(24), 및, 이용하다(22), 정리하다, 알다, 그(21), 이<br>유(20) |
| 10회<br>이상 | 맞다(19), 부분, 방법, 단어, 되다(18), 수, 사회(17), 어느, 완성하다, 인물, 듣다,<br>생각(16), 중, 싶다, 보다, 상황, 이야기(15), 말하다, 결과, 기업, 조사(14), 위하<br>다, 스포츠(13), 외국인, 연결하다, 후보, 같다(12), 좋다, 기사, 다르다, 토론, 누<br>구, 따르다, 기능, 발표하다(11), 곳점, 문제, 본론, 미래, 설명하다, 설명(10) |
| 5회<br>이상 | 문화재, 왜, 대답하다, 관하다, 소개하다, 여성, 가장(9), 대표, 그리고, 서론, 조<br>사하다, 않다, 도표, 집, 개요, 사진, 연결, 문화유산(8), 세계문화, 필요하다, 후,<br>완성, 과학, 의견, 경우, 결론, 주제, 또는, 가치관, 장면, 한국인, 모두, 각각, 의<br>미, 대상, 주장(7), 면접관, 더, 나타나다, 때, 외, 인간, 경험, 말, 관련되다, 구체<br>적, 특징, 제시하다, 바탕, 활동, 청소년, 명, 지지하다, 인터뷰, 가지, 생활, 한,<br>일, 각, 제목(6), 관광객, 자기, 자신, 제품, 예, 지정되다, 박사, 여러, 노력, 가지<br>다, 목적, 논술문, 적, 통계자료, 우리(5) |

위 6개의 표에서 나타난 바와 같이 교재의 난이도가 증가할수록 각 권의 어휘의 총 출현 빈도와 어휘의 개수가 증가한다. 1권은 어휘가 총 1,923회, 2권은 2,230회, 3권 4,144회, 4권 4,956회, 5권 4,684회, 6권 4,868회 나타났다.[11] 1권에서 사용된 어휘는 287개이며, 차례로 2권 427 개, 3권 467개, 4권 702개, 5권 911개, 6권 881개이다. 이중 지시문에서 지시하는 학습 활동의 이해에 중요한 용언의 수도 1권 96개, 2권 125개, 3권 158개, 4권 196개, 5권 246개, 6권 241개로 증가하고 있다. 지시문의 양을 가늠하게 하는 어휘 전체 빈도는 3권까지 급격히 증가하다가 4권부 터는 크게 증가하지 않는다. 그러나 어휘의 개수는 1권부터 5권까지 계속 크게 증가한다. 이는 교재의 난이도가 높아질수록 지시문 구성 어휘의 중복 사용도가 낮아짐을 뜻한다. 즉 초급 교재일수록 소수의 어휘를 자주 사용하여 지시문을 구성하며 고급 교재일수록 다양한 어휘를 사용하여 지시문을 구성하는 것으로 판단할 수 있다.

위 표를 통해 각 권마다 '쓰다'와 '이야기하다', '묻다', '답하다', '읽 다', '듣다' 등 의사소통 교수법에 근거한 구체적인 언어 수행을 지시하 는 다양한 어휘들이 고빈도로 나타나는 것을 확인할 수 있다.[12] 이는 Y교 재의 집필 의도가 실제 적절히 구현되었음을 의미한다.

각 권당 어휘의 특징은 다음과 같다. 1권에서 가장 많이 나타난 어휘 는 '쓰다'(write)로 총 106회가 추출되었다. 이는 1권 전체 어휘 중 5.6% 를 차지한다.[13] 말하기 영역의 '대답하다'와 '묻다'도 73회, 61회 추출되

---

11  각 권에서 어절 수보다 총 어휘 수가 적은 이유는 어휘 수에 조사, 숫자, 특수 문자 등을 포함하지 않았기 때문이다.
　　맞으면 O, 틀리면 X 하십시오. / 듣고 ( )에 쓰십시오. /1)을 보고 묻고 대답하십시오. / (ㄱ)에 들어갈 말로 알맞은 것을 고르십시오.
　　위에서 밑줄 친 부분은 어절 수에는 포함되었으나 어휘 총 출현 수에는 제외되었다.
12  말하기와 쓰기 활동에 관련한 어휘가 읽기, 듣기 관련 어휘보다 많이 나타난다.

었다. 그 외에 쓰기 영역에서는 '완성하다, 만들다, 연결하다'가 모두 20회 이상 추출되었다. 말하기 영역에서는 '말하다, 읽다, 이야기하다'가 20회 이상 추출되었다. '읽다'와 '듣다'도 20회 이상 출현하였다. 2권은 1권보다 지시문 구성 어휘의 종류가 크게 늘어났다. 2권에서 가장 많이 나타난 어휘는 '하다'와 시도를 뜻하는 '보다'이다. 두 어휘 모두 문법적 기능 어휘이다. '하다'는 2권 전체 어휘 출현 빈도 중 7.2%를 차지한다. 그리고 1권에서 많이 나타났던 '쓰다'가 2권에서는 31회(1.4%)로 큰 폭으로 줄었다. '대답하다'와 '이야기하다'도 모두 43회로 큰 폭으로 줄었다. 대신 '채우다, 넣다, 완성하다, 소개하다, 넣다, 연습하다, 말하다, 설명하다, 연결하다'와 같이 다양한 어휘가 나타났다. '듣다'는 14회 출현했다. 3권에서 가장 많이 나타난 어휘는 '다음'이다. 총 186회, 3권 교재 중 4.5%를 차지하는데 이는 1, 2권에서의 '다음'의 비율과 비교했을 때 4배 이상 많이 나타난 것이다. 그리고 '여러분'이 그 다음으로 많이 나타났다. 전체의 3.7%에 이른다. 3권에서도 문법적 기능 어휘인 '보다'와 '하다'가 고빈도로 나타났다. 학습 어휘 중 가장 많이 나타난 어휘는 139회인 '쓰다'이다. 말하기 영역에서는 '이야기하다'와 '답하다' 등이 많이 나타났다. '읽다'와 '듣다'도 20회 이상 출현하였다. 4권은 3권에 비해 지시문의 양은 크게 늘어나지 않았는데 어휘의 개수는 두 배 가까이 증가했다. 빈도 20회 이하의 어휘들의 양이 크게 증가한 것을 볼 수 있다. 이는 지시문에서 어휘 사용의 중복도가 낮아짐을 의미한다. 4권에서 가장 많이 나타난 어휘는 3권과 동일한 '다음'이다. 총 210회, 4권 전체 출현 어휘 중 4.2%를 차지한다. 그 다음으로 '여러분', 시도를 뜻하는

---

13 '쓰다'는 펜으로 글을 쓰는 의미 외에 '반말을 써서 이야기를 만들어 보십시오'와 같이 '사용'의 의미를 갖는 다의어이다. 때문에 이를 구분하여 빈도를 계산하였다. 1권에서 '사용' 의미의 '쓰다'는 5회 나타났다.

'보다'가 많이 나타났다. 이는 3권의 어휘 고빈도 순서와 동일하다. 4권에서도 학습 어휘는 '쓰다'가 145회(3%)로 가장 많이 나타났다. 그 다음으로 '이야기하다'가 134회 나타났다. 4권에서도 '읽다'와 '듣다'가 20회 이상 출현하였다. 5권과 6권도 빈도 상위 3개의 어휘가 동일하다. 두 권에서 가장 많이 출현한 어휘는 시도의 '보다'이다. 5권에서는 277회(5.9%), 6권에서는 235회(4.8%) 나타났다. 그 다음으로 '다음'이 200회 이상 고빈도로 나타났다. 5권과 6권에서 세 번째로 많이 나타난 어휘는 '이야기하다'(5권 : 145회, 6권 : 141회)이다. '읽다'가 두 권 모두 50회 이상 출현했다. 그런데 '쓰다'는 5권과 6권 모두 3, 4권에 비해서 적게 출현했다. 이는 두 가지로 해석이 가능하다. 말하기 영역이 쓰기보다 더 강조되었다거나, 아니면 '쓰다' 대신 쓰기 활동을 지시하는 다양한 어휘들을 사용한 경우이다. 위 표를 통해서는 이를 쉽게 판단하기 어렵다. 또한 권별로 각 의사소통 영역간의 비중과 변이를 알기 어렵다. 이에 의사소통 기능별로 관련 어휘를 정리하여 권별 빈도를 나타내었다.

다음은 지시문에서 의사소통 영역별로 쓰이고 있는 학습 어휘들을 추출하여 권별로 빈도를 나타낸 표이다.

〈표 3〉 의사소통 영역별 지시문 핵심 어휘

| 기능 | 어휘 | 1권 | 2권 | 3권 | 4권 | 5권 | 6권 | 합계 |
|---|---|---|---|---|---|---|---|---|
| 말하기 | 이야기하다 | 17 | 32 | 57 | 126 | 135 | 135 | 502 |
| | 대답하다 | 69 | 43 | 2 | 22 | 2 | 7 | 145 |
| | 답하다 | | | 30 | 15 | 30 | 24 | 99 |
| | 말하다 | 27 | 6 | 7 | 10 | 7 | 1 | 58 |
| | 묻다 | 50 | 2 | 1 | 2 | | | 55 |
| | 소개하다 | 8 | 9 | 5 | 6 | 4 | 7 | 39 |
| | 발표하다 | 10 | | 8 | 3 | 10 | 8 | 39 |

| | | | | | | | | |
|---|---|---|---|---|---|---|---|---|
| 말하기 | 설명하다 | 3 | 6 | 1 | 1 | 3 | 6 | 20 |
| | 비교하다 | 3 | | 8 | 3 | 5 | 1 | 20 |
| | 질문하다 | 10 | 2 | 3 | | | 1 | 16 |
| | 조언하다 | | 1 | 2 | 1 | 6 | 1 | 11 |
| | 대화하다 | 1 | | 9 | | | | 10 |
| | 인사하다 | 4 | 1 | | | | | 5 |
| | 발음하다 | | 2 | | | | | 2 |
| | 주문하다 | 1 | 1 | | | | | 2 |
| | 토론하다 | | | | | 2 | | 2 |
| | 부르다 | 1 | | | | | | 1 |
| | 거절하다 | | 1 | | | | | 1 |
| | 역할극을 하다 | | | | | 1 | | 1 |
| | 말하기 총빈도 | 204 | 105 | 134 | 189 | 205 | 191 | 1,028 |
| | 전체 어휘 총빈도 | 1,923 | 2,230 | 4,144 | 4,956 | 4,864 | 4,868 | 22,985 |
| | 전체 어휘 빈도당 말하기 어휘 비율 | 10.6% | 4.7% | 3.2% | 3.8% | 4.2% | 3.9% | 4.5% |
| 쓰기 | 쓰다 | 106 | 31 | 129 | 138 | 83 | 30 | 517 |
| | 고르다 | 11 | 2 | 82 | 15 | 66 | 29 | 205 |
| | 채우다 | 6 | 13 | 60 | 10 | 32 | 58 | 179 |
| | 완성하다 | 36 | 15 | 37 | 18 | 15 | 23 | 144 |
| | 연결하다 | 27 | 6 | 12 | 16 | 31 | 20 | 112 |
| | 찾다 | 5 | 5 | 7 | 13 | 8 | 50 | 88 |
| | 만들다(문장을 만들다) | 1 | 39 | 2 | 6 | 13 | 25 | 86 |
| | 답하다 | | | 13 | 3 | 12 | 23 | 51 |
| | 정리하다(그래프로 정리하다) | 1 | | 2 | 5 | 23 | 17 | 48 |
| | O표(X표)하다 | 7 | | 18 | | | | 25 |
| | 표시하다 | 6 | 1 | 5 | 1 | 1 | 4 | 18 |
| | 넣다 | | 10 | 4 | 1 | 2 | 1 | 18 |
| | 메모하다 | | 1 | 3 | | 5 | 1 | 10 |
| | 고치다 | 2 | 1 | 1 | | 6 | | 10 |
| | 바꾸다(~를~로바꾸다) | | 4 | 1 | | 1 | 2 | 8 |
| | 작성하다 | | | | | 2 | 5 | 7 |
| | 붙이다 | | | | | | 4 | 4 |
| | 달다(댓글을 달다) | | | | 1 | 1 | | 2 |
| | 짜다(표를 짜다) | | | 1 | | | | 1 |
| | 체크하다 | | | 1 | | | | 1 |
| | 적다 | | | | | 1 | | 1 |
| | 작문하다 | | | | | | 2 | 2 |
| | 쓰기 총빈도 | 208 | 128 | 378 | 228 | 303 | 292 | 1537 |
| | 전체 어휘 빈도당 쓰기 어휘 비율 | 10.8% | 5.7% | 9.1% | 4.6% | 6.2% | 6.0% | 6.7% |

| | | | | | | | | |
|---|---|---|---|---|---|---|---|---|
| 읽기 | 읽다 | 27 | 4 | 29 | 41 | 58 | 50 | 209 |
| | 보다 | 27 | 16 | 28 | 30 | 14 | 6 | 121 |
| | 읽기 총빈도 | 54 | 20 | 57 | 71 | 72 | 56 | 330 |
| | 전체 어휘 빈도당 읽기 어휘 비율 | 2.8% | 0.9% | 1.4% | 1.4% | 1.5% | 1.2% | 1.4% |
| 듣기 | 듣다 | 31 | 13 | 20 | 17 | 17 | 14 | 112 |
| | 전체 어휘 빈도당 듣기 어휘 비율 | 1.6% | 0.6% | 0.5% | 0.3% | 0.3% | 0.3% | 0.5% |
| | 전체 어휘 빈도당 의사소통 영역 학습 어휘 비율 | 25.8% | 11.9% | 14.2% | 10.2% | 12.3% | 11.4% | 13.1% |

〈그림 4〉 의사소통 기능별 학습 어휘 비율

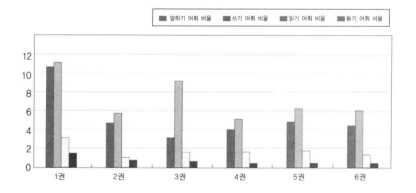

Y교재에서 말하기 관련 학습 활동 어휘 및 표현은 총 19개로 나타났다. 쓰기는 22개로 나타났다. 이해 영역인 읽기와 듣기는 해당 어휘가 '읽다', '보다', '듣다'로 나타났다.

각 영역에서의 지시문 구성 학습 용어는 각 영역에서 실제 어떠한 학습 활동을 하는가를 보여준다. 말하기 영역의 20개 어휘는 '이야기하다-말하다', '대답하다-답하다', '묻다-질문하다'와 같이 유의어 구성을 이루는 어휘도 있으나 그외 어휘들은 말하기 영역의 다양한 활동을 나타낸다. 교재 난이도별로 어떠한 학습 활동이 새로 추가되고 혹은 중단되는지도 살펴볼 수 있다.

말하기 영역에서 1권부터 6권까지 계속 나타나는 어휘는 '이야기하다', '대답하다', '말하다', '소개하다', '설명하다'이다. '이야기하다', '대답하다', '답하다', '말하다'는 말하기 학습 활동의 기본적인 어휘이므로 교재 전권에서 고빈도로 나타난다. 한 권을 제외하고 계속 나타나는 어휘는 '발표하다'와 '비교하다', '조언하다'이다. 교재 전권에서 이 어휘들의 출현하는 사실은 교재 전권에서 계속 그러한 활동들이 이루어지는 것이며 이는 교재에서 상기 어휘가 지시하는 말하기 활동들이 중요하게 여겨짐을 의미한다. 한편 서로 유의어 관계를 이루는 '묻다'와 '질문하다'는 모두 초·중급에서만 나타나고 교재 난이도가 높아질수록 빈도가 낮다. 1권에서 '묻다'의 빈도가 50회, '질문하다'의 빈도가 10회였는데 2권부터 급격하게 떨어졌다.[14] 이는 1권 이후부터는 말하기에서 질문하기의 기능에 중점을 두지 않음을 나타낸다. 1, 2권 초급에서만 나타나는 어휘로는 '인사하다', '발음하다', '주문하다',[15] '부르다'가 있다. '발음하다'의 경우 초급인 2권에서 '발음해 보십시오.'로 나타난다. 이는 발음 교수가 중요한 초급에서 나올 만한 어휘이다.[16] 다른 권에서는 발음 학습 활동이 이루어지지 않았다. '부르다'는 '선생님과 친구들의 이름을 불러 보십시오.'의 형태로 나타났다. 이것도 교실 현장을 고려하여 '인사하다'와 마

---

14 교재에서 '묻다'와 '질문하다'는 다음과 같이 나타났다.
'그림을 보고 묻고 대답하십시오.'     (1권 3장, 말하기)
'친구에게 질문하고 표를 채우십시오.'     (1권 3장, 말하기)

15 교재에서 '주문하다'는 다음과 같이 나타났다.
'한 사람은 손님이고 다른 사람은 종업원입니다. 위 식당 중 한 곳을 골라서 음식을 주문하십시오.' (1권 4장, 말하기)

16 발음에 관련한 학습 활동은 '발음하다' 외에 '발음을 연습합시다'의 형태로도 나타나 총 10회 나타났다. 이는 2권에서 발음 학습에 주의를 기울였음을 나타낸다. 다른 권에서는 '발음' 활동을 찾을 수 없었다.

찬가지로 1권에서 나올 만한 어휘이다. 이처럼 초급에서 주로 나타나는 어휘는 언어 학습 초기에 중요한 학습 활동들이거나 혹은 교실 현장을 고려한 학습 내용에 관련한 어휘들이다. 한편 중급과 고급의 교재에서만 출현하는 말하기 어휘는 '조언하다',[17] '거절하다', '토론하다', '역할극을 하다'[18]로 나타났다. '조언하다'를 제외하고는 그 출현 빈도가 낮다. 이 어휘들은 비교적 난이도가 높아서 중·고급에서만 출현하는 것으로 판단된다. 그리고 각권 당 전체 어휘의 총 출현 빈도당 모든 말하기 어휘들의 비율을 살펴보면 1권이 10.6%이고 2권부터는 3~5%로 나타난다. 이는 1권이 다른 권에 비해서 말하기 활동의 비중이 높다고 해석되기 보다는 지시문의 구성이 다른 권보다 명료하고 간결하기 때문으로 추측된다.

쓰기 영역은 1권부터 6권까지 계속 나타나는 어휘의 수가 8개로 말하기 어휘보다 3개가 더 많고 해당 어휘들의 빈도도 말하기 어휘에 비교해서 전권에서 더 높다. 교재 전권에서 나타나는 쓰기 학습 어휘는 '쓰다', '고르다', '채우다', '완성하다', '연결하다', '찾다', '만들다', '표시하다'이다. '쓰다'는 쓰기 학습 활동의 기본적인 어휘이므로 교재 전권에서 고빈도로 나타난다. 그 외 '고르다', '채우다', '완성하다', '연결하다', '찾다', '만들다'도 교재마다 편차는 있지만 꾸준히 나타난다. 교재 전권에서 이 어휘들의 출현하는 사실은 이 교재에서 그러한 쓰기 활동들이 중요하게 여겨짐을 의미한다. 한편 쓰기에서는 1권에서만 나타나는 어휘는 없다. 2권과 중급과 고급의 교재에서만 출현하는 쓰기 어휘는 '답하다', '넣다', '메모하다', '바꾸다', '작성하다', '댓글을 달다', '표를 짜다', '체크하다', '적다'로 나타났다. 쓰기 활동을 가리키는 어휘가 교재의 난

---

17  '조언하다'는 2권에서 '집을 구하려고 합니다. 조언을 해 주십시오'로 1회 나타났다.
18  '역할극을 하다'는 어휘가 아니라 표현이라고 함이 옳다.

이도가 높아질수록 다양하게 나타나는 것은 쓰기 관련 학습 활동이 다양해짐을 의미한다고도 볼 수 있다. 그리고 각권 당 전체 어휘의 총 출현 빈도당 모든 쓰기 어휘들의 비율을 살펴보면 1권이 10.8%, 3권이 9.1%이며 나머지는 4~6%로 나타난다. 1권의 쓰기 어휘 활동 비율이 높은 이유는 말하기와 마찬가지로 1권의 지시문이 다른 권에 비해서 간단하고 명료하기 때문인 것으로 판단된다.

Y교재의 각 권마다 지시문에서 말하기와 쓰기 활동 어휘는 쓰기의 비율이 상대적으로 더 높게 나타났다. 이는 말하기 활동의 지시는 쓰기와 비교할 때 명시적인 어휘를 사용하지 않아도 학습 내용에 관한 직접적인 질문으로도 가능하기 때문으로 추측할 수 있다.[19]

학습 활동 어휘 중 읽기 활동을 지시하는 어휘는 '보다'와 '읽다'로 나타났다.[20] '보다'의 대상은 '안내문, 표, 그림, 포스터, 설문지, 개요' 등으로 나타났다. '읽다'는 '글, 신문 기사'와 같이 읽기 내용이 많은 종류의 텍스트를 대상으로 했다. 흥미로운 점은 교재의 난이도가 높아질수록 '읽다'의 빈도는 증가하고 '보다'의 빈도는 감소한다는 점이다. 이는 교재의 난이도가 낮을 때에는 안내문, 설문지, 도표와 같이 읽을 내용이 많지 않은 자료에서 필요한 정보를 추출하는 읽기 활동을 주로 하고 교재의 난이도가 높아질수록 신문 기사와 같이 내용이 길고 복잡한 자료를 대상으로 읽기 활동이 이루어지는 것으로 볼 수 있다.

듣기의 학습 활동은 '듣다' 어휘로만 제시되었다. '듣다'의 대상이 되

---

19  '이 논평에서 주장하는 바는 무엇입니까?'
　　'어떤 경우에 체벌이 교육적 효과가 있었습니까? 여러분은 어떻게 생각합니까?'(5권 8장, 듣고 말하기)
　　위 말하기 활동 지시문에는 명시적인 말하기 활동 어휘가 없다.
20  '보다'의 대상은 다음과 같다. '안내문, 표, 그림, 포스터, 설문지, 개요…'

는 자료는 전화 내용, 인터뷰, 지하철 방송, 좌담회 등으로 교재의 난이
도가 높아질수록 듣기 자료의 난이도가 높아졌다. 그러나 어휘는 '듣다'
한 가지로만 제시되었다. '듣다'의 비율도 1권이 다른 권보다 높게 나타
났다. 이는 1권의 지시문이 다른 권에 비해서 간단하고 명료하기 때문인
것으로 판단된다.

지시문을 구성하는 전체 어휘의 총 빈도에서 말하기, 쓰기, 읽기, 듣
기 영역의 학습 활동 어휘들의 빈도가 차지하는 비율은 1권이 25.8%,
2권 11.9%, 3권 14.2%, 4권 10.2%, 5권 12.3%, 6권 11.4%, 평균 13.1%
로 나타났다. 전권에서 모든 지시문의 10% 이상이 명시적인 의사소통
관련 학습 활동 어휘로 구성되었다. 이를 통해 Y교재가 의사소통 교수법
에 근거하여 학습자의 의사소통 능력을 향상시키고자 하는 집필 목적에
부합하게 편찬되었다고 판단할 수 있다. 그러나 말하기, 듣기, 읽기, 쓰
기의 비중이 동일하지는 않았다. 쓰기〉말하기〉읽기〉듣기의 순으로 관련
학습 어휘들이 나타났다. 쓰기와 말하기, 즉 표현 영역의 어휘들에 비해
서 이해 영역의 활동의 어휘들의 빈도가 현저히 낮게 나타났다. 이를 통
해 Y교재는 의사소통 기능 중 표현 영역에 더 중점을 두었다고 판단할
수 있다.

## 3.2. 학습자 이해 용이성 진단

교재의 효율적 활용을 위해서는 학습자가 지시문을 빠르고 정확하게
이해하는 것이 중요하다. 만약 지시문이 길고 통사적 구조가 너무 복합
적이라면 학습자가 빠르게 이해할 수 없을 것이다. 또한 지시문에 나타
나는 어휘들이 학습자가 배우지 않은 어휘여도 지시문을 정확하게 이해
하기 어렵다. 교재의 지시문은 학습자의 통사적, 어휘적 수준을 고려하

였는가? 이 절에서는 지시문의 권별 통사적 복합도와 지시문 구성 어휘의 교재 제시 여부와 시기를 조사한 결과를 살핀다.

### 3.2.1. 지시문 문장의 통사적 복합성(complexity) 진단

다음은 권별로 지시문 set, 문장, 어절, 절의 빈도와 문장당 어절 빈도, 문장당 절의 빈도를 나타낸 표와 그래프이다.

〈표 4〉 지시문의 길이와 복합성

| 권 | 지시문set 수 | 문장 수 | 어절 수 | 문장당 어절 수 | 절수 | 문장당 절수 |
|---|---|---|---|---|---|---|
| 1 | 535 | 590 | 1,934 | 3.28 | 848 | 1.43 |
| 2 | 501 | 543 | 2,235 | 4.12 | 725 | 1.34 |
| 3 | 516 | 666 | 4,238 | 6.36 | 1,389 | 2.09 |
| 4 | 595 | 839 | 5,055 | 6.03 | 1,717 | 2.05 |
| 5 | 543 | 666 | 4,877 | 7.32 | 1,506 | 2.26 |
| 6 | 615 | 724 | 5,001 | 6.91 | 1,686 | 2.33 |
| 총수 | 3,305 | 4,028 | 23,340 | 5.79 | 7,871 | 1.92 |

〈도표 1〉 교재 권별 지시문 문장당 어절 수, 절 수

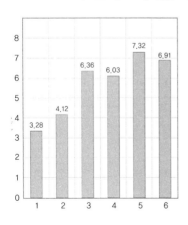
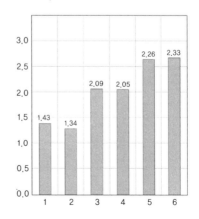

위와 같이 Y교재는 난이도가 높아질수록 대체로 지시문의 길이가 길어지고 문장의 통사적 복합도가 증가하는 양상을 보였다.

1권 지시문은 평균적으로 3.28개의 어절로 구성되었다. 그리고 문장당 절 수는 1.43개였다. 1권의 지시문들은 대부분 '한 문장으로 만드십시오', '위의 표를 보고 대화하십시오'와 같이 짧고 간단한 구조의 단문들이었다. 2권의 지시문의 문장당 어절 수는 4.12개로서 1권보다 약 어절 한 개가 늘어났다. 즉 문장이 1권에 비해 길어졌다. 그런데 문장당 어절 수는 1.34개로서 1권보다 오히려 아주 근소한 차이로 줄었다. 이는 2권은 1권에 비해 문장의 구조가 복잡해지지는 않았음을 의미한다. 그런데 중급의 학습자가 사용하는 3권과 4권은 초급 학습자가 사용하는 1, 2권에 비해서 지시문의 문장당 어절 수와 문장당 절의 수가 큰 폭으로 증가했다. 문장의 길이가 1권에 비해서 두 배 가까이 늘어났다. 문장당 절 수도 2개 이상이 되었다. 즉 중급의 거의 모든 지시문은 두 개 이상의 절로 구성된 복문 구성으로 나타났다. 고급 학습자가 사용하는 5권과 6권의 지시문은 중급 교재보다 약 한 어절만큼 더 긴 것으로 나타났다. 1권에 비하면 4어절이 더 많다. 문장 구조도 초·중급보다 더 복잡해졌다.[21]

그렇다면 위에서 나타난 교재의 지시문 길이와 통사적 복합성은 각 단계의 학습자들이 이해하기에 적절하다고 볼 수 있는가? 이를 판단하기 위해서 숙달도별 학습자 산출 작문에서 나타난 문장의 평균 길이와 복합도 수치 자료를 이용할 수 있다. 숙달도별 학습자들이 산출한 문장보다

---

21　1) '이야기를 만드십시오.' (1권 2장 문법 연습)
　　2) '알맞은 문법을 골라 보기와 같이 이야기를 완성하십시오.' (6권 2장 문법)
　　위 두 문장은 모두 문법을 익히는 쓰기 학습 활동 지시문이다. 두 지시문 모두 같은 기능을 수행하지만 1권의 지시문은 2어절의 단문 구성이고 6권에서는 7어절 복문 구성으로 나타났다.

지시문의 문장이 더 짧고 구조적으로 단순하다면 이는 지시문이 통사적인 측면에서 적절하게 구성되었음을 뜻한다. 서세정(2009)은 한국어 학습자들의 백일장 자료를 대상으로 학습자의 통사적 숙달도(syntactic proficiency)를 진단했다.[22] 정확성, 유창성과 더불어 진단 규준 중의 하나인 복합성을 T단위 분석 방법으로 측정하였다. 초·중·고급 숙달도별로 학습자 작문의 문장당 어절 수, 문장당 절 수를 측정하였다. 그 결과, 초급 학습자의 작문에서 문장당 어절 수는 6.7개, 중급 7.4개, 고급 9.1개로 나타났다. 문장당 절 수는 초급이 1.3개, 중급 1.6개, 고급 2.1개로 나타났다. 이와 교재 지시문의 분석 결과를 비교해보면 문장당 어절 수의 경우 각 숙달도별로 학습자의 작문 자료에서의 산출 정도가 교재의 지시문당 어절 수보다 더 많다. 따라서 지시문의 문장의 길이는 학습자들이 이해하기에 용이할 것으로 판단할 수 있다. 문장당 절 수의 경우도 학습자 산출 정도와 교재 지시문의 문장당 절 수가 큰 차이가 없다. 따라서 분석 교재 지시문의 통사적 복합성 정도도 학습자들이 이해하기에 무리가 없고 적절하다고 볼 수 있다.

### 3.2.2. 이해 어휘 사용 여부 진단

지시문은 학습자가 배워서 알고 있는 어휘로 구성되어야 한다. 분석 교재는 학습자에게 이미 가르친 어휘를 지시문에 사용하는가? 이는 교재 전권의 어휘색인에서 지시문 구성 어휘의 제시 시기와 여부를 살펴봄으로써 진단해 볼 수 있다. 이에 지시문의 구성 어휘 중에서 빈도 5이상의 어휘들 중에서 교재 내용에 관련한 어휘를 제외하고 어휘 색인 등재

---

22  자료의 양은 숙달도별로 다음과 같다.
   초급 : 38부, 6,130어절/ 중급 : 38부, 14,039어절/
   고급 : 38부, 14,707어절, 전체 34,876어절

여부와 그 시기를 살폈다.

다음은 그 결과를 나타낸 표이다.

**〈표 5〉교재 지시문 이해 어휘 사용 여부**

| 교재 | 빈도 5이상 어휘 수 | 학습하지 않은 어휘를 사용한 경우(교재 내용 관련 어휘 제외) | | |
|---|---|---|---|---|
| | | 상위 교재제시 경우 | 제시되지 않은 경우 | |
| 1 | 76개 | 완성하다, 연결하다, 표시하다 | 것, 글, 대답하다, 대하다, 대화-대화하다, 두, 맞다, 문장, 알맞다, 질문하다, 채우다, 틀리다 | 12개 20% |
| 2 | 86개 | 발음, 뭐, 완성하다 | 것, 대답하다, 대하다, 대화, 더, 두, 문장, 빈칸, 알맞다, 약, 연습하다, 질문, 채우다 | 13개 19% |
| 3 | 130개 | 표시하다 | 가장, 가지다, 것, 글, 답하다, 대하다, 대화, 두, 때문, 맞다, 문장, 비교하다, 빈칸, 알맞다, 어휘, 위하다, 적당하다, 제목, 질문, 질문하다, 채우다 | 22개 18% |
| 4 | 195개 | 원인 | 가장, 가지다, 것, 글, 답하다, 대답하다, 대하다, 대화, 도표, 두, 뜻, 맞다, 문장, 비교하다, 빈칸, 서로, 알맞다, 어휘, 위하다, 의견, 이용하다, 인하다, 제목, 질문, 채우다 | 25개 13% |
| 5 | 98개 | | 것, 글, 답하다, 대하다, 대화, 두, 맞다, 문법, 문장, 및, 빈, 빈칸, 설문, 설문지, 알맞다, 어휘, 의견, 익히다, 질문, 채우다 | 20개 20% |
| 6 | 164개 | | 가장, 가지다, 각, 것, 결론, 관련되다, 관하다, 글, 기능, 단어, 답하다, 대답하다, 대하다, 대화, 더, 도표, 맞다, 목적, 문법, 문장, 및, 바탕, 본론, 부분, 빈칸, 상황, 서론, 수, 알맞다, 예, 외, 위, 위하다, 의견, 이용하다, 익히다, 인터뷰, 장면, 제목, 제시하다, 조사, 주장, 주제, 중, 지지하다, 질문, 채우다, 토론, 통계자료 | 49개 30% |

위와 같이 교재의 지시문 구성 어휘 중 20% 가까이가 교재 어휘 색인에 등재되어 있지 않았다. 1권부터 4권까지는 그 비율이 감소하다가 5권부터 지시문에 다양한 어휘가 등장하며 그 비율이 늘어서 6권의 지시문

은 30% 이상이 어휘 색인 미등재 어휘로 구성되어 있었다. 1권의 경우 '것, 글, 대답하다, 대하다, 대화하다, 두, 맞다, 문장, 알맞다, 질문하다, 채우다, 틀리다, 완성하다, 연결하다, 표시하다' 등이 교재 내에 설명 없이 지시문에 사용되고 있었다. 이 중 대다수가 학습자가 학습 활동을 효과적으로 수행하기 위해서 반드시 이해하고 있어야 하는 어휘이다.[23] 교재 난이도가 높아질수록 지시문은 더 다양한 '모르는 어휘'들로 구성되는 양상을 보였다. 위 어휘들을 가나다순으로 정리하면 다음과 같다.

**〈표 6〉 교재 어휘 색인에 제시되지 않은 지시문 구성 어휘(내용 어휘 제외)**

| |
|---|
| 가장, 가지다, 각, 것, 결론, 관련되다, 관하다, 글, 기능, 단어, 답하다, 대답하다, 대하다, 대화, 더, 도표, 두, 때문, 뜻, 맞다, 목적, 문법, 문장, 및, 바탕, 본론, 부분, 비교하다, 빈, 빈칸, 상황, 서로, 서론, 설문, 설문지, 수, 알맞다, 약, 어휘, 연습하다, 예, 외, 위, 위하다, 의견, 이용하다, 익히다, 인터뷰, 인하다, 장면, 적당하다, 제목, 제시하다, 조사, 주장, 주제, 중, 지지하다, 질문, 질문하다, 채우다, 토론, 통계자료, 틀리다 |

위 어휘들은 학습 내용과는 직접적인 관련 없이 기능적인 역할만을 하는 어휘들이다. 학습자들이 상기 어휘들을 지시문에서 발견하면 스스로 그 의미를 유추해서 이해해야 한다. 물론 학습자들은 지시문 구성 어휘의 정확한 의미를 몰라도 교실 상황과 교사의 도움을 받아 학습 활동을 수행할 수 있다. 그러나 문제는 학습자의 능동성 저하에 있다. 학습자들은 지시문을 통해서 자신이 수행해야 할 구체적인 학습 활동을 미리 준비하고 그에 따라 행동한다. 그런데 그러한 지시문에서 모르는 어휘가 나오면 심리적 불편함을 가질 뿐 아니라 자신의 행동을 능동적으로 미리 준비할 수 없다. 즉 교사나 상황에 의존하는 수동적인 자세로 학습 활동

---

[23] '다음 물건이 교실에 있는지 묻고 대답하여 표를 채우십시오.' (1권 2장 말하고 쓰기) 위 지시문에서 '대답하다'와 '채우다'는 학습자가 배우지 않은 어휘이다.

에 임할 가능성이 있다. 결국 교재 활용도와 학습의 효율성을 저하시키는 결과를 가져올 수 있는 것이다.

## 4. 지시문 구성 핵심 어휘 및 표현 목록 및 지시문 구성 방안

Y교재 지시문 말뭉치를 참고하여 지시문을 구성하는 어휘 및 표현 목록을 정리하여 제시하면 다음과 같다.

〈표 7〉 지시문 구성 핵심 어휘 및 표현 목록

| | 초급 | 중·고급 |
|---|---|---|
| 말하기 | 대답하다, 대화하다, 말하다, 묻다, 발음하다, 발표하디, 부탁히다, 비교하다, 설명하다, 소개하다, 이야기하다, 인사하다, 질문하다 | 논쟁하다, 반대하다, 반박하다, 제안하다, 조언하다, 지지하다, 찬성하다, 토론하다 |
| 쓰기 | 고르다, 고치다, 넣다, 메모하다, 문장(표)을만들다, 문장(표)을 완성하다, 바꾸다, 쓰다, 연결하다, (그래프)로 정리하다, 찾다, 채우다, 표시하다 | 붙이다, 작문하다, 작성하다, 제시하다, (표)를 짜다, 체크하다 |
| 듣기 읽기 | 듣다, 보다, 살펴보다, 읽다 | |
| 기타 | 각, 같이, 것, 결과, 경우, 그래프, 그림, 글, 내용, 누구, 다음, 단어, 도표, 목적, 무엇, 무엇, 문법, 문장, 및, 보기, 빈칸, 어디, 어떤, 어휘, 언제, 여러가지, 예, 왜, 의견, 이유, 자료, 점, 제목, 주장, 주제, 중, 표, 표현, 활동<br>같다, 고르다, 관계있다, 관하다, 나쁘다, 다르다, 대하다, 따르다, 맞다, -아/어 보다, 생각하다, 어떻다, 어떻다, 알맞다(/적당하다/적절하다)이용하다(/쓰다/사용·하다), 익히다, -(으)십시오, 조사하다, 좋다, 틀리다, 필요하다, 확인하다 | 개요, 결론, 기능, 바탕, 본론, 상황, 서론, 설문, 성격, 역할극, 입장, 선택하다, 어울리다, 조사하다, 평가하다 |

지시문은 학습자의 숙달도에 맞게 어휘와 통사적 복합성이 통제되어야 한다. 학습자들이 이해할 수 있는 어휘를 사용하여 최대한 단순한 구조로 구성되어야 한다. 이를 위해 모든 교재에는 학습자가 언제라도 쉽

게 이용 가능하도록, 지시문 구성 핵심 어휘 및 표현의 색인이 따로 제시되어야 한다. 말하기, 쓰기와 같은 의사소통 기능별로 어휘나 표현을 분류하여 제시할 수도 있다. 학습자의 이해를 돕기 위해서 어휘나 표현의 의미를 학습자 모어로 제시하는 것도 바람직한 방법이 될 수 있겠다.

## 5. 마무리

본고는 언어 교재에서 지시문이 갖는 중요성이 그동안 간과되었다는 문제의식에서 출발했다. 지시문은 교재가 지향하는 교수법에 따라 학습 활동을 구체적으로 지시하고 방법을 통제하는 중요한 기능을 갖는다. 따라서 학습자의 수준에 맞게 쉽고 명확하게 구성되어야 한다. 그러나 지금까지 지시문의 담화적 분석과 바람직한 개발 방안이 제시되지 않았다. 이에 본고는 한국어교육의 역사가 가장 오래된 Y어학당의 의사소통 교수법 기반 교재 6권의 지시문 말뭉치를 구축하고 지시문의 어휘와 통사적 복합성 등을 분석하여 교재 집필 방향과의 부합성, 학습자 이해 용이성을 진단했다. 그리고 지시문 핵심 어휘 및 표현을 정리하고 지시문 구성 방안을 제안했다.

말뭉치 분석 결과 Y교재는 난이도가 증가할수록 각 권의 어휘 총 출현 빈도와 어휘의 개수가 증가했다. 전권에서 모든 지시문의 10% 이상이 명시적인 의사소통 관련 학습 활동 어휘로 구성되었다. 본고의 연구 방법을 통해 Y교재가 의사소통 교수법에 근거하여 학습자의 의사소통 능력을 향상시키고자 하는 집필 목적에 부합하게 편찬되었다고 판단할 수 있다. 또한 의사소통 영역에 관련된 어휘들을 통해 구체적으로 어떠한 학습 활동이 각 급마다 새로 추가되고 혹은 중단되고 지속되는지 살펴볼 수 있었다.

지시문의 학습자 이해 용이성 진단 결과 Y교재의 지시문은 통사적 복합성은 적절하지만 이해 어휘 사용의 측면에서는 학습자에 대한 배려가 다소 미흡한 것으로 나타났다. 교재는 난이도가 높아질수록 대체로 지시문의 길이가 길어지고 문장의 통사적 복합도가 증가하는 양상을 보였다. 1권의 지시문은 3어절 정도의 단문으로 구성되었고 6권의 지시문은 6어절 이상 길고 절 구성이 2개 이상인 복문인 것으로 나타났다. 이는 학습자가 이해하기에 무리가 없다고 볼 수 있는 정도이다.[24] 지시문의 이해 어휘 사용 여부 진단 결과, 학습자가 학습 활동을 효과적으로 수행하기 위해서 반드시 이해하고 있어야 하는 어휘의 상당수가 교재 색인에 명시적인 설명 없이 지시문에 사용되고 있었다. 지시문의 빈도 5이상 구성 어휘의 20%이상이 교재 전권의 색인에 제시되지 않았다. 이는 해당 어휘들에 대해 학습자들이 수업에서 명시적 설명을 듣지 못할 가능성이 큰 것을 의미한다. 지시문의 '모르는 어휘'는 학습자에게 심리적 불편감과 수동적 학습 자세를 갖게 할 가능성이 있다.

외국어 학습 교재 지시문은 학습자들이 이해할 수 있는 어휘를 사용하여 최대한 단순한 구조로 구성되어야 한다. 또한 학습자가 참고할 수 있도록, 지시문 구성 핵심 어휘 및 표현의 색인이 교재에 따로 제시되어야 한다.

본고는 그동안 분석되지 않았던 교재 지시문의 실제 양상을 계량적 연구 방법으로 보이고 의사소통 교수법에 따른 바람직한 교재 지시문 개발 방안을 제안하고 난이도와 언어 기능에 따른 지시문 구성 어휘 및 표현 목록을 제시했다는 데에 의의가 있다. 그러나 분석 자료가 Y교재

---

24  서세정(2009) 참고.

한 종류여서 일반화하기 어려운 한계점을 가진다. 후속 연구로 지시문의 담화 분석이 있다. 또한 다양한 교수법 기반의 교재 개발 시 참고할 수 있는 수준별, 학습 활동별 지시문 유형이 정리되어야 한다. 또한 지시문을 이해하지 못해서 평가의 진정성을 해치는 일이 없도록 언어능력시험의 지시문 분석과 바람직한 지시문 구성에 대한 연구가 필요하다.

—이 글은 『언어와 문화』 8권 2호, 157~186쪽에 실린 논문을 수정·보완한 것임.

# 제3부

# 학습자 사전 연구

학습자 사전 연구 분야에는 모두 세 편의 연구를 싣는다. 소개할 세 편의 연구들은 구체적인 연구 목적과 내용은 상이하나 한국어의 언어 자료를 축척하는 학습자 사전과 깊은 관련이 있다는 점, 한국어 어휘 교육 분야에 적용할 수 있다는 점이 공통적이다. 한국어교육이 확산됨에 따라 한국어교육에 사용될 여러 내용적·형식적 도구들이 요구되게 되었고 이러한 흐름에 맞춰 한국어 학습자들에게 필요한 학습자 사전에 대한 논의들이 나오게 되었다.

강현화·원미진(2012)는 현재 국립국어원에서 구축 중인 〈한국어기초사전〉의 구축 방안을 논의하고 있다. 이 사전은 2004년에 발행된 〈외국인을 위한 한국어 학습 사전〉 이후 제작 중인 약 5만 표제어가 등재된 가장 큰 규모의 한국어 학습자 사전이며 다국어 대역사전의 기초가 되는 사전이다. 형식적으로도 웹(Web) 사전의 형태를 갖는 이 사전은 사전의 제작만으로 사전편찬학과 한국어교육학에 큰 의의가 있다고 볼 수 있는데 이 논문에서는 사전에 등재될 어휘 선정에서부터 뜻풀이, 용례 기술에 이르기까지 사전 구축 과정에 있어 논의할 수 있는 쟁점들을 소상하게 밝혀 학습자 사전에 대한 논의를 이끌어 내었으며 그러한 논의들을 실제 사전

제작에 반영하게 하였다.

원미진·한승규(2011)은 한국어 학습자 사전이 한국어 모국어 화자를 위한 국어사전과 다르다는 것을 전제로 사전의 뜻풀이 어휘를 제한하기 위한 연구이다. 뜻풀이 어휘의 형태소 분석을 하고 실질적 의미를 갖는 어휘를 군집화하여 뜻풀이 어휘를 통제하는 방안을 제시하였다. 사전의 뜻풀이 어휘에 대한 연구가 기존에 구축되어 있는 사전의 뜻풀이를 분석했다는 점과 다르게 이 연구는 구축 중인 〈한국어기초사전〉의 뜻풀이를 분석한 점에서 차별성을 갖는다. 이러한 연구를 통해 사전 제작에 사용될 세부적인 지침의 수정·보완이 가능하며 사전 기술에 있어서도 형식적 엄밀성을 높일 수 있다. 또한 강현화·원미진(2012)과 마찬가지로 학습자 사전에 대한 논의를 이끌어 내어 연구 내용의 타당성을 검증받고 있다.

학습자 사진에 대한 보다 기초적인 연구로 강현회(2011)를 볼 수 있다. 국내의 〈연세한국어사전〉 발간 이후 말뭉치를 이용하지 않는 사전은 없다고 볼 수 있을 정도로 말뭉치는 현대 사전 제작에 있어 중요한 자료라고 할 수 있다. 그러나 여러 형태의 말뭉치가 사전 제작에 활용되었지만 학습자 말뭉치는 상대적으로 적게 활용이 되어 왔다. 학습자 사전의 사용자가 한국어 학습자라는 점을 고려할 때 학습자 말뭉치가 사전 제작에 기초 자료로써 반영되어야 하는 것은 당연하지만 그렇게 되지 못한 것이다. 이는 균형성과 대표성을 갖춘 학습자 말뭉치가 설계, 제작되지 못했기 때문이다. 강현화(2011)는 학습자 말뭉치가 연구와 교수에 활용될 수 있음을 보이고 이론 연구와 사례 연구, 설문 분석 등을 통해 학습자 말뭉치의 자료 구성 방안을 제시하였다. 이와 같은 연구를 반영하여 학습자 말뭉치와 같은 기초 자료가 잘 구축된다면 사전 사용자에게 유익한 사전을 제작할 수 있을 것이다.

# 한국어학습자를 위한 〈한국어기초사전〉 구축 방안 연구

강현화 · 원미진

연세대학교

## 1. 서론

본고는 〈한국어기초사전〉의 구축과 관련된 주요 쟁점을 논의하고 바람직한 구축 방안을 모색하는 데에 목적이 있다. 〈한국어기초사전〉은 급증하는 한국어학습자의 학습 요구에 부응하는 사전의 필요성과 다국어 대역사전 집필의 기초로서의 사전의 두 가지 의미를 담고 있다.

그간 '외국인을 위한 한국어 학습 사전'이나 대역어 사전이 없는 건 아니지만, 학습 사전 및 대역어 사전이 영어, 중국어, 일본어에 치중되어 있고, 대부분이 종이 사전이어서 어휘 항목 수에 제한이 있는데다가 변화하는 언어 환경을 담을 수 없어 학습자를 위한 다양한 정보를 제공하는 데에 한계가 있었다. 또한 기존에 만들어진 한국어 학습자용 사전들은 모국어 화자를 대상으로 한 사전과의 차별성이 부족하거나, 이중 사전에 머물고 있는 한계가 있었다. 이러한 배경에서 〈한국어기초사전〉은 한국어 학습용 사전이라는 성격과 다국어 대역의 기반이 되는 기초사전이라는 두 가지 목표를 가지고 구축이 되었다.

따라서 이 사전의 설계와 편찬은 한국어 학습용 사전이라는 것에 비추어 볼 때 한국어교육용 기초 어휘를 선정하고 교육용 자료로 필요한 사전의 언어 정보를 기술하여 어휘 학습 자료집의 역할을 담당할 수 있도록 하는 것에 초점이 두었다. 또한 〈한국어기초사전〉은 다국어 대역의 기초가 되는 사전으로 〈다국어사전〉의 기초 자료이기 때문에 대역을 염두에 두고 구축된 사전이라는 점 또한 사전 구축에 중요한 고려 사항이 되었다. 다국어대역은 한국어 수요가 높으나 지원이 취약한 언어부터 구축되기 시작하여 우선적으로 러시아어, 몽골어, 베트남어, 인도네시아어, 타이어로 구축된다. 본고에서는 우선 〈한국어기초사전〉의 편찬 목표와 편찬 지침을 드러내 쟁점이 되는 사항들을 점검해 보고, 나아가 〈표준국어대사전〉과의 비교를 통해 〈한국어기초사전〉만의 변별적 특징을 드러내 보고자 한다.

## 2. 어휘 선정과 품사별 등재어 목록

### 2.1. 〈한국어기초사전〉의 품사별 등재어 목록

〈한국어기초사전〉은 그간 이루어진 한국어교육의 어휘자료 목록과 대량의 말뭉치를 포괄하는 기초 자료를 바탕으로 하여 5만 어휘 선정이 이루어졌다.[1] 5만 어휘의 품사별 개수를 살펴보면 〈표 1〉과 같다.

---

1   강현화 외(2010)에서 사업 시작 단계에서 어떻게 5만 어휘가 선정되었는지에 대한 방법과 기초 자료 목록을 밝힌 바 있다. 5만 어휘의 선정은 기 구축된 한국어교육용 어휘 목록을 종합하여 모은 19만 여개의 어휘들을 대상으로 하여 중복된 어휘를 삭제한 7만8천여 항목을 1차 자료로 놓고, 전문 연구원들의 중요도 평정 작업 결과를 종합하였다. 어휘 선정의 기초 자료로 사용된 목록은 조남호의 한국어 학습용 기초어휘 (2003), 현대 국어 빈도(2002), 서상규(2004)의 목록을 포함하였으며 사전의 어휘 목록으로 신현숙(2000), 김하수 외(2007), 연세 사전, 초등 국어 사전, 한국어 그림 사

〈표 1〉 품사별 어휘수[2]

| 품사 | 개수 |
| --- | --- |
| 감탄사 | 158 |
| 관형사 | 833 |
| 대명사 | 115 |
| 동사 | 10,908 |
| 명사 | 29,622 |
| 보조 동사 | 38 |
| 보조 형용사 | 16 |
| 부사 | 2,793 |
| 수사 | 83 |
| 어미 | 535 |
| 의존 명사 | 284 |
| 접사 | 451 |
| 조사 | 155 |
| 품사 없음 | 1,513 |
| 형용사 | 2,892 |
| 총계 | 51,761 |

어휘의 선정은 18종의 한국어교육용 자료 목록의 중복도와 빈도 정보라는 객관적 방법과 전문가 집단에 의한 한국어 학습자에게 필요한 중요도에 따른 판정이라는 주관적 빙법에 따라 절충적 방법에 따라 이루어졌다. 일단 선정된 목록 중 특정 품사의 하위 부류의 경우에는 품사의 성격에 따라 어휘 선정의 기준을 정하고 해당 기준에 맞추어 어휘 목록을 첨삭했다. 예를 들면 고유명사와 같은 것들이 그 예가 된다. 어휘 선정의 과정 및 절차에 대해서는 강현화 외(2010)에서 이미 다루어졌으므로, 본고에서는 이미 선정된 어휘 목록 중, 품사별로 개별적 특성을 고려한 기준을 가지고 조정된 목록에 대해서만 집중적으로 논의하게 될 것이다.

---

전, 국립국어원의 문법사전의 목록을 포함시켰다. 이러한 기구축 목록에 한국어교재 목록과 토픽 시험 문제 말뭉치를 추가 구축하여 어휘를 보충하여 나온 195천 여 개의 어휘를 대상으로 하여 중복을 제거하고 남은 7만 8천 여 개를 대상으로 하여 주관적인 평정작업을 진행하여 5만 목록을 확정하였음을 간단히 밝힌다.

2  본 사전은 집필 중에 있으므로 완료가 되는 2012년 12월의 품사별 어휘 정보는 다소 변동이 될 가능성이 있다.

## 2.2. 고유명사 선정 및 집필

최초 선정한 5만 가목록에서는 고유명사로 분류할 수 있는 것들이 1000여개가 넘었다.[3] 그러나 고유명사라 하더라도 현실적으로 모든 목록을 반영하기는 어려우므로 5만에 속하면서도 한국어 학습자에게 유의미한 고유 명사를 선정하기 위한 새로운 기준이 필요했다. 사전마다 고유명사의 기준은 동일하지 않아서 고유명사 여부를 가리기란 쉽지 않다. 본고는 우선 〈표준국어대사전〉에서 고유명사로 제시하고 있는 유형을 바탕으로 해당 목록 중 반영 여부를 판정하는 기준을 마련하고자 했다.[4] 특히 한국어 학습자의 필요와 사용에 있어서의 유용성 여부에 초점을 두어 일부 유형은 목록을 제시하지 않기로 결정하였다.

고유명사 선정을 위한 구체적인 유형을 결정해도 수록의 범위를 정하는 것은 쉽지 않다. 먼저 선행 연구를 검토하고 이를 바탕으로 한 전문가 의견을 반영해서 5만의 1% 정도에 해당하는 약 500여 개 정도의 고유명사를 선정하는 것을 원칙으로 하였다. 이에 따라 등재될 고유명사의 범위를 정한 뒤 그에 따라 각각의 유형에서 대표적인 것들을 선정하는 방법을 취하였다. 이런 절차를 거쳐 선정된 고유명사의 범위와 선정 결과는 〈표 2〉와 같다.

---

3  목록 선정 작업 당시 기초 자료로 〈초등국어사전〉이 사용되었기 때문에 역사적 인물의 이름이 상당수 있었고, 교재 말뭉치에서 들어온 지명이 상당수 있었다. 이것들의 1차 평정 작업에서 평정자들에게 고유명사 선정 기준을 특별히 제시하지 않았기 때문에 일부 평정자들은 고유명사를 선정하지 않은 경우도 있었으며, 개인의 주관이 반영된 경우가 많이 있어서 고유명사는 새로운 기준으로 다시 선정하는 작업을 취해야 했다.

4  고유명사 선정은 선행 연구를 바탕으로 하여 기초 자료를 구축하고 두 번의 자문회의를 거쳐 확정하였다. 첫 번째 선정 기준을 마련하는 자문회의에서는 고유명사 선정에 있어 공평성을 취할 것, 논란을 초래할 여지가 있는 것들은 삭제할 것의 자문 결과를 받고 선정 범위와 개수를 정하였다. 선정된 결과를 가지고 다시 논의한 자문회의에서는 고유명사의 수효를 500개로 제시하기로 결정하였다.

### 〈표 2〉 고유명사의 유형 및 선정 기준

| 범위 | 구체적 유형 | 선정 기준 |
|------|------------|-----------|
| 인명 | 실존인물 | 한국의 역사적 나라의 건국 인물, 현재 화폐의 인물 |
| | 허구인물 | 한국의 유명한 이야기의 인물 및 속담, 관용어, 비유적 표현에 나오는 인물(신데렐라, 강태공 같은 외국 인물도 비유적 표현으로 많이 사용하면 포함) |
| | 신적 인물 | 종교의 성인 |
| 지명 | 국명 | 전 세계 나라이름 중 말뭉치의 빈도가 높은 것 |
| | 도시명 | 해외 대표적인 도시 중 한자어로 이름이 다른 것 |
| | 국내 지명 | 서울 및 오대 광역시. 행정구역의 도 및 3개 섬. 속담 관련 지명 |
| | 장소(자연) | 대표적인 산, 산맥, 강, 오대양, 육대주 |
| | 장소(인공) | 김포공항, 인천공항, 동대문시장, 남대문시장, 서울역 |
| 유적, 문화재 | 유형 문화재 | 조선의 5대 궁궐, 서울의 4대문, 유네스코 문화재 및 대표적인 사적 문화재. |
| | 무형 문화재 및 기타 | 판소리 다섯 마당 및 기타 예술 작품 |
| 조직· 기관명 | 조직명 | 선정 안함 |
| | 기관명 | 선정 안함 |
| 작품명 | 책명 | 선정 안함 |
| | 미술품 | 선정 안함 |
| | 음악 작품 | 선정 안함 |
| 사건 | 사건 | 선정 안함 |
| 날 | 국경일 및 기념일 | 개천절, 광복절, 삼일절, 제헌절, 한글날, 현충일, 식목일, 어버이날, 스승의 날, 어린이날, 석가탄신일, 성탄절 |
| | 명절 | 단오, 대보름, 설, 설날, 추석, 한가위, 한식 |
| | 절기 | 24절기 명 |
| 언어명 | | 일반명사로 처리 |
| 상품명 | | 선정 안함 |
| 기타 선정 | | 한글자모이름 |

고유명사는 원칙상 예문을 제시하지 않았지만 표제어와 관련 있는 비유적 표현, 관용적 표현, 속담을 선별하여 밝힌 경우에 한해서는 예문을 제시하였다. (예 1)에서 보듯이, '의미번호 1'에서는 고유명사의 뜻이 제시되고 있고 '의미번호 2'에서는 비유적인 의미로서의 일반 명사의 의미

가 제시됨에 따라 해당 용례를 일반 명사에 준해 제시하였다.

> (예 1) 놀부
>
> 1. 〈흥부전〉의 주인공 중 한 사람. 흥부의 형으로 욕심이 많고 심술궂다.
>
> 2. (비유적으로) 심술궂고 욕심 많은 사람.
>
> <u>놀부</u> 마음. <u>놀부</u> 마음씨. <u>놀부</u> 짓. <u>놀부</u> 짓거리. <u>놀부</u> 행태. <u>놀부</u> 같다.
>
> 너 같은 <u>놀부</u>가 남을 생각할 때도 있네.
>
> <u>놀부</u>처럼 심술을 부리니 일이 잘 될 리가 없다.
>
> 남이 잘되는 꼴을 못 보다니 <u>놀부</u>가 따로 없구나.
>
> 가 : 나 혼자 이 과자 다 먹을 거야.
>
> 나 : 승규야, <u>놀부</u>처럼 욕심부리지 말고 친구들도 좀 나눠 줘.
>
> [관용구]
>
> 놀부 심사[심보]
>
> 1.(비유적으로) 심술궂고 욕심 많은 마음씨.
>
> 가 : 승규, 이번 시험에서 떨어졌대.
>
> 나 : 넌 무슨 <u>놀부 심사</u>라고 남의 안 좋은 일을 신 나서 말하고 다니니?

## 2.3. 어미, 조사, 표현의 선정 및 집필

어미와 조사의 선정은 기초 자료로는 5만 목록 선정에 포함된 목록을 바탕으로 하였고, 이에 덧붙여 〈외국인을 위한 한국어문법2〉와 기타 한국어 교재들에 수록된 어미와 조사의 목록을 교차 검토하는 작업을 수행하였다. 이런 단계를 거쳐 선정된 목록은 약 1,800여 개로 여기에는 조사 155개, 어미 535개, 그리고 '표현'이 포함된다. 선정된 조사, 어미, 표현 표제어의 가능한 이형태는 모두 표제어의 자격을 갖도록 하였으며, 또한 학습자 사전임을 고려해서 〈외국인을 위한 한국어문법2〉에서 가표제어로 다루어진 표제어도 목록에 포함하여 기술하였다. 다만, 어미나 표현에서 조사 '요'가 붙은 형태는 원칙적으로 표제어 목록에 포함하지 않았으며, 〈표준국어대사전〉과 〈외국인을 위한 한국어문법2〉에 표제어로 등재되어 있는 경우에 한정하여 표제어 목록에 포함하였다. 이런 절차를 거친 〈한국어기초사전〉의 어미, 조사의 집필은 표준국어대사전과 비교했을 때 다음과 같은 변별적인 특징이 있다.

첫째, 이형태 표제어를 처리하는 데 있어 대표형을 정해 나머지 형태를 가표로 처리하는 방법을 취하지 않고, 모든 이형태에 뜻풀이와 예문, 결합 정보를 제공하였다.

둘째, 다의어 표제어 분리 및 처리 기준은 〈한국어기초사전〉의 품사 분리 원칙에 따라 〈표준국어대사전〉에서 하나의 표제어 안에서 다의어로 처리하고 있다고 해도 품사가 다를 경우 다른 품사와 마찬가지로 분리하여 각기 다른 표제어로 처리하였다. 또 〈표준국어대사전〉에서 하나의 표제어 안에 어미와 줄어든 말을 다의어로 함께 처리하고 있을 경우, 줄어든 말의 로마자 항목을 분리하여 다른 표제어로 처리하였다.

> (예 2)　-ㄴ다면 → -ㄴ다면 (어미),
> 　　　　　-ㄴ다면(줄어든 말- 품사 없음)

그러나 하나의 어미가 연결어미와 종결어미의 쓰임 모두를 갖는 경우, 별개의 표제어로 분리하지 않고 한 표제어의 다의어로 처리하였다.

셋째, 품사 정보는 기본적으로 〈표준국어대사전〉을 따랐는데, 다만 줄어든 말이나 단어보다 큰 단위인 문형의 경우에는 품사 표지를 '품사 없음'으로 선택하고 뜻풀이에서는 '표현'이라는 정보를 주었다. 표현의 정보를 주는 경우에 있어서도 〈연세한국어사전〉이나 기타 사전에서 '어미' 등의 품사를 부여하고 있더라도 〈표준국어대사전〉에서 이를 인정하지 않았을 경우에는 '표현'의 지위를 주는 것으로 처리하였다. (예 3)에서 보듯이 '-는데도'는 〈외국인을 위한 한국어문법2〉에서 선정된 목록에서 가져왔는데 〈연세한국어사전〉에서는 어미로 처리하고 있지만 〈표준국어대사전〉에 미등재된 목록이어서 〈한국어기초사전〉에서도 표현이라는 정보만 주고 품사 표지는 주지 않았다.

(예 3) -는데도
『표준국어대사전』　　　　미등재
『연세한국어사전』　　　　어미
『외국인을 위한 한국어문법2』　표현
『한국어기초사전』　　　　표현

넷째, 어미와 조사의 참고 정보에 올 수 있는 정보는 표제어와 관련된 언어적 정보만으로 한정하여, '전체 참고'에 올 수 있는 언어적 정보로 결합 제약을 주었고, 의미번호 별 '참고'에 올 수 있는 언어적 정보로는 의미 제약, 통사 제약, 화용 제약을 제시하였다. 의미 항목 전체에 해당하는 결합 정보 즉, 이형태와 관련한 음운적 결합 정보와 형태적 결합 정보는 '전체 참고'란에, 그밖에 개별 의미 항목에만 해당하는 문법적 결합 정보가 있을 때는 '참고'란에 주었다. 다른 품사의 집필에 있어서는 참고 정보 지침에서 화용제약 → 의미제약 → 통사제약 → 결합제약 → 활용 제약의 순으로 정보가 제시되고 있으나, 조사와 어미에 관해서는 결합정보가 가장 두드러진 문법적 특성으로 판단되므로 결합정보 → 문법정보 → 화용정보 → 의미정보 → 통사정보 → 기타정보의 순으로 제시하기로 하였다. (예 4)에서 어미의 참고 정보 방법을 제시하였다.

(예 4)

－라니까

    (전체 참고 없음)

[의미번호 1] (참고) '이다', '아니다' 또는 '－으시－', '－더－', '－으리－'
            뒤에 붙여 쓴다. (결합정보) 주로 구어에서 쓴다. (화용
            정보)

[의미번호 2] (참고) 받침 없는 동사, 'ㄹ' 받침인 동사 또는 '－으시－'
            뒤에 붙여 쓴다.(결합정보) 주로 구어에서 쓴다. (화용정보)

다섯째, 뜻풀이 역시 〈한국어기초사전〉의 다른 품사의 기본적인 뜻풀
이와 마찬가지로 〈표준국어대사전〉의 뜻풀이를 기초로 하되 대역을 고
려한 쉬운 뜻풀이를 하고 문법 용어를 되도록 지양하는 것을 원칙으로
하였다. 두 사전 사이의 뜻풀이의 차이를 살펴보면 (예 5)와 같다.

(예 5)

| 표제어 | 『표준국어대사전』 | 『한국어기초사전』 |
|---|---|---|
| －어06 | 시간상의 선후 관계를 나타내거나 방법 따위를 나타내는 연결 어미. | 앞의 말이 뒤의 말보다 먼저 일어났거나 뒤의 말에 대한 방법이나 수단이 됨을 나타내는 연결 어미. |
| －ㄴ다고03 | 간접 인용절에 쓰여, 어미 '－ㄴ다'에 인용을 나타내는 격 조사 '고'가 결합한 말. | 다른 사람에게서 들은 내용을 간접적으로 전달하거나 주어의 생각, 의견 등을 나타내는 표현. |
| 한테00 | 일정하게 제한된 범위를 나타내는 격 조사. | 어떤 물건의 소속이나 위치를 나타내는 조사. |

어미나 조사의 풀이를 집필하는 데 있어 가장 어려운 점은 대역을 위
해 지나치게 풀어주면 한국어의 의미가 부자연스럽고, 그것을 문법 용어
로 제시하거나 풀이했을 때는 의미를 파악해 내기가 쉽지 않다는 점에
있었다. 예를 들어, 문법 용어를 사용하지 않기 위해 종결어미의 화계
정보를 풀어주다 보니 화계 정보만으로 풀이가 한 줄이 되는 경우가 나

타나게 되었고 결국 화계 정보는 문법 용어의 적당한 사용을 용인하는
방법으로 처리하였다.[5]

## 2.4. 기타 어휘 선정의 보충

5만 어휘 선정이라는 방대한 작업을 하다 보니 선정 당시의 목록에
빠져 있거나, 중요도를 고려한 평정 작업에서는 빠진 어휘가 나타날 수밖
에 없다. 그런데 사전의 목록이라는 어휘 목록의 성격을 고려했을 때 하
나의 어근에서 파생된 단어족(word family)에서 중요한 어근 명사나 파생
어 시리즈가 빠져 있을 경우에는 이것들을 채워 넣는 작업이 불가피하였
다. 특히 〈표준국어대사전〉에서 부표로 처리하고 있는 같은 어근을 가진
파생어의 경우에는 추가 작업을 통해 보완하지 않으면 사전 표제어 선정
에 있어 일관성을 갖기 어렵다는 판단에서 추가 작업을 진행했는데, 모든
파생어를 다 넣을 수 없기 때문에 일정한 기준을 정해서 기준에 따라
처리할 수밖에 없었다. 이런 경우에 해당하는 어휘들은 다음과 같다.

첫째, 명사와 '-하다/-되다' 파생어 시리즈를 살펴보자. 〈표준국어대
사전〉에서는 명사에 붙는 파생어 '-하다/-되다'가 있는 경우에 명사 밑
에 부표제어로 처리되어 있다. 그러나 〈한국어기초사전〉에서는 이러한
파생어를 부표제어가 아닌 주표제어로 처리하였고 각각이 5만의 어휘의
한 항목으로 처리된다. 그런데 5만이라는 한정된 숫자에 맞추다 보니 모
든 명사의 '-하다/-되다' 파생어를 다 선정할 수는 없었다. 그러나 파생
어 시리즈에서 어근이 되는 명사는 선정되지 않았지만 '-하다'나 '-되다'

---

5  문법 용어를 사용했을 때 언어권 별로 대역의 일관성을 맞추기 위해 각 언어권 별로
   어미와 조사에 대한 풀이 대역 지침을 마련하여 최대한 혼란을 방지하는 작업을 병행
   하였다.

파생어가 선정된 경우에는 어근이 되는 명사는 모두 추가하는 작업을 하였다.[6] 이러한 추가 작업이 필요한 이유의 하나는 사전의 정보로서 '가 봐라'라는 정보를 주는 데 이것은 파생어의 경우에 어근 명사를 찾아가 보라는 정보이다. 그런데 어근 명사가 빠져 있을 경우는 가봐라 정보는 있지만 명사는 빠져 있는 사전이 되기 때문에 이를 추가하는 작업은 필요하였다. 그러나 반대의 경우 명사만 선정된 경우에는 '-하다'나 '-되다' 파생어를 역으로 선정하는 작업은 하지 않았다.

둘째, 부사와 '-거리다' 파생어 시리즈를 살펴보자. 의성어와 의태어 부사의 선정은 가장 어려운 작업의 하나이고 이 부사가 파생된 동사나 형용사의 선정은 일관된 기준을 잡기가 어려운 작업이었다. 일단 이 어휘들의 일관성 있는 작업을 위해서 '-거리다'나 '-대다' 파생의 형태가 하나라도 선정된 경우에는 어근 부사, '-거리다', '-대다'의 표제어가 다 들어가도록 추가하는 작업을 하였고, 〈표준국어대사전〉에 '-하다'나 '-이다'의 파생어까지 부표제어로 제시되어 있는 경우에는 이것들까지 추가하는 작업을 하였다.[7] 그러나 모든 의성 의태 부사에 '-거리다' 형태가

---

6  〈표준국어대사전〉에 명사로 품사가 주어진 어근 명사만 선정하였다. '-하다/-되다'의 파생어가 선정되었지만 어근이 명사가 아니라 어근으로 제시되어 있는 경우에는 용례의 집필이 불가능하고 독립되어 쓰지 못하는 형태이기 때문에 표제어로 선정하지 않았다. 때때로 명사이긴 하지만 어근 명사의 쓰임이 많지 않거나 어색한 경우도 적지 않지만 사전의 일관성을 위해 명사 자체의 용례가 많지 않은 경우라도 최대한 용례를 넣어 집필하는 것을 원칙으로 하였다.

7  이러한 부사류의 파생어 선정에 대해서는 논의 끝에 이런 기준을 마련할 수밖에 없었다. '-거리다'와 '-대다'의 의미가 뚜렷하게 구분이 되지 않고 목록 선정 당시에 이 둘에 대한 기준이 마련되어 있지 않아 선정자별로 선정 선호도가 달라서 대표적으로 '-거리다'만 선정한 평정자와 이들을 다 선정한 평정자들이 다르게 나타났다. 이 파생어 시리즈만 놓고 다시 재선정하는 작업을 거칠 수 있었다면 좀 더 명확한 빈도나 쓰임에 의한 기준을 가지고 선정할 수 있었겠지만 현실적으로 불가능했음을 밝혀둔다. 이

선정된 것이 아니고 부사 자체만 선정된 경우에는 '-거리다'류의 파생어를 추가하지는 않았다.

셋째, 관련어의 선정에 대해 살펴보자. 〈한국어기초사전〉의 관련어에는 유의어, 반대말, 큰말, 작은말, 센말, 여린말, 본말, 준말, 낮춤말, 높임말 그리고 참고어를 주고 있다. 참고어는 이형태나 셋 이상의 대립 관계가 형성되는 동류 개념, 상위 범주어, 하위 범주어와 같은 것들이 포함된다. 원칙적으로 관련어를 5만 표제어 항목 안에 주는 것으로 한정하는 것이 바람직한 방향이어서 표제어 선정에 빠져 있지만 관련어에 넣어 줘야 하는 단어가 나타났을 때는 새롭게 표제어로 선정할 수 있도록 하였다.[8]

## 3. 사전의 풀이말과 용례 작성

### 3.1. 풀이 집필에 있어 몇 가지 쟁점 사항

〈한국어기초사전〉의 풀이말은 〈표준국어대사전〉의 풀이와 비교하여

---

런 기준을 가지고 선정했음에도 선정된 어휘수가 기하급수적으로 불어나서 추가 작업을 통해 선정된 의성의태어 파생어 시리즈가 2,000여 개에 달한다.

8  관련어에 들어가는 항목들을 다 선정하는 것은 쉬운 작업이 아니었다. 이미 5만의 선정이 진행된 상태에서 5만 표제어에 없는 항목은 관련어로 제시하지 않는 방법과 5만에는 선정되지 않았지만 관련어를 제시해 주는 방법 두 가지 방법이 있었는데 일단 학습자에게 도움이 된다는 판단이 든다면 5만 항목에 선정이 되지 않은 단어라 할지라도 관련어로 제시하였다. 특히 큰말, 작은말, 센말, 여린말의 경우에는 모든 관련어들을 선정하는 작업이 불가능했지만 그것들의 정보를 주지 않는다면 어휘 정보의 일관성을 갖기 어려웠기 때문에 5만 선정에서 빠졌다고 해도 관련어로 제시하였다. 그 이외에 유의어나 반대말과 같은 관련어의 경우에는 될 수 있으면 모든 어휘가 선정될 수 있도록 보충하는 작업을 진행하였다.

한국어 학습자를 위한 쉬운 풀이여야 한다는 점과 외국어 대역의 기초가 되는 풀이라는 두 가지 기본적인 목적을 만족시키는 풀이 작성을 목표로 하였다. 풀이 작성 과정에서 쟁점이 되었던 몇 가지 사항을 논의해 보면 다음과 같다.

### 3.1.1. 한 단어 풀이 문제

〈한국어기초사전〉은 한 단어로 풀이하는 것은 원칙적으로 허용하지 않는다. 그러나 〈표준국어대사전〉에 풀이 없이 동의어로만 제시하고 있는 어휘들의 경우에는 때때로 한 단어로 제시를 해 주는 것이 훨씬 이해하기 쉬운 경우가 있다. 그러나 한 단어로 풀이하지 않는 다는 원칙에 따라 모든 표제어에 풀이를 시도하였고, 다만 동의어를 풀어썼을 때 더 의미를 이해하기 어려운 경우에는 풀이를 한 뒤에 그 어휘를 다시 제시하는 방법을 취하였다. (예 6)의 풀이는 동의어를 풀어 준 경우이며, (예 7)은 동의어를 풀이했을 때 그 풀이말을 이해하기가 쉽지 않아 동의어를 한 번 더 제시해 주는 것이 필요하다고 생각되는 경우의 풀이말 제시 방법이다.

> (예 6) 계란
> 〈표준〉　=달걀.
> 〈기초〉　닭의 알. [유의어] 달걀00
>
> (예 7) 히프
> 〈표준〉　=엉덩이.
> 〈기초〉　허리와 허벅지 사이의 부분으로서 앉았을 때 바닥에 닿는, 살
> 　　　　이 많은 부위. 엉덩이.

그러나 다의어의 한 항목이고 쉬운 어휘여서 풀어썼을 경우에 의미를

이해하기가 더 어려운 경우에는 한 단어 풀이를 하는 것을 예외로 허용
하였다. (예 8)에서 보는 것처럼 다의어 손의 경우에 '의미번호 2'와 같
이 손가락과 같이 어렵지 않은 한 단어의 풀이말인 경우에는 한 단어
풀이를 허용하고 있지만 이런 경우가 많지는 않다.

> (예 8) 손01
> 1. 팔목 끝에 있으며 무엇을 만지거나 잡을 때 쓰는 몸의 부분.
> 2. 손가락.
> 3. 일하는 사람.
> 4. 일을 하는 데 드는 사람의 힘이나 노력, 기술.
> 5. 지배하는 권한이나 영향력

### 3.1.2. '또는'의 분리 문제

〈한국어기초사전〉은 대역의 기초가 되는 사전이고 멀티미디어 자료
가 의미 항목에 따라 달리 제시되는 사전이다. 그 점에 있어서 〈표준국
어대사전〉에서 '또는'을 사용하여 하나의 의미 항목에 두 개 이상의 의미
가 제시되도록 의미 풀이를 한 어휘들에 대한 세밀한 검토가 필요했다.
한국어에서 '또는'으로 두 가지를 포괄할 수 있는 개념이 다른 언어에서
는 사용되는 개념의 차이가 큰 경우가 있을지도 모르는 문제에 대비하여
〈표준국어대사전〉과는 다른 검토 기준이 필요하였다. 그래서 〈표준국어
대사전〉에서 '또는'을 사용하여 의미 풀이를 하나로 한 경우라도 용례에
서 두 가지 의미로 확실하게 구분이 가능하고, 범언어적인 현상이 아닌
경우에는 의미 항목을 둘로 나누는 것을 원칙으로 하였다. 예를 들어 학
문이나 직위와 사람, 성격과 사람과 같이 예문에서 둘의 구별이 어렵고
다른 언어에서도 통용되는 현상임을 확인할 수 있으면 그대로 '또는'을
사용하여 풀이하였다.[9]

(예 9)　국문학00 : 자기 나라 고유의 문학. 또는 그것을 연구하는 학문.
　　　　　　예) 국문학 강의. 국문학 교수. 국문학을 전공하다.
(예 10) 교감03 : 학교에서 교장을 도와 학교 일을 관리하거나 지휘하는
　　　　　　직위, 또는 그러한 일을 하는 사람.
　　　　　　예) 교감 발령. 교감 자리. 교감이 되다. 교감으로 일하다. 교감
　　　　　　으로 부임하다.
(예 11) 강골02 : 굽히거나 타협하지 않는 성격. 또는 그런 성격을 가진
　　　　　　사람.
　　　　　　예) 나는 강골이라 어떤 일도 쉽게 포기하지 않는다.

　그러나 〈표준국어대사전〉에서 '또는'으로 의미가 이어져 있더라도 예
문에서 확실하게 구별이 된다면 의미 번호를 둘로 나누었다.

(예 12) 광명02
〈표준〉　　1. 밝고 환함. 또는 밝은 미래나 희망을 상징하는 밝고 환
　　　　　　한 빛.
〈기초〉　　1. 밝고 환함.
　　　　　　　예) 어둠과 광명. 광명의 달. 광명의 빛. 광명의 햇살.
　　　　　　2. (비유적으로) 밝은 미래나 희망.
　　　　　　　예) 광명의 기쁨. 광명의 길. 광명의 시대. 광명을 맞다.

　그 이외에 표준 사전에 '또는'으로 의미가 이어져 있으나 굳이 뜻풀이
의 차이가 나지 않고, '또는'이 필요 없는 경우도 있는데 이런 경우는 (예
13)에서 보는 것과 같이 처리하였다.

---

9　'또는'으로 연결되어 있는 풀이말의 유형을 여러 가지로 검토해 보니 의미 구분이 확
　실해서 말뭉치에서 분리된 예문을 찾을 수 있는 것보다 분리 항목을 찾을 수 없는 경우
　가 더 많이 있었다.

(예 13) 가을날

〈표준〉　　1. 가을철의 날. 또는 그날의 날씨

〈기초〉　　1. 가을철의 날

### 3.1.3. 대역을 위한 쉬운 풀이말의 문제

〈한국어기초사전〉의 풀이말 집필의 기본 원칙이 학습자들이 사전의 풀이만으로 의미를 이해할 수 있도록 하는 것과 한국인에게는 쉬운 풀이라고 하더라도 대역에 오해를 불러 일으켜서는 안 된다는 것이다. 그런데 이러한 두 가지 목표를 놓고 진행하다 보니 풀이말의 어휘 수준을 결정하는 것이 쉽지 않은 일이었다.

(예 14)는 '약품'의 풀이말 수정 과정이다. 약품에 대한 〈표준국어대사전〉의 풀이에는 '예방하다'와 '주사하다'라는 어휘가 있어 이를 쉽게 풀어준 풀이가 첫 번째 풀이말이었다. 그러나 이와 같은 경우는 '예방하다'나 '주사하다'라는 단어를 사용하는 것이 그것을 '미리 막거나 몸속에 넣는다'는 표현보다 이해하기 쉽다고 판단되어서 〈표준국어대사전〉의 풀이에서 크게 벗어나지 않는 것을 허용하기로 하였다.[10]

(예 14)　　약품 (수정 전) : 병이나 상처 등을 고치거나 미리 막기 위하여 먹거나 바르거나 몸속에 넣는 물질.

약품 (수정 후) : 병이나 상처 등을 낫게 하거나 예방하기 위하여 먹거나 바르거나 주사하는 물질.

---

10　표준의 풀이 자체가 이미 학습자들이 이해할 수 있을 정도의 쉬운 풀이인데 그것들을 더 쉽게 표현하려다 보니 오히려 더 어색한 문장들이 생산되는 경우가 있어 표준보다 더 쉬운 풀이말이 없다고 판단되는 경우에 한해서 표준의 풀이말과 같은 경우를 허용하고 있다.

## 3.2. 용례 작성과 수정 과정의 쟁점 사항

〈한국어기초사전〉이 〈표준국어대사전〉과 가장 차이가 나는 점은 학습자들을 위한 풍부한 용례가 제시되고 있다는 점이다. 모든 표제어에 용례가 제시되는 것이 원칙이며 구 용례 5개 이상, 문장 용례 2개, 대화 용례 1개 정도를 제시하는 것이 기본적인 용례 제시 방법이다.[11] 이러한 제시 방법은 한국어 학습용 자료로서 다양한 정보를 제공하기 위해 설계된 〈한국어기초사전〉의 구조이자 기초사전의 특성이 가장 잘 드러나는 부분이라 하겠다. 말뭉치 검색을 통하여 용례의 쓰임을 충분히 이해한 뒤에 가장 많은 쓰임을 보이는 연어들을 구 용례에 제시하는데, 적어도 5개 이상의 구 예문을 제시함으로써 학습자에게 언어의 의미를 이해하는 것이 아닌 표현 사전으로서의 기능을 담당할 수 있도록 하고 있다. 문장 용례에 있어서는 학습자들의 수준을 고려하여 쉬운 문장 예문 하나, 고급 학습자를 위한 문장 예문 하나 정도라는 기준으로 단문과 복문이 적절히 분배되도록 제시함으로써 수준별 예문 제시를 위한 기초적인 작업을 하였다. 더불어 구어의 쓰임을 보여주기 위한 대화 용례를 제시하기로 하여 실생활에서 사용되는 언어를 보여줄 수 있도록 하였다. 그러나 〈한국어기초사전〉은 인용례가 아니라 작성례이고, 작성례의 경우에는 용례 작성과 수정 과정이 모두 용례 작성자와 수정자의 언어적 직관을 요하는 창조적인 작업이었기 때문에 사전 구조상 일관되고 언어

---

11 　모든 표제항이 이러한 기본 개수를 채울 수 있도록 했고 기초 어휘의 경우에는 구용례 는 다섯 개가 아니라 열 개 이상이 되는 경우도 많이 있다. 문장 용례도 2개가 기본이고 3개 이상이 제시된 경우도 있으며 대화 용례가 불가능한 경우에는 문장 용례를 더 제시 하는 방법을 취하였다. 그러나 5만 표제항의 성격에 따라 5개의 구용례가 나오지 않는 어휘들도 있고 특히 일부 부사나 감탄사의 경우는 구용례가 필요 없는 경우도 있어 이러한 기본적인 용례의 개수는 어휘의 성격에 따라 조금씩 달라졌음을 밝혀 둔다.

학습에 타당한 용례를 작성하는 것이 가장 어려운 작업이었다. 그러므로 작성자의 편차를 줄이고 가장 적합한 용례를 생산하기 위한 용례 수정 방법과 검증 과정을 위한 기준 마련과 절차가 중요하다.[12] 용례 수정 작업을 위해 검토자들은 우선 세 가지의 타당성을 검토하는 작업을 하여야 하는데 순서대로 제시하면 다음과 같다.

첫째, 형식적 타당성을 검토한다. 이 검토는 맞춤법과 띄어쓰기 교정부터 예문의 개수와 배열 순서를 검토하는 작업이다.

둘째, 내용적 타당성을 검토한다. 먼저 적절한 길이와 난이도를 가지고 있는 예문인가를 검토한다. 대개 한 문장에 12어절이 넘어가면 문장이 길다는 느낌이 들뿐만 아니라, 한 문장에 연결어미가 2개 이상이 되면 문장이 복잡해지고 어려워진다. 또한 예문의 표제어보다 이해하기 어려운 단어가 예문에서 제시되지 않았는지를 검토해야 한다. 또한 내용적 타당성의 검토에서 가장 어려운 부분은 적절한 맥락을 제시하는 것인데, 적절한 맥락을 사용한다고 해서 과도하게 맥락이 부여되면 어색한 예문이 되기 때문에 표제어 이해에 도움이 되는 맥락만 간결하게 제시하는 것이 쉬운 일은 아니다. 그리고 적절한 내용의 예문을 제시하기 위해 개인만의 특수한 사고관, 특이한 맥락, 과도한 상상력이 부여된 내용, 부

---

12 〈한국어기초사전〉의 용례는 다음의 기본적인 원칙에 따라 집필할 것을 제안하였다. (원미진(2011) 인용)

| 의미적 기능 | 1. 뜻풀이의 명료화<br>2. 뜻풀이에 부가적인 정보 제공하기<br>3. 관련된 어휘들의 의미구별, 특별한 뉘앙스 주기 |
| --- | --- |
| 형태-통사적 기능 | 1. 문형이나 문법적 패턴을 보여주기<br>2. 활용이나 곡용의 형태 및 사용역을 보여주기<br>3. 전형적인 연어 보여주기 |
| 화용적 기능 | 1. 적절한 사용역이나 문체적 층위를 보여주기<br>2. 격식성의 정도(격식체 대 비격식체) 보여주기<br>3. 문맥 안에서 단어 사용의 정서적인 느낌(구어 대 문어) 보여주기<br>4. 다양한 문화의 맥락 안에서 어휘 결합의 양상을 제시하기 |

정적 내용의 예문이 사용되지 않았는지를 검토하는 것도 놓쳐서는 안 된다. 특히 대화 예문의 검토에 있어서는 대화 상황과 대화의 내용 그리고 설정된 화계 등을 적절하게 맞추는 것이 관건이다.

셋째, 기술적 타당성을 검토한다. 뜻풀이, 문형, 관련어 정보 등 사전에서 제시한 정보에 의거한 정확한 예문이 작성되었는지 검토하는 부분인데, 혹시라도 개인적 직관이나 용법에 의존한 용례를 작성한 경우에 이를 수정하는 작업을 해야 하는 부분이다.

다음의 (예 15)와 (예 16)의 수정 과정을 보면 용례 수정 과정의 실제를 살펴볼 수 있다.

(예 15) 가결

| 수정 전 | 안건의 (가결). (가결)이 되다. (가결)을 보다. (가결)을 선포하다. (가결)을 하다. (가결)로 결정되다.<br>이 안건이 (가결)이 되면 노조는 내일부터 장기 파업에 들어간다.<br>이번에 (가결)이 된 안건은 농촌 경제에 큰 영향을 미칠 것으로 예상된다.<br>가 : (가결)에 찬성하는 사람들이 많아?<br>나 : 글쎄, 투표 결과를 지켜봐야지. |
|---|---|
| 수정 과정 | 1. 구 단위 예문 괜찮음.<br>2. '가결이 되다' 이외의 다양한 예로 수정함.<br>2. 대화 내용에 적절한 화계 설정. |
| 수정 후 | 안건의 (가결). (가결)이 되다. (가결)을 보다. (가결)을 선포하다. (가결)을 하다. (가결)로 결정되다.<br>모든 의원들이 목소리를 높여 안건의 (가결)에 반대하였다.<br>과반수의 의원들이 찬성한 안건들은 곧바로 (가결)로 처리되었다.<br>우리가 제시한 안이 (가결)만 된다면 내일부터 당장 일이 시작된다.<br>가 : (가결)에 찬성하는 사람들이 많겠습니까?<br>나 : 글쎄요, 투표 결과를 지켜봐야 알 수 있을 것 같습니다. |

(예 16) 가공하다

| 수정 전 | (가공하는) 방법. (가공한) 제품. (가공해서) 만들다. 농산물을 (가공하다). 우유를 (가공하다). 철을 (가공하다).<br>우리 회사는 쌀이나 콩과 같은 곡류를 과자로 (가공해) 판매한다. |
|---|---|

| | |
|---|---|
| | {가공한} 식품을 살 때는 그 식품에 무엇을 첨가했는지를 확인해야 한다.<br>가. 이 벽지는 예쁜데 좀 비싸네요?<br>나. 습기에 잘 견디도록 특수 {가공한} 벽지거든요. |
| 수정<br>과정 | 1. 문장 예가 모두 식품과 관련되므로 하나는 다른 것으로. 두 번째 예가 어렵고 좋지 않으므로 예문을 교체.<br>2. 대화 예문을 보면 무엇이 원료이고 무엇이 새로운 제품인지 파악하기가 어렵다. 첫 번째 문장 예문이 대화 예문으로 교체가 가능하므로 첫 번째 문장 예문을 바탕으로 새로운 대화 예문을 만든다.<br>3. 새로운 예문은 다양한 원료로 하는 문장들로 골고루 구성한다.<br>4. 문형을 최대한으로 보여 주어 풀이 이해에 도움이 되는 예문을 만든다.<br>5. 다양한 활용형을 보여 준다. |
| 수정<br>후 | {가공하는} 방법. {가공한} 제품. {가공해서} 만들다. 농산물을 {가공하다}. 우유를 {가공하다}. 철을 {가공하다}.<br>집 앞 공장에서는 나무를 {가공하여} 여러 가지 가구를 만든다.<br>나는 어머니께 받은 금을 {가공하지} 않고 그대로 보관하고 있다.<br>가. 쌀을 {가공해서} 과자를 만들기도 한대.<br>나. 과자뿐만 아니라 술이나 떡도 만들 수 있어. |

## 4. 〈한국어기초사전〉의 사전 정보

〈한국어기초사전〉에서 제시하고 있는 사전 정보를 종합해 보면 다음 〈표 3〉과 같다. 먼저 전체 정보에서 표제어의 품사와 원어 정보를 주고 발음 정보는 발음의 활용 정보와 함께 제시하고 있으며, 표제어와 관련이 있는 파생어를 제시하고 있다. 여기에서 제시하고 있는 파생어는 〈표준국어대사전〉에서 부표제어로 제시하고 있는 파생어들이다. 표제어 항목이 파생어일 때는 '가봐라'를 통해 어근이 되는 어휘를 제시하고 있다. 파생어로 제시되는 범위는 (예 17)과 같다.

(예 17)
명사 : -되다, -적, -하다, -이/히
부사 : -거리다, -대다, -이다, -하다

일부 형용사 : ㅡ이

동사 : 피동사, 사동사

### 〈표 3〉 기초사전의 미시구조

| 표제어 | 표제어(동형어번호) | | |
|---|---|---|---|
| 전체정보 | 품사 | | |
| | 원어 | | |
| | 발음 | | |
| | 활용정보 | | |
| | 파생어 | | |
| | 가봐라 | | |
| | 전체참고 | | |
| 의미 정보 | 관련어 정보 | | |
| | 참고 | | |
| | 멀티미디어 정보 | | |
| | 문형 | | |
| | 문형참고 | | |
| | 뜻풀이 | | |
| | 용례 | 구용례 | |
| | | 문장용례 | |
| | | 대화용례 | |
| 부표제어 | 관용구/속담 | | |
| | 전체참고 | | |
| | 의미정보 | 관련어정보 | |
| | | 참고 | |
| | | 문형 | |
| | | 문형참고 | |
| | | 뜻풀이 | |
| | | 용례 | |

둘째, 의미 정보를 제시하는 부분에는 풀이와 용례뿐만 아니라 관련어 정보, 참고 정보, 멀티미디어 정보 및 문형 정보를 제시하는 부분이 있어 의미 항목에 따라 달리 나타날 수 있는 모든 정보를 의미 항목 별로 제시하고 있다. 관련어 정보에서는 표제어의 유의어, 반의어, 큰말, 작은말, 센말, 여린말, 높임말, 낮춤말, 참고어 등을 제시한다. 참고 정보는 뜻풀이나 문형, 용례를 통해 제시할 수 없는 정보를 제시하는 데 크게

는 언어적 정보와 백과사전적 정보로 나누어 제시하고 있다. 언어적 정보로는 활용 제약, 결합 제약, 의미 제약, 통사 제약, 화용 제약을 제시하고 있고, 백과사전적 정보는 해당 표제어를 이해하는 데에 도움이 되는 필수적인 정보에 한하여 제시해 준다.

셋째 부표제어에서 제시하고 있는 것은 표제어의 관용어나 속담이다. 관용어는 형태면에서 항상 붙어 쓰이는 둘 이상의 단어 결합의 꼴들 중에서 통사적으로 독자적인 새로운 구성을 갖게 되어 외국인 학습자에게 관용어의 의미를 꼭 제시해야 한다고 판단되는 쓰임이 많은 것을 선정하여 제시해 주었다. 둘 이상의 단어의 결합이 의미상으로 불투명한 것은 반드시 부표제어로 제시하고, 투명한 것은 구 단위 용례로 기술하고 있으나, 그러나 고빈도로 사용되어, 따로 기술할 필요가 있을 시에는 부표제어로 선정했다. 용례는 대역이 되지 않지만 부표제어는 대역을 하고 있기 때문에 학습자들에게 의미를 알려주는 것이 더 도움이 된다고 판단되는 경우에는 구용례에 제시하는 것보다 부표제어로 제시하는 것을 권장하였다. 속담의 경우 아주 보편적이고 사용빈도가 높은 것으로만 한정하여 제시하여 의미 이와 대역어를 기술하고 있다.

## 5. 마무리

이상에서 〈한국어기초사전〉 구축 과정에 있어 어휘 선정과 집필에 관한 몇 가지 쟁점 사항 및 〈한국어기초사전〉의 정보를 〈표준국어대사전〉과 비교하여 살펴보았다. 5만 어휘의 선정에서 집필에 이르는 3년의 과정 동안 한국어 학습의 기초 자료이며 대역사전의 기본 모델이 되는 기초 사전으로서의 성격은 고려한 작업이 진행되었다. 본고에서는 표제어 선정 원칙과 집필 원칙에 따라 구축 과정에 나타난 문제점들의 논의 및 해결 방안을 제시해 봄으로써 〈한국어기초사전〉의 의의를 살펴볼 수 있었다. 〈한국어기초사전〉에서 제시한 사전의 정보는 한국어 학습자를 위한 한국어의 언어적 자료일 뿐만 아니라 한국어교육을 위한 교육 자료이며 한국어 지식 사전의 구축을 위한 초기 작업이다. 사전 구축 과정에서 짧은 기간 동안에 어휘 선정과 집필, 그리고 다국어 대역이 동시에 진행되다 보니 절차상 해결하지 못하고 남겨진 문제들이 있다. 5만 선정의 타당성 및 풀이말의 타당성, 용례의 타당성은 앞으로 검증이 되어야 할 부분이다. 그럼에도 불구하고 3년 안에 5만 어휘에 대한 집필과 5개국 언어로 대역을 함으로써 급증하는 한국어 학습 수요에 부응하고 학습 자료의 부족을 해소하는 의미 있는 작업이 진행되었다는 점은 평가할 수 있을 것이라 생각한다.

─이 글은 『한국어 사전학』 20호, 7~30쪽에 실린 논문을 수정·보완한 것임.

# 한국어 학습자 사전
# 뜻풀이 어휘 통제를 위한
# 기술 방법에 관한 연구

**원미진 · 한승규**
연세대학교

## 1. 들어가는 말

한국어 학습자 사전은 한국어를 모국어로 하는 한국어 학습자를 위한 사전이 아니라 한국어를 외국어로 학습하는 한국어 학습자를 위한 사전이다. 한국어 학습자 사전이 모국어 화자를 위한 일반 국어사전과 차이가 나는 점 중 하나는 뜻풀이가 한국어 모국어 화자를 위한 사전과는 다르다는 것이다. 다시 말해 한국어 학습자 사전이 모국어 화자를 위한 사전보다는 쉬운 말로 표제어를 정의해야 한다는 기본 전제를 내포하고 있는 것이다. 물론 쉬운 단어를 사용한다고 해서 그 표제어가 가장 적절하고 이해하기 쉽게 정의되어 있는가 하는 문제는 여전히 논란의 여지가 남는다. 그러므로 학습자 사전에 맞는 뜻풀이 기술을 위해 먼저 풀이말의 성격과 특징을 살펴보는 작업이 필요하다. 학습자 사전의 풀이말의 특징을 알아보기 위한 작업의 하나로 우선, 풀이말에 사용된 어휘의 수가 어느 정도인가를 양적으로 평가하는 작업은 필수적인 작업의 하나일 것이다. 다수의 외국어 학습자 사전이 몇 개의 단어로 사전 전체 표제어의 뜻을 풀이했는지에 대해 명확한 어휘의 수를 제시하고 있는데 반면에 현재까지 발행된 한국어 학습자를 위한 사전에는 이런 제시가 나온 바가 없다.

그러므로 뜻풀이에 사용된 어휘의 개수를 비롯해 사전 뜻풀이용 어휘의 성격을 고찰해 보는 이 연구는 두 가지 목적을 가지고 있다. 먼저 현재 집필 과정에 있는 다국어 대역을 위한 한국어 학습자 기초사전(이하 〈학습자 기초사전〉)[1]의 풀이말에 대한 연구이므로 학습자 사전의 풀이말에 관한 특성을 밝히는 사전학과 언어학의 기초적인 연구가 될 것이다. 두 번째로 이 연구의 목적은 집필 과정에 나타난 풀이말의 문제점을 검토하면서 향후 집필 과정에 유용하게 사용하려는 성격을 가지고 있는 연구이기도 하다. 어휘 통제를 위해 풀이말의 개수를 조정하려는 연구는 사전 편찬 과정의 초기에 이루어져야 사전의 뜻풀이 편찬 방향에 반영할 수 있다는 점에서 이 연구는 시의적절한 연구가 될 것이다. 초기 집필이 어느 정도 이루어진 상태에서 어휘 통제에 관한 검토를 해서 집필 수정 과정에서 편찬 지침으로 반영할 수 있다면, 편찬이 끝난 상태에서 연구 결과물로 어휘 통제를 제시하는 것보다는 의미 있는 작업이 될 수 있기 때문이다. 또한 어휘 통제가 이루어지는 과정과 그 결과물을 비교·대조해 나갈 수 있는 장점이 있다는 점에서 연구의 가치를 찾을 수 있다고 하겠다.

---

1  국립국어원에서 진행 중인 개방형 지식 대사전 사업의 일환으로 한국어 기초 사전 및 다국어 대역사전 사업이 진행 중이며 이 연구는 다국어 대역을 위한 한국어 기초 사전의 뜻풀이와 다양한 예문의 제시를 목표로 한다. 이 사전 편찬 사업은 고급 한국어 학습자를 위한 5만 표제어를 선정하여 그 표제어를 우선적으로 5개 국어(러시아, 베트남, 태국, 몽골, 인도네시아 어)로 번역하는 3개년의 사업이다. 2010년 3월에 시작하여 2012년 말에 1단계 사업이 완성된다. 추후 20개 국어로 번역하기 위한 한국어 기초 사전은 학습자 사전이라는 특징과 다국어 대역을 위한 뜻풀이라는 두 가지 요건을 모두 만족하기 위한 방법으로 집필이 진행 중이다.

〈학습자 기초사전〉은 총 5만 표제어 규모로 사전 편찬 작업이 진행 중인데, 아직까지 5만 이상의 표제어 규모로 한국어 학습자 사전이 편찬된 적이 없었고 대역을 고려하여 한국어 어휘의 풀이가 진행된 적도 없었다. 실질적으로 다수의 집필자에 의해 사전이 집필되고 있으며, 사전이 완성되기까지의 기간이 짧은 기간이 아니라는 점을 고려할 때, 집필 과정에서 우선적으로 드러나는 문제점을 보완하기 위해 집필과 동시에 집필에 대한 연구를 진행하여 추후 교정 과정에 반영하는 것이 필수적일 수밖에 없다. 물론 집필이 진행 중인 상태에서 연구되는 논의라는 점에 있어서 완성된 뜻풀이를 대상으로 하지 않았다는 한계점도 있다. 그러나 사전 교정과 수정을 염두에 둔다면 어휘 통제에 관한 연구는 사전 집필의 초기 단계에서부터 연구하여야 할 문제이며, 이 결과를 반영한 사전 편찬 작업의 실질적인 유용성을 고려하여 본 연구를 진행하고자 한다.

## 2. 뜻풀이 어휘의 특징 및 규모

쉬운 뜻풀이라는 학습자 사전의 성격을 고려하면 뜻풀이 어휘를 통제하는 작업이 필수적이다. 뜻풀이용 어휘 통제는 어휘의 성격에 대한 품사별 지침이나 풀이 방식에 대한 논의도 필요하지만, 쉬운 풀이를 위한 기초 작업으로 학습자용 어휘 풀이말에 적정한 뜻풀이용 어휘 개수를 확정하는 것도 필요하다. 이를 위해 먼저 〈학습자 사전〉의 뜻풀이에 사용된 어휘의 개수와 성격을 고찰한 뒤에 어떻게 뜻풀이용 어휘를 통제할 수 있는가에 관한 바람직한 방향을 모색해 보고자 한다.

뜻풀이를 어떻게 제공해야 학습자의 명확한 이해를 도울 수 있는가 하는 물음에 답을 한다면 우선 뜻풀이가 쉽고 정확해야 한다고 말할 수 있다. 이런 풀이말에 관한 선행 논의를 살펴보면 쉽고 정확한 풀이가 되기 위해 조재수(1984)에서는 간단명료하되 모호하고, 비유적이거나 부정적인 표현은 삼갈 것을 조건으로 삼았다. 거기에 더해서 품사에 따라서 풀이 방식이 달라질 것과 될 수 있으면 같은 종류의 어휘들은 같은 표현으로 끝나는 어휘를 사용할 것을 제안하고 있다. 강영환(1999)에서는 이러한 풀이말의 성격을 체계성, 정확성, 간결성, 그리고 용이성이라는 말로 정리하고 있다.

사전의 올바른 뜻풀이는 학습자 사전의 가장 핵심적인 작업이나, 모든 사전 작업이 그렇듯이 아무리 '뜻풀이 원칙'을 세운다 하더라도 그 원칙에 따라 일관성 있게 뜻풀이를 하는 것은 쉬운 일은 아니다. 뜻풀이에 있어 쉽고 정확하다는 말의 기준을 세울 수 없다면 무엇을 쉽다고 볼 것이며, 어떤 것이 정확한 표현이냐 하는 데에 있어서 문제점이 끊이지 않을 것이다. 이 중의 하나로 기존의 사전 풀이의 문제점을 지적하고 있는 연구들은 기초 사전의 뜻풀이와 관련하여 표제어보다 그 뜻풀이에 쓰인 단어가 더 어려운 순환론적 풀이를 하고 있다는 점을 지적하고 있다(남기심·고석주, 2002). 학습자 사전에서 표제어보다 더 어려운 풀이말을 사용한다면 뜻풀이의 의미가 없어진다. 그렇다면 가능한 한 뜻풀이에 사용 가능한 어휘들의 범위와 규모를 정하여 그 안에서 풀이해 보려는 작업을 해 보려는 시도를 할 수 있다. 이미 외국어 학습자 사전에서는 기초어휘 개수에 맞추어 어휘 통제를 하는 것을 기본 전제로 집필된 사전들이 상당수 존재한다.

학습자 사전의 풀이말 어휘 통제에 관한 기초자료로서 먼저 영어권 사전을 살펴보면, 먼저 옥스퍼드 워드파워(Oxford wordpower dictionary)[2]

---

2 『옥스퍼드 워드파워 영영한 사전』, 교학사(2005).

는 표제어의 뜻풀이에 기본적인 단어 2,500개만 사용함으로써 중급자
정도의 학습자가 사용하기에 별다른 어려움이 없는 풀이말을 작성하였다
고 밝히고 있다. 롱맨사전(Longman dictionary of American English)[3]의 경
우도 단어 풀이는 2,000개의 기본어만을 사용함으로써 초급 학습자도
쉽게 이해할 수 있게 하려는 목적으로 편찬하였다는 점을 지적하고 있다.[4]
사실 영어의 경우 2,000개 정도의 기본어휘가 모국어 화자가 매일 일상생
활과 일상회화에서 사용하고 있는 어휘 수이며, 이 기본적인 2,000개의
어휘를 핵심어휘(core vocabulary) 라고 부르기도 하고, 학습자를 위한 사
전에 쓰이는 어휘라는 의미에서 정의어 혹은 뜻풀이말(defining voca-
bulary)이라고 부른다. 이런 고빈도의 기본적인 2천여 개의 어휘는 영어의
경우에 일반적인 대부분의 텍스트에서 87% 정도를 차지한다고 한다.[5]
　한국어의 경우에도 김광해(2003)에서는 모국어 화자를 위한 기초어휘
의 개수를 1,845개로 잡고 있으며, 이 정도의 숫자가 한국어교육을 위한
초급 단계의 어휘 수로 제시되었다. 한국어 학습자를 위한 기본어휘의
개수에 대한 논의를 살펴보면, 기초 혹은 기본어휘수와 어휘 목록을 정
한 연구들에서 대체로 기본어휘로 1,000개에서 3,000개 내외로 선정하
는 경우가 대다수이다. 조현용(2000)은 한국어교육용 기본어휘 724개,
서상규, 강현화, 유현경(2000)에서는 한국어교육을 위한 기초어휘 의미

---

3　『롱맨 영영한 사전』, 금성출판사(2005).

4　정영국(2009)에서 *Longman dictionary of comtemporary English*의 경우에 정의
　　용 어휘의 사용 원칙을 제시했지만 실제로는 이 원칙이 지켜지지 않아서 약 2000단어
　　의 가장 일반적인 의미의 단어만을 사용하기가 매우 힘들다는 것을 지적했다.

5　S. Thornbury, *How to teach vocabulry*, Pearson Longman, p.21.
　　물론 이 기본적인 2천이라는 숫자의 어휘에 대해 모든 연구자들이 동의하는 것이 아
　　니며 현재 많은 연구자들은 3천 내지 5천 정도를 특별한 목적에 따라 학습자들이 알아
　　야 하는 기본어휘의 수로 보고 있다.

빈도 사전 개발을 위한 표제어 수로 1,087개를 제시하고 있다. 서상규 (2002)에서는 학습자 사전의 중요 표제어 수를 3,000개 정도로 선정하고 있다.[6] 영어와 마찬가지로 한국어의 경우도 2천 개 정도의 어휘를 알면 기본적인 한국어 문장을 이해하는 것이 가능함을 알 수 있는데, 이 숫자는 대체적으로 80% 정도의 텍스트에서 사용되는 어휘의 수이다.[7]

이미 정영국(2009)에서는 뜻풀이 어휘의 성격을 알아보기 위해 〈외국인을 위한 한국어 학습자 사전〉(2006)의 표제어 뜻풀이를 살펴봤는데, 이 가운데 이 사전 부록의 중요 어휘 목록에 들어가 있지 않은 단어들이 있음을 지적했다. 한국어 학습자가 3천 단어를 학습하기까지 걸리는 시간을 고려해 보면, 2-3천 단어로도 설명할 수 없는 사전은 쉽게 이해할 수 있는 사전이 아니라는 점을 지적하였다.

어휘 통제의 필요성을 강조한 Bauer(1989)의 연구는 기존 사전의 어휘 통제의 유형을 다섯 가지로 나누었다. 첫째, 어휘에 대한 통제를 전혀 하지 않은 경우, 둘째, 명확한 제약은 없으나 쉬운 말로 풀이하려는 전략을 채택한 경우, 셋째, 뜻풀이용 어휘는 통제된 DV(Definition Vocabulary)에서 골라 쓰도록 하나 일부 대치식 풀이용 표제어나 전문용어에서는 DV의 제약을 받지 않는 경우, 넷째, 사전에 열거한 통제된 DV 어형만으로 풀이하는 경우, 마지막으로 사전에 열거한 어형과 의미가 동시에 통제된 DV 만으로 풀이하는 경우이다(황은하 외, 2008 재인용). 이 〈학습자 기초사전〉의 경우는 일단은 통제된 DV를 제시하고 집필을 한 것이 아니기 때문

---

6  서상규·남윤진·진기호(1998)는 5천개의 어휘를 말뭉치에서 뽑아 빈도순으로 한국어교육용 기본어휘로 제시하고 있고, 조남호(2003)에서는 현대 국어 사용 빈도 조사 결과로 나온 6만 어휘 중에 한국어교육 전문가에 의한 평정 방법으로 6천개 정도를 한국어교육용 기본어휘로 제시하고 있는 연구도 있다.

7  서상규(2002)에서 상위 빈도의 누적 어휘 수 2,000개가 81.96%, 5,000개가 89.27% 의 텍스트 점유율을 보이고 있음을 제시하고 있다.

에 세 번째 경우에 해당한다고 볼 수는 없다. 그렇기 때문에 통제된 DV의 제시의 수준으로 나아가기 위해 일단 집필이 1/5 정도 이루어진 시점에 풀이용 어휘의 개수를 알아보는 작업은 의미가 있을 것으로 생각한다.

황은하 외(2008)의 연구는 〈연세 사전〉의 뜻풀이가 거의 이루어진 상태에서 사전의 뜻풀이용 어휘가 지침과 어느 정도 일치하며 그것을 바탕으로 어휘 통제를 할 수 있는 방안을 모색해 봤다는 점에는 의의가 있다. 연구진이 지적했듯이 〈연세 사전〉은 모국어 화자를 대상으로 한 연구이기 때문에 학습자 사전에서 이루어지는 것과 같은 어휘 통제를 필요로 하지 않는 성격의 사전이다. 그럼에도 불구하고 국어사전이라는 성격 상 표제어에 없는 풀이말을 검토하여 그것을 교체하거나 저빈도의 뜻풀이용 어휘를 교체하여 뜻풀이용 어휘의 수를 줄여가려는 연구 방법을 제시한 것은 뜻풀이용 어휘 통제 연구가 나아가야 할 방향을 지적한 것이라 할 수 있다. 그러나 황은하 외(2008)의 연구는 연구의 성과를 뜻풀이 지침에 반영하기에는 늦은 시점에 시작하였고, 연구 대상으로 삼은 뜻풀이 어휘의 형태 분석도 1,000여 개의 어휘를 대상으로 한 것에 불과해 〈연세 사전〉의 뜻풀이의 샘플로 삼기에는 미흡한 감이 있다.

따라서 본 연구는 학습자 사전이라는 특징을 고려하여 집필의 시작 단계에서 풀이의 문제를 보완하기 위해 뜻풀이에 관한 연구를 시도하려 한다. 이를 위해 5만 단어 집필 중에 1만 단어의 1차 집필이 끝난 상태에서 그 중에 고빈도어 6천에 속하는 표제어 중 무작위로 3천여 표제어를 선정한 다음 이 표제어들의 뜻풀이를 검토해 보려고 한다.[8]

---

8  상위 빈도의 표제어가 기본적인 어휘이기 때문에 쉬운 어휘들로 쉽게 풀이될 가능성이 있어서 하위 빈도의 어휘를 풀이하는 데에는 이 연구의 의의를 찾기 힘들다는 점을 지적할 가능성이 있다. 그러나 어떤 어휘를 상위어나 상위 개념을 이용하여 풀이한다고 가정할 때 상위 빈도의 어휘가 그 어휘의 상위어나 상위 개념을 찾기 어렵기 때문에

## 3. 〈학습자 기초사전〉 뜻풀이 지침과 기술방법

앞서 밝혔듯이 〈학습자 기초사전〉의 좋은 뜻풀이는 기초적인 어휘를 사용하여 쉽게 표제어를 풀이하는 것이다. 이를 위해 뜻을 정확하게 풀이할 수 있는 쉬운 말을 고르되 한자어와 고유어가 비슷하게 사용될 경우는 고유어로 풀이할 것, 어려운 한자어는 풀어서 풀이할 것, 〈표준국어대사전〉의 '~를 이르는 말', '~따위' 등의 표현은 가능한 피하도록 할 것과 같은 구체적인 지침을 마련하였다.[9] 〈학습자 기초사전〉 뜻풀이 말의 성격을 알아보기 위해 기존에 존재하는 사전들과 풀이말을 비교하여 제시해 보면 다음의 예들과 같다.

　예 1) 작은어머니 : 아버지 동생의 아내를 이르는 말. 〈표준국어대사전〉

---

상위 빈도의 어휘가 쉽게 풀이되지 못하는 것을 쉽게 볼 수 있다. 아래는 '쉽다'와 '용이하다'의 〈표준국어대사전〉의 풀이인데 '용이하다'가 더 쉬운 어휘로 풀이되어 있다는 것을 확인할 수 있다. 이는 '용이하다'의 상위어로 '쉽다'가 존재하지만 '쉽다'의 경우 상위어를 찾기 힘들기 때문이다. 그러한 이유로 상위 빈도의 어휘는 반의어를 부정하는 풀이를 많이 사용하는 것을 볼 수 있다. 또한 상위 빈도의 어휘일수록 다의어로 나타나기 쉽기 때문에 각각의 의미 항목 간의 의미를 변별하기 위해서는 보다 뜻풀이 말을 검토해야 한다.

　쉽다 「형용사」
　「1」하기가 까다롭거나 힘들지 않다.
　「2」((주로 '않다' 따위와 함께 쓰여))예사롭거나 흔하다.
　「3」(('-기(가) 쉽다' 구성으로 쓰여))가능성이 많다.

　용이-하다(容易--) 「형용사」
　어렵지 아니하고 매우 쉽다.

9　이 연구가 진행 중인 현재, 사전 집필이 완전히 이루어진 것이 아닌 집필 초기단계이기 때문에 뜻풀이 지침 전체를 제시하지는 않았다. 집필과정에서 문제가 드러나거나 집필지침에 맞지 않는 예들이 끊임없이 나오다보면 그것이 반영된 뒤에 최종 지침이 변경될 수 있다는 이유와 현재 진행 중인 사업이라는 점을 고려하여 지침 전체를 제시하지 못하고 이 연구에 필요한 부분만을 인용하였다.

> 작은아버지의 아내. 〈연세초등사전〉
> **아버지 동생의 아내. 〈학습자 기초사전〉**

예 1)에서 보는 것처럼 학습자 사전에서는 되도록 이르는 말이라는 표현은 하지 않는다. 이르는 말이라는 표현은 다국어로 대역할 때도 언어에 따라 오역의 가능성이 있는 불필요한 말이다. '작은아버지의 아내'라는 〈연세초등사전〉의 풀이 역시 쉬운 풀이이기는 하나 '작은아버지'라는 개념을 모르는 학습자들을 위해서는 아버지와 동생이라는 기본적인 어휘만으로 풀이가 가능한 '아버지 동생의 아내'가 더 쉽고 정확한 풀이이다.

> 예 2) 전쟁 : 국가와 국가, 또는 교전(交戰) 단체 사이에 무력을 사용하여 싸움. 〈표준국어대사전〉
> 나라들이나 민족들이 온갖 무기와 물자를 써서 서로 싸우는 것. 〈연세초등사전〉
> **나라나 민족들이 군대와 무기를 사용하여 싸우는 것. 〈학습자 기초사전〉**

전쟁을 풀이하는 말에 전쟁보다 더 어려운 '교전'이라는 표현은 학습자 사전의 풀이로는 적합하지 않다. '온갖'이라는 단어는 모국어 화자에서는 쉬운 관형사이지만, 외국인 학습자에게 설명이 필요한 단어이다. 그러므로 '온갖'보다는 더 많이 쓰이는 '여러'를 사용한다든가, 꼭 필요하지 않으면 사용하지 않는 방법으로 풀이말에 있는 기초어휘가 아니라고 생각하는 말들은 사용하지 않는 것이 적절한 풀이 방법이다.

> 예 3) 죽다 : 생명이 없어지거나 끊어지다. 〈표준국어대사전〉
> (생물이) 생명을 잃다. 살아 있지 않다. 〈연세초등사전〉
> **생명을 잃다. 〈학습자 기초사전〉**

예 3)에서 제시하고 있는 '죽다'의 〈표준국어대사전〉의 풀이는 천만 어절 균형말뭉치에서 검토 결과, '생명이 없어지다'의 꼴로 쓰인 예는 없음을 확인했다. 이 풀이는 실제 쓰지 않는 연어로 구성된 풀이일 뿐만 아니라 '생명이 끊어지다'의 '끊어지다' 역시 일차적 의미가 아닌 확장된 의미를 쓴 것이기 때문에 뜻풀이 어휘로 적절하지 않다. 이 경우는 '생명을 잃다'라는 표현만으로도 대역을 고려한 명확한 뜻풀이가 될 수 있다.

그러나 〈학습자 기초사전〉의 뜻풀이 중에는 위와 같은 기준으로 집필할 수 없는 어휘들이 존재한다. 고유명사나 동식물의 이름과 같은 어휘들은 '쉬운 뜻풀이'라는 조건에도 불구하고 쉬운 어휘만으로 풀이할 수 없다. 이런 경우는 불가피하게 메타언어의 사용을 허용하되 국어사전의 백과사전식 풀이는 지양하고 대역을 하기 위한 기본정보를 제공한다는 목적으로 집필할 수밖에 없다.

예4)  강남 : 「1」강의 남쪽 지역.

　　　　「2」『지명』한강 이남 지역.

　　　　「3」『지명』전라남도 '순천시(順天市)'의 다른 이름.

　　　　「4」『지명』중국 양쯔 강(揚子江)의 남쪽 지역을 이르는 말.
　　　　　　 흔히 남쪽의 먼 곳이라는 뜻으로 쓴다.

　　　　「5」『지명』예전에, '중국'을 이르던 말. 〈표준국어대사전〉
　　　　한강의 남쪽에 인접한 지역을 이르는 말. 〈한국어학습사전〉
　　　　**강의 남쪽 지역.**

　　　　**참고** : 일반명사의 의미 외에도 강남이 지칭하는 여러 지명
　　　　　　 이 있는데, 서울에서는 한강을 기준으로 한 남쪽 지
　　　　　　 역을 뜻하는 것이 대표적이며, 행정구역의 하나로도
　　　　　　 존재한다. 〈**학습자 기초사전**〉

'구(區)'와 같은 행정구역의 하나로도 존재하는 '강남'은 〈표준국어대

사전〉에서 다의어로 제시되어 있다. 〈학습자 기초사전〉은 '강의 남쪽 지역.'이라는 일반적인 의미를 뜻풀이에 제시하고 한국에서 가장 많이 사용하는 의미인 '한강 이남'의 의미를 참고 정보를 활용하여 상세하게 제시하였다.

## 4. 〈학습자 기초사전〉의 뜻풀이 어휘 검토 및 결과분석

검토 대상 표제어는 집필된 1만 여개 중에 고빈도 3천여 개[10]를 대상으로 하였다. 품사별로 표본을 선정하지는 않았지만 학습자용 6천 어휘 목록 중에 고빈도어를 중심으로 하였다는 점에서 한국어 학습자들이 꼭 알아야 하는 어휘를 선정한 것에서 의미를 찾을 수 있다. 검토 대상에 포함된 3천여 개의 어휘는 다양한 품사 범주의 어휘이며 그 풀이는 다양한 품사의 기초어휘들의 풀이이기 때문에 이들을 살펴보는 것으로 기초사전의 표제어의 풀이에 쓰이는 어휘의 특성을 파악할 수 있을 것이다.[11]

우선 뜻풀이에 쓰인 어휘의 규모와 유형을 살피기 위해 〈21세기 세종 계획 최종 성과물〉 자료 중 지능형 형태소 분석기를 사용하여 형태소 분석을 시도하여 우선 분석을 한 뒤에 정확성을 위해 수작업으로 잘못된 부분을 바로잡았다. 총 어휘 2,941개를 대상으로 총 5,872개의 뜻풀이

---

10  여기에서 고빈도 3천이라 함은 기초 학습자 사전에 선정된 5만 어휘 중에 조남호 (2003)에서 제시하고 있는 한국어교육용 어휘 6천여 개의 빈도를 제시한 목록을 바탕으로, 6천개의 목록 안에 있는 어휘 중에 이미 집필된 3천여 개의 어휘를 말한다.

11  3천여 개의 어휘가 고빈도 기초어휘라는 점에 있어 저빈도의 하위어들의 경우도 이와 같은 결과가 나올 지에 대해 의문의 여지가 있지만, 일단 연구의 초기에 고빈도 어휘로 연구를 하고 추후 모든 어휘를 대상으로 하거나, 하위어만을 대상으로 하여 연구 결과를 비교할 수 있을 것이다.

문장을 분석하여 보니 35,627개의 어절로 분석되었다. 총 어절 수대 문장의 수를 살펴보면 대체적으로 한 뜻풀이에 사용된 어절은 6.80개이다. 〈연세한국어사전〉의 경우는 약 5만 어휘에 대한 뜻풀이 문장은 총 63,894개이고, 어절 수는 총 409,256개이며 문장 당 6.40어절이다. 학습자 사전의 최종 표제어 수가 5만이기 때문에 5만 표제어와 비슷한 수준의 연세 한국어 사전을 일단 비교해 보니 〈학습자 기초사전〉의 어절이 연세 한국어 사전보다 아주 조금 늘어난 것을 확인할 수 있었다.[12] 이것을 바탕으로 형태 분석을 한 결과 어휘 항목이 모두 4,415개로 나타났다.

분석된 어휘 항목 중에 형식 형태소는 어휘수를 통제하는 연구에 큰 의미가 없는 숫자이기 때문에 이 연구에서는 문장부호나 형식 형태소(조사, 어미)로 분석된 항목은 제외하고 실질 형태소 이상의 항목을 가지고 풀이용 어휘 규모를 파악해 보려고 한다. 형태소 분석을 통해 나온 풀이용 어휘 상위 빈도 어휘 100개는 다음의 〈표 1〉과 같다.[13]

### 〈표 1〉 풀이용 어휘의 상위 빈도 순위 100 목록

| 빈도 | 항목 | 형태 표지 | 빈도 | 항목 | 형태 표지 |
|---|---|---|---|---|---|
| 740 | 것 | NNB | 88 | 어떠하다 | XR |
| 645 | 사람 | NNG | 87 | 크다 | VA |
| 605 | 하다 | VV | 85 | 소리 | NNG |
| 598 | 등 | NNB | 83 | 음식 | NNG |
| 594 | 일 | NNG | 83 | 속 | NNG |
| 577 | 말 | NNG | 83 | 받다 | VV |
| 503 | 어떻다 | VA | 81 | 잘 | MAG |

---

12  현재 집필 중에 있는 단계이기 때문에 어절 수가 약간 늘어난 것을 가지고 사전 풀이의 성격을 규정하기는 힘들다. 풀이가 확정된 뒤에 같은 단어에 대한 풀이 어절의 개수, 아니면 품사별 풀이 어절의 개수를 비교한 뒤에도 통계적으로 유의미한 차이가 난다면 〈학습자 기초사전〉의 풀이말이 좀 더 풀이적인 성격을 띠었다고 밝힐 수 있을 것으로 보인다. 이 연구에서는 단정적인 결론을 내리지 못한다.

13  '형태 표지'는 부록으로 제시하였다.

| | | | | | |
|---|---|---|---|---|---|
| 452 | 않다 | VX | 81 | 매우 | MAG |
| 406 | 있다 | VA | 81 | 관계 | NNG |
| 369 | 지다 | VX | 81 | 같다 | VA |
| 332 | 하다 | VX | 75 | 현상 | NNG |
| 262 | 되다 | XSV | 75 | 뜻 | NNG |
| 248 | 있다 | VX | 74 | 없이 | MAG |
| 243 | 이다 | VCP | 74 | 상황 | NNG |
| 224 | 마음 | NNG | 72 | 시간 | NNG |
| 220 | 없다 | VA | 71 | 아주 | MAG |
| 208 | 다름 | MM | 71 | 따르다 | VV |
| 207 | 수 | NNB | 71 | 돈 | NNG |
| 205 | 물건 | NNG | 71 | 남 | NNG |
| 203 | 생각 | NNG | 70 | 생기다 | VV |
| 192 | 또는 | MAJ | 69 | 나라 | NNG |
| 179 | 한 | MM | 68 | 다르다 | VA |
| 177 | 때 | NNG | 68 | 그렇다 | VA |
| 161 | 어떤 | MM | 67 | 더 | MAG |
| 157 | 무엇 | NP | 67 | 대하다 | VV |
| 157 | 만들다 | VV | 67 | 대상 | NNG |
| 150 | 행동 | NNG | 66 | 힘 | NNG |
| 149 | 못하다 | VX | 66 | 주다 | VX |
| 140 | 몸 | NNG | 66 | 자리 | NNG |
| 139 | 그 | MM | 66 | 이루다 | VV |
| 137 | 좋다 | VA | 65 | 자기 | NP |
| 134 | 위하다 | VV | 65 | 어렵다 | VA |
| 131 | 나타내다 | VV | 64 | 내다 | VV |
| 128 | 쓰다 | VV | 63 | 작다 | VA |
| 127 | 상태 | NNG | 63 | 움직이다 | VV |
| 110 | 서로 | MAG | 63 | 놓다 | VX |
| 109 | 모양 | NNG | 62 | 대 | NNB |
| 108 | 들 | XSN | 62 | 내용 | NNG |
| 107 | 부분 | NNG | 57 | 경이 | NNG |
| 106 | 되다 | VX | 56 | 물건 | NNG |
| 106 | 곳 | NNG | 56 | 느낌 | NNG |
| 104 | 곳 | NNB | 55 | 함께 | MAG |
| 102 | 사물 | NNG | 55 | 사이 | NNG |
| 100 | 앞 | NNG | 54 | 자신 | NP |
| 99 | 사실 | NNG | 54 | 넣다 | VV |
| 99 | 가지다 | VV | 53 | 보다 | VV |
| 97 | 일정 | NNG | 53 | 많다 | VA |
| 96 | 정도 | NNG | 53 | 나오다 | VV |
| 90 | 여러 | MM | 52 | 이상 | NNG |

　가장 많이 사용된 풀이말은 "것"으로 모두 740번이 사용되었고, 그 이외에 500번 이상 사용된 풀이말을 살펴보면 "사람", "하다", "등", "일", " 말", "어떻다" 등이다.[14] 빈도 10 이상의 항목은 모두 704개이며 빈도 5 이상인 경우까지 포함하면 1,305개이다. 빈도 3이상인 경우까지 포함하면 1,968개 정도이다. 빈도 3인 정도의 경우까지가 대충 한국어교육을 위한 기본어휘의 숫자에 근접하게 된다.

　형태소 분석을 통해 나온 4,415개의 항목 중에 형식 형태소뿐만 아니라 고유명사도 포함되어 있다.[15] 앞의 지침에서 살펴보았듯이 고유명사 풀이에 사용할 수밖에 없는 고유명사들의 경우는 풀이의 성격상 사용이 불가피하기 때문에 사용할 수밖에 없다[16] 그러므로 고유명사나 형식 형태소를 제외하고 남아있는 실질적인 의미를 갖는 어휘로 이루어진 항목 4,047개의 성격을 어떻게 규정할까 하는 문제가 남는다. 실질적인 의미를 갖는 단어 4,047개의 목록 중에는 사실상 하나의 어휘군(word family)으로 묶을 수 있는 어휘들이 상당수 있다. 이것을 하나의 어휘군으로 묶느냐, 각각을 개별적인 어휘로 보느냐 하는 것은 풀이용 어휘의 수를 측정하는 데에 상당한 영향을 미친다. 이 연구에서 제시해 보려고 하는 것은 풀이에 사용하는 어휘의 규모와 개수이기 때문에 한국어가 교착어라

---

14　이 연구에서는 '형태 의미 분석'이 아닌 '형태 분석'의 차원에서 연구를 진행하였기 때문에 동형이의 관계로 나타나는 어휘들로 생기는 문제점을 해소하지 못했다. '말(동물)'과 '말(언어)'는 둘 다 명사로 주석이 되어 같은 어휘군으로 묶이게 된다. 이러한 점은 이 연구의 한계로 보완해야 할 점이라는 것을 미리 밝힌다.

15　서울, 유럽, 조선, 한국 등.

16　풀이말 분석 단계에서 고유명사 풀이를 제외하는 것과 분석된 뒤에 고유명사의 숫자만 제외하는 두 가지 방법이 있을 수 있는데, 일단 학습자 기초 사전은 고유명사도 대역을 위해 쉽게 풀이하는 것이 원칙이기 때문에 고유명사의 풀이도 함께 넣어서 분석하는 방법을 택했다. 4,415개의 어휘에는 서울, 경상도와 같은 한국의 지명, 영국, 독일과 같은 나라 이름, 남대문과 같은 유적이름이 포함되어 있다.

는 유형론적 특성을 고려하면 활용(inflection)[17]이나 파생(derivation)의 형태를 각각의 단어로 인정하는 것보다는 한 개의 어휘군으로 묶어 보는 것이 풀이용 어휘의 규모 제시에 타당한 방법이라 생각한다.[18]

〈표 2〉 풀이용 어휘의 가나다 순 목록

| 빈도 | 항목 | 형태소표지 | 어휘군 | 빈도 | 항목 | 형태소표지 | 어휘군 |
|---|---|---|---|---|---|---|---|
| 9 | 가게 | NNG | | 2 | 가방 | NNG | |
| 2 | 가격 | NNG | | 10 | 가볍다 | VA | |
| 3 | 가공 | NNG | | 3 | 가사 | NNG | |
| 3 | 가구 | NNG | | 1 | 가수 | NNG | |
| 2 | 가까스로 | MAG | | 2 | 가스 | NNG | |
| 21 | 가까이 | MAG | 가깝다 | 1 | 가시 | NNG | |
| 1 | 가까이하다 | VV | 가깝다 | 34 | 가운데 | NNG | |
| 27 | 가깝다 | VA | 가깝다 | 11 | 가을 | NNG | |
| 1 | 가꾸다 | VV | | 40 | 가장 | MAG | |
| 7 | 가끔 | MAG | | 1 | 가장자리 | NNG | |
| 5 | 가난 | NNG | | 4 | 가정 | NNG | |
| 3 | 가누다 | VV | | 3 | 가져오다 | VV | |
| 8 | 가늘다 | VA | | 4 | 가족 | NNG | |
| 8 | 가능 | NNG | 가능 | 3 | 가죽 | NNG | |
| 3 | 가능성 | NNG | 가능 | 35 | 가지 | NNB | 가지 |
| 34 | 가다 | VV | 가다 | 4 | 가지 | NNG | 가지 |
| 40 | 가다 | VX | 가다 | 99 | 가지다 | VV | |
| 1 | 가닥 | NNB | 가닥 | 2 | 가지런 (가지런하다) | XR | |
| 2 | 가닥 | NNG | 가닥 | 2 | 가짐 | NNG | 갖다 |

---

17  일반 국어사전에서는 용언의 활용형을 표제어로 등재하지 않지만 학습자 사전의 경우에는 용언의 활용형이 등재되어 있기도 하다.(예 : 서상규 외(2004), 〈외국인을 위한 한국어 학습 사전〉) 이 연구에서 검토된 약 3천 개의 표제어에는 용언의 활용형이 포함되지 않았지만 〈학습자 기초사전〉의 표제어에는 용언의 활용형이 포함되어 있어 '활용'의 형태를 언급하였다.

18  한국어 사전 편찬이나 학습용 어휘 선정을 위한 앞선 연구에서는 어휘군을 기준으로 한 이 연구와는 다르게 단어를 기준으로 어휘량을 측정하였다. 그러나 영어의 기초 어휘를 제시할 때 다양한 굴절형이 나오는 be 동사도 하나의 어휘로 측정하는 것을 볼 때 이 연구의 방법론이 다소 새롭기는 하나 생소한 것은 아니다.

| 8 | 가두다 | VV | | 1 | 가책 | NNG | |
|---|---|---|---|---|---|---|---|
| 2 | 가느다랗다 | VA | | 1 | 가축 | NNG | |
| 4 | 가득 | MAG | 가득 | 24 | 가치 | NNG | |
| 4 | 가득하다 | VA | | 1 | 가파르다 | VA | |
| 2 | 가라앉다 | VV | | 4 | 가하다 | VV | |
| 1 | 가락 | NNG | | 8 | 각 | MM | 각 |
| 4 | 가래떡 | NNG | | 2 | 각 | NNG | 각 |
| 1 | 가려내다 | VV | 가리다 | 3 | 각각 | MAG | 각각 |
| 1 | 가로수 | NNG | | 12 | 각각 | NNG | 각각 |
| 20 | 가루 | NNG | | 2 | 각본 | NNG | |
| 8 | 가르다 | VV | | 8 | 각오 | NNG | |
| 14 | 가르치다 | VV | 가르치다 | 3 | 각종 | NNG | |
| 4 | 가르침 | NNG | 가르치다 | 2 | 간 | NNB | 간 |
| 1 | 가리개 | NNG | 가리다 | 2 | 간 | NNG | 간 |
| 28 | 가리다 | VV | 가리다 | 4 | 간격 | NNG | |
| 51 | 가리키다 | VV | | 1 | 간단 | NNG | 간단하다 |
| 1 | 가마니 | NNG | | 9 | 간단<br>(간단하다) | XR | 간단하다 |
| 5 | 가만히 | MAG | | 2 | 간단히 | MAG | 간단하다 |
| 2 | 가뭄 | NNG | | | | | |

〈표 2〉에서 제시하고 있는 목록은 뜻풀이에 사용된 어휘를 형태 분석을 통해 나타낸 가나다 순 목록의 첫 부분이다. 〈표 2〉에서 보고 있는 것처럼 "가깝다"와 같은 경우는 "가까이", "가까이하다"라는 각각의 경우로 제시되어 3개의 어휘로 나타나지만 사실 "가깝다"를 대표어로 하나의 어휘군으로 묶일 수 있는 경우이다. "가능"과 "가능성", "가르치다"와 "가르침", "간단", "간단하다"와 "간단히"의 경우도 이와 같이 하나의 어휘군으로 묶일 수 있는 어휘들이다. 형태 분석에서 나온 4천개 가량의 항목들을 이와 같은 방법[19]을 사용하여 각각의 어휘군들로 묶어보니 상당수의 항목이 줄어들어 3,368개의 어휘군으로 묶였다.

---

19  이 외에도 본동사–보조동사(예 : 가다), 일반명사–단위성 의존명사(예 : 가지)와 같이 의미, 기능이 분화된 어휘들도 하나의 어휘군으로 묶었다. 이것들의 의미 분화를 하나하나 시도했을 경우에 더 많은 어휘가 나타나게 된다.

## 5. 〈학습자 기초사전〉을 위한 어휘 통제 방법

〈학습자 기초사전〉의 풀이말의 분석 결과 3,368개의 어휘군이 사용되고 있음이 드러났다. 이 숫자는 2장에서 제시된 외국어 학습자 사전의 풀이말의 개수나 한국어 기초어휘로 제시되고 있는 어휘 목록의 개수에 비하면 기대를 약간 넘어서는 숫자이다. 예상보다 많은 어휘군이 사용되고 있기 때문에 꼭 필요한 어휘인지 검토하는 작업이 필요할 수밖에 없다. 우선적으로 어휘 사용 빈도 1인 1,249개의 단어와 빈도 2인 828개의 단어부터 검토하여 쉬운 뜻풀이에 필요한 적당한 말인지 다른 표현이 가능한지 검토해 보니 사용된 풀이말 중에는 기초 한국어 단어라고 보기에 어려운 단어들도 눈에 띠었다. 이런 단어가 풀이말에 사용된 것은 집필자의 직관에 의한 판단이 잘못 되었다는 것을 보여주는 것이기 때문에 사용 빈도가 낮은 어휘들을 중심으로 어떻게 대체 가능한지를 보여주는 지침을 만드는 것이 일관성 있는 뜻풀이를 위해 선행되어야 할 작업이다. 분석의 과정을 설명하기 위해 먼저 〈표 2〉에 제시한 풀이말에서 사용빈도 1인 어휘 목록의 일부분을 살펴보자.

〈표 3〉 풀이말에 한번 사용된 가나다 순 어휘 목록과 조남호(2003)의 어휘 목록 비교

| 항목 | 조남호(2003)의 등재 여부 | 항목 | 조남호(2003)의 등재 여부 | 항목 | 조남호(2003)의 등재 여부 |
|---|---|---|---|---|---|
| 가꾸다 | O | 거실 | O | 고장 | O |
| 가락 | | 거울 | O | 골 | O |
| 가려내다 | | 거지 | | 골격 | |
| 가로수 | O | 건너다 | O | 곰곰이 | |
| 가마니 | | 건전하다 | O | 곱다 | O |
| 가수 | O | 걸쭉하다 | | 공상 | |
| 가시 | | 게다가 | O | 공신력 | |
| 가장자리 | | 게임 | O | 공업 | O |
| 가책 | | 겨를 | | 공화국 | |
| 가축 | | 겨자씨 | | 과 | O |

| | | | | | |
|---|---|---|---|---|---|
| 가파르다 | | 결함 | | 과연 | O |
| 간식 | O | 결합 | | 과자 | O |
| 간주 | | 경고 | O | 관 | |
| 간행물 | | 경과 | | 관공서 | |
| 간혹 | O | 경력 | O | 관례 | |
| 갇히다 | O | 경마 | | 관문 | |
| 갈가리 | | 경솔 | | 관할 | |
| 갈등 | O | 경찰 | O | 광물 | |
| 감돌다 | | 경황 | | 괜찮다 | O |
| 감싸다 | O | 계기 | | 굉장히 | O |
| 감옥 | O | 계단 | O | 교섭 | |
| 감자 | O | 계량기 | | 교실 | O |
| 감쪽같이 | | 계열 | | 교인 | |
| 강요하다 | O | 계통 | | 교회 | O |
| 강인하다 | | 고객 | O | 구 | O |
| 강황 | | 고급 | O | 구김살 | |
| 개관 | | 고독하다 | | 구세주 | |
| 개방 | O | 고리 | | 구수하다 | |
| 개월 | O | 고명 | | 구슬리다 | |
| 거느리다 | | 고발 | | 구어 | |
| 거대하다 | O | 고상하다 | | 국내선 | O |
| 거듭 | O | 고소 | | 국력 | |
| 거르다 | | 고용 | | 국립 | O |
| 거무스름하다 | | | | | |

〈표 3〉에 제시된 어휘 중에는 꼭 사용되어야만 하는 어휘도 있지만 쉬운 어휘로 대체 가능한 어휘들도 상당수가 존재한다. 우선 이 단어들이 기초어휘인가 아닌가를 판정하기 위해서는 객관적인 기준이 필요한데 기본적으로 이 〈학습자 기초사전〉이 5만 표제어 규모이고, 이 중에 조남호(2003)의 한국어 학습자를 위한 기초어휘 목록 6천 어휘는 기본적으로 이 사전의 표제어에 모두 포함되어 있으므로 일단 이 어휘들이 조남호(2003)에서 제시하고 있는 학습자를 위한 기초어휘 목록에 들어 있는지 확인하는 작업을 하였다.[20] 〈표 3〉에서 보는 것처럼 사용빈도 1인

---

20  기초어휘의 범위를 일단 2천이나 3천에 한정짓지 않고 가장 넓은 조남호의 목록을

어휘들 중에 조남호(2003)의 목록에 있는 어휘는 동그라미로 표시하였다. 이런 과정을 통해 확인해 보면 '가락', '가마니', '감쪽같이', '계량기', '경황' 등과 같이 조남호(2003)에서 기초어휘로 보지 않았던 어휘들이 상당수가 존재한다.

출현 빈도가 1회이고 기초어휘 목록에도 들어있지 않은 이들 어휘들을 꼭 사용해야 하는지를 살펴보기 위해 어휘들의 유형을 나누어 보면, 첫째, 어려운 한자어여서 다른 어휘로 대체 가능한 경우가 있다. 예를 들어 '경황'[21]은 기초어휘의 풀이로는 적합하지 않다. 이런 어려운 한자어는 '여유', '틈', '겨를'이라는 말로 쉽게 대체할 수 있다.

둘째는 기초어휘에 들어가지 않는 한자어인데 대체 어휘를 찾기는 어렵지만 상위어로 대체할 수 있는 경우가 있다. 이 표에서 보는 것 중에 경마와 같은 어휘는 굳이 풀이말로 사용하지 않는 것이 좋다.

> 예 5) **코스** 달리기, 경마, 수영 등의 경기에서 선수가 나아가는 길.
> (〈학습자 기초 사전〉 수정 전 풀이.)
> 달리기 경주, 수영 등의 경기에서 선수가 나아가는 길.(〈학습자 기초 사전〉 수정 후 풀이.)

셋째, 기본어휘에 속하지 않는 복합어여서 기본어휘 두 개 이상으로 나눌 수 있는 경우가 있다. 예를 들어 "계량기"나 "간행물" 같은 경우는 "재는 기계"나 "출판되는(펴내는) 책 혹은 잡지"와 같이 다시 한 번 풀어

---

사용한 이유는 아직까지 어휘 통제의 규모를 제대로 밝힌 연구가 없기 때문에 일단은 약간 범위를 넓힌 기초어휘의 숫자로 확인해 보는 작업을 먼저 하는 것이 필요할 것 같아서이다.

21 '경황'이 뜻풀이말로 사용된 표제어는 '정신없이'이다. 〈표준국어대사전〉에서 '정신없이'가 "무엇에 놀라거나 경황이 없어 앞뒤를 생각하거나 사리를 분별할 여유가 없이"로 풀이되어 있다.

쓸 수 있는 어휘들이다.

> 예 6) **호14**  신문이나 잡지 같은 간행물의 순서를 나타내는 말. (〈학습
> 자 기초사전〉 수정 전 풀이.)
> 출판되는 책, 신문, 잡지 등의 순서를 나타내는 말. (〈학습
> 자 기초사전〉 수정 후 풀이.)

넷째, 모국어 화자한테는 어렵지 않지만 대역을 하거나, 한국어 학습
자에게는 어려운 부사어나 색깔을 나타내는 어휘 사용의 경우이다. "감
쪽같이"나 "거무스름하다"는 굳이 뜻풀이에 사용할 필요가 없는 어휘들
인데 집필자가 별 자각 없이 사용한 어휘들이다.

> 예 7) **갈색**  마른 나뭇잎처럼 거무스름한 누런 색.(〈학습자 기초사전〉
> 수정 전.)
> 검은 빛을 띤 짙은 노란색.(〈학습자 기초사전〉 수정 후.)

다섯째, 사전 풀이에서 삭제해도 되는 유형이다. 보통 이런 어휘는 사
전을 1차적으로 기술하였을 때 나타나며 교정 단계 중에 뜻풀이에서 삭
제하여 고칠 수 있다. 위의 어휘 중에 '가마니'를 예로 들겠다.

> 예 8) **짜다**  (실이나 끈등을 엮어서)옷감이나 가마니 등을 만들다.(〈학
> 습자 기초 사전〉 수정 전.)
> 실을 엮어 옷이나 옷감 등을 만들다.(〈학습자 기초 사전〉
> 수정 후.)

위에서 제시한 것과 같은 유형을 고려하여 뜻풀이 어휘를 통제하기
위해 세세한 지침을 마련하여 수정 과정에 반영한다면 상당한 양의 어휘
수를 줄일 수 있다. 즉 풀이말의 어휘를 검토하여 기초어휘의 성격에 맞
지 않는 말을 위의 유형을 고려하여 대체 어휘나 대체 표현으로 바꿔

준다면 3천 개 내외의 어휘를 사용한 풀이가 가능할 것으로 기대된다.

## 6. 맺음말

이 연구는 〈학습자 기초사전〉 집필 과정에서 학습자 사전의 성격이 드러나는 쉬운 풀이를 하기 위한 기초 연구로서 어휘를 통제하는 뜻풀이 기술 방법에 관한 논의다. 현재까지 집필된 풀이말을 분석하여 기초 사전의 뜻풀이의 어휘 통제가 어느 정도 가능한가에 관한 연구, 다시 말해 학습자 사전 뜻풀이말의 어휘의 범위를 확인해 보려는 연구였다. 분석 결과 3천 개가 넘는 어휘가 사용되고 있었기 때문에, 이 중에 기초어휘의 뜻풀이에 적합하지 않은 풀이말은 대체 가능한 방법을 모색하였다. 이 연구에서 밝힌 뜻풀이 어휘의 목록을 가지고 풀이말에 사용할 수 있는 목록으로 제시하는 것은 아직까지 위험이 따른다. 장기적으로는 어휘 풀이에 사용할 수 있는 확정된 어휘 목록을 제시하고 그 안에서 뜻풀이가 기술되도록 하는 방법이 학습자 사전의 기술에 있어 유용한 방법이 되겠지만 그러기 위해서는 목록 확정을 뒷받침할만한 더 많은 근거들이 제시되어야 할 것이다.

이 연구는 3천개 표제어의 풀이말을 대상으로 한 연구이기 때문에 뜻풀이용 어휘 목록의 확정을 위해서는 이보다 많은 수의 어휘 풀이를 대상으로 한 연구가 필요하다. 뜻풀이 또한 완결된 사전의 표제어들을 연구 대상으로 삼았을 때의 결과와 비교하는 작업이 필요하다. 뿐만 아니라 뜻풀이 어휘에 들어온 어휘군의 목록과 한국어 학습자를 위한 기초어휘 목록의 어휘들을 비교·검토하여 차이 나는 부분이 없는지를 살펴보는 작업도 병행되어야 할 것이라고 생각한다. 이러한 비교 분석을 통해 사전 풀이말 어휘의 성격을 파악한 뒤에야 실제로 실현 가능한 학습자 사전의 뜻풀이용 어휘의 개수를 확정할 수 있을 것이다. 그런 연구 결과를 통해 2천 내지 3천 어휘를 가지고 학습자용 사전 뜻풀이가 가능하다면 뜻풀이 집필을 위한 뜻풀이용 어휘 목록을 제시할 수 있을 것이다.

그러나 본 연구는 형태 분석만을 실시하였기 때문에 의미 분석을 했을 경우 숫자에 차이가 날 수 있다는 점, 그리고 어휘의 뜻풀이 기술 방법에 있어 뜻풀이의 일관성이나 사례별 유형에 대한 구체적인 제시가 없었다는 점은 여전히 한계로 남는다. 본 연구의 이러한 한계에도 불구하고 이 연구는 사전 집필의 초기에 어휘 통제를 위한 탐색적 연구였다는 점과 이 연구에서 밝혀진 문제점들을 보완하여 집필에 반영할 수 있는 근거로 삼을 수 있다는 점에서 의의가 있다고 하겠다.

─이 글은 『언어와언어학』 50호, 125~146쪽에 실린 논문을 수정·보완한 것임.

## 〈부록〉〈21세기 세종계획 말뭉치〉 구축 지침의 세종 형태 표지

| 대분류 | 소분류 | 세분류 |
|---|---|---|
| (1) 체언 | 명사NN | 일반명사NNG<br>고유명사NNP<br>의존명사NNB |
| | 대명사NP | 대명사NP |
| | 수사NR | 수사NR |
| (2) 용언 | 동사VV | 동사VV |
| | 형용사VA | 형용사VA |
| | 보조용언VX | 보조용언VX |
| | 지정사VC | 긍정지정사VCP<br>부정지정사VCN |
| (3) 수식언 | 관형사MM | |
| | 부사MA | 일반부사MAG<br>접속부사MAJ |
| (4) 독립언 | 감탄사IC | 감탄사IC |
| (5) 관계언 | 격조사JK | 주격조사JKS<br>보격조사JKC<br>관형격조사JKG<br>목적격조사JKO<br>부사격조사JKB<br>호격조사JKV<br>인용격조사JKQ |
| | 보조사JX | 보조사JX |
| | 접속조사JC | 접속조사JC |
| (6) 의존형태 | 어미E | 선어말어미EP<br>종결어미EF<br>연결어미EC<br>명사형전성어미ETN<br>관형형전성어미ETM |
| | 접두사XP | 체언접두사XPN |
| | 접미사 XS | 명사파생접미사XSN<br>동사파생접미사XSV<br>형용사파생접미사XSA |
| | 어근XR | 어근XR |
| (7) 기호 | 마침표, 물음표, 느낌표 | SF |
| | 쉼표, 가운뎃점, 콜론, 빗금 | SP |
| | 따옴표, 괄호표, 줄표 | SS |
| | 줄임표 | SE |
| | 붙임표(물결, 숨김, 빠짐) | SO |
| | 외국어 | SL |
| | 한자 | SH |
| | 기타 기호(논리 수학기호, 화폐 기호 등) | SW |
| | 명사추정범주 | NF |
| | 용언추정범주 | NV |
| | 숫자 | SN |
| | 분석불능범주 | NA |

# 한국어 학습자 말뭉치의
# 자료 구축 방안 대한 기초 연구

**강현화**
연세대학교

## 1. 도입

한국어 학습자 말뭉치에 관한 연구는 2000년대부터 시작되었다. 그간의 연구에서는 실제 구축보다는 활용에 관한 이론적 논의가 주로 이루어져 왔으며, 실제 구축 작업 역시 개인 연구자에 의한 소규모의 말뭉치와 '연세 학습자 오류 말뭉치'와 '고려대학교 학습자 말뭉치'에 국한되어 있어, 국외에 비교해서는 매우 적은 규모라고 하겠다.

최근 한국어교육계는 다양한 학습 목적과 대상 변인에 따른 한국어 학습자들이 급증하고 있으며, 이들의 요구에 부응하는 교육과정 개발 및 그에 따른 교수 매체 및 교수법 개발의 필요성이 시급한 형편이다. 그간의 한국어교육 연구의 원천 자료는 주로 교수 현장 중심의 경험적 자료와 연구자의 직관에 기반을 둔 연구가 많은 비중을 차지해 왔다. 하지만 이러한 경험적 연구 외에도 실증적이고 객관적인 언어 사용 자료에 기반을 둔 연구에 대한 요구가 커지고 있으며, 이는 본고가 논의하는 학습자 말뭉치의 분석으로 부응할 수 있는 바가 크다. 학습자 말뭉치는 학습자의 중간언어를 보여주며, 이를 바탕으로 한 연구들은 교수요목의 설계와 교재, 교수법 개발에 직접적인 효용성을 가져올 수 있기 때문이다.

본고는 다양한 학습자의 변인과 자료의 특성을 고려한, 균형성과 대표성을 갖춘 자료가 체계적인 학습자 말뭉치의 구축 방안을 모색하는 것을 목적으로 한다. 이를 위해서는 학습자 말뭉치의 규모나 자료 수집 방법, 주석 방법, 그리고 검색 방법 및 관리 방안까지 통합적으로 제시되어야 할 것이나, 본고에서는 학습자 말뭉치에서의 정보학적 접근(규모 산정, 주석, 검색, 관리 등)을 제외하고, 언어교육학적 활용에서 초점이 되는 구축할 자료의 구성 방안(자료 수집 방안이 자료 구성)에 초점을 두어 논의를 진행하고자 한다.

이를 위해 본 연구는 학습자 말뭉치에 대한 국내외의 선행 연구 분석과 말뭉치 구축 현황 조사, 그리고 학습자 말뭉치에 대한 요구분석을 통하여, 향후 구축할 학습자 말뭉치의 자료 구성 방안을 제시하고자 한다.

아울러 자료 구성 방안에 대한 제안을 통해, 본 연구는 그간에 이루어진 주로 문장 이하 단위의 구문 연구나 어휘 빈도, 연어 연구 등에 활용되었던 말뭉치 연구를, 학습자 말뭉치 설계를 기점으로 담화의 단위로 넓힐 수 있는 방법론을 함께 모색하고자 한다.

## 2. 연구 대상 및 방법

### 2.1. 연구 대상

말뭉치란 언어의 본질적인 모습을 총체적으로 드러내 보여 줄 수 있는 자료의 집합이며, 일정 규모 이상의 크기를 갖추고 내용적으로 다양성과 균형성이 확보된 자료의 집합체이다(서상규·한영균, 1999). 그 중에서 학습자 말뭉치는 흔히 오류 말뭉치로도 알려져 있으며, 학습 과정에서 학습자에 의해 생산된 음성, 글 등을 체계적으로 수집, 정리, 가공한 언어 자료로 정의된다. 이는 언어 습득 및 발달 연구, 교육과정 개발, 교수법 개발, 사전 편찬 등에 활용할 수 있는 특수 말뭉치이자 다목적 말뭉치이다.

한국어교육 연구에는 아래의 세 가지 유형의 말뭉치가 모두 필요하다고 본다.

첫째는 본고의 대상이 되는 학습자 말뭉치이다,

둘째는 '준거 말뭉치로, 이는 학습용 교육 자료 말뭉치를 의미하는데, 학습자의 목적별로 그에 상응되는 목표 언어의 일반 자료 말뭉치를 의미한다. 학습자 말뭉치를 분석하려면, 많은 부분에서 그 준거가 되는 목표 언어의 말뭉치의 표본이 필요하기 때문이다. 예를 들어 학문 목적 학습자를 위한 '발표(프레젠테이션)'교수를 위해서는 목표 언어 화자의 발표 자료를 모은 준거 말뭉치와 학습자의 오류 말뭉치의 비교가 연구의 출발이 될 수 있기 때문이다.

셋째는 참조 말뭉치로, 이는 교재나 평가, 교사 언어 등과 같이 교육과정 운영 중에 산출되는 말뭉치를 의미한다. 학습자가 접하는 학습 환경에서는 학습 내용 외에도 다양한 언어에 노출될 수 있는데, 이 부분은 상대적으로 연구가 소홀했던 영역이었다. 하지만 교재의 메타언어나 교수자의 언어 등의 언어 자료 역시 한국어교육 연구를 위해서는 필수적인 자료들이다.

본고에서는 이 중, 우선 학습자 말뭉치에 초점을 두어 구체적인 구축 및 활용 방안을 제시하고자 했다.

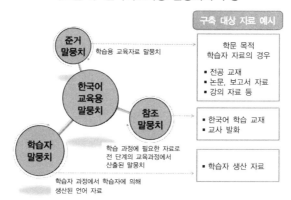

〈그림 1〉 한국어교육용 말뭉치의 구성

## 2.2. 연구 방법

학습자 말뭉치 자료 구성 방안을 모색하기 위해 아래와 같은 이론 연구와 설문 연구를 실시했다.

첫째, 학습자 말뭉치 구축에 대한 국내외 현황 연구와 학습자 말뭉치 구성에 대한 자료를 분석했다. 관련 웹 사이트 등에 대한 광범위하고 심도 있는 조사를 통해 국외의 학습자 말뭉치 구축에 관한 구체적인 설계 방안을 살펴보았다.

둘째로는 학습자 말뭉치의 활용 방안에 대한 선행 연구를 분석하여, 연구와 현장에의 적용에 적합한 학습자 말뭉치 구축 방안을 모색하고자 하였다. 말뭉치의 구성은 결국 활용을 전제로 한 실용적인 것이어야 하기 때문이다.

셋째는 한국어 교사, 연구자, 학습자들을 대상으로 한 학습자 말뭉치 구축 및 활용에 대한 요구 분석을 실시했다.[1] 요구 조사의 내용은 사용

자료 현황 조사 및 필요 자료에 대한 요구, 활용에 관한 요구 등으로 나누고 각 영역별 세부 항목을 구성하였다. 한국어교육 연구자에는 예비 연구자인 대학원생을 포함시켰으며, 문항은 학습자 말뭉치 활용 경험, 필요성에 대한 인식 여부를 기본 문항으로 하여 연구자와 학습자용 문항을 각각 설계하여 실시하였다.

본고는 이와 같이 국내외의 학습자 말뭉치 구축 현황 연구와 언어 교육에의 활용에의 가능성을 살피는 이론 연구, 한국어교육 연구자 및 교수자 대상의 요구분석이라는 세 가지 방법을 바탕으로 향후 구축될 학습자 말뭉치의 구축 방향성을 제시하기로 하겠다.

## 3. 선행 연구

### 3.1. 학습자 말뭉치 구축 현황

현재 국내에 구축되어 있는 주요 학습자 말뭉치는 기관에서 구축한 학습자 말뭉치와 개인이 직접 구축한 학습자 말뭉치로 나누어 볼 수 있다. 선행 연구 및 국내외 현황 조사 결과에 따르면 대규모 학습자 말뭉치의 경우 '연세 학습자 오류 말뭉치'(2002)와 '고려대학교 학습자 말뭉치'(2003~2005) 등의 2건에 불과했다.

---

1　학습자 말뭉치는 사용자의 접근성 부분이 큰 문제 중의 하나였다. 따라서 금번 연구에서 설문을 통해, 활용성을 높이는 방안을 모색하고자 했다.

### 〈표 1〉 기관 구축 말뭉치 개요

| 기관 | 개요 |
|------|------|
| 연세 | ◦ 규모 : 50만 어절<br>◦ 구성 : 문어<br>◦ 자료 수집 방법 : 작문 과제, 시험, 백일장<br>◦ 학습자 구성 : 초급~고급 전체, 여자/남자, 영어권/일어권/중국어권/러시아권/<br>　　　　　　　기타 교포/외국인 |
| 고려 | ◦ 규모 : 50만 어절<br>◦ 구성 : 문어<br>◦ 자료 수집 방법 : 작문 과제, 시험, 백일장<br>◦ 학습자 구성 : 초급~고급 전체 |

　　나머지 말뭉치는 소논문이나 일부 학위논문에 사용하기 위해 연구자 개인이 구축한 소규모 자료에 한정되어 있음을 알 수 있다. 또한 이들 자료의 대부분은 대학 내 언어기관에서 수집된 시험 자료와 숙제 자료에 한정되어 있음을 알 수 있다.

　　이에 반하여 국외의 연구를 살펴보면, 연구에 활용할 수 있는 균형성과 대표성을 갖춘 문어 및 구어 말뭉치가 구축되어 있어 학습자 말뭉치를 활용한 연구가 다양한 영역에서 활발하게 이루어지고 있음을 알 수 있다.

　　먼저, 규모의 측면에서 살펴보자. 국외에서 구축된 말뭉치의 규모는 BALC(The BUiD Arab Learner Corpus) 287,227어절, LINDSEI(The Louvain International Database of Spoken English Interlanguage) 80만 어절, CEEAUS(The Corpus of English Essays Written by Asian University Students) 200만 어절, LINDSEI(The Louvain International Database of Spoken English Interlanguage) 2백 60만 어절, BAWE(The British Academic Written English Corpus) 6백 5십만 어절, LLC(The Longman Learners' Corpus) 1천만 어절, CLC(The Cambridge Learner Corpus)와 HKUST(The Hong Kong University of Science &Technology Learner Corpus) 각각 2천

5백만 어절 등으로 말뭉치의 유형과 구축 목적에 따라 규모가 매우 다양함을 파악할 수 있다.

다음으로, 말뭉치의 유형에 있어서도 국외의 학습자 말뭉치는 문어 말뭉치와 구어 말뭉치를 두루 포함하고 있었다. 자세한 논의는 4절에서 하기로 하겠다.

셋째로, 학습자의 국적별 말뭉치 구축도 매우 활발했음을 알 수 있다. 특히 The International Corpus of Learner English(ICLE)의 경우 전체 규모가 약 300만 어절로 11개 언어권의 국가가 공통의 지침을 가지고 다국적 학습자의 말뭉치를 체계적이고 지속적으로 구축하고 있다.

이상을 정리해 보면, 말뭉치의 규모나 다양성의 측면에서 모두 국외의 학습자 말뭉치에 비해, 국내의 연구는 매우 미진함을 확인할 수 있다. 국내의 말뭉치 구축 작업은 1차 구축 후에 연속성을 가지지 못한 반면, 국외의 경우 대학 기관 또는 국가 차원의 장기 프로젝트를 통해 대규모의 말뭉치가 지속적으로 누적 구축되어 왔다는 점을 주목해 볼 만하다.

또한 최근 한국어교육계의 학습자의 변인이 점점 다양해지고 있음에도 불구하고, 다양한 국적 기반의 말뭉치 구축이 이루어지지 않고 있음을 확인할 수 있다.[2]

## 3.2. 학습자 말뭉치에 대한 선행 연구

먼저 학습자 말뭉치에 대한 국내 연구를 살펴보면 도표와 같이 현황 연구와 구축 방안, 주석 방안, 그리고 말뭉치 분석을 통한 한국어교육에

---

2  이런 문제는 여러 국가가 공조하여 다양한 국적의 학습자 말뭉치를 수집하고 있는 ICLE의 사례도 장기적으로는 벤치마킹해 볼 만하다.

의 함의 분석 등의 연구로 구분할 수 있다.

〈표 2〉 국내 연구의 주제별 목록

| 주제 | 제목 |
|---|---|
| 이론 및 현황 | ◦ 서상규, 유현경, 남윤진(2002),<br>◦ 김정숙, 김유정(2002) |
| 말뭉치 설계 및 구축 | ◦ 유석훈(2001), ◦ 조철현 외(2002), ◦ 김유미(2005),<br>◦ 김유미(2006), ◦ 박수연(2007), ◦ 이승연(2007) |
| 주석 및 태깅 | ◦ 김유정(2005), ◦ 이승연(2006), ◦ 이승연(2007) |
| 말뭉치의 활용 | ◦ 김미옥(1994), ◦ 김유미(2000), ◦ 이정희(2001), ◦ 고석주(2002),<br>◦ 김미옥(2002), ◦ 김정숙, 남기춘(2002), ◦ 김중섭(2002), ◦ 유현경,<br>서상규(2002), ◦ 양명희(2003), ◦ 김정은, 이소영(2004), ◦ 홍은진<br>(2004), ◦ 이승연, 최은지(2007) |

학습자 말뭉치에 대한 연구는 구축과 관련된 내용을 소개하는 논문이 주를 이루고, 나머지 논문들은 해당 자료를 바탕으로 한 오류 분석의 결과를 보고한 논문들로 어휘적 오류나 문법적 오류를 다룬 것이 대부분이다. 본고가 다루는 학습자 말뭉치 설계에 대한 전반적 논의나 구체적인 자료 수집 방안에 대한 연구는 거의 없었다.

특히 연구에의 활용 측면에서 국외의 학습자 말뭉치를 활용한 연구를 살펴보는 것은 매우 중요하다. 그간의 학습자 말뭉치 구축은 주로 국어 정보학자에 의해 주도되어 왔다. 하지만 정작 학습자 말뭉치는 특수 말뭉치로서 해당 말뭉치의 사용자의 요구에 근거하지 않으면 활용하기 어려우므로, 반드시 실제 활용에의 고려 아래 설계되어야 하는데, 상대적으로 이러한 부분이 충분히 고려되지 못한 측면이 있었기 때문이다.

해당 연구는 크게 학습자 언어 분석 연구와 학습자 말뭉치를 사전이나 교수 활동에 활용하고자 한 연구로 나누어 볼 수 있다. 먼저, 학습자 말뭉치에 근거한 학습자 언어 분석 연구를 살펴보자. 이 영역의 연구는 음운론적, 어휘론적, 형태-통사론적, 담화적 측면에서 매우 다양하게 이루어졌음을 알 수 있다.

먼저 음운론적 영역에서는 숙달도별 학습자의 특성이나 운율적 요소에 초점을 둔 연구가 이루어졌다. 한국어교육이 개별 음소 오류에 치중하고 있는 데에 반하여, 운율적 요소나 담화상에 나타난 다양한 음운론적 특성을 다루었다는 점에서 의미가 있다. 구어 자료의 전사에 있어서 해당 영역의 효율적 연구를 뒷받침할 수 있는 기술적 고려가 필요함을 알 수 있다. Gut, U. (2008), ilde J.-T. and Gut U. (2002), Romero-Trillo J and Linnares-Garcia A. (2002), Oba T. and Atwell E.(2003) 등이 있다.

어휘적 영역에서도 활발히 이루어졌는데, 어휘 변이에 대한 연구나 어휘 학습의 과정을 연구한 것들이 눈에 띈다. 또한 대학 작문에 나타난 프레지올로지적 특성에 대한 연구도 다루어졌다. 어휘는 특히 연어나 다단어 어휘에 대한 관심이 두드러졌는데, 이는 학습자 언어 중 오류 산출과 관계가 있다고 하겠다. Granger S. and Granger S. and Wynne M.(1999), Wynne M.(1999), Hasselgren A.(1994), Granger S. and Paquot M.(2005), Kaszubski P.(2000a), Lenko-Szymanska A.(2000b), Granger S., Paquot M. and Rayson P.(2006), Hasselgren A.(2002), Milton J.(1998b), Meunier F. and S. Granger (eds)(2008), Meunier F. and S. Granger (eds)(2008), Milton J. and Freeman R.(1996) 등이 그것이다.

형태 및 문법 영역에서는 품사별, 문법 범주별 오류 분석이 주를 이루었으며, 중간언어에 나타난 형태-통사적 특성에 주목한 연구도 있었다. 학습자 언어에 나타난 조어법적 특성에 대한 연구도 이루어졌다. Myles F.(2005a), Hegelheimer V.(2006), Hegelheimer V. and D.

Fisher(2006), Rimmer, W.(2008), Uzar R. and J. Walinska(1998), Benso B.(2000), De Cock S.(1998), Uzar R. and J. Walinska(1998), Abe M. and Y. Tono(2005) 등이 있다.

학습자 언어에 나타난 담화적 특성에 대한 연구는 상대적으로 많지 않으나, 담화 조직 방법에 관련된 논문을 주목할 수 있다. 그 밖에 담화 표지에 대한 연구도 활발하다. 한국어교육에서의 그간의 연구는 품사 별 오류나 어휘적 오류에 집중된 측면이 많았으나, 발화나 작문에서의 담화적 특성에 대한 적절성 오류가 학습자의 언어를 이해하는 데에 매우 중요하다는 측면에서 이에 대한 연구가 절실하다. 이러한 연구는 효율적인 담화측면의 연구를 위해 말뭉치 구축 및 설계에서 어떤 요소를 고려해야 할 것인지에 대한 시사점을 준다고 하겠다. Demol A. and P. Hadermann(2008), Adel A.(2006), siepmann D.(2005), ELITE OL-SHTAIN&MARIANNE CELCE-MURCIA(2003) 등이 있다.

다음으로, 학습자 말뭉치를 활용하여 교수·학습에의 적용을 한 연구를 살펴보자. 이는 연구에만 활용하고 있는 한국어교육학과 대조되는 영역으로 향후 한국어교육의 적극적인 활용이 필요한 영역이다.

학습자 말뭉치를 활용한 교수·학습에의 적용 연구는 무엇보다도 교수의 측면에서 매우 다양한 접근이 이루어졌다. 특히 의사소통 기술의 영역에서 연구가 이루어졌는데, 웹 기반 영어 작문 교육에서의 학습자의 중간언어적 특성을 다룬 연구가 그것이다. 아울러 작문 평가에 대한 연구도 다루어졌으며, 코퍼스를 활용한 작문 교육에 대한 논의도 이루어졌다. Wible D., C-H. Kuo, F-Y. Chien, A. Liu and N-L. Tsao(2001), Shimazuni M. and Berber Sardinha A.P.(1996), Kaszubski P.(1997), Kaszubski P.(1998), Smits A.(2002), Smits A.(2002), Gilquin G.&

Paquot M.(2008) 등의 연구가 그것이다.

다음으로는 Uzar R. and J. Walinska(2001a), Hasselgren A.(1998)에 의해 학습자의 유창성과 정확성을 평가하는 다양한 연구도 시도되었다.

또한 학습자 말뭉치 활용의 측면에서 사전과 연계한 연구가 주목할 만하다. Gillard P. and Gadsby A.(1998), Turin A.(2000), Asao K.(1997), De Cock S.(2006) 등에 의해, 단일어 사전이나 이중언어 사전에 있어서의 학습자 말뭉치의 활용 가능성을 진단할 수 있는 연구가 이루어졌다.

국외의 연구는 학습자 말뭉치 구축 자체에 대한 연구보다는 말뭉치를 분석하거나 활용할 수 있는 방안을 제시하는 연구가 주를 이루었으며, 말뭉치 구축 자체에 대한 연구는 웹 사이트나 보고서를 통해 보고되어 왔음을 확인할 수 있었다. 이는 활용에의 중요성이 강조되는 측면으로, 특히 교수 학습에의 활용에 대한 구체적인 연구가 많았다는 것은, 국내 연구가 단순히 오류 분석에만 머물렀던 것에 대비하여 매우 시사적인 면이라 하겠다.


## 4. 설문 조사 분석

말뭉치는 효용의 측면에서 볼 때, 사용자들의 접근성이 낮다는 것이 가장 큰 문제의 하나로 지적되어 왔다. 특히 컴퓨터 기반의 검색도구의 활용의 측면에서 어려움을 겪는 사용자가 많았다. 따라서 본 연구에서는 말뭉치 구축에 대한 내용상의 요구 외에도 이러한 접근성의 측면에서의 요구를 함께 분석하고자 했다.

즉, 한국어 학습자 말뭉치에 대한 사용자의 요구 조사를 위한 설문은 한국어 학습자 말뭉치의 효용성과 활용 가능성을 점검해 보고, 기본 구축 방향과 세부 설계 방안을 마련하는 데 있어 실사용자의 요구를 수용함으로써 활용도를 높이기 위함이었다.[3]

· 설문 기간 : 2010년 11월 1일~12일(2주)
· 설문 대상 : 한국어교육 연구자, 교사, 한국어교육 전공 대학원생
　　　　　　100명, 한국어 학습자 17명

〈표 3〉 한국어 학습자 말뭉치 구축에 관한 설문 문항 구성

| 대상 | 문항 구성 | |
|------|------|------|
| 연구자 및 교사 | 기본 정보 | 응답자 기본 정보 및 말뭉치 활용 경험 |
| | 학습자 말뭉치 설계 및 구축 | 자료의 유형, 자료의 구성, 헤더 정보 및 주석의 범위 |
| | 학습자 말뭉치의 활용 및 도구 | 관심 연구 분야 및 희망 활용 분야, 활용 도구에 대한 요구 (용례 검색, 용례 정렬, 용례 저장, 자료의 재구성, 통계 방식 등의 기능적 측면), 도구 사용 매체 |
| | 기타 | 자료 수집 방식, 자료 수집 협조 의사, 자료 배포 방식 및 사용자 범위 |
| 학습자 | · 응답자 기본 정보<br>· 응답자 기본 정보 및 말뭉치 활용 경험<br>· 개인 정보 활용 동의 및 자료 제공 의사<br>· 자료 배포 방식 및 사용자 범위 | |

---

3  설문 결과는 통계 패키지 SPSS 17.0을 사용하였으며, 학습자 말뭉치 자료 관련 기본 정보, 학습자 말뭉치 설계 및 구축에 관한 의견, 학습자 말뭉치 활용 및 도구에 관한 의견, 그 외 기타 관련 사항에 대해 알아보기 위하여 교차분석 $x^2(p)$를 실시하였다. 또한 학습자 말뭉치 자료의 사용목적과 수집 방법과 연구자의 학습자 말뭉치 활용에 관한 사항을 알아보기 위하여 빈도분석(Frequency Analysis)을 실시하였다. 본 연구의 실증분석은 모두 유의수준 $p<.05$에서 검증하였으며, 통계 처리는 SPSSWIN 12.0 프로그램을 사용하여 분석하였다.

설문조사는 교사를 포함한 연구자 집단 100명, 학습자 집단 17명을 대상으로 이루어졌다. 학습자 집단은 참고 자료로 활용했으므로 통계를 따로 처리하지는 않았다.[4]

연구자와 교사는 집단 간의 차이를 거의 보이지 않았으며, 대부분의 항목에 대해 일치하는 결과를 보였다. 분석 결과는 다음과 같다.

첫째, 사용 유무에 대한 질문에서는 학습자 말뭉치를 활용한 경험이 있는 연구자의 경우 78.2%가 공개 자료를 활용하거나 연구 목적에 따라 직접 설계, 수집하는 방법으로 학습자 말뭉치를 사용해 온 것으로 나타났다. 사용 경험이 없는 연구자의 88.2%가 연구나 교수 자료로 적극 활용하겠다는 의사를 밝혔다. 학습자의 경우도 70.6%가 어휘, 문법을 비롯한 다양한 영역에서 한국어 학습자를 활용한 교수 또는 학습을 희망한다고 밝혔다. 사용 경험이 있는 학습자의 경우 학습자의 전형적인 오류 유형을 파악할 수 있어 학습에 매우 도움이 된다고 응답했다.

둘째, 말뭉치의 검색 및 활용에 대해서는 기사용자나 미사용자 모두 사용에의 어려움이 있다고 대답했으며, 보다 사용자 친화적인 학습자 말뭉치 검색 및 활용 도구가 개발되기를 희망했다. 특히 연구자별로 원하는 자료의 유형을 찾아볼 수 있거나, 자신이 구축한 소규모 말뭉치를 교환하여 재사용하기를 희망하는 의견도 있었다.

셋째, 지금까지의 말뭉치에서 부족한 구어나 동영상 자료에 대한 요구가 컸으며, 좀 더 다양한 언어권과 다양한 목적의 학습자 자료가 구축되는 것이 바람직하다고 보았다. 또한 이러한 구축 작업에 적극 동참할 의지가 있음을 피력하였다.

---

4  지면의 제약상 결과별 통계 수치 도표는 따로 제시하지 않았다.

설문과 인터뷰를 종합한 결과, 학습자 말뭉치에 대한 요구는 연구자, 교사, 학습자 공히 높았으며, 단순한 연구를 넘어 실제 교수에의 활용을 원하고 있었고, 언어교수에 유용한 자료 구축과 자료에의 접근성이 용이한 검색 도구 개발에의 요구가 가장 높았음을 알 수 있었다.

## 5. 학습자 말뭉치 자료 구축 방안

본 절에서는 앞선 절의 이론 연구와 설문 분석을 바탕으로 하여, 향후 학습자 말뭉치 자료 구축 방안에 대한 구체적 제안을 기술하기로 하겠다.

### 5.1. 학습자 말뭉치 설계의 단계

학습자 말뭉치 구축은 말뭉치의 설계, 구축, 가공, 도구 개발의 단계를 통해 이루어진다. 먼저 말뭉치 설계 단계에서는 말뭉치의 규모, 자료의 유형, 장르, 자료의 길이 등의 계획이 수립되어야 한다. 이 단계는 말뭉치의 전체 디자인에 관한 거시적인 틀과 함께 자료 구성에 관계된 구체적인 계획을 마련하는 단계로 대표성과 균형성을 고려하여 각 항목에 대한 신중한 설계를 하는 것이 중요하다. 그 다음은 계획에 따라 자료를 수집하고 수집된 자료를 데이터베이스화하는 과정을 거친다. 그리고 활용을 위한 주석 체계를 개발하여 태깅 작업을 한다. 마지막으로 사용자가 말뭉치를 효율적으로 활용할 수 있도록 하는 도구 개발을 한다. 대강의 설계도는 아래의 그림과 같다.

**〈그림 2〉 학습자 말뭉치 설계 단계**

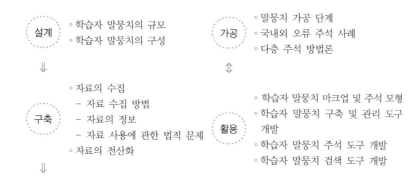

설계 부분은 자료 수집의 가능성과 경비와 연동되는 문제인데, 특히 구축의 지속성 여부와도 연관된다. 가공의 문제는 전산적인 논의로 구체적인 말뭉치의 활용과 연계하여 논의해야 하는 실제적 분야이다. 본고에서는 위의 네 가지 영역 '구축'과 '활용'을 다루고자 하는데, 본 절에서는 우선 자료의 수집과 관련되는 대상 자료를 선정하기 위한 자료의 유형, 장르, 범위 등을 다루고 다음 절에서 활용의 문제를 다루기로 하겠다.


## 5.2. 학습자 말뭉치의 구성

한국어교육 연구와 교수, 학습에서의 다양한 요구를 기반으로 한 활용 범위를 고려하여 다음과 같은 하위 범주의 말뭉치를 균형성 있게 구축하는 것이 바람직하다.

본고가 추구하는 한국어 학습자 말뭉치 구축의 기본 방향은 즉, 기존의 텍스트 자료에 머물던 것을 넘어서서, 그림과 같이 텍스트, 음성, 동영상을 포함해야 함을 의미한다. 또한 이는 연구자, 교사, 학습자 모두에게 활용 가능한 형태로 제공되어야 한다.

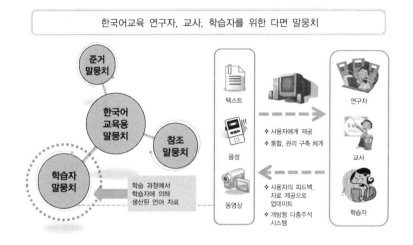

학습자 말뭉치는 기본적으로 제2 언어 교사 또는 연구자를 위한 자료라는 점에서 특수 말뭉치인 동시에, 각각이 가지고 있는 세부 목적이 매우 광범위함을 고려할 때 다목적 말뭉치라고 할 수 있다. 따라서 규모도 중요하지만 다양한 목적에 따른 활용에의 요구를 충족시킬 수 있어야 한다. 그러기 위해서는 문어 말뭉치뿐만 아니라 구어 말뭉치의 구축이 필요하다. 가능하다면 (학습자의 상호작용을 관찰할 수 있는) 영상 말뭉치의 확보도 필요하다. 즉, 학습자의 개별 자료 외에 학습자-교사 간, 학습자-학습자 간에 산출된 구어 자료나, 학습자-교사 간의 일지나 숙제-피드백 등도 포함하는 게 바람직하다.

문어 자료의 경우 과제 활동(task)의 유형, 장르(genre), 주제(topic)와 같이 작문 자료와 관련된 사항을 기준으로 하여 범주화할 수 있다면, 구어의 자료의 경우 발화 장르에 따른 참여자(화자, 화자-청자)의 친소관계, 상하관계 발화 맥락 등에 의해 좀 더 세분화할 수 있다. 구어 의사소통능력이 강조됨에 따라 구어 말뭉치에 대한 필요성이 커지고 있다. 이러한 변인들은 의사소통 기능적 측면에서 다양한 유형의 언어 사용 전략, 상호작용, 언어적 변이형들을 만들어 내기 때문에, 말뭉치 활용의 측면을 고려할 때 그러한 요소들이 충분히 고려되어야 한다. 서론에서 언급한 학습자 말뭉치의 담화 차원의 접근이란 이러한 맥락을 의미하는 것이다. 기존의 문장 단위 접근의 말뭉치는 상황과 맥락을 전제로 하는 언어 교육의 자료로 충분하지 못하기 때문이다.

〈표 4〉 말뭉치의 하위범주

| 구분 | 하위 범주 |
|------|-----------|
| 발화 유형 | 구어, 문어 |
| 학습 목적 (또는 대상) | 일반 목적 학습자, 학문 목적 학습자, 여성결혼이민자, 직업목적 학습자 |
| 학습 환경 | 국내, 국외 |
| 학습자의 제1 언어 | 한국어 학습자를 구성하고 있는 다양한 모국어 배경의 학습자 |
| 언어 숙달도 | 초급, 중급, 고급 |
| 자료 수집 방식 | 유도 발화(교실 활동, 과제 활동, 시험 등), 자연 발화 |
| 장르 | 구어(대화, 독백), 문어(서사적 텍스트, 서술적 텍스트, 논증적 텍스트, 설명적 텍스트), 문어체 구어(편지, 이메일), 구어체 문어(발표) |
| 자료 수집 기간 | 횡단적/종단적 |

구두 인터뷰, 역할극, 의견차 활동, 그림 보고 말하기, 텍스트 재구성하기는 발화를 유도하기 위해 사용되는 대표적인 과제 유형들이다. 교실 수업 안에서 이러한 활동들은 대개 정확하고 유창한 언어 사용 능력을 측정하는 도구로 사용되어 왔다. 그러나 최근 언어 교수에서는 정확성, 유창성으로 평가되는 언어 능력 외에 대화 상대자와의 상호작용 방식이나 맥락 지식 등 사회언어학적 능력에 대한 관심이 높다. 따라서 이러한 양상들이 가장 잘 관찰될 수 있는 다양한 과제 유형에 대한 구안이 이루어져야 한다.

## 5.3. 자료 수집 방법

자료의 수집은 그 유형에 따라 구체적인 계획을 세워야 한다. 문어 자료 수집은 비교적 용이한 데 비하여, 구어 자료의 수집은 다소 까다롭다. 구체적인 수집 방법은 Rod Ellis&Gray Barkuizen(2005)에서 제안한 도구적 측면과 발화 자료 유도를 위한 과제 활동의 측면에서 정리한 구어 자료 수집 방법을 참고할 수 있다.

〈표 5〉 구어 자료 수집 방법[5]

| 구분 | 자료 수집 방법 |
|---|---|
| 도구적 | ① 필기 : <br> · 녹음 부분을 청취할 때 구분하기 어려운 즉흥적 상황 및 대화 상황을 파악할 수 있다. <br> · 학습자의 L2 사용에서의 상호작용을 관찰하기가 어려우며 정확도가 불확실하다. <br> ② 녹음 : <br> · 녹음을 하고 있다는 것을 참여자가 의식할 경우 자연스러운 발화가 되지 않는다. <br> · 음질을 고려해야 한다. <br> · 고정용 마이크, 소형 녹음기 등을 사용한다. <br> ③ 녹화 : <br> · 학습자가 녹화를 의식할 경우 자연스러운 발화가 되지 않는다. <br> · 전사의 문제를 고려해야 한다. |
| 발화 자료 유도 | ① 의사소통적 과제 : <br> · 정보차 활동 과제 : 사진의 차이점을 설명하기 위해 자신의 그림을 설명한다. <br> · 의견차 활동 과제 : 4명의 지원자가 서류를 보고 누구를 선택할지에 대해 논의한다. <br> ② 역할극: <br> · 상황에 대한 정보, 상대방과의 관계를 나타내는 역할놀이 카드 제시한다. <br> ③ 텍스트 재구성하기 ④ 그림 보고 말하기 과제 ⑤ 구두 인터뷰 |

또한 자료 수집의 효율성과 경제성을 고려하여 여러 가지 방식을 복합적으로 채택, 운영한다.

---

5  Rod Ellis&Gray Barkuizen, 2005.

〈표 6〉 자료수집 방법

| 구분 | 내용 |
|------|------|
| 수집 방법 | ◦ 교육기관으로부터의 학습자 산출 자료 수집<br>◦ 한국어능력시험(TOPIK)의 작문 자료 수집<br>◦ 실험적 환경에서의 유도 발화 자료 수집<br>◦ 참여관찰을 통한 자료수집<br>◦ 개인 학습자의 참여 유도를 통한 자료 수집 |
| 수집 경로 | ◦ 자료 유형에 따른 수집 대상 기관 선정 |
| 수집 체계 | ◦ 정부기관, 연구기관, 협력기관의 공조 체계 구축<br>◦ 자문위원회 운영<br>◦ 말뭉치 구축 단계별 전문 담당 인력 배치 및 파견 체계 |

　자료 유형별 수집 경로도 다양화해야 한다. 첫째, 기존에 구축된 말뭉치 자료 수집 대상자가 주로 대학 부설 교육기관에 속한 학습자들이었던 것과 달리 여성결혼이민자, 이주노동자, 학문 목적 학습자 등 다양한 목적의 학습자 자료가 수집되어야 한다. 그리고 이들 각각의 특성을 고려한 변인들을 목록화하여 하위 범주를 구성하기 위한 근거 자료를 추출하는 것이 중요하다. 둘째는 학습 환경에 따른 자료 구성이다. 국내와 국외를 동시에 수집하는 것은 KFL과 KSL을 구분할 수 있는 의미 있는 자료가 된다. 셋째. 기존의 제한된 언어권을 넘어 다양한 언어권 학습자 자료로 확대하는 것도 중요한 문제로 향후 언어권별 오류 유형 연구나 현지화 교재 개발에 큰 도움을 줄 것이다.

　그 외에 과제의 유형 및 과제와 관련한 물리적 환경, 발화 맥락, 상호작용 대상자 등도 자료 구성비를 결정하기 위한 범주화 요소로 활용하여 자료의 활용도를 높여야 한다.

〈표 7〉 자료 유형별 수집 경로

| 구분 | 자료 유형 | 수집 경로 |
|------|-----------|-----------|
| 학습 목적<br>(또는 대상) | 일반 목적<br>학습자 | ◦ 대학 부설 한국어교육기관<br>◦ 2010. 11월 현재 국내 107개 대학 운영 |

| | 학문 목적 학습자 | ◦ 국내 대학 또는 대학 관련 학과 : 전공별로 학습자가 분산되어 있으므로 한국어교육 관련 학과와의 협력체계를 구축하여 자료를 수집하고 관리하는 체제 활용<br>◦ 전국 70여개 대학에 개설된 학부, 대학원의 관련 학과 |
| | 여성결혼이민자 | ◦ 전국다문화가족지원센터<br>◦ 2010. 11월 현재 국비 지원 다문화가족지원센터 159개, 지방비 지원 다문화가족지원센터 12개소 설치 운영 |
| | 직업목적 학습자 | ◦ 외국인 근로자를 위한 한국어교육 과정을 운영 중인 기업체 또는 이주노동자센터 |
| 학습 환경 | 국내 | ◦ 대학 부설 한국어교육기관, 대학 및 대학원 관련 학과 |
| | 국외 | ◦ 세종학당, 국제교류재단, 재외동포재단, 한국학중앙연구원 등 국내 재단의 지원을 받고 있는 국외 한국학 관련 기관 및 한국어교육 기관 |
| | 국내외 공통 | ◦ 학습자 산출 자료 피드백 웹 사이트를 통해 국내외의 개인 학습자의 자료 수집 |
| 학습자의 제1 언어 | 국적별 | ◦ 한국어 학습자를 구성하고 있는 다양한 모국어 배경의 학습자 |

## 5.4. 자료 정보

헤더 정보로 부착되는 개별 자료에 대한 정보는 연구에의 활용에 초점을 두는 것이 좋다. 즉, 연구의 한국어교육 연구, 교수·학습에서 초점화되고 있는 쟁점을 중심으로 학습자 언어의 사용에 관한 연구자의 해석에 영향을 미치는 요소들을 수집하여 자료화하고 이를 하위 범주화해야 한다.

〈표 8〉 헤더 정보의 하위 범주

| 구분 | 하위 범주 |
|------|----------|
| 학습자 변인 | 한국어 숙달도, 나이(생년월일), 성별, 국적, 제1 언어, 직업, 학습 동기 |
| 학습 변인 | 현재 수강 과정, 한국어 학습 경험, 당시의 소속 기관, 한국어 외 외국어 능력, 가능 외국어 |
| 환경 변인 | 한국 체류 기간, 이전 한국 방문 경험, 횟수, 당시의 체류 기간, 한국어 사용 공동체 생활 경험, 장소, 기간, 모국어, 한국어 대화 상대, 가족과의 사용 언어, 숙달도(자기 평가) |

| 과제 변인 | 과제 유형, 과제 환경 |
|---|---|
| 발화 상대자 변인 | 연령, 성별, 직업, 국적, 제1 언어, 한국어 숙달도(비모어화자일 경우), 화청자 관계, 친소관계, 권력관계 |
| 발화 맥락 변인 | 발화 상황, 발화 장소, 주제 |

헤더 정보는 매우 중요한데, 현실적 이유로 모든 학습자 말뭉치에 주석을 달 수 없다면, 정확한 헤더 정보의 제시만으로도 연구자의 자료 검색에 도움을 줄 수 있기 때문이다. 예를 들어 말하기 과제 활동 관련 자료만 보고 싶다면, 해당 헤더 정보 검색을 통해 원시 말뭉치에 접근 가능하게 해야 한다.

헤더 정보에 제시되는 자료에 관한 정보는 말뭉치 사용자에게 목적에 부합한 연구 설계 및 자료 해석에 중요한 참고 자료를 제공한다. Rod Ellis&Gray Barkuizen(2005)에서도 지적하고 있는 바와 같이 자료, 즉 학습자 언어의 사용 및 그에 관한 연구자의 해석에 영향을 미치는 요소는 학습자 변인 외에 대화 상대자, 과제와 관련된 물리적 환경 등의 많은 요소가 관여한다. 특히 대화 맥락 안에서는 대화 상대자의 존재, 화자와의 사회적 관계 등이 중요한 정보가 된다. 따라서 학습자 변인에 관한 정보를 넘어서 대화 상대자나 발화 환경 등에 대한 정보가 함께 기록되어야 한다.

또한 언어 사용 결과뿐만 아니라 결과를 이끌어 내기 위해 이루어지는 다양한 유형의 상호작용과 인지 처리 과정을 파악하는 데에 중요한 단서가 될 수 있는 과제 관련 정보 등을 보다 세밀하게 기록해야 한다. 마지막으로 자료 수집 대상자, 즉 학습자의 학습 목적 등에 따라 이러한 정보의 목록이 융통성 있게 수정, 적용되어야 한다. 이러한 다양한 변인 정보는 구어 말뭉치에서 특히 중요한데, 아래 표는 구어 말뭉치 구성 사례이다.

〈표 9〉 구어적 특성을 반영한 말뭉치 구성 사례[6]

| 말뭉치 | 구성 자료 |
|---|---|
| London-Lund Corpus | ◦ 화자 간의 다양한 사회적 관계를 포함<br>◦ 동급자 간, 상하급자 간의 자연스러운 대화 또는 토의, 동급자 간의 라디오 대화와 토의, 상하급자 간의 인터뷰와 대화, 동급자 간 및 상하급자 간의 전화 대화 등(Greenabau and Svartvik 1990). |
| ICE(International Corpus of English) -미국 | ◦ 상이한 사회적 맥락에서 일어나는 자연스러운 대화를 포함<br>◦ 저녁식사 중 가족 간의 대 대화, 직장에서 업무에 관한 직장동료와의 대화, 운전 중인 친구들 간의 비공식적간의 대화, 대학에서 수업에 관한 교수와 학생의 대화, 전화 통화중인 개인들의 대화 등 |
| MICASE (Michigan Corpus of Academic Spoken English) | ◦ 학술적인 구어 담화<br>◦ 교수들의 강의, 그룹 스터디 중인 학생들의 대화까지 거의 모든 학술적 맥락을 포함 |

도표에서 보는 바와 같이 다양한 말뭉치가 구성되고 있음을 알 수 있는데, 해당 말뭉치에는 발화 산출자의 성별, 연령, 교육 수준 등과 같은 인구학적 정보들이 기본적으로 포함되어야 한다.[7] 또한 언어 사용 맥락

---

6 Meyer, F. C.(2002) 참고.

7 구어 자료를 수집할 때 자연스럽고 실제 언어 사용에 가깝게 하기 위한 방법은 다음과 같다. (Meyer, F. C., 2002)

① 개인의 발화가 녹음되기 전에 자신이 참여하고 있는 프로젝트에 관해 간략히 기술한 문서를 제공한다. 이 자료에는 프로젝트의 목적, 자료의 활용 범위 등과 함께 말이 수집되고 있는 자료가 기술적 언어 연구를 위한 것인지 오류 확인 및 평가를 위한 것이 아니라는 점이 강조되어야 한다.

② 대화를 발음 표기할 때 구어 표본에서 가장 자연스러운 구어 단락을 선정할 수 있도록 가능한 긴 대화를 녹음한다. 녹음량은 녹음되고 있는 구어의 유형, 코퍼스에 포함될 단락의 길이에 의해 결정된다. ·2천 단어의 구어 자료를 얻으려면 10분~20분 분량의 발화 자료가 필요하다. 자연스러운 대화들은 화자간의 교대가 더 짧고 휴지와 머뭇거림이 많은 경향이 있어 더 긴 시간이 필요한 반면, 독백은 더 짧은 시간으로도 가능하다. ·사람들이 처음 녹음되는 것에 대해 긴장하거나 주저하기 마련이다. 시간이 지나면서 자기의식이 적어지고 더 자연스럽게 말하기 시작하는 경향이 있기 때문에 자연스럽고 일관성 있는 자료 구축을 위해서 대화의 첫 부분은 삭제될 가능성이 높다.

안에서 이루어지는 상호작용 양상, 비언어적 표현 등을 관찰할 수 있는 자료 수집 방식이나 매체(도구)를 선택하여야 한다. 이는 과거의 말뭉치 연구가 특정 언어 형식에 대한 계량적 연구를 지향하였던 것과 달리 최근의 말뭉치 연구, 특히 학습자 말뭉치 연구에서는 학습자 언어 사용 또는 발달 과정에 관한 다양한 증거들을 관찰하기 위한 질적 연구에 대한 필요성이 높아지고 있는데, 이를 반영하기 위한 것이다.

## 6. 학습자 말뭉치의 활용

### 6.1. 연구에의 활용

앞 절에서는 실제 자료 수집의 방법에 대한 몇 가지 안을 제시해 보았다. 그런데, 이러한 방안 제시는 결국 연구나 교수, 학습에의 효용성을 전제로 해야 한다는 점에서, 학습자 말뭉치의 활용 방향을 점검해 보는 것은 의미 있는 일이다.

기존의 연구들은 주로 오류분석에만 치중해 왔는데, 향후 연구는 학습자 말뭉치와 프로그램 기술을 활용하여, 정확한 용법과 부정확한 용법을 함께 연구할 수 있는 수행 분석(performance analysis)을 통해 학습자의 전체성을 연구하는 방향으로 진행되어야 한다. 아울러 비오류 분석(obligatory occasion analysis) 방법론의 도입도 필요하다. 기존의 오류 분석은 학습자의 언어의 절반밖에 보여줄 수 없다는 단점이 있다. 즉, 오류 분석과 함께 다양한 방법론을 도입하여 학습자의 전체적인 언어를 연구해야 하는데, 학습자가 잘못 획득한 것뿐 아니라 학습자가 제대로 획득한 것을 고려해야 한다. 이 방법은 학습자가 얼마나 정확하게 특정 언어를 사용하는가를 다각도로 측정하는 방법이다. 즉, 문맥 정보를 활용한 연구 방법을 개발하여 오류와 그렇지 않은 비오류 현상도 말뭉치에서 추출할 수 있어야 하며, 학습자의 변이(형) 연구도 수행되어야 한다. 이러한 정보를 말뭉치에서 추출하기 위한 방법론 연구와 검색 프로그램에서 구현하기 위한 기능 연구가 수행되어야 한다.

기존의 말뭉치 연구가 특정 언어 표현에 관한 빈도 산출 등 계량적인 연구를 중심으로 이루어졌던 것과 달리 앞으로의 말뭉치 연구, 특히 학습자 말뭉치 연구는 상당 부분 질적인 연구로 옮겨갈 수밖에 없다. 이는 학습자 언어에 대한 언어 교수 현장 또는 연구자들의 초점 변화와 무관하지 않다. 따라서 문어 자료 중심의 계량적 연구를 벗어나, 구어나 동영상 자료에 근거한 총체적인 언어 수행 현상을 분석할 수 있어야 한다.

예를 들어 과거에는 학습자 언어 연구가 분절적인 음소 차원의 정확성이나 유창성을 측정하는 데에 그쳤던 것과 달리, 최근의 연구에서는 초분절 음소로 확장되어 있다. 또한 최근 활발히 이루어지고 있는 학습자 언어의 정확성, 유창성, 복잡성을 관찰하기 위한 선행 연구들의 분석 요소들을 고려함으로 해서, 향후 학습자 말뭉치의 활용과 구축 방법에 대해 의미 있는 단서를 찾아볼 수도 있을 것이다.

## 6.2. 교수 학습에의 활용

앞 절의 국외의 연구 사례나 설문 조사의 결과에 비추어 볼 때, 학습자 말뭉치의 활용이 연구에만 머물러 있던 것을 벗어나 교수 및 학습에로 활용으로 확대되어야 한다. 국외의 연구처럼 학습자 말뭉치는 교수 활동이나 학습 활동에 보다 활발히 활용될 필요가 있다는 것이다. 이 절에서는 국외의 사례를 바탕으로 하여, 한국어교육에 적용할 수 있는 활용 방안을 몇 가지 제안해 보기로 하겠다. 먼저 교수에의 활용의 예시를 보자.

### 〈표 10〉 학습자 언어를 토대로 한 교수에의 활용 예시

| 활용 방안 | 연구 사례 |
|---|---|
| ○ 학습자 말뭉치를 통하여 분석된 오류 연구를 통하여 오류 수정 및 지도를 할 수 있다. 오류 지도는 학습자들로 하여금 자신의 오류에 주목하도록 하여 수정될 수 있도록 도울 수 있다.<br>○ 교사는 오류 지도를 비교수적 환경에서의 오류 대처 전략(repair)들과 비교 연구하여 오류 지도의 효율성을 검증할 수 있을 것이다.<br>○ 한국어 학습자들이 교사에게 오류 지도를 받은 후, 얼마나 오류 수정이 되는지 연구할 수 있다. | |

### 〈표 11〉 어휘교수에의 활용 예시

| 활용 방안 | 연구 사례 |
|---|---|
| ○ 모어화자 말뭉치와 비모어화자 말뭉치를 비교 분석 후, 고빈도의 오류를 통하여 학습자들이 습득하지 못한 어휘를 파악할 수 있고, 반복 학습 및 강조하여 학습의 효과를 높일 수 있다.<br>○ 준거 말뭉치의 빈도를 통한 어휘 교육(부사, 동사, 접사 등), 연어 교육, 접사 빈도를 통한 파생어 교육 등이 가능하다.<br>○ 학습자 말뭉치와 준거 말뭉치를 활용한 담화 분석과 용어 분석은 각 유형에서 가장 빈번한 어휘 항목을 찾아낼 수 있고, 한국어 화자에 비해 학습자들이 자주 오류를 범하는 항목을 찾아내 언어권별 빈도 목록을 제시할 수 있다. | Benso B.(2000), De Cock S.(1998), Granger S., Paquot M. and Rayson P.(2006) |
| ○ 관용어 표현 목록 제시 및 어휘 교육이 가능하다. | |
| ○ 부적절한 탈어휘적 동사(delexical verbs)에 대한 인식 및 교수가 가능하다. 학생들에게 탈어휘적 동사(-대개 동사의 원래 의미를 담고 있는 것이 아니라 동사와 명사가 합하여 하나의 의미를 형성한 연어적 구성)를 교수할 때 독립된 결합 구성만을 보여주기보다 적절한 문맥과 함께 제시할 때 교육적 효과가 높을 것이다. | Chi Man-Lai A., Wong Pui-Yiu K. and Wong Chau-ping M. (1994) |
| ○ 담화 분석을 이용한 어휘 교육이 가능하다. 단어의 잠재적 의미 범주까지 알기 위해서는 담화 분석을 통하여 특정한 의미를 갖게 할 필요가 있다. | |
| ○ 학습자 어휘 말뭉치를 활용한 어휘력(lexical richness)을 측정할 수 있다.[8]<br>○ 한국어교육에서도 쓰기나 말하기와 같은 표현 영역에서 어휘력을 측정하여 어휘 평가에 반영할 필요가 있다. | Lenko-Szymanska A.(2000b) : 어휘의 풍부성 측정/평가 Kaszubski P.(2000a) : 평가 |

---

8　the Condensed Lexical Frequency Profile을 활용한 타당성(validity), 적용 가능

최근 자료 기반의 귀납적 교수는 학습자 중심의 교수 방안으로 각광받고 있다. 중급이나 고급 학습자들을 대상으로 한 자료 기반 수업은 학습 효과를 제고할 수 있는 방안이 될 것이다.

다음은 학습에의 예시이다. 학습자는 자가 학습의 방안으로 교사에게 제공 받은 말뭉치를 사용해 자신에게 필요한 정보를 얻을 수 있다. 물론 이러한 방법은 학습자의 적극적인 태도를 요구하기 때문에 학습자의 성향에 따라 학습의 효과가 달라질 수 있을 것이며, 말뭉치의 활용 방법을 잘 모르거나 학습에 임하는 태도가 소극적이 학습자에게는 무용지물이 될 수도 있다. 따라서 교사가 수업 시간에 활용 방법을 상세히 가르쳐 주고, 과제를 제시하여 학습자들이 적극적으로 참여하고, 흥미를 가질 수 있도록 장려해야 할 것이다. 또한 학습자들에게 학습자 말뭉치와 더불어 준거 말뭉치가 반드시 제공되어야 한다. 교사는 학습자들에게 준거 말뭉치를 활용하여 연어나 상황에 따라 의미가 달라지는 단어의 맥락적 의미를 유추하게 할 수 있다. 한편 학습자의 말뭉치를 통하여 학습자들의 오류를 확인함으로써 오류가 수정될 수 있다.

아울러 교사가 학습자 말뭉치를 활용하여 학습자들이 습득하지 못한 어휘나 문법, 혹은 한정된 수업 시간에 모두 제시할 수 없는 어휘나 문법의 상황적, 실제적 의미를 목록화한 후, 제시하여 학습하도록 하는 방법이 있다. 준거말뭉치와 비교하여 수업 시간에 제시되었어도 학습자들이 오류를 범하기 쉬운 고빈도 순으로 제시하는 것도 하나의 방안이 될 수 있다. 학습자 말뭉치를 활용하여 문법 체크(Grammar Checker) 같은 프로그램이 개발되면 쓰기의 문법 오류를 교사의 도움 없이 스스로 확인할 수 있어, 정확성을 높일 수 있을 것이다.

---

성(applicability), 유용성(meaningfulness) 등을 이용하여 어휘력을 측정할 수 있다.

## 7. 결론

본고에서는 이론 연구와 사례 연구, 설문 분석 등을 통해 학습자 말뭉치의 자료 구성 방안을 제시하고 활용의 방향을 제시하고자 했다. 본고에서 논의하고자 했던 것은 다음과 같다.

먼저, 기존의 연구들이 말뭉치 구축에 대한 보고서 형식에 그치거나 소규모 자료를 대상으로 한 오류 분석 연구에 그친 한계를 지적하고, 국외의 다양한 연구와 말뭉치 구축 방안을 도입할 필요가 있다.

둘째, 한국어교육 관계자(연구자, 교수자, 학습자)의 요구나 이해도, 접근성을 고려해서 말뭉치의 자료가 구성되어야 한다.

셋째, 양적 연구에서 질적 연구로의 전환해야 하며, 향후 구축될 자료는 다양한 발화 맥락을 고려함으로 해서, 문장을 넘어서 담화 단위에서의 학습자 언어를 살펴볼 수 있어야 한다. 이를 위해서는 기존의 분어는 물론 구어와 동영상 매체로서의 자료가 필요하며, 맥락별 또는 과제별 다양한 자료 구축이 필요하다.

넷째, 학습자 목적별, 대상별, 학습 환경별, 언어권별로 균형성 있는 다양한 학습자 언어 자료가 구축되어야 한다.

마지막으로, 결국 학습자 말뭉치는 일반 말뭉치와는 달리 언어 교수에의 활용성을 전제로 계획되어야 하며, 연구를 넘어 교수나 학습에 활용이 이루어져야 한다.

─이 글은 『한국어 사전학』 17호, 7~42쪽에 실린 논문을 수정·보완한 것임.

## 〈부록〉 국외 학습자 말뭉치 구축 현황

| 코퍼스 | 목표<br>언어 | 제1언어 | 유형 | 텍스트/과제 유형 | 숙달도 | 어절 수 |
|---|---|---|---|---|---|---|
| The Pilot Arabic Learner Corpus | 아랍어 | 영어 | 문어 | | 중급, 고급 | c. 9,000 |
| Leerdercorpus Nederlands als Vreemde Taal | 네덜란드어 | 불어 | 문어 | | | |
| Asao Kojiro's Learner Corpus Data | 영어 | 일본어 | 문어 | 과제물과 일본 대학생이 작문한 이야기 | | |
| The Barcelona English Language Corpus (BELC) | 영어 | 스페인어<br>카탈로니아어 | 구어와<br>문어 | 4가지 과제 : 작문, 구술 이야기, 구술 면접, 역할극 종적 데이터<br>(어린이에서 청년층 영어 학습자) | | |
| The Bilingual Corpus of Chinese English Learners (BICCEL) | 영어 | 중국어 | 구어와<br>문어 | 구어 : 전국 영어 구술시험<br>문어 : 수업 내 과제 | | c. 2m |
| The Br-ICLE corpus(Brazilian component of ICLE) | 영어 | 브라질<br>포르투갈어 | 문어 | Argumentative와 문학 작문 | | |
| The British Academic Spoken English (BASE) corpus | 영어 | 주로 L1화자<br>L2화자도 포함 | 구어 | 다양한 학과의 160개 강의와 40개의 세미나를 녹화/녹음<br>(University of Warwick에서는 녹화, University of Reading에서는 녹음) | | c. 1, 6m |
| The British Academic Written English (BAWE) corpus | 영어 | 주로 L1화자<br>L2화자도 포함 | 문어 | ESP 리포트 | 학부생에서 석사까지 4개의 등급 | c. 6, 5m |
| The BUiD Arab Learner Corpus (BALC) | 영어 | 아랍어 | 문어 | 교내 평가 과제 | 다양한 등급 | 287,227 |
| The Cambridge Learner Corpus (CLC) | 영어 | 다언어 | 문어 | 평가 스크립트 | 다양한 등급 | c. 25m – 확장 중 |
| The Corpus of English Essays Written by Asian University Students (CEEAUS) | 영어 | 다언어 | 문어 | 학생 과제물 | 다양한 등급 | c. 200,000 |
| The Chinese Academic Written English (CAWE) corpus | 영어 | 중국어 | 문어 | 영어학 또는 응용언어학을 전공하는 중국인 학부생의 논문 | | 407,960 |
| The Chinese Learner English Corpus (CLEC) | 영어 | 중국어 | 문어 | | 다양한 등급 | 1m |
| The City University Corpus of Academic Spoken English (CUCASE) | 영어 | 중국어(L1화자의 데이터도 포함) | 멀티 미디어 | | | 2m |
| The Cologne-Hanover Advanced Learner Corpus (CHALC) | 영어 | 독일어 | 문어 | 학기말 보고서와 과제물 | 고급 | c. 210,000 |
| College Learners' Spoken English Corpus (COLSEC) | 영어 | 중국어 | 구어 | 비영어전공자의 전국 영어 구술 시험 | | 700,000 |

| 코퍼스 | 목표 언어 | 제1언어 | 유형 | 텍스트/과제 유형 | 숙달도 | 어절 수 |
|---|---|---|---|---|---|---|
| The Corpus Archive of Learner English in Sabah/Sarawak (CALES) | 영어 | 말레이어 | 문어 | 논설적 에세이 | 다양한 등급 | c. 400,000 |
| The Corpus of Young Learner Interlanguage (CYLIL) | 영어 | 다언어 : 네덜란드어 불어, 그리스어 이탈리아어 | 구어 | 유럽 학교 학생들의 영어 L2데 이터 종적 데이터 | 다양한 등급 | c. 500,000 |
| The English of Malaysian School Students corpus (EMAS) | 영어 | 말레이어 | 문어 | 학생 과제물 | 다양한 등급 | c. 500,000 |
| The English Speech Corpus of Chinese Learners (ESCCL) | 영어 | 중국어 | 구어 | 대화문을 소리 내어 읽음 | 중학교와 대학교 | |
| The EVA Corpus of Norwegian School English | 영어 | 노르웨이어 | 구어 | 그림 기반 과제 | | 35,000 |
| The GICLE corpus (German component of ICLE) | 영어 | 독일어 | 문어 | 주로 비학문적 논설적 에세이 | 고급 | c. 234,000 |
| The Giessen-Long Beach Chaplin Corpus (GLBCC) | 영어 | 독일어 | 구어 | 영어 모국어 화자, ESL, EFL 화 자간의 상호작용 전사 | | 350,000 |
| The Hong Kong University of Science&Technology (HKUST) learner corpus | 영어 | 중국어 - 주로 광동어 | 문어 | 시간 제한이 없는 EFL 학습자의 졸업 시험 과제 | 대학생과 고등학생 | 25m |
| The Indianapolis Business Learner Corpus (IBLC) | 영어 | 여러 언어 | 문어 | 1990-1998 동안의 미국, 벨기 에, 핀란드, 독일, 태국 비즈니 스 커뮤니케이션 학생들의 지원 서, 이력서 | | |
| The International Corpus of Crosslinguistic Interlanguage (ICCI) | 영어 | 다언어 | 문어 | | | |
| The International Corpus of Learner English (ICLE) | 영어 | 다언어 | 문어 | 논쟁적 에세이와 문학적 에세이 | 중·고급에서 고급 | 3m |
| The International Teaching Assistants corpus (ITAcorp) | 영어 | 다언어 | 구어 | 수업 내 구술 과제를 통한 학습 자 언어 : 역할극, 발제, 토론 | | c. 500,000 |
| The ISLE speech corpus | 영어 | 독일어 이탈리아어 | 구어 | 최소 대립쌍을 사용하여 단순한 문장을 읽기, 선다형 질의 보기 를 읽기와 같은 성질이 다른 유 형의 문장을 각 화자가 녹음 | 중급 | |
| The Israeli Learner Corpus of Written English | 영어 | 히브리어 | 문어 | 논쟁적 에세이와 서술형 에세이 | | c. 750,000 |
| The Japanese English as a Foreign Language Learner (JEFLL) Corpus | 영어 | 일본어 | 문어 | 학생 에세이 | 초급, 중급 | c. 700,000 |
| The Janus Pannonius University (JPU) Corpus | 영어 | 헝가리어 | 문어 | 에세이와 연구 보고서 | 대학생 | c. 500,000 |

| 코퍼스 | 목표 언어 | 제1언어 | 유형 | 텍스트/과제 유형 | 숙달도 | 어절 수 |
|---|---|---|---|---|---|---|
| Lancaster Corpus of Academic Written English (LANCAWE) | 영어 | 다언어 | 문어 | IELTS 학문적 서면 시험 (서술형, 논쟁적 에세이 과제); 과제, 종적 과제 | | |
| Learning Prosody in a Foreign Language | 영어 | 독일어 | 구어 | 네 가지의 스피치 스타일을 녹음: -넌센스 단어 리스트 -짧은 이야기 읽기 -이야기 다시 말하기 -면접 상황에서의 자유 스피치 | 다양한 레벨 | |
| The Learner Corpus of English for Business Communication | 영어 | | | 메모, 팩스, 보고서, 질의 또는 불만 편지를 포함한 모의 비즈니스 상황에서의 편지(서면) | | 117,500 |
| The Learner Corpus of Essays and Reports | 영어 | | | 과학, IT, 뉴 미디어, 간호, 비즈니스와 경제, 사회과학을 포함한 다양한 주제의 에세이와 프로젝트 보고서 | | 188,000 |
| A Learners' Corpus of Reading Texts | 영어 | 불어 | 구어 | 사전준비가 되지 않은 영어 텍스트 : 지어낸 대화문 도는 짧은 글의 요약문 | | |
| The LONGDALE project : LONGitudinal DAtabase of Learner English | 영어 | 다언어 | 구어와 문어 | 다양한 텍스트와 과제 유형/ 종적 데이터 | 중급에서 고급 | |
| The Longman Learners' Corpus | 영어 | 다언어 | 문어 | 과제물과 평가 스크립트 | | 10m |
| The Louvain International Database of Spoken English Interlanguage (LINDSEI) | 영어 | 다언어 | 구어 | 면접과 그림 설명 | 중·고급에서 고급 | c. 800,000 |
| The Malaysian Corpus of Learner English (MACLE) | 영어 | 말레이어 | 문어 | | | |
| The Michigan Corpus of Academic Spoken English (MICASE) | 영어 | L1 주로 L1화자이지만 L2화자도 포함 | 구어 | 학문적 스피치 행사를 전사 | | c. 1, 8m |
| The Michigan Corpus of Upper-level Student Papers (MICUSP) | 영어 | 영어 원어민화자와 비원어민화자의 준균형 샘플 | 문어 | 학문 목적 학습자의 보고서 A-학점 보고서 또는 출판되지 않은 연구 계획서와 같이 평가되고 승인되었지만 채점하지 않은 보고서 | | c. 2, 6m |
| The Montclair Electronic Language Database (MELD) | 영어 | 다언어 | 문어 | 학생 에세이 | 다언어 | c. 100,000 |
| The Multimedia Adult ESL Learner Corpus (MAELC) | 영어 | ESL 환경 | 멀티 미디어 | 수업 내 상호작용을 녹화한 비디오와 그에 따른 서면 자료 | 초급에서 중·고급 | |
| The Neungyule Interlanguage Corpus of Korean Learners of English (NICKLE) | 영어 | 한국어 | 문어 | 학생 에세이 | | c. 890,000 |

| 코퍼스 | 목표<br>언어 | 제1언어 | 유형 | 텍스트/과제 유형 | 숙달도 | 어절 수 |
|---|---|---|---|---|---|---|
| The NICT JLE (Japanese Learner English) Corpus | 영어 | 일본어 | 구어 | 영어 구술 능력 면접시험 | 다언어 | 2m |
| The PELCRA learner corpus | 영어 | 폴란드어 | 문어 | 논쟁적 에세이, 서술형, 서사, 준학문적 에세이; 공식 편지 | 초급에서<br>고급 전 | c. 500,000 |
| The PICLE corpus (Polish component of ICLE) | 영어 | 폴란드어 | 문어 | 학생 에세이 | 고급 | 330,000 |
| The Qatar learner corpus | 영어 | 아랍어<br>(주로 카타르) | 구어 | 구술 면접 | | |
| The Québec learner corpus | 영어 | 퀘벡 | 문어 | 논쟁적 에세이 | 중급, 고급 | c. 250,000 |
| The Santiago University Learner of English Corpus (SULEC) | 영어 | 스페인어 | 구어와<br>문어 | 문어 : 작문이나 논설문<br>구어 : 세미 구조적 인터뷰, 짧은 구두 발표와 간단한 이야기 설명 | | |
| The Scientext English Learner Corpus | 영어 | 프랑스어 | 문어 | 학술적 논설 텍스트 | | |
| The Seoul National University Korean-speaking English Learner Corpus (SKELC) | 영어 | 한국어 | 문어 | 학생들의 에세이 | 다양한 등급 | c. 900,000 |
| The SILS Learner Corpus of English | 영어 | 다양<br>(일본어가 주) | 문어 | 학생들의 에세이 | 초급<br>중급<br>고급 | |
| The Soochow Colber Student Corpus (SCSC) | 영어 | 중국어 | 문어 | 학생들의 에세이 | | 227,000 |
| The Spoken and Written English Corpus of Chinese Learners (SWECCL) | 영어 | 중국어 | 구어와<br>문어 | 문어 : 논설 및 서사적 에세이.<br>구어 : 국가 영어 구술시험<br>종적 데이터 | | c. 2m |
| The Taiwanese Corpus of Learner English (TLCE) | 영어 | 중국어 | 문어 | 저널과 에세이<br>(서술, 묘사, 설명, 논설) | 중급부터<br>고급까지 | c. 2m |
| The TELEC Secondary Learner Corpus (TSLC) | 영어 | 중국어 | 문어 | | | 1, 5m |
| The Telecollaborative Learner Corpus of English and German Telekorp | 영어 | 독일어 | 문어 | 이중언어, 2000-2005년, 약 200여 명의 미국인과 독일인 사이의 컴퓨터 중재 NS-NNS 상호작용으로 구성된 종적 데이터베이스 | | c. 1, 5m |
| The Tswana Learner English Corpus (TLEC) | 영어 | 츠와나어 | 문어 | 논설적 에세이 | 고급 | c. 200,000 |
| The Uppsala Student English Corpus (USE) | 영어 | 스웨덴어 | 문어 | 학생의 에세이 | 다양한 등급 | 1,221,265 |
| The UPV Learner Corpus | 영어 | 카탈로니아어 | 문어 | 에세이 | 다양한 등급 | 150,000 |

| 코퍼스 | 목표<br>언어 | 제1언어 | 유형 | 텍스트/과제 유형 | 숙달도 | 어절 수 |
|---|---|---|---|---|---|---|
| The Varieties of English for Specific Purposes dAtabase (VESPA) learner corpus | 영어 | 다양 | 문어 | ESP 텍스트(학기말 보고서, 리포트, 문학 석사 학위 논문) | 다양한 등급 | 현재<br>구축 중 |
| The WriCLE (Written Corpus of Learner English) corpus | 영어 | 스페인어 | 문어 | 에세이 | 다양한 등급 | c. 750,000 |
| The International Corpus of Learner Finnish (ICLFI) | 핀란드어 | 다양 | 문어 | 핀란드어를 학습하는 상황에서 자연스럽게 생산되는 텍스트 | | 현재<br>구축 중 |
| The Chy-FLE (Cypriot Learner Corpus of French) | 프랑스어 | 근대 그리스어<br>(키프로스어) | 문어 | 논설 및 서술 에세이 | 중급부터<br>고급까지 | c. 250,000<br>(현재 구축 중) |
| The "Dire Autrement" corpus | 프랑스어 | L1이 주로 영어 | 문어 | 묘사, 명령, 설득적,<br>정보적 텍스트 | | 48,114 |
| French Interlanguage Database (FRIDA) | 프랑스어 | 다양 | 문어 | | | |
| French Learner Language Oral Corpora (FLLOC) | 프랑스어 | 다양 | 구어 | | 다양한 등급 | |
| The InterFra corpus | 프랑스어 | 스웨덴어 | 구어 | 인터뷰, 비디오클립과 사진 이야기 다시 말하기 | 다양한 등급 | |
| The LCF corpus (Learner Corpus French) | 프랑스어 | 네덜란드어 | 문어 | 논설적 에세이, 설명적 텍스트, 신문 텍스트, 공식직 편지 요약 프랑스의 플랜더스 학생들이 쓴 작문 | 중급부터 고급까지 | 490,000 |
| The Lund CEFLE Corpus (Corpus crit de Fran ais Langue trang re) | 프랑스어 | 스웨덴어 | 문어 | 기술 및 묘사 에세이(사진을 바탕으로 한 이야기) | 다양한 등급 | 100,000 |
| The UWi (University of the West Indies) learner corpus | 프랑스어 | 영어와<br>자메이카<br>크리올어 | 구어 | 구술시험과 비공식적 맥락에서의 대화 | 다양한 등급 | |
| The AleSKO corpus | 독일어 | 중국어<br>(독일어 L1<br>데이터도 포함) | 문어 | 논설적 에세이 | | |
| Analyzing Discourse Strategies : A Computer Learner Corpus | 독일어 | 영어<br>(주로 미국식 영어) | 문어 | 토론, 채팅, 에세이<br>종적 데이터 | 초급부터 중급의 중까지 | 현재<br>구축 중 |
| The FALKO corpus (Fehlerannotiertes Lernerkorpus 'error annotated learner corpus') | 독일어 | 다양 | 문어 | 1. Falko 요약<br>2. Falko 에세이<br>3. Falko 조지타운 : 편지, 소설 작품, 저널 기사, 서평 (= 미국 학생들의 종적 데이터) | 주로 고급<br>(Falko 조지타운 : 초급 -고급) | 요약 :<br>41,072<br>에세이 :<br>23,579<br>조지타운 :<br>126,105 |
| The LeaP Corpus(Learning the Prosody of a foreign language) | 독일어 | 다양 | 구어 | The LeaP 코퍼스는 네 종류의 말하기 과제<br>– 읽기 말하기<br>– 준비된 말하기<br>– 자유롭게 말하기<br>– 어휘 목록 | 다양한 등급 | |

| 코퍼스 | 목표 언어 | 제1언어 | 유형 | 텍스트/과제 유형 | 숙달도 | 어절 수 |
|---|---|---|---|---|---|---|
| The LeKo (Lernerkorpus) corpus | 독일어 | | | | | |
| Ursula Weinberger's learner corpus | 독일어 | 영어 | 문어 | | | 27,635 |
| The Langman corpus | 헝가리어 | 중국어 | 구어 | 1994년에 헝가리에 살고 있는 11명의 중국인 이민자와 한 인터뷰. 인터뷰는 그들 일상생활 활동 뿐 아니라 헝가리 정착에 관련된 화제에 초점을 맞춤. | | |
| Corpus parlato di italiano L2 | 이탈리아어 | 영어 독일어 일본어 | 구어 | 인터뷰 전사 | 다양한 등급 | |
| Variet  di Apprendimento della Lingua Italiana : Corpus Online (VALICO) | 이탈리아어 | 다양 | 문어 | | 다양한 등급 | 567,437 |
| The Korean learner corpus | 한국어 | 다양 | 문어 | | 초급, 중급 | c. 10,000 |
| The ASK (Andrespr kskorpus = Second Language Corpus) corpus | 노르웨이어 | 다양 | 문어 | 에세이 | | |
| The PIKUST pilot learner corpus | 슬로베니아어 | 다양 | 문어 | 수로 논설적 에세이 | 고급 다수, 중급 및 초급도 포함 | 35,000 |
| The Anglia Polytechnic University (APU) Learner Spanish Corpus | 스페인어 | 다양 | 문어 | | | 120,000 |
| CEDEL2 (Corpus Escrito del Espa ol L2) | 스페인어 | 영어 | 문어 | 스페인어 학습자의 작문 | | 600,000 |
| The DIAZ corpus | 스페인어 | 다중언어 | 구어 | 거의 즉흥적 (구조화된 인터뷰) 실험적(구조화된 질문) 성인 스페인 사람의 L2/L3 말하기 데이터 | 다양한 등급 | |
| The Japanese learner corpus of Spanish | 스페인어 | 중국어 | 문어 | 학생들의 에세이 | | 83,400 |
| Spanish Learner Language Oral Corpus (SPLLOC) | 스페인어 | 영어 | 구어 | 학생들의 서술, 인터뷰, 그림 묘사하기 과제 | 초급에서 고급까지 | |
| The ASU corpus | 스웨덴어 | | 구어와 문어 | 녹음된 대화 전사, 스웨덴어 성인 학습자들이 작성한 텍스트 - 종적 자료 | | 490,000어 (415,000 구어, 75,000 문어) |
| The ESF (European Science Foundation Second Language) Database | 다중언어 | 다중언어 | 구어 | 서유럽에 거주하고 있는 40명의 성인 이민자들을 즉흥적인 제 2 언어 습득, 각각의 거주국 모어 화자와의 의사소통 | 다양한 등급 | |
| The Foreign Language Examination Corpus (FLEC) | 다중언어 | 폴란드어 | 문어 | 바르샤바 대학 입학시험 자료 | 다양한 등급 | 구축 중 |

| 코퍼스 | 목표 언어 | 제1언어 | 유형 | 텍스트/과제 유형 | 숙달도 | 어절 수 |
|---|---|---|---|---|---|---|
| The MeLLANGE Learner Translator Corpus (LTC) | 다중언어 | 다양 | 문어 | 법률, 기술, 행정 및 신문 텍스트 | 수습 번역가 | |
| The MiLC Corpus | 다중언어 | 카탈로니아어 | 문어 | 공식적, 비공식적 편지, 요약, 이력서, 에세이, 리포트, 번역본, 동시 및 비동시적 의사소통 교환, 사무용 편지(업무용 통신문) | | |
| The Multilingual Learner Corpus (MLC) | 다중언어 | 브라질식 포르투갈어 | 문어 | 논설적, 서사적 에세이 | | |
| The Padova Learner Corpus | 다중언어 | 이탈리아어 | CMC (컴퓨터의 사소통) | 학생들의 작품 다양한 장르 : 일기, 토론, 공식적 리포트, 이력서 등 종적 데이터 | | 현재 구축 중 |
| The PAROLE corpus (corpus PARall le Oral en Langue Etrang re) | 다중언어 | 다양 | 문어 | 5개의 말하기 과제 | 다양한 등급 | |

# 제4부

# 대조 연구

한국어 대조 연구 분야에는 모두 세 편의 연구가 실린다. 이들 연구는 모두 실증적인 언어 자료로서의 코퍼스에 기반한 연구로서 한국어와 중국어, 베트남어를 서로 대조하였다. 각 대조한 결과는 중국인이나 베트남인 한국어 학습자를 대상으로 한 효과적인 한국어교육의 실행이라는 측면에서 의미가 있을 뿐만 아니라 대조언어학적으로도 유의미한 기초 자료가 될 수 있다. 또 중국인이나 베트남인을 위한 한국어 교재나 사전 편찬 시에도 유용하게 활용될 수 있다.

이문화(2014)는 신문 기사와 드라마 병렬 말뭉치를 분석함으로써 '叫, 讓, 給' 피사동 표현과 대응되는 한국어 표현의 다양한 양상과 특징을 밝혔고 각각의 비율뿐만 아니라 대응 관계에서 나타나는 규칙을 살펴보고자 하였다. 특히 글말과 입말에서의 사용 양상의 차이를 밝히기 위하여 신문 기사와 드라마 자료를 분석하였다. 피동과 사동에 관련된 한·중 대조 연구가 지금까지는 각각의 특징만을 따로 규명하는 데에 초점을 두었다면 이 연구는 피동과 사동의 기능을 두루 갖는 표현 중 대표적인 '叫, 讓, 給'에 주목하였다는 측면에서 차이가 있다. 뿐만 아니라 병렬 말뭉치를 기반으로 한 대조 연구 방법론을 적용함으로써 중국어의 '叫,

讓, 給' 피사동 표현에 대응되는 한국어 표현이 결코 단순하지 않음을 밝혀 보였다는 점에서 의의가 있다. 이와 같이 중국어의 피사동 기능을 갖는 '叫, 讓, 給' 표현이 한국어에서 사동, 피동 등의 다양한 문법 범주로 실현될 수 있다는 사실은 한국어교육에 있어서 유용한 자료로 활용될 수 있다. 중국어권 학습자를 위한 효율적인 교수·학습 방법과 더불어 실제 의사소통의 상황(입말, 글말)에 따라서 차별화된 자료를 제공할 수 있을 것이다.

유정정(2014)은 비교 말뭉치를 통하여 한·중 분류사 사용에 대해 수사와의 결합 관계를 살펴보고, 목표어인 한국어 분류사를 기준으로 삼아 한·중 분류사를 대조하고자 하였다. 한·중 분류사는 용법적으로 이질성이 많이 존재하기 때문에 중국인 학습자들은 분류사를 습득하면서 많은 어려움을 겪는다. 그럼에도 불구하고 한·중 분류사에 대한 비교 연구는 수적으로 많이 부족한 실정이어서 이러한 비교 연구가 더욱 필요하다고 보인다. 유정정(2014)에서는 말뭉치 자료를 분석하여 구체적 통계 결과를 제시하고 함의를 밝혔으며, 교육용 분류사와 수사의 결합을 자세히 분석하였다. 특히 '한'과 'ㅡ'에 초점을 맞춰 한·중 분류사와 수사의 결합 특징을 비교하였다는 점에서 기존 연구와 차별화된다고 할 수 있다. 분석 결과는 분류사와 수사의 결합관계에 대한 깊은 이해 형성과 학습자들이 한국어 분류사와 호응하는 정확한 수사를 선택하도록 하는 데 모두 도움이 될 수 있으리라 본다.

도옥 루이엔(2013)은 베트남어의 'anh, chị, em' 호칭과 한국어의 대응 표현을 대조해 보았다. 그 대응된 호칭들이 어떤 공통점과 차이점이 있는지, 특히 차이점에 나타나는 문화적 특징이 무엇인지를 밝혔다. 그 결과 베트남어의 'anh, chị, em'의 세 가지 호칭은 다양한 상황, 그리고 다양한 대상에 쓰일 수 있는 반면에, 이에 대응하는 한국어의 표현들은 비교적 다양한 것을 알 수 있었다. 따라서 베트남어 모어 화자를 대상으로 한국어를 교육할 때에는 위에서 기술한 차이점에 주의하여 교수해야 하고, 호칭의 사전적 의미뿐만 아니라 그 호칭이 사용되는 상황과 그 호칭이 선택되는 기제들을 함께 언급해 주어야 한다. 특히 이 연구를 통해 정리한 호칭 선택표는 베트남인을 위한 한국어 교재나 사전을 만들 때 도움이 될 것이라고 생각한다.

# 중국어 '叫, 讓, 給' 피사동 표현에 대응되는 한국어 표현 연구

**이문화**
남서울대학교

## 1. 머리말

한국어의 피동과 사동 표현은 중국어권 한국어 학습자가 어렵게 느끼는 문법 범주 가운데 하나이다. 그 까닭은 한국어의 피동과 사동 표현이 중국어보다 상대적으로 종류가 많고 복잡하기 때문이다. 따라서 피사동을 나타내려고 할 때 중국어보다 한국어에서 훨씬 더 다양한 표현들로 나타나게 된다. 그런데 최근 한·중 대조 연구가 활발해지고 있음에도 불구하고 중국어에서 피사동 기능을 두루 갖는 표현이 한국어에 어떻게 대응하는가에 대해 체계적으로 살핀 연구는 찾기 어려웠다. 이에 본 연구는 말뭉치를 통하여 중국어에서 피동과 사동의 기능을 두루 지닌 '叫, 讓, 給' 표현이 한국어 표현에 대응되는 양상과 특징을 밝히는 데에 목적을 둔다.[1]

---

1  본 연구에서 사용한 병렬 말뭉치의 규모와 처리 방법은 다음과 같다. 신문 기사 병렬 말뭉치는 약 100만 어절 정도, 드라마 병렬 말뭉치는 약 60만 어절이 된다. 이에 관한 자세한 내용은 〈부록 1〉에 있다. 처리 방법은 먼저 Editplus3, U-tagger, U-tagger Corrector 프로그램을 사용하여 신문 기사와 드라마 병렬 말뭉치에서의 '叫, 讓, 給'

본 연구에서는 한·중 병렬 말뭉치에서 나타난 '叫' 표현 359개, '讓' 표현 4,017개, '給' 표현 66개를 대상으로 중국어 '叫, 讓, 給' 피사동 표현이 중국어에서 피동이나 사동 가운데 어떤 범주로 더 많이 사용되는 가를 확인한다. 다음 한·중 병렬 말뭉치에서 중국어 '叫, 讓, 給' 피사동 표현이 한국어 표현에 대응되는 양상과 특징을 알아본다. 각각의 사용 비율뿐만 아니라 대응 관계에서 나타나는 규칙을 살펴보고자 한다. 그리 고 글말과 입말에서의 사용 양상의 차이도 밝히겠다.

## 2. 선행 연구

### 2.1. 병렬 말뭉치 활용의 가치

유현경·황은하(2010)에서는 병렬 말뭉치란 한 언어의 원문텍스트(original text)와 그 텍스트에 대한 하나 이상의 다른 언어로 번역된 텍스트(translation)를 문단, 문장, 단어 등의 언어단위로 정렬하여(align) 구축한 말뭉치로 정의하였다. 민경모(2010)에서 1980년부터 언어공학 분야에서 병렬 말뭉치가 이용되기 시작하면서 병렬 말뭉치에 대한 관심이 일어나기 시작하여, 사전학, 언어 교육, 대조언어학, 번역학 등에서도 병렬 말뭉치 가 효율적으로 활용되어 상당한 연구 성과를 거둠으로써 그 가치를 인정 받기에 이르렀다고 하였다. 최근 대조언어학, 외국어 교육 등은 실제 병렬 말뭉치에 기반한 연구에 많은 관심을 가지고 있고 병렬 말뭉치를 구축하 여 언어 대조연구, 언어 교육에 활용하는 것은 세계적인 흐름이다. 병렬

---

표현과 대응되는 한국어 대응표현을 추출하였다. 마지막으로 추출한 문장을 여러 번 수동 작업으로 확인하고 분석하였다.

말뭉치는 대조언어학과 외국어 교육에서 가장 큰 기여를 했다고 할 수 있다. 신자영(2010)은 대조연구에 기술적 정확성을 높인 것과 양적인 차원의 연구를 가능하게 하였다. 병렬 말뭉치를 이용한 대조연구는 모국어 화자의 직관에 의존한 대조연구에 실증적 자료를 뒷받침해 줄 수 있다. 흔히 대조언어학의 연구대상은 언어 간 어휘, 문법 등 다양한 현상에 대한 차이를 면밀하게 기술하는데 목적을 둔다고 하였다. 그러므로 한·중 언어 대조연구에서 병렬 말뭉치를 활용해서 하는 연구가 필요하다.

## 2.2. 중국어의 피사동 표현

중국어 '叫, 讓, 給' 표현의 피사동 의미를 언급한 연구는 장효만(2013), 박향란(2012), 도혜진(2009) 등이 있다. 이들 연구에 따르면 '叫, 讓, 給' 표현은 중국어에서 피동 의미와 사동 의미를 지니고 '叫, 讓, 給' 의 피동 표현은 주로 입말에 쓰인다. '叫', '讓' 표현은 피동보다 사동으로의 용법으로 널리 사용된다고 하였다. 다음으로 피동 '叫, 讓, 給' 표현과 한국어 대조에 관련된 연구인 최영(2008)에서는 제1피동[2]은 주로 '叫, 讓' 피동과 대응되고 '給' 피동과 대응되는 경우도 있다고 하였고, 제2피동의 '-당하다' 피동은 '叫, 讓' 피동과 잘 대응되고 '給' 피동과 대응되는 경우도 있다고 하였다. 제3피동의 '-어지다' 피동은 '給' 피동과 잘 대응된다고 하였다. 마지막으로 사동 '叫, 讓, 給' 표현과 한국어 대조에 관련된 연구인 장효만(2013)에서 사동 '讓' 표현은 한국어 제1사동, 제2사동, 제3사동, '게/도록 하다', 명령문과 간접화법과 대응됨을 밝혔다. 최길림(2007)에서는 한국어 제1사동은 '給' 표현에 대응되지만 '叫, 讓' 표현과 대응되지

---

2   이 논문에서 설정한 제1피동, 제2피동, 제3피동, 제1사동, 제2사동, 제3사동의 유형 분류는 〈표 1〉에 제시되어 있다.

않고, 제2사동은 '叫, 讓' 표현에만 대응되고 '給' 표현과 대응되지 않으며, 제3사동은 '叫, 讓' 표현에만 대응되었다.

이상의 기존 연구와 달리 이 논문에서는 병렬 말뭉치라는 실증적인 자료에 기반해서 '叫, 讓, 給' 표현을 피동 사동 전반에 걸쳐서 연구를 해봤다. 기존 연구에서의 연구 대상 자료의 규모가 작을 뿐만 아니라 시대성이 다소 떨어진다고 볼 수 있는 일부 소설이나 사전 중에서 차용하여 사용하고, 또한 보통 예문이 단순하기 때문에 현재 사용하는 언어와 거리가 있을 수밖에 없다. 예를 들면 장효만(2013)은 최근 논문임에도 불구하고 연구대상은 90년대 소설에서 추출한 85개 '讓' 표현과 대응되는 한국어 사동 표현을 살펴본다고 하였다.[3] 마지막으로 한·중이나 중·한 언어의 일대일 번역식 대조방식이다.

## 2.3. 한국어의 피동과 사동 표현의 유형

최현배(1961)에서 피동을 '원래의 임자가 스스로 제 힘으로 그 움직임을 하지 아니하고, 남의 힘을 입어서 그 움직임을 하는 것'이라 정의하였다. 피동을 나타내는 방법을 동사 어간에 '-이-', '-히-', '-리-', '-기-'가 결합한 피동, '-되다', '-받다', '-당하다'가 붙은 피동, 그리고 동사 어간에 '-어지다'가 결합한 피동으로 분류하고 각각 첫째, 두째(둘째), 세째(셋째) 입음법으로 이름 짓고 기술하였다. 이상억(1999)에서는 '-어지다', '-게 되다'와 함께 피동표현을 제시하였다. 최영(2008)에서는 최현배의 체계를 따라 제1피동('-이-', '-히-', '-리-', '-기-'), 제2피동('-되다', '-받다', '-당하다'), 제3피동('-어지다', '-게 되다')로 분류하였다.

---

3  장효만(2013)에서 사용한 예문 중에 하나는 다음과 같다.
   你当初爲什么不讓兩个儿子到我們**生産隊**來落戶呢？애당초 아들을 우리 **생산대**로 보내지 그랬어요? (余華, 《許三觀賣血記》)

최현배(1961)는 한국어의 사동을 '-이-', '-히-', '-리-', '-기-', '-우-', '-추-', '-구-', '-애-(없애)'의 접미사 사동, '-시키다'로 만든 사동, 그리고 '-게 하다' 사동으로 분류하고 각각 첫째, 두째(둘째), 세째(셋째) 입음법으로 이름 짓고 기술하였다. 이상억(1999)에서는 '-게(끔) 하다(만들다)/ -도록 하다(만들다)'와 함께 사동 표현을 제시하였다. 최길림(2007)에 의하면 제1사동('-이-', '-히-', '-리-', '-기-', '-우-', '-추-', '-구-', '-애-(없애)'), 제2사동(-시키다), 제3사동(-게 하다)로 분류하였다.

앞서 언급한 바와 같이 한국어 피동과 사동 표현은 학자마다 다르지만 본 연구에서는 분석 결과를 구체적으로 도출하기 위하여 한국어 피동과 사동의 유형을 정리한 〈표 1〉을 기준으로 연구를 진행하였다.

**〈표 1〉 한국어 피동과 사동 표현의 유형**

| 한국어 피동 표현 | | 한국어 사동 표현 | |
|---|---|---|---|
| 제1피동 | -이- | 제1사동 | -이- |
| | -히- | | -히- |
| | -리- | | -리- |
| | -기- | | -기- |
| 제2피동 | -되다 | | -우- |
| | -받다 | | -추- |
| | -당하다 | | -구- |
| 제3피동 | -어지다 | | -애-(없애) |
| | -게 되다 | 제2사동 | -시키다 |
| | | 제3사동 | -게(끔) 하다 |
| | | | -게(끔) 만들다 |
| | | | -도록 하다 |
| | | | -도록 만들다 |

지금까지 중국어 피사동 표현과 한국어 피사동 표현의 선행 연구를 정리해봤다. 이에 따르면 한국어의 피동 사동 표현은 중국어의 피동 사동 표현보다 복잡하고 다양한 것을 아 수 있다. 중국어에서 피동과 사동의 기능을 모두 수행하는 표현은 '叫, 讓, 給' 세 가지이고, 한국어 접미

사 중 용언에 붙어 피동과 사동의 뜻을 더 할 수 있는 것은 '-이-', '-히
-', '-리-', '-기-' 네 가지이다.

## 3. 중국어 '叫, 讓, 給' 피사동 표현의 장르별 구현 양상

본 연구에서 최근 자료로 구성된 대규모 한·중 병렬 말뭉치를 통하여
'叫, 讓, 給' 피사동 표현과 대응되는 한국어 표현을 여러 방향을 모두
고려해서 연구하고자 한다. 중·한 병렬 말뭉치와 한·중 병렬 말뭉치를
모두 분석하는 것이 바람직하나 현재로서는 이런 텍스트를 찾기 어렵고
한국어 텍스트를 중국어 텍스트로 번역한 신문 기사나 드라마 대본들이
많기 때문에 한·중 병렬 말뭉치를 연구 대상으로 삼았다. 신문 기사 병
렬 말뭉치에서 '叫', '讓', '給' 표현 각각 147개, 1807개, 1779개, 드라마
병렬 말뭉치에서 '叫', '讓', '給' 표현 각각 1276개, 2598개, 3082개를
추출하여 분석한 결과는 다음 〈표 2〉와 같다.

〈표 2〉 한·중 병렬 말뭉치에서의 '叫', '讓', '給' 표현의 피사동 구현 양상

| | 표현 | 叫 | 讓 | 給 |
|---|---|---|---|---|
| 신문 기사 병렬 말뭉치 | 피동 | 0 | 6 | 1 |
| | 사동 | 2 | 1464 | 2 |
| 드라마 병렬 말뭉치 | 피동 | 1 | 7 | 13 |
| | 사동 | 356 | 2540 | 51 |
| 합계 | | 359 | 4,017 | 67 |

분석 결과에 의하면 중국어 '叫', '讓', '給' 피사동 표현은 신문 기사에
서 각 2번, 1470번, 3번, 드라마에서 357번, 2547번, 64번 나타났다.
신문 기사보다 드라마에서 많이 나타났다. 이는 도혜진(2009)에서 '叫',

'讓', '給'는 주로 입말에서 사용한다고 주장한 것과 일치하는 결과이다. 이 보다 더 구체적으로 말하면 사동 의미로 쓰인 '叫', '讓', '給' 표현은 입말에서 많이 쓰인 경향을 보인다고 할 수 있다. 반면에 피동 의미로 쓰인 '叫', '讓', '給' 표현은 글말이나 입말에서 모두 잘 안 쓰이는 것을 보인다. 또한 '讓' 사동 표현은 입말에서 많이 쓰지만 글말에서도 많이 쓰이는 것을 알 수 있다.

## 4. '叫, 讓, 給' 피사동 표현에 대응되는 한국어 표현의 분석 결과

### 4.1. '叫' 피사동 표현과 대응되는 한국어 표현

신문 기사와 드라마 병렬 말뭉치에서 '叫' 피사동 표현에 대응되는 한국어 표현을 분석한 결과는 다음과 같다.

〈그림 1〉 '叫' 피사동 표현과 한국어 표현의 대응결과

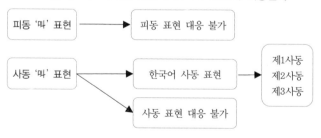

분석결과, 신문 기사와 드라마 병렬 말뭉치에서 '叫'의 피동 표현은 한국어 피동 표현과 대응이 불가하고 '叫' 사동 표현은 일부만 한국어 사동 표현과 대응되었다. 중국어 '叫' 표현의 사동성 의미가 강하기 때문에 피동으로 쓰일 때 제한이 있다. 즉 동작의 주체를 나타내는 명사가

반드시 있어야 한다는 것이다. 그래서 '叫' 표현의 피동보다 사동으로 더 많이 사용된다. 이에 따라 병렬 말뭉치에서 '叫'피동 표현은 한국어 피동 표현과 대응이 불가능한 현상이 나타났다. 그리고 대응되는 한국어 사동 표현에서 제1사동, 제2사동, 제3사동과 모두 대응되는 것을 알 수 있다.

다음으로 신문 기사와 드라마 병렬 말뭉치에서 나타난 '叫' 피사동 표현과 대응되는 한국어 사동 표현에 대해 자세히 살펴보면 다음 〈표 3〉과 같다.

〈표 3〉 '叫' 피사동 표현과 한국어 표현의 대응 양상

| 중국어 표현 | 대응되는 한국어 표현 | | 신문 기사 병렬 말뭉치 | 드라마 병렬 말뭉치 |
|---|---|---|---|---|
| '叫' 피동 표현 | 피동 표현 대응 불가 | | 0 | 1 |
| '叫' 사동 표현 | 제1사동 | -이- | 0 | 2 |
| | 제2사동 | -시키다 | 0 | 13 |
| | 제3사동 | -게 하다 | 0 | 6 |
| | | -게 만들다 | 0 | 2 |
| | 사동 표현 대응 불가 | | 2 | 333 |
| 합계 | | | 2 | 357 |

분석 결과에 의하면 먼저 신문 기사 병렬 말뭉치에서 '叫' 사동 표현이 2번 나타났는데 한국어 사동이나 피동 표현과 대응되지 않았다. 즉 입말 '叫' 사동 표현만 한국어 사동 표현과 대응되는 것을 알 수 있다. 다음 드라마 병렬 말뭉치에서 '叫' 피동 표현이 1번 나타났는데 한국어 사동이나 피동 표현과 대응되지 않았다. 입말에서 '叫' 사동 표현은 한국어 사동 표현과 대응되지 않는 경우가 가장 많다는 것을 알 수 있다.[4] 그리고

---

4 '叫' 사동 표현이 한국어의 사동 표현으로 번역되지 않은 경우 한국어 명령문, 간접 인용문, 청유문 등과 많이 대응되는 현상을 보인다. 예를 들어 '-라, -라고 하다, -자' 등이 있었다.

한국어 제1사동인 '-기-', 제2피동 '-시키다', 제3사동 '-게 하다/만들다'만 대응되는 현상을 보인다. 이 결과를 대표적인 예문을 통하여 자세히 분석하고자 한다.

(1) '-기-'
ㄱ : 누가 나만 **남겨** 놓고.
ㄴ : 誰**叫**你**留下**我一个人。

〈눈의 여왕 2회〉

(2) '-시키다'
ㄱ : 비서 보내서 **안심시켜** 드렸어.
ㄴ : 已經派人打電話**叫**他們**放心**了。

〈꽃보다 남자 5회〉

(3) '-게 하다'
ㄱ : 일단 빨리 **오게 해**.
ㄴ : 反正你赶緊先**叫**她**過來**嘛。

〈49일 14회〉

(4) '-게 만들다'
ㄱ : 술 취하게 만들어놓고 전화도 안 받는 사람 뭐 애정전선에 문제 있거나 그런 건 아니죠?
ㄴ : 誰**叫**你**喝醉**又不接電話, 不會是有什么對愛情敏感之類吧。

〈아이엠샘 8회〉

(5) 사동 표현 대응 불가
ㄱ : **들어오라고** 해.
ㄴ : **叫他進來吧**。

〈쾌걸춘향 15회〉

위 예문을 통하여 중국어 사동 표현 '叫' 표현은 한국어 사동 표현 '-기-, -시키다, -게 하다, -게 만들다'와 서로 대응되는 것을 알 수 있었다. 즉 (1)의 예문에서의 '남기다'는 중국어의 '叫-留下'로 번역되었다. (2)의 예문에서 '안심시키다'는 중국어의 '叫-放心'로 번역되었다. (3), (4)의 예문과 같이 '오게 하다', '취하게 만들다' 는 중국어의 '叫-過來', '叫-喝醉'로 번역되었다. 예문(5)과 같이 '叫' 사동 표현이 한국어의 사동 표현으로 번역되지 않고 한국어 명령문 등과 많이 대응되는 현상을 보인다. 이 이유는 바로 중국어 '叫' 사동 표현의 자체가 '명령의미'를 포함하기 때문이다. 그래서 한국어로 번역할 때 명령문이나, 청유문으로 번역할 수 있다. 즉, (5)의 예문에서 '들어오라고 하다'는 중국어의 '叫他進來吧'로 번역되었다.

## 4.2. '讓' 피사동 표현과 대응되는 한국어 표현

신문 기사와 드라마 병렬 말뭉치에서 '讓' 피사동 표현과 한국어 표현의 대응결과를 살펴보면 다음과 같다.

〈그림 2〉 '讓' 피사동 표현과 한국어 표현의 대응결과

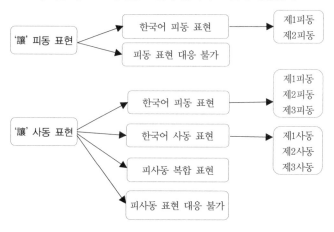

분석결과에 의하면 먼저 신문 기사와 드라마 병렬 말뭉치에서 '讓' 피

동 표현은 일부만 한국어 피동 표현과 대응되는데, 대응되는 한국어 피동 표현가운데 제1피동과 제2피동만 있고 제3피동이 없다. '讓'의 자체 의미 중에 사동의미는 피동의미보다 더 강하기 때문에 피동의미를 활발하게 쓰지 않고 주로 사동의미로 많이 쓴다. 이에 대해 다음 〈표 4〉와 〈표 5〉로 보여주었다. 다음으로 신문 기사와 드라마 병렬 말뭉치에서의 '讓' 사동 표현과 대응되는 한국어 표현은 한국어 사동 표현뿐만 아니라 한국어 피동 표현, 피사동 복합형과 대응되며 피동이나 사동과 대응되지 않는 경우도 발견되었다. 그리고 대응되는 한국어 피동 표현에서 제1피동, 제2피동, 제3피동이 있고 한국어 사동 표현에서 제1사동, 제2사동, 제3사동과 모두 대응되는 관계를 발견하였다.

### 4.1.1. '讓' 피동 표현에 대응되는 한국어 표현

신문 기사와 드라마 병렬 말뭉치에서 분석한 '讓' 피동 표현의 결과를 살펴보면 다음 〈표 4〉와 같다.

〈표 4〉 '讓' 피동 표현에 대응되는 한국어 표현

| 중국어 표현 | 대응되는 한국어 표현 | | 신문 기사 | 비율 | 드라마 | 비율 |
|---|---|---|---|---|---|---|
| '讓' 피동 표현 | 제1피동 | -이- | 3 | 50% | 0 | 0% |
| | | -히- | 0 | 0% | 1 | 14% |
| | 제2피동 | -받다 | 2 | 33% | 0 | 0% |
| | 피동 대응 불가 표현[5] | | 1 | 17% | 6 | 86% |
| 합계 | | | 6 | 100% | 7 | 100% |

분석결과, '讓' 피동 표현은 글말인 신문 기사에서 제1피동 '-이-'만

---

5  '讓' 피동 표현의 한국어 피동 대응 불가 표현에서 각 1개, 6개 만 출현하고 그의 빈도가 높지 않기 때문에 그에 대응되는 한국어 용례를 설명하기 어렵다. 한·중 언어 표현의 차이 때문에 이런 현상이 일어난 것으로 보인다.

대응되고 제2피동에서 '-받다'만 대응되는 관계를 발견하였다. 반면에 입말인 드라마에서 제1피동 '-히-'만 대응되는 현상을 보인다. 이들은 대응되는 관계가 있지만 대응되는 수가 너무 적고 빈도도 너무 낮다. 이런 현상이 나타난 이유는 중국어 '讓' 표현의 사동성 의미가 강하기 때문에 피동보다 사동으로 더 많이 사용된다. 그래서 '讓' 피동 표현에 대응되는 한국어 피동표현의 빈도가 낮다. 실제 자료에서 나타난 '讓' 피동 표현에 대응되는 한국어 피동표현의 문장 수가 너무 적기 때문에 '讓' 피동 표현과 '-게 되다'의 대응 불가능한 현상이 나타날 수도 있다. 이에 대해 다음 〈표 5〉와 같이 비교하여 알 수 있다. 이 분석한 결과에 대해 다음과 같이 예문을 통하여 살펴보겠다.

    (6) '-이-'
    ㄱ : 일하면서 남들에게 '여자'로 **보이**는 게 싫어 일부러 털털하게 굴었던 건데.
    ㄴ : 因爲在工作時, 不想**讓**人**看成**是'小女人', 才故意裝出豪爽的樣子。
                              (조선일보 연예 2010.03.19 14:46)
    (7) '-히-'
    ㄱ : 이놈의 기집애! 너 내 손에 **잡히**면 죽어.
    ㄴ : 要是**讓**我**逮到**這一次你死定啦。
                              〈미안하다 사랑한다 4회〉
    (8) '-받다'
    ㄱ : 존경은 받지 못하더라도 구설에 올라 **비난받**을 행동은 삼가야 할 것이다.
    ㄴ : 卽使不能獲得尊重, 至少不能做出**讓**人**指点**遭人口舌的事情。
                          〈중앙일보 뉴스 2012.06.12 13:41〉

위 예문을 보듯이 중국어 피동 표현 '讓' 표현은 한국어 피동 표현 '-이

-, -히-, -받다'와 서로 대응되는 것을 알 수 있었다. 즉 (6), (7)의 예문에서의 '보이다', '잡히다'는 중국어의 '讓-看成, 讓-逮到'로 번역되었다. (8)의 예문에서 '비난받다'는 중국어의 '讓-指点'로 번역되었다.

### 4.1.2. '讓' 사동 표현에 대응되는 한국어 표현

신문 기사와 드라마 병렬 말뭉치에서 분석한 '讓' 사동 표현의 결과를 살펴보면 다음 〈표 5〉와 같다.

〈표 5〉'讓' 사동 표현에 대응되는 한국어 표현

| 중국어 표현 | 대응되는 한국어 표현 | 신문 기사 | 비율 | 드라마 | 비율 |
|---|---|---|---|---|---|
| '讓' 사동 표현 | 피동 표현 | 132 | 9% | 47 | 2% |
| | 사동 표현 | 300 | 21% | 724 | 29% |
| | 피사동 복합 표현 | 0 | 0% | 9 | 0% |
| | 사동 표현 대응 불가 | 1032 | 70% | 1760 | 69% |
| 합계 | | 1,464 | 100% | 2,540 | 100% |

위 표를 보듯이 '讓' 사동 표현은 신문 기사와 드라마 병렬 말뭉치에서 각 대응되는 한국어 표현이 다르게 나타났다. 그에 대응되는 한국어 피동 표현을 드라마보다 신문 기사에서 더 많이 사용하는 것을 알 수 있다. 사동과 피동이 다른 문법 범주인데 중국어 '讓' 사동 표현은 한국어 피동 표현과 대응되는 이유는 중국어 '讓' 사동과 같이 나타난 동사가 강한 피동의미를 지니기 때문이다. 중국어 문장에서 이런 피동 의미를 지닌 동사를 '讓' 사동으로 표현하면 더 자연스럽다. 예문(10)에서 '휩싸이다'에 대응되는 중국어 동사 '陷入'가 강한 피동 의미를 가지기 때문에 '讓' 사동 표현으로 쓰이는 것이다. 또한, 한국어 사동 표현에 신문 기사보다 드라마에서 더 많이 쓰인 현상을 보여주었다. 그리고 드라마에서 '讓' 사동 표현에 대응되는 피사동 복합 표현만이 있다. 공통점은 글말이나

입말에서 중국어의 사동 표현이 한국어의 사동 표현과 대응되지 않는 경우가 많다는 것이다.[6] 더 나아서 피동 표현과 사동 표현에서 글말과 입말이 어떤 양상이 있는지 살펴볼 필요가 있다.

먼저 신문 기사와 드라마 병렬 말뭉치에서의 '讓' 사동 표현에 대응되는 한국어 피동 표현을 살펴보면 다음과 같다.

〈그림 3〉'讓' 사동 표현에 대응되는 한국어 피동 표현

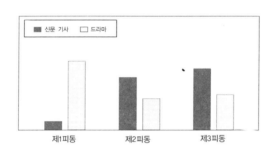

드라마나 신문 기사에서 '讓' 사동 표현은 제1피동, 제2피동, 제3피동과 모두 대응되는 관계를 보여주었다. 드라마보다 신문 기사에서 대응되는 제2피동과 제3피동의 빈도가 높은 반면 신문 기사보다 드라마에서 대응되는 제1피동의 빈도가 높게 출현하였다. 즉 글말에서 '讓' 사동 표현에 대응되는 제2피동, 제3피동을 많이 사용하고 입말에서 제1피동을 더 많이 쓰인 것을 알 수 있다. 이에 대해 더 자세한 대응관계를 살펴보면 다음과 같다.

---

6 　사동 표현 대응이 불가능한 경우 '讓' 사동 표현은 한국어의 명령문, 청유문 등과 많이 대응되는 현상을 보인다. 왜냐하면 '讓'의 사동 표현은 그 자체가 강한 '시킴과 허락'의 의미를 지니기 때문이다.

〈표 6〉'讓' 사동 표현에 대응되는 한국어 피동 표현

| | 피동 표현 | | 신문 기사 | 비율 | 드라마 | 비율 |
|---|---|---|---|---|---|---|
| '讓' 사동 표현 | 제1피동 | -이- | 6 | 4% | 8 | 17% |
| | | -히- | 5 | 3% | 11 | 24% |
| | | -리- | 10 | 7% | 5 | 11% |
| | | -기- | 0 | 0% | 2 | 4% |
| | 제2피동 | -되다 | 59 | 38% | 0 | 0% |
| | | -받다 | 0 | 0% | 10 | 20% |
| | 제3피동 | -게 되다 | 32 | 21% | 11 | 24% |
| | | -어지다 | 41 | 27% | 0 | 0% |
| 합계 | | | 153 | 100% | 47 | 100% |

분석 결과에 따르면 신문 기사나 드라마에서 제1피동과 모두 대응되는 현상을 보인다. 하지만 '讓' 사동 표현은 신문 기사보다 드라마에서 더 많이 사용되는 현상을 보였다. 신문 기사에서 '讓' 사동 표현은 제2피동 '-되다'만 대응되고 드라마에서는 '-받다'만 대응되는 관계를 발견하였다. 그리고 신문 기사에서 '讓' 사동 표현은 제3피동 '-게 되다, -어지다'와 대응되고 드라마에서 '-게 되다'만 대응되는 것으로 나타났다. 이 분석한 결과를 다음 신문 기사와 드라마의 예문을 통하여 자세히 살펴보겠다.


[신문 기사 예문]

(9) '-이-'

ㄱ: KBS 아나운서 출신 최송현(27). 그는 별다른 죄의식 없이 불륜을 저지르며 살다가 남편의 갑작스러운 죽음으로 혼란에 **휩싸인** 전업 주부 재키 정을 연기 중이다.

ㄴ: 崔松賢曾過KBS電視台主持人，她在劇中扮演了一个搞婚外情 却幷无負罪感的家庭主婦"杰西"，不過丈夫的突然离世**讓**她**陷入** 迷惘之中。

〈조선일보 연예 2009.12.14 16:14〉

(10) '-히-'

ㄱ : 그런데 반쪽마저 잘못된 것이라고 우기니 **기가 막히**는 것이다.

ㄴ : 而日本現在竟然對此也表示否認, 這眞的**讓人无語**。

〈중앙일보 뉴스 2012.08.29 14:58〉

(11) '-리-'

ㄱ : 호주 데일리텔레그래프가 "세메냐가 남성과 여성의 성적 특성을 모두
가지고 있는 양성자"라고 보도해 세메냐는 궁지에 **몰리**는 듯했다.

ㄴ : 澳大利亞的≪悉尼每日電報≫報道說"塞蒙婭是同時具備男性和
女性特征的双性人", 這**讓**塞蒙婭**陷入**危机。

〈중앙일보 스포츠 2011.08.22 10:34〉

(12) '-되다'

ㄱ : 이런 상황은 아태 시장이 유라시아 대륙 전체로 **확대되**고 APEC의
통합도 새 국면을 맞게 해줄 것이다.

ㄴ : 這樣的情況會**讓**亞太市場**擴大**至歐亞大陸全境, APEC的整合也
將迎來新局面。

〈중앙일보 뉴스 2012.09.05 13:54〉

(13) '-게 되다'

ㄱ : 이번 사태를 보면서 다른 생각을 **갖게 됐**다고도 했다.

ㄴ : 但通過此次事態, **讓**我**改變**了想法。

〈조선일보 문화 2011.03.15 15:17〉

(14) '-어지다'

ㄱ : 통신업계는패닉 상태에 **빠졌다**.

ㄴ : VOICE TALK的出現**讓**通信業界**陷入**了恐慌狀態。

〈중앙일보 경제 2012.06.06 08:31〉

위 신문 기사의 예문을 통하여 중국어 사동 표현 '讓'는 한국어 피동
표현 '-이-, -히-, -리-, -되다, -게 되다, -어지다'와 서로 대응되는
것을 알 수 있었다. 즉 ⑼, (10), (11)의 예문에서의 '휩싸이다', '막히다',

'몰리다'는 중국어의 '讓-陷入, 讓-无語, 讓-陷入'로 번역되었다. (12) 의 예문에서 '확대되다'는 중국어의 '讓-擴大'로 번역되었다. (13), (14) 의 예문과 같이 '갖게 되다', '빠지다'는 중국어의 '讓-改變', '讓-陷入' 로 번역되었다.


[드라마 예문]

(15) '-이-'

ㄱ : 마음이 **쓰여**서.

ㄴ : 哎 眞是**讓**人**操心**。

〈내 여자 친구는 구미호 16회〉

(16) '-히-'

ㄱ : 오랜만에 한기사한테 **업혀**주자.

ㄴ : 好久沒**讓**韓司机**背**我了。

〈눈의 여왕 15회〉

(17) '-리-'

ㄱ : 그래. 니 **분이 풀린**다면은 내가 맞을게.

ㄴ : 好, 如果能**讓**你**消气**的話, 打我吧。

〈아이엠샘 1회〉

(18) '-기-'

ㄱ : 나 널 그런 애한테 이런 식으로 **뺏기**지 않아.

ㄴ : 我也不會**讓**那樣的人**搶走**你。

〈쾌걸춘향 9회〉

(19) '-받다'

ㄱ : 쓸데없는 **오해받**는 거 불쾌해.

ㄴ : 平白的**讓**人**誤會**很讓人不快。

〈부탁해요 캡틴 11회〉

(20) '-게 되다'

ㄱ : 아버지처럼 지내던 분을 <u>잃게 됐</u>구나.

ㄴ : <u>讓</u>你<u>失去</u>了如同父親的人。

〈추적자 5회〉

위 드라마의 예문을 통하여 중국어 사동 표현 '讓'는 한국어 피동 표현 '-이-, -히-, -리-, -기-, -받다, -게 되다'와 서로 대응되는 것을 알 수 있었다. 즉 (15), (16), (17), (18)의 예문에서의 '쓰이다', '업히다', '풀리다, 뺏기다'는 중국어의 '讓-操心, 讓-背, 讓-消气, 讓-搶走'로 번역되었다. (19)의 예문에서 '오해받다'는 중국어의 '讓-誤會'로 번역되었다. (20)의 예문과 같이 '잃게 되다' 는 중국어의 '讓-失去'로 번역되었다.

다음으로 신문 기사와 드라마 병렬 말뭉치에서의 '讓' 사동 표현에 대응되는 한국어 사동 표현은 아래와 같다.

〈그림 4〉 '讓' 사동 표현에 대응되는 한국어 사동 표현

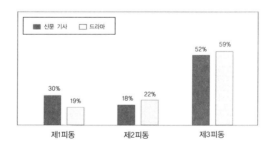

드라마나 신문 기사에서 '讓' 사동 표현은 제1사동, 제2사동, 제3사동과 모두 대응되는 관계를 확인하였다. 드라마보다 신문 기사에서 대응되

는 제1사동의 빈도가 높은 반면에 신문 기사보다 드라마에서 대응되는
제2사동, 제3사동의 빈도가 높게 출현하였다. 즉 글말에서 '讓' 사동 표
현에 대응되는 제1사동을 많이 사용하고 입말에서 제2사동, 제3사동을
더 많이 쓰인 것을 알 수 있다. 이에 대해 더 자세한 대응관계를 살펴보
면 다음과 같다.

〈표 7〉'讓' 사동 표현에 대응되는 한국어 사동 표현

| | 사동 표현 | | 신문 기사 | 비율 | 드라마 | 비율 |
|---|---|---|---|---|---|---|
| '讓' 사동 표현 | 제1사동 | -이- | 54 | 13% | 80 | 11% |
| | | -히- | 8 | 2% | 6 | 1% |
| | | -리- | 33 | 8% | 26 | 3% |
| | | -기- | 21 | 5% | 19 | 3% |
| | | -우- | 8 | 2% | 12 | 2% |
| | | -애- | 1 | 0% | 0 | 0% |
| | 제2사동 | -시키다 | 76 | 18% | 158 | 21% |
| | 제3사동 | -게 하나/만들다 | 137 | 32% | 396 | 54% |
| | | -도록 하다 | 87 | 20% | 27 | 4% |
| | 피사동 복합 표현 | -이+게 하다 | 0 | 0% | 9 | 1% |
| 합계 | | | 425 | 100% | 733 | 100% |

분석 결과, 드라마나 신문 기사에서 다양하게 제1사동과 대응된다는
것을 알 수 있었다. 그리고 드라마보다 신문 기사에서 제1사동의 각 유
형의 빈도가 고루 분포하는 경향을 보인다. '讓' 사동 표현은 드라마나
신문 기사에서 '-구-', '-추-' 사동 표현과 대응되지 않았다. 마지막으
로 드라마에서 제3사동 '-게 하다/만들다'가 많이 나타났기 때문에 입말
에서 많이 쓰인다는 점을 알 수 있다. 하지만 신문 기사에서 제3사동 '-
도록 하다'가 많이 나타났기 때문에 글말에서 많이 사용하는 것을 추측
할 수 있다. '讓' 사동 표현은 입말에서 피사동 복합형에도 대응되는 것
을 발견하였다. 제1피동과 제3사동을 결합해서 만든 피사동 복합 표현

'－이+게 하다'이다. 이 분석한 결과를 다음 신문 기사와 드라마의 예문
을 통하여 자세히 살펴보고자 한다.


[신문 기사 예문]

(21) '－이－'

ㄱ : 거의 2년 만에 경기하는 모습을 **보여** 드리게 됐다.

ㄴ : 時隔近兩年終于可以**讓**大家**看到**我比賽了。

〈조선일보 스포츠 2012.07.03 10:45〉

(22) '－히－'

ㄱ : 뛰어난 개인 기술로 날카롭게 측면을 돌파하고 상대가 예측하지 못
하는 패스를 찔러주는 그를 보며 전문가들은 "한국 축구에 창의성을
**덧입혔**"고 찬사를 보냈다.

ㄴ : 在看到李菁龍利用出衆的个人技術犀利地進行邊路突破和**讓**對
方球員捉摸不透的前塞傳球后, 專家們紛紛称贊表示"他**讓**韓國
足球的創意性**更上**了一个檔次"。

〈중앙일보 스포츠 2010.06.28 11:27〉

(23) '－리－'

ㄱ : 1948년 런던올림픽은 전 세계에 'KOREA'와 태극기를 널리 **알린** 대
회다.

ㄴ : 1948年倫敦奧運會, **讓**韓國(KOREA)和太极旗首次**展示**給全世界。

〈조선일보 스포츠 2012.07.20 11:45〉

(24) '－기－'

ㄱ : 대선 직전인 지난 2월에는 한 일간지 기고문을 통해 코사크족 젊은
이들을 잘 교육시켜 중요한 군사임무를 **맡기**자고 촉구했다.

ㄴ : 大選之前的今年2月, 通過某日報投稿, 他敦促好好教育哥薩克
族年輕人, **讓**其**担負**重要的軍事任務。

〈중앙일보 뉴스 2012.07.18 14:53〉

(25) '-우-'

ㄱ : 이때 김씨는 영사에게 "전기고문과 연속 잠 안 **재우**기 고문을 당했
다"고 간략히 말했다.

ㄴ : 當時, 金永煥簡單地對領事描述說自己"遭到了電刑拷打, 并連
續數日不**讓睡覺**"。

〈중앙일보 뉴스 2012.07.31 16:20〉

(26) '-애-(없애)'

ㄱ : 김박사는 "우리는 선수들이 경기하는 동안 불안감을 **없애**고 마음의
안정을 찾는데 초점을 맞췄다"고 했다.

ㄴ : 金博士称"我們將焦点放在了如何**讓**選手們在比賽期間**消除**不安
感, 找到穩定的心理狀態上"。

〈중앙일보 스포츠 2010.11.17 16:09〉

(27) '-시키다'

ㄱ : 당초 중국은 첫 여성 우주인을 언말이나 내년에 발사될 선저우 10호
에 **탑승시킬** 예정이었다.

ㄴ : 中國起初預定**讓**第一个女航天員**搭乘**年末或明年發射的神州10号。

〈중앙일보 뉴스2012.06.19 15:42〉

(28) '-게 하다/만들다'

ㄱ : 한국이 경제 전문가들을 **놀라게 했다**.

ㄴ : 韓國**讓**經濟專家着實**吃了一惊**。

〈중앙일보 뉴스2009.04.25 07:56〉

(29) '-도록 하다'

ㄱ : 그래서 이번엔 자유롭게 **얘기하도록 했다**.

ㄴ : 所以這一次他**讓**大家隨便**說**。

〈조선일보 스포츠 2012.08.06 12:33〉

위 신문 기사의 예문을 통하여 중국어 사동 표현 '讓'는 한국어 사동

표현 '-이-, -히-, -리-, -기-, -우-, -애-, -시키다, -게 하다/만들다, -도록 하다'와 서로 대응되는 것을 알 수 있었다. 즉 (21), (22), (23), (24), (25), (26)의 예문에서의 '보이다', '덧입히다', '알리다', '맡기다', '재우다', '없애다'는 중국어의 '讓-看到, 讓-更上, 讓-展示, 讓-担負, 讓-睡覺, 讓-消除'로 번역되었다. (27)의 예문에서 '탑승시키다'는 중국어의 '讓-搭乘'로 번역되었다. (28), (29)의 예문과 같이 '놀라게 하다', '얘기하도록 하다'는 중국어의 '讓-吃了一惊', '讓-說'로 번역되었다.

[드라마 예문]

(30) '-이-'

ㄱ : 아빠가 속을 **썩여**?

ㄴ : 爸爸**讓**你**傷心**吗？

〈아이엠샘 4회〉

(31) '-히-'

ㄱ : 몸을 그렇게 화상을 다 **입히**면 어떡하니?

ㄴ : **讓**身体**燙傷**那怎么可以？

〈내 이름은 김삼순 10회〉

(32) '-리-'

ㄱ : 다신 우리 삼순이 **울리**지 않겠다고.

ㄴ : 再也不**讓**我家三順傷心**流泪**。

〈내 이름은 김삼순 12회〉

(33) '-기-'

ㄱ : 요즘 이렇게 날 **웃기**는 인간들이 많냐?

ㄴ : 最近**讓**我**發笑**的人怎么這么多。

〈내 이름은 김삼순 2회〉

(34) '-우-'

ㄱ : 얘 어딨어? 아프다 그래서 방에다 **재웠**어.

ㄴ : 他在哪? 他說不舒服**讓**他在房間**睡了**。

〈쾌걸춘향 7회〉

(35) '−시키다'

ㄱ : 사부인. 두 아이 **결혼시킵**시다.

ㄴ : 親家母**讓**他們倆**結婚**吧。

〈쾌걸춘향 2회〉

(36) '−게 하다/만들다'

ㄱ : 거봐! 날 **웃게 만들**잖아.

ㄴ : 看吧, 你**讓**我**笑**不是么。

〈내 이름은 김삼순 7회〉

(37) '−도록 하다'

ㄱ : 성민우 씨가 신인시절에 냈던 불의의 교통사고를 마치 **뺑소니** 사고
　　인 것처럼 꾸며 이를 빌미로 성민우를 협박하고 그로 하여금 뮤지컬
　　에 **출연하도록 한** 것이 드러났습니다.

ㄴ : 她利用晟敏宇新人時期的車禍案件硬說那是肇事逃逸, 用這個介
　　面威脅晟敏宇, **讓**他**參加**他們公司的音樂劇。

〈오! 마이 레이디12회〉

(38) '−이게 하다'

ㄱ : 야! 윤지후! 이 여자 다시는 내 눈에 안 **보이게 해**!

ㄴ : 尹智厚！不要**讓**我再**看到**這个女人。

〈꽃보다 남자 24회〉

　　위 드라마의 예문을 통하여 중국어 사동 표현 '讓'는 한국어 사동 표현
'−이−, −히−, −리−, −기−, −우−, −시키다, −게 하다/만들다, −도록
하다, 피사동 복합 표현'과 서로 대응되는 것을 알 수 있었다. 즉 (30),
(31), (32), (33), (34)의 예문에서의 '썩이다', '입히다', '울리다', '웃기
다', '재우다'는 각 중국어의 '讓−傷心, 讓−燙傷, 讓−流淚, 讓−發笑,

讓-睡'로 번역되었다. (35)의 예문에서 '결혼시키다'는 중국어의 '讓-結婚'로 번역되었다. (36), (37)의 예문과 같이 '웃게 만들다', '출현도록 하다' 는 중국어의 '讓-笑', '讓-參加'로 번역되었다. (38)의 예문에서의 '보이게 하다'는 중국어의 '讓-看到'로 번역되었다.

## 4.3. '給' 피사동 표현과 대응되는 한국어 표현

신문 기사와 드라마 병렬 말뭉치에 '給' 피사동 표현과 한국어 표현의 대응결과를 살펴보면 다음과 같다.

〈그림 5〉 '給' 피사동 표현과 한국어 표현의 대응결과

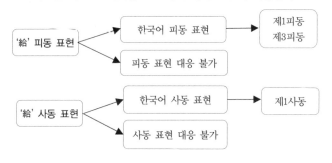

분석결과에 의하면 신문 기사와 드라마 병렬 말뭉치에서의 '給' 피동 표현은 한국어 피동 표현과 일부만 대응된다. 그 가운데 대응되는 한국어 피동 표현은 제1피동, 제3피동만 있는 것을 발견하였다. 다음으로 '給' 사동 표현과 대응되는 한국어 표현은 사동 표현은 제1사동만 있는 것을 알 수 있다.

### 4.3.1. '給' 피동 표현과 대응되는 한국어·표현

신문 기사와 드라마 병렬 말뭉치에서 분석한 '給' 피동 표현의 결과를

살펴보면 다음 〈표 8〉과 같다.

**〈표 8〉'給' 피동 표현에 대응되는 한국어 표현**

| 중국어 표현 | 대응되는 한국어 표현 | | 신문 기사 병렬 말뭉치 | 드라마 병렬 말뭉치 |
|---|---|---|---|---|
| '給' 피동 표현 | 제1피동 | -히- | 0 | 2 |
| | | -리- | 0 | 1 |
| | 제3피동 | -어지다 | 0 | 1 |
| | 피동 표현 대응 불가 | | 0 | 9 |
| 합계 | | | 0 | 13 |

위 표를 통하여 '給' 피동 표현은 드라마에서만 나타남을 알 수 있다. 즉 '給' 피동 표현은 입말에서만 쓰이는 경향을 보인다. 그리고 '給' 피동 표현은 한국어 제1피동 '-히-', '-리-'와 대응되고 제3피동 '-어지다'와 대응되었다. 이 결과를 다음과 같이 예문을 통하여 살펴보겠다.

(39) '-히-'

ㄱ : 몽룡이 이놈은 자식 **잡히**기만 내가~

ㄴ : 梦龙这个小子**給**我**逮住**就…

〈쾌걸춘향 8회〉

(40) '-리-'

ㄱ : 그때 별것도 아닌 일로 금방 **잘렸**다며 엄청 열 받아 했었거든.

ㄴ : 因爲鷄毛蒜皮的事**給炒**了，当時還很火大呢。

〈환상의 커플 10회〉

(41) '-어지다'

ㄱ : 몽룡이 이대로 **막아질** 수 없어요.

ㄴ : 夢龍不能就這樣**給毀**了。

〈쾌걸춘향 13회〉

(39), (40)의 예문에서의 '잡히다', '잘리다'는 각 중국어의 '給-逮住,

給-炒'로 번역되었다. (41)의 예문에서의 '막아지다'는 중국어의 '給-
毁'로 번역되었다.


### 4.3.2. '給' 사동 표현과 대응되는 한국어 표현

신문 기사와 드라마 병렬 말뭉치에서 분석한 '給' 사동 표현의 결과를
살펴보면 다음 〈표 9〉와 같다.

〈표 9〉 '給' 사동 표현에 대응되는 한국어 표현

| 중국어 표현 | 대응되는 한국어 표현 | | 신문 기사 병렬 말뭉치 | 드라마 병렬 말뭉치 |
|---|---|---|---|---|
| '給' 사동 표현 | 제1사동 | -이- | 2 | 36 |
| | 사동 표현 대응 불가 | | 0 | 15 |
| 합계 | | | 2 | 51 |

신문 기사나 드라마 병렬 말뭉치에서 '給' 사동 표현은 한국어 제1사
동 '-이-'와만 대응되는 관계를 발견하였다. 더 나아서 글말보다 입말에
서 많이 사용하는 현상을 보인다. 이 결과에 대해 다음 예문을 통하여
살펴보겠다.

[신문 기사 예문]

(42) '-이-'

ㄱ: 그는 또 자신이 런던 지하철에서 샤이니의 '링딩동'을 공연한 적이
있다며 관련 영상을 **보여**주기도 했다.

ㄴ: 她說自己曾在倫敦地鐵中表演過SHINee的≪RingDingDong≫,
幷**給**記者**看**了相關的視頻。

〈중앙일보 음악 2011.07.04 09:05〉

[드라마 예문]

(43) '-이-'

ㄱ: 참, **보여줄** 게 있어.

ㄴ : 對了要<u>給</u>你<u>看</u>樣東西。

〈꽃보다 남자 25회〉

신문 기사와 드라마의 예문에서 중국어 사동 표현 '給'은 한국어 사동 표현 '-이-'과 모두 대응되는 것을 알 수 있었다. 즉 (42), (43)의 예문에서의 '보여주다', '보여주다' 는 중국어의 '給-看', '給-看'로 번역되었다.

이상 글말과 입말 양상을 구별해서 '叫, 讓, 給' 피사동 표현과 대응되는 한국어 표현을 살펴본 결과를 정리하면 다음 〈표 10〉과 같다.

〈표 10〉 '叫, 讓, 給' 피사동 표현과 대응되는 한국어 표현[7]

| 한국어 표현 | | 피동 '叫'/사동 '叫' | | 피동 '讓'/사동 '讓' | | 피동 '給'/사동 '給' | |
|---|---|---|---|---|---|---|---|
| | | 신문 기사 | 드라마 | 신문 기사 | 드라마 | 신문 기사 | 드라마 |
| 제1피동 | -이- | x | x | △/○ | ○ | x | x |
| | -히- | x | x | ○ | △/○ | x | △ |
| | -리- | x | x | ○ | ○ | x | △ |
| | -기- | x | x | ○ | ○ | x | x |
| 제2피동 | -되다 | x | x | ○ | x | x | x |
| | -받다 | x | x | △ | ○ | x | x |
| | -당하다 | | | | | | |
| 제3피동 | -어지다 | x | x | ○ | x | x | △ |
| | -게 되다 | x | x | ○ | ○ | x | x |
| 제1사동 | -이- | x | x | ○ | ○ | ○ | ○ |
| | -히- | x | x | ○ | ○ | x | x |
| | -리- | x | ○ | ○ | ○ | x | x |
| | -기- | x | ○ | ○ | ○ | x | x |
| | -우- | x | x | ○ | ○ | x | x |
| | -추- | x | x | x | x | x | x |
| | -구- | x | x | x | x | x | x |
| | -애-(없애) | | | | | | |
| 제2사동 | -시키다 | x | ○ | ○ | ○ | x | x |

---

7  〈표 10〉에서 피동 '叫, 讓, 給' 표현은 '△'로 표시하고 사동 '叫, 讓, 給' 표현은 'ㅇ'로 표시하였다.

| | | | | | | | |
|---|---|---|---|---|---|---|---|
| 제3사동 | -게(끔) 하다<br>-게(끔) 만들다 | x | ○ | ○ | ○ | x | x |
| | -도록 하다<br>-도록 만들다 | x | x | ○ | ○ | x | x |
| 피사동<br>복합표현 | -이게 하다 | x | x | x | ○ | x | x |
| 대응 불가<br>표현 | | x | △/○ | △/○ | △/○ | x | △/○ |

분석 결과, 글말과 입말 양상을 구별해서 '叫, 讓, 給' 피사동 표현에 대응되는 한국어 표현의 여러 가지 양상을 살펴보았다. 이 결과는 연구 대상 말뭉치에서 발견된 것이 기준임을 밝혔다. 본 연구에서는 말뭉치를 통해서 분석 결과를 일반화시키는 게 아니라 말뭉치라는 것은 실제 사용의 경향을 보는 것이다. 즉, '叫, 讓, 給' 피사동 표현과 대응되는 한국어 표현의 경향성을 보는 것을 강조하는 것이다.


## 5. 맺음말

본 연구는 신문 기사와 드라마 병렬 말뭉치를 분석함으로써 '叫, 讓, 給' 피사동 표현과 대응되는 한국어 표현의 다양한 양상을 밝히고자 하였다. 본 연구가 기존 연구의 결과와 다른 점은 다음과 같이 정리할 수 있다.

첫째, 최영(2008)에서는 제3피동의 '-어지다' 피동은 '給' 피동과 잘 대응된다고 하였는데 실제 분석한 결과, 이는 입말에서만 대응되고 글말에서는 대응되지 않았다. 둘째, 사동 '讓' 표현은 글말이나 입말에서 한국어 사동 표현뿐만 아니라 한국어 피동 표현, 대응 불가 표현도 대응되었다. 셋째, 최영(2008)에서는 제2피동의 '-당하다' 피동은 '叫, 讓' 피동과 잘 대응된다고 하였는데 이와 달리 실제 자료에서 그들은 잘 대응되지 않은 현상을 보였다. 또한, 최길림(2007)에서는 한국어 제1사동은 '給'

표현과 대응되고 '叫, 讓' 표현과는 대응되지 않다고 하였는데 이와 달리 실제 자료에서 제1사동은 '叫, 讓' 표현과 잘 대응되는 것을 알 수 있다. 넷째, 사동 '讓' 표현은 입말에서 피사동 복합형 표현과도 대응하는 것을 발견하였다. 다섯째, 중국어 피사동 표현은 한국어 피사동 표현과만 대응되는 관계가 아니라 다양한 한국어 표현과 대응되는 것을 발견하였다.

본 연구는 병렬 말뭉치를 기반으로 한 대조 연구 방법론을 적용함으로써 중국어의 '叫, 讓, 給' 피사동 표현에 대응되는 한국어 표현이 결코 단순하지 않음을 밝혀 보였다는 점에서 의의가 있다. 이와 같이 중국어의 피사동 기능을 갖는 '叫, 讓, 給' 표현이 한국어에서 사동, 피동 등의 다양한 문법 범주로 실현될 수 있다는 사실은 한국어교육에 있어서 유용한 자료로 활용될 수 있다. 중국어권 학습자를 위한 효율적인 교수·학습 방법과 더불어 실제 의사소통의 상황(입말, 글말)에 따라서 차별화된 자료를 제공할 수 있을 것이다. 한편, 본 연구에서 사용한 병렬 말뭉치의 규모가 충분히 크지 않다는 한계점이 있다. 특히 드라마 병렬 말뭉치의 규모를 좀 더 확대한다면 더욱 정확한 결과를 도출할 수 있을 것이다. 그리고 중국어 피사동과 대응하는 한국어 표현을 분석한 결과 중, 높은 빈도로 나타나는 피사동 이외의 표현들에 대해 향후, 자세히 분석하면 한·중 피사동 대조 양상의 결과가 더 체계화될 것으로 생각된다.

―이 글은 『泮橋語文硏究』 37호, 139~171쪽에 실린 논문을 수정·보완한 것임.

〈부록 1〉

본 연구에서 쓰인 병렬 말뭉치는 2012년에 구축되었는데 이에 관한 정보는 다음과 같다.[8]

### 〈표 11〉한·중 신문 기사 병렬 말뭉치

| 신문 기사 출처 | 분야 | 어절 수 |
|---|---|---|
| 중앙일보 + 조선일보 | 뉴스 | 160,892 |
| | 경제 | 205,096 |
| | 문화 | 140,740 |
| | 연예 | 202,759 |
| | 스포츠 | 202,430 |
| 총 어절 수 | | 911,917 |

'한·중 신문 기사 병렬 말뭉치'는 〈표 11〉과 같이 중앙일보와 조선일보의 기사 약 912,000어절로(약 64,000문장) 구성되었다. 각 기사는 경제, 뉴스, 문화, 연예, 스포츠 등 5개의 분야로 구성되었다.[9]

### 〈표 12〉한·중 드라마 병렬 말뭉치

| 드라마 | | 편수 | 드라마 | | 편수 |
|---|---|---|---|---|---|
| 〈풀하우스〉 | KBS2 (2004) | 16 | 〈달자의 봄〉 | KBS2 (2007) | 22 |
| 〈미안하다 사랑한다〉 | KBS2 (2004) | 16 | 〈꽃보다 남자〉 | KBS2 (2009) | 25 |
| 〈쾌걸춘향〉 | KBS2 (2005) | 17 | 〈내 여자 친구는 구미호〉 | SBS (2010) | 16 |
| 〈내 이름은 김삼순〉 | MBC (2005) | 16 | 〈오! 마이 레이디〉 | SBS (2010) | 16 |
| 〈환상의 커플〉 | MBC (2006) | 16 | 〈49일〉 | SBS (2011) | 20 |
| 〈눈의 여왕〉 | KBS2 (2006) | 16 | 〈부탁해요 캡틴〉 | SBS (2012) | 20 |
| 〈아이엠샘〉 | KBS2 (2007) | 16 | 〈추적자〉 | SBS (2012) | 16 |
| 〈커피프린스1호점〉 | MBC (2007) | 18 | | | |
| 총 어절 수 | | | 580,000 | | |

---

8  한국어능력시험 6급을 통과한 연세대학교 대학원 국어국문학과 중국인 유학생 12명이 2012년 7월부터 2012년10월까지 말뭉치를 구축하였다.

9  문화 분야는 〈중앙일보〉의 유학 한국 영역과 〈조선일보〉의 문화 영역을 포함한다. 연예 분야는 〈중앙일보〉의 한류. 유행 영역과 〈조선일보〉의 오락생활 영역을 포함한다.

'한·중 드라마 병렬 말뭉치'는 총 약 58만 어절이며, 〈표 12〉와 같이 한국의 현재 일상생활을 살펴볼 수 있는 드라마 15편으로 구성하였다.

〈부록 2〉

한국어 피사동 표현에 대응되는 중국어 표현

| '-이-' 사동 → 讓- | |
|---|---|
| 보이다 → 讓-看到 | 죽이다 → 讓-去死 |
| (속을) 썩이다 → 讓-操心 | |

| '-이-' 피동 → 讓- | |
|---|---|
| 휩싸이다 → 讓-陷入 | 눈에 뜨이다 → 讓-眼前一亮 |
| 보이다 → 讓-看成 | 신경 쓰이다 → 讓-心煩/分心 |

| '-히-' 사동 → 讓- | |
|---|---|
| 화상을 입히다 → 讓-燙傷 | 앉히다 → 讓-坐上/ 讓-坐在 |
| 피해를 입히다 → 讓-受損 | (기가) 막히다 → 讓-无語 |

| '-리-' 사동 → 讓- | |
|---|---|
| 불리다 → 讓-鼓起來 | 살리다 → 讓-救 |
| 울리다 → 讓-哭泣/流泪 | 맘이 풀리다 → 讓-消气 |
| 들리다 → 讓-听到 | 잘리다 → 讓-炒鱿魚 |

| '-기-' 사동 → 讓- | |
|---|---|
| 맡기다 → 讓-担任 | 빼기 → 讓-收回/搶走 |
| 남기다 → 讓-留下 | 웃기다 → 讓-歡笑 |
| | 안기다(감동을 안기다) (웃음을 안기다) → 讓-感動不已、忍俊不禁 |

| '-우-' 사동 → 讓- | |
|---|---|
| 재우다 → 讓-睡覺 | 채우다(마음을 채우다) → 讓-心灵感到充實 |

| '-시키다' 사동 → 讓- | |
|---|---|
| 참여시키다 → 讓-參与 | 귀국시키다 → 讓-回國 |
| 연상시키다 → 讓-聯想到 | 탑승시키다 → 讓-搭乘 |
| 감동시키다 → 讓-感動 | 실망시키다 → 讓-失望 |

| '-게 하다' 사동 → 讓- ||
|---|---|
| 연상하게 하다 → 讓-聯想 | 즐겁게 하다 → 讓-開心 |
| 놀랍게 하다 → 讓-吃惊 | 기다리게 하다 → 讓-等 |
| 흘리게 하다 → 讓-流下 | 그만두게 하다 → 讓-放弃 |
| 신경 쓰게 하다 → 讓-操心 | 후회하게 하다 → 讓-后悔 |
| 힘들게 하다 → 讓-受苦 | |
| '-게 되다' 피동 → 讓- ||
| 알게 되다 → 讓-認識到 | 느끼게 되다 → 讓-感到 |
| 갖게 되다 → 讓-獲得 | |
| '-이-' 피동 → 給- ||
| 보이다 → 給-看看 ||
| '-히-' 피동 → 給- ||
| 잡히다 → 給-逮住 ||
| '-리-' 피동 → 給- ||
| 잘리다 → 給-炒了 ||
| '-이-' 사동 → 叫- ||
| (신경) 쓰이다 → 叫-不放心 ||
| '-기-' 사동 → 叫- ||
| 남기다. → 叫-留下 ||
| '-시키다' 사동 → 叫- ||
| (안심)시켜다 → 叫-放心 ||
| '-게 하다' 사동 → 叫- ||
| 오게 하다 → 叫-過來 ||

# 말뭉치기반 한·중 분류사와 수사의 결합관계 연구

### '한'과 '一'을 중심으로

유정정

중국 상무인서관

## 1. 머리말

Wilkins.D.A(1972)는 문법 없이 어휘만으로 약간의 의미는 전달할 수 있지만 어휘 없이는 의미 전달이 불가능하다고 하면서 어휘의 중요성을 인식시키고 있다. 한국어교육에서 어휘 교육의 중요성에 대한 인식도 점점 높아지고 있다. 곽지영(1997)은 음운, 통사 부분이 언어의 형식을 구성하는 것이라면 어휘는 언어의 내용을 구성하는 것으로 어휘 없이 한 언어를 배운다는 것은 불가능하다고 하였다. 조현용(2000)은 어휘는 의사소통 행위의 출발점이며 귀착점으로 이해 영역은 어휘의 이해가 기초가 되어야만 가능하고 표현 영역에서도 역시 어휘력이 있는 경우에 자신의 의사를 올바로 전달할 수 있기 때문에 한국어교육에서 어휘는 매우 중요한 위치를 갖는다고 하였다.[1]

본고에서는 한국어 어휘 교육의 중요성을 인식하여 어휘 교육 연구의

---

1   김한나(2008), 재인용.

중요한 일환으로 한국어 분류사에 대해 연구하기로 한다. 한국어는 수 분류사 언어[2]로서 수많은 수 분류사(본고 '분류사')가 존재하고 그들은 일상생활에서 매우 중요한 역할을 하고 있다. 신경철(1992)에서는 분류사를 우리 생활에서 없어서는 안 될 중요한 존재로 보고 있으며 분류사가 없으면 하루도 살 수가 없다고 말했다. 따라서 한국어를 배우기 위해 분류사를 꼭 배워야 한다. 분류사는 한국어 학습의 중요한 과제로서 이에 대한 연구는 필요하다.

본고에서는 중국어 양사와 비교하면서 분류사를 연구하기로 한다. 한·중 분류사는 용법적으로 이질성이 많이 존재하기 때문에 중국인 학습자들은 분류사를 습득하면서 항상 어려움을 겪는다. 이러한 어려움을 해결하기 위해 한·중 분류사의 이질성을 찾고 초점을 맞춰 교육 시켜야 한다. 다시 말하자면 한·중 분류사에 대한 비교 연구가 중요하다. 특히 한·중 분류사에 대한 기왕 비교 연구는 많이 부족해서 이러한 비교 연구는 더욱 필요하다.

중국인 학습자들은 겪는 어려움은 주로 두 가지가 있다. 하나는 지시 명사와 호응하는 정확한 분류사를 선택하는 것이다. 이것은 분류사와 명사의 결합관계에 관한 문제이다. 다른 하나는 분류사로 사물의 수를 헤아릴 때 한자어 수사를 써야 하는지 고유어 수사를 써야 하는지 하는 것이다. 이것은 분류사와 수사의 결합관계에 관한 문제이다. 전자에 대해 졸고(2013)에서 이미 연구하였는데 본고에서는 후자에 초점을 맞춰

---

2  분류사(classifier)는 명사가 지시하는 사물을 범주화하는 외현적인 언어 요소이다. Allen(1977)에서는 분류사의 유형에는 수 분류사(numeral classifier), 일치적 분류사 (concordial classifier), 술어 분류사(predicate classifier), 처소-내적 분류사 (intra-locative classifier)의 네 가지가 있으며 분류사 유형에 따라 언어를 구분했다. 이것은 한 언어에 한 유형의 분류사가 존재한다는 전제에서 분류사의 유형에 따라 분류사-언어를 구분한 것이다.(우형식 외, 2005:9~28)

논의하고자 한다.

일부 분류사는 한자어나 고유어 수사와 모두 호응할 수 있고, 일부 분류사는 고유어 수사와만 호응하며 일부 분류사는 한자어 수사와만 호응한다. 한국어 수사와 분류사는 복잡한 대응관계를 이루고 있는 반면에 중국어 수사는 한 계열밖에 없으며 수사와 분류사의 대응은 비교적 단순하다. 이러한 차이로 인해 중국인 학습자들은 정확한 분류사와 호응하는 수사를 선택할 때 어려움을 겪게 된다. 이러한 어려움을 해결하기 위해 본고 3장에서 말뭉치를 토대로 한국어 분류사에 대해 두 가지 계열의 수사와의 호응관계를 살펴보기로 한다.

분류사와 결합하는 수사 중에 '한'은 독특한 특징을 지니고 있다. 이는 분류사와 결합할 때 일반적인 '수량'의 의미도 실현할 수 있고, 그 이외에 '단수', '지소적인 수량', '개체화' 등 많은 의미도 실현한다. '한'이 대응되는 중국어 'ㅡ'도 '수량'의 의미 이외에 다른 뜻을 지니고 있다. 예를 들어, 중첩구성 'ㅡ+C+C' 중의 'ㅡ'은 '수량'의 의미는 두드러지지 않고 '전체, 완전'의 의미를 실현하는 것이다.

이렇게 '한'과 'ㅡ'은 분류사와 결합할 때 다양한 의미를 실현하므로 이에 대한 연구는 분류사와 수사의 결합관계 연구에 매우 필요한 일환이라고 본다. 그래서 본고 4장에서 이에 대해 연구하고자 한다. 먼저 4.1절에서 한국어 분류사와 '한'의 결합을 살피고, 그 다음에 4.2절에서 중국어 양사와 'ㅡ'의 결합을 살핀다. 4.3절에서 한·중 분류사와 '한'/'ㅡ'의 결합을 비교한다.

본고는 말뭉치를 기반으로 한국어 분류사와 수사의 결합 양상을 살피고 한·중 분류사와 '한'/'ㅡ'의 결합을 비교하는 데 목적을 둔다. 이를 위해 본고에서는 한국어 "21세기 세종계획" 중의 현대국어 원시말뭉치 (500만 어절)와 북경대학교에서 구축된 'CCL 말뭉치'를 활용한다.³ 이 두 가지는 한·중 가장 대표적인 말뭉치이라 본다. 이들을 통하여 한·중 언어의 특징을 잘 파악할 수 있다고 본다.

연구 대상의 경우, 3장 한국어 분류사와 두 계열 수사의 결합을 연구할 때 오상언(2010ㄱ)에서 제시된 한국어교육용 분류사 목록[4] 중의 88개 명사 분류사를 연구 대상으로 삼는다. 구체적으로 다음과 같다.

〈표 1〉 한국어교육용 명사 분류사 체계

| 부류 | | 분류사 항목 | 개수 |
|---|---|---|---|
| 인간성 | | 가구03, 가족01, 명03, 분01, 사람, 식구01, 위05, 인02 | 8 |
| 동물성 | | 마리01. 축02 | 2 |
| 식물성 | | 그루01, 다발01, 뿌리, 송이01, 잎01, 접02, 포기01 | 7 |
| 형상성 | 1차원 | 가닥, 갈래, 개비01, 대01, 바퀴01, 자루02, 줄01 | 17 |
| | 2차원 | 장21, 판08 | |
| | 3자원 | 딩어리, 발09, 방울01, 알01, 조각01, 쪽03, 토막01 | |
| 기능성 | | 가지04, 개국01, 곡02, 곳01, 과10, 과목02, 교시03, 군데, 권01, 글자, 끼01, 대12, 대16, 동01, 마당, 마디01, 면05, 박자, 반10, | 53 |

---

3 'CCL 말뭉치'는 현대 한어(現代漢語)와 고대 한어(古代漢語)로 나누고 있는데 총 4,77억 자(字)이다. 본고에서 논의할 '중국어'는 '현대 한어'이므로 '고대 한어'에 대해 토론하지 않기로 한다. 그래서 말뭉치 중의 현대 한어 자료에 초점을 맞춰 검토하도록 한다. 전체 728,909,261어절의 'CCL 현대 한어 말뭉치'는 다음과 같이 구성되어 있다.

| 분류 | 어절 | 분류 | 어절 |
|---|---|---|---|
| 사전(史传) | 1004728 | 구어 | 259506 |
| 응용문 | 127650059 | 문학 | 63055842 |
| 신문·잡지(인민일본) | 187855650 | 현대문학 | 14052740 |
| 신문·집지(작가문적) | 28162469 | 드라마·영화 | 16777425 |
| 신문·잡지(시장보) | 15923256 | 인터넷 텍스트 | 816830 |
| 신문·잡지(고사회) | 513067 | 번역(응용문) | 28950841 |
| 신문·잡지(독서) | 54499779 | 번역(문학) | 58046004 |
| 신문·잡지(독자) | 24443138 | 번역(기타) | 86996845 |
| 신문·잡지(청년문적) | 267819 | 시나리오 | 1059306 |

4 오상언(2010ㄱ)에서는 4종의 교재에서 나타나고 있는 분류사들을 정리하고, 국립국어원의 〈한국어 학습용 어휘 목록〉(2003)과 비교하여, 설문조사를 실시한 후에 156개 교육용 분류사 목록을 제시하였다. 이 목록은 학습 중요성과 학습자 요구를 모두 고려해서 참고할 만한 목록이라고 본다.

| | | |
|---|---|---|
| | 방면01, 번지03, 벌02, 부15, 상04, 석09, 수17, 술06, 실05, 쌍02, 인분80, 인용, 자14, 절08, 점10, 조13, 조15, 종09, 종류, 집01, 집03, 짝01, 쪽02, 채08, 척08, 충02, 칸01, 켤레02, 통12, 판01, 판10, 페이지, 편09, 폭06, 표04, 행01, 호14 | |
| 보편 | 개10 | 1 |
| **총** | | 88 |

위 표에서 봤듯이 88개 명사 분류사는 다시 인간성 분류사, 동물성 분류사, 식물성 분류사, 형상성 분류사, 기능성 분류사와 보편분류사로 나눌 수 있다. 이는 우형식(2001)에서 제시된 분류사 체계와 〈표준국어 대사전〉(사이트)에서 제시된 분류사 풀이를 근거하여 분류하는 것이다. 다만 우형식(2001)에서는 '개10'은 형상성 보편분류사로 분류했는데 본 고에서 이를 보편분류사로 보고 있다. '개10'은 형상성 명사 이외에 다른 넓은 범위의 명사와 모두 호응관계를 이룰 수 있기 때문이다.

본고 4장에서 보편분류사 '개10'과 '개10'이 대응되는 중국어 양사 '个' 의 용례를 중심으로 검토하기로 한다. '개10'과 마찬가지로 '个'도 중국 어에서 가장 널리 쓰이는 양사이며 이의 사용 범위는 계속 넓어지고 있 다.[5] 말뭉치에서 이 두 개 보편분류사의 각 500개 용례를 무작위로 뽑아 서 그 중에 '한'/'一'과 호응하는 용례를 정리한다. 각 용례의 '한'/'一'은 어떠한 의미 기능을 실현하고 있는지 하나하나씩 검토하고 비교하기로 한다.

본고 연구 구성을 다시 정리해 보면 1장에서는 연구 의의 및 목적, 연 구 내용 및 방법, 그리고 연구 구성을 제시한다. 2장에서는 한국어 분류 사와 수사의 결합관계에 관한 선행 연구를 살핀다. 3장에서는 말뭉치를

---

5   20세기 50년대부터 중국어 학계에서 '个화 문제'("个"化問題)라는 용어가 제시되었 고 다양한 양사를 '个'로 대체 쓰는 현상을 말한다. 중국어에서 객관명사이든 개념명사 이든 넓은 범위의 명사를 '个'로 셀 수 있다.

기반으로 한국어 88개 교육용 명사 분류사에 대해 한자어 계열과 고유어
계열의 수사의 결합관계를 검토한다. 4장에서는 한국어 보편분류사 '개
10'과 수사 '한'의 결합관계, 중국어 보편양사 '个'와 수사 '一'의 결합관
계를 분별적으로 기술한 뒤에 4.3절에서 비교한다. 마지막 5장 결론에
서는 분석된 내용을 요약하여 정리하고 논문의 한계점을 제시한다.

## 2. 선행 연구

분류사와 수사에 관한 연구는 정재도(1997), 우형식(1999), 우형식(2001),
이남석(2002), 김영희(2006), 석주연(2009) 등이 있다.

우형식(1999), 이남석(2002), 석주연(2009) 등은 이론적으로 분류사의
수량화 기능을 검토하였다. 우형식(1999)에서는 분류사의 수량 범주화를
중심으로 하여 그 양상을 몇 가지 범주로 구분하여 살펴보았다. 아울러
범주에 해당하는 분류사의 어휘 목록을 제시하였다. 우형식(1999)에 따
라 분류사의 수량화는 대상 명사의 성격에 크게 제한되지 않아 비가산성
명사도 수량화되는 특징이 있다. 분류사에 의한 수량화는 지시 대상의
척도 표시와 관련된다는 점에 주목하여 분류사를 척도 범주에 따라 명목
척도, 서열 척도, 비율 척도, 간격 척도로 구분할 수 있다. 수량화의 척
도를 기준으로 볼 때, 국어의 분류사는 명목 척도와 간격 척도에서 매우
발달되어 있음이 특징이다.

이남석(2002)에서는 언어의 유형학을 겨냥하고 있으며, 이때 수량 단
위의 기능은 언어의 유형학의 정립에 있어 중추적 역할을 한다고 하였
다. 가름씨(classifier)는 세계의 물상의 속성에 따라 명사의 계열화의 기
능을 수행하며, 계량사(Mensurativ)는 세계의 물상의 속성에 따라 그 양

의 단위의 계열화의 기능을 맡는다. 수사는 가름씨나 계량사와 함께 명사가 가리키는 물상의 개별성에 기여한다.

석주연(2009)에서는 '뭉치류' 분류사를 중심으로 수량화 기능을 고찰하였다.

정재도(1997), 우형식(2001), 김영희(2006) 등은 구체적인 분류사와 수사의 결합관계를 겨냥하는 연구들이다.

정재도(1997)에서는 셈숱말은 두루 셈숱말과 가름 셈숱말로 나누고, 셈낱말은 두루 셈낱말과 가름 셈낱말로 나눈다. 이로 셈숱말과 셈낱말의 어울림을 분석하였다.

김영희(2006:29)에서는 한국어 수량사를 형태론적으로 구분하면 관형형('온'), 명사형('일부'), 부사형('모조리'), 그리고 동사형('잦다')으로 나누었다. 이 중에서 분류사와 결합할 수 있는 것은 수식 관계를 이루는 관형형 수량사(수관형사)와 일부 명사형 수량사(수사)이라고 하였다.

우형식(2001:305)에 따라 관형형 수량사와 명사형 수량사는 수량의 정도를 분명히 나타내는 것(정수)과 모호한 것(부정수)으로 구분될 수 있다. 이에 의해 분류사와 통합될 수 있는 수량사를 다시 표로 정리하면 다음과 같다.

〈표 2〉 분류사와 통합될 수 있는 수량사 유형(우형식, 2001:307)

| | | | 정수 | '한, 두, 세(석, 서), 네(넉, 너), 다섯(닷), 여섯(엿), 일곱, … 스무, …' |
|---|---|---|---|---|
| 수량사 | 관형형 | 특칭 | 부정수 | '한두, 두세, 두서너, 서너, 너댓, 너더댓, 대여섯, 예닐곱, … 여러, 반(半)' |
| | 명사형 | 특칭 | 정수 | '다섯, 여섯, … 열, … 일(一), 이(二), … 십(十), … 백(百), …' |
| | | | 부정수 | '몇, 수(數)' |

위 표에서 봤듯이 우형식(2001)에서는 한국어의 수사 체계를 어원별로 한자어 계열과 고유어 계열로 나누고 있다. 그리고 분류사도 어원을 기준으로 하면 한국어, 고유어, 외래어로 구분할 수 있다. 그래서 수사와 분류사의 통합 관계는 어원에 따라 일정한 대응 관계도 존재하다. 일부 분류사는 고유어 수사와 주로 결합하고,[6] 일부 분류사는 한자어 수사와 주로 결합한다. 우형식(2001:311)에 따르면 수량사와 분류사의 통합은 일반적으로 고유어-고유어, 고유어-한자어, 한자어-한자어, 한자어-외래어의 형식으로 구분되며, 경우에 따라서는 한자어-고유어의 관계도 설정된다. 이것은 고유어와 한자어의 통합 관계가 유동적임을 특징으로 하는 데 비해서 한자어와 외래어의 통합은 절대적임을 뜻하는 것으로 이해된다.

선행 연구에서 분류사와 수사의 결합 규칙을 제시했는데 분류사 항목에 따라 예외가 존재할 수 있다. 그래서 다음 3장에서 말뭉치 기반 88개 한국어교육용 분류사와 수사의 결합을 검토하기로 한다.

## 3. 한국어 분류사와 한자어·고유어 수사의 결합

선행 연구에서 분류사와 수사의 대응 규칙을 제시하였다. 여기서 다시 정리해 보면, 일반적으로 수사와 분류사는 '고유어-고유어, 고유어-한자어, 한자어-한자어, 한자어-외래어'와 같이 대응한다. 다시 말하자면 고유어 분류사는 주로 고유어 수사와 결합하고 한자어 분류사는 고유어 수사나 한자어 수사와 모두 결합할 수 있다. 그런데 한자어 분류사

---

6  이는 특정 범위 내에 적용한다. 100 이상은 고유어 수사가 없으므로 본고에서 분류사와 수사의 결합관계에 대해 토론 범위는 0~100이다.

중에 한자어 수사와만 결합하는 것도 있고, 예를 들어, '인02'이다. 고유
어 수사 중에 한자어 수사와 결합할 수 있는 것도 있다. 예를 들어, '그루
01'이다. 이렇게 실제 언어 사용에서 예외가 있기 때문에 본고에서 말뭉
치를 통해 88개 명사 분류사와 한자어·고유어 수사의 결합관계를 검토
하기로 한다. 구체적으로 다음 표와 같다.

〈표 3〉 한국어 분류사와 수사의 결합(1)

| 분류 | | 항목 | 한자어 수사 | 고유어 수사 |
|---|---|---|---|---|
| 인간성 분류사 | | 가구03 | | ■ |
| | | 가족01 | | ■ |
| | | 명03 | ■ | ■ |
| | | 분01 | | ■ |
| | | 사람 | | ■ |
| | | 식구01 | | ■ |
| | | 위05 | ■[7] | ■ |
| | | 인02 | ■ | |
| 동물성 분류사 | | 마리01 | ■ | ■ |
| | | 축02 | | ■ |
| 식물성 분류사 | | 그루01 | ■ | ■ |
| | | 다발01 | | ■ |
| | | 뿌리 | | ■ |
| | | 송이01 | | ■ |
| | | 잎01 | | ■ |
| | | 접02 | | ■ |
| | | 포기01 | | ■ |
| 형상성 분류사 | 1차원 | 가닥 | ■ | ■ |
| | | 갈래 | | ■ |
| | | 개비01 | | ■ |
| | | 대01[8] | | |
| | | 바퀴01 | ■ | ■ |
| | | 자루02 | | ■ |
| | | 줄01 | ■ | ■ |
| | 2차원 | 장21 | ■ | ■ |
| | | 판08[9] | | |
| | 3차원 | 덩어리 | | ■ |
| | | 발09 | | ■ |

| | | | | |
|---|---|---|---|---|
| | | 방울01 | | ■ |
| | | 알01 | ■ | ■ |
| | | 조각01 | | ■ |
| | | 쪽03 | | ■ |
| | | 토막01 | | ■ |
| 기능성 분류사 | | 가지04 | | ■ |
| | | 개국01 | ■(주요) | ■ |
| | | 곡02 | | ■ |
| | | 곳01 | ■ | ■(주요) |
| | | 과10 | | |
| | | 과목02 | | ■ |
| | | 교시03 | | |
| | | 군데 | ■ | ■(주요) |
| | | 권01 | ■ | ■ |
| | | 글자 | | ■ |
| | | 끼01 | | ■ |
| | | 대12 | | ■ |
| | | 대16 | ■ | ■ |
| | | 동01 | | |
| | | 마당 | | ■ |
| | | 마디01 | | ■ |
| | | 면05 | ■ | ■ |
| | | 박자 | | ■ |
| | | 반10 | | |
| | | 방면01 | | |
| | | 번지03 | ■ | ■ |
| | | 벌02 | | ■ |
| | | 부15 | ■ | ■ |
| | | 상04 | | ■ |
| | | 석09 | | ■ |
| | | 수17 | | ■ |
| | | 술06 | | ■ |
| | | 실05 | ■ | |
| | | 쌍02 | | ■ |
| | | 자14 | | ■ |
| | | 절08[10] | | |
| | | 점10 | | ■ |
| | | 조13 | ■ | |
| | | 조15 | | |
| | | 종09 | ■ | ■ |

|  | 분류사 |  |  |
|---|---|---|---|
|  | 종류 |  | ■ |
|  | 집01 |  | ■ |
|  | 집03 | ■ |  |
|  | 짝01 |  | ■ |
|  | 쪽02 | ■ |  |
|  | 채08 | ■ | ■(주요) |
|  | 척08 | ■ | ■ |
|  | 층02 | ■ | ■ |
|  | 칸01 | ■ | ■(주요) |
|  | 켤레02 | ■ | ■ |
|  | 통12 | ■ | ■(주요) |
|  | 판01 |  | ■ |
|  | 판10 | ■ |  |
|  | 페이지 | ■ | ■ |
|  | 편09 | ■ | ■ |
|  | 폭06 |  | ■ |
|  | 표04 |  | ■ |
|  | 행01 |  | ■ |
|  | 호14 | ■ | ■ |
| 보편 | 개10 | ■ | ■ |

위 표에서 봤듯이 한자어 분류사이든 고유어 분류사이든 모두 고유어 수사와 잘 호응한다. 일부의 분류사는 한자어 수사와 호응할 수 있더라도 빈도가 낮고 '수십, 오식, 40여' 등 큰 수사만 결합한다. 구체적으로 다음 표와 같다.

〈표 4〉 한국어 분류사와 수사의 결합(2)

| 수사 | 분류사 | 빈도 |
|---|---|---|
| 한&고 | 명03, 위05, 마리01, 그루01, 가닥, 바퀴01, 줄01, 장21, 알01, 개국01, 곳01, 군데, 권01, 대16, 면05, 번지03, 부15, 종09, 채08, 척08, 층02, 칸01, 켤레02, 통12, 페이지, 편09, 호14, 개10 | 28 |

---

7  이연화(2000:23)에서 "제단에 영령 일 위를 모셨다."라는 예문 제시.

8  분류사로서의 용례는 발견하지 못함.

9  분류사로서의 용례는 발견하지 못함.

10  용례에서의 수사는 '몇'과 '4'이며 한자어인가 고유어인가 불명.

| 한자어 | 인02, 실05, 조13, 집03, 쪽02, 판10 | 6 |
|---|---|---|
| 고유어 | 가구03, 가족01, 분이, 사람, 식구01, 축02, 다발01, 뿌리, 송이01, 잎01, 접02, 포기01, 갈래, 개비01, 자루02, 덩어리, 발09, 방울01, 조각01, 쪽03, 토막01, 가지04, 곡02, 과목02, 글자, 끼01, 대12, 마당, 마디01, 박자, 벌02, 상04, 석09, 수17, 술06, 쌍02, 자14, 점10, 종류, 집01, 짝01, 판01, 쪽06, 표04, 행01 | 45 |
| 기타[11] | 대01, 판08, 과10, 교시03, 동01, 반10, 방면01, 절08, 조15 | 9 |

위 표에서 봤듯이 고유어 수사와만 결합하는 분류사는 45개이며 한자어 수사와만 결합하는 분류사는 6개뿐이다. 그리고 말뭉치 분석 결과를 보면 고유어나 한자어 수사 이외에 분류사는 '3분의 1' 등 양수표현과 호응관계도 이룰 수 있다. 본고에서 보편분류사 '개10'을 대표로 이와 결합하는 양수표현에 대해 자세히 검토한다.

말뭉치에서 분류사 '개10'의 500 용례 중에 양수표현을 포함한 것은 492개이다. 이들 용례에서의 양수표현에 대해 결합구성 유형별로 분석하기로 한다. 총 다섯 가지 유형이 있는데 분별적으로 '양수표현+개10+{의}+명사', '양수표현+개10+명사', '양수표현+개10', '명사+양수표현+개10', 그리고 '명사+{의}+양수표현+개10'이다.[12]

'양수표현+개10+{의}+명사' 유형의 147 항목을 양수표현을 기준으로 구분하면 아래 표와 같이 크게 정수, 부정수, 관형어, 그리고 혼합으로 나눌 수 있다. 다시 세분하면 아라비아숫자(정수), 고유어(정수), 한자어(정수), 아라비아숫자(부정수), 고유어(부정수), 한자어(부정수), {몇}, {여러}, 아라비아숫자+한자어 등으로 구분할 수 있다.

---

11  기타로 분류하는 것은 수사와 결합하는 용례를 발견하지 못하거나 수사는 한자어인지 고유어인지 판단하지 못하는 경우들이다.

12  일개+명사, 그리고 중첩구성 제외.

〈표 5〉 '양수표현 + 개10 + {의} + 명사'의 수량화 기능

| 수사 유형 | | 빈도 | 예문 |
|---|---|---|---|
| 정수 | 아라비아숫자 | 42 | 네덜란드에서는 특히 **9개의 핀**을 사용해 이 놀이를 즐겼다. |
| | 고유어 | 53 | 그런데 이 **두 개의 것**, 즉 천상의 것과 지상의 것(동물)을 합치게 한 힘은 무엇인가? |
| | 한자어 | 5 | 마음은 **천 개의 눈**을 가졌지만 가슴은 단 하나뿐. |
| 부정수 | 아라비아숫자 | 3 | 성호르몬제를 한 번 투여하면 보통 **10~30개의 난자**가 발생한다. |
| | 고유어 | 4 | 손을 잡고 포옹 한 번 하는 러브신을 구경하려면 대**여섯 개의 상품 광고**의 고개를 넘어서야 한다. |
| | 한자어 | 5 | 그래서 **수십, 수백개의 도메인**을 등록하고 있다가 비싼 값으로 팔아먹으려는 기업들도 있다. |
| 관형어 | 몇 | 16 | 찌꾸와 기습 대비반원들은 언덕 저쪽에서 **몇 개의 검은 점**이 움직여 오는 것을 보았습니다. |
| | 여러 | 6 | 노파가 지나간 뒤로 이미 **여러 개의 작은 구덩이**가 패어 있었다. |
| 혼합 | 아라비아숫자 +한자어 | 13 | 하지만 모든 세포가 **10만여 개의 단백질** 전부를 만드는 것은 아니다. |
| **수사+개+{의}+명사** | | | 총 : 147 항목 |

표에서 봤듯이 정수는 부정수에 비해 빈도가 높다. 그리고 고유어의 용례(정수/부정수)는 한자어의 용례(정수/부정수)에 비해 빈도가 높다. 그런데 아라비아숫자로 표시하는 수사는 한자어일 수도 있고 고유어일 수도 있다. 그래서 한자어와 고유어의 비율을 확정하지 못한다.

'양수표현+개10+명사' 유형의 142 항목을 양수표현을 기준으로 구분하면 크게 정수, 부정수, 관형어, 접두사, 그리고 혼합으로 나눌 수 있다. 다시 세분하면 아라비아숫자(정수), 고유어(정수), 한자어(정수), 아라비아숫자(부정수), 고유어(부정수), 한자어(부정수), {몇}, 아라비아숫자+한자어 등으로 구분할 수 있다.

〈표 6〉 '양수표현 + 개10 + 명사'의 수량화 기능

| 수사 유형 | | 빈도 | 예문 |
|---|---|---|---|
| 정수 | 아라비아숫자 | 124 | 「사설」軍 구조조정 제대로 돼가는가 정부는 작년 7월 58개 국방개혁 과제를 발표했다. |
| | 고유어 | 5 | 게다가 같은 200볼트라도 두 개 꼭지 부분의 간격이 서로 다르다는 게 문제야. |
| 부정수 | 아라비아숫자 | 3 | 전형일이 겹치지 않는 3, 4개 대학을 미리 골라 복수지원 기회를 최대한 활용해 볼 필요가 있다. |
| | 한자어 | 2 | 이미 3~4만 개 유전자의 염기 서열이 모두 밝혀졌다고 가정하면, … |
| 관형어 | 몇 | 2 | 그동안 공직사회에서 호남을 비롯한 몇 개 지역 사람들이 능력에 비해 소외돼 온 것은 사실이다. |
| 혼합 | 아라비아숫자 +한자어 | 6 | 대통령의 건강을 위해 신체 각 부위를 3천개 부분으로 세분해 각 부위마다 전문의를 한명씩 지정하고 있다. |
| 수사+개+명사 | | | 총 : 142 항목 |

위 표에서 보면, '양수표현+개10+명사'는 여섯 가지 유형의 양수표현과 호응할 수 있다. 그 중에 아라비아숫자(정수)는 큰 비중을 차지하고 있는데 142항목 중에 124개는 이 유형에 속한다.

'양수표현+개10' 유형의 129 항목을 양수표현을 기준으로 구분하면 아래 표와 같이 크게 정수, 부정수, 관형어, 혼합으로 나눌 수 있다. 다시 세분하면 아라비아숫자(정수), 고유어(정수), 한자어(정수), 아라비아숫자(부정수), 고유어(부정수), 한자어(부정수), {몇}, {여러}, 아라비아숫자+한자어 등으로 분류할 수 있다.

〈표 7〉 '양수표현 + 개10'의 수량화 기능

| 수사 유형 | | 빈도 | 예문 |
|---|---|---|---|
| 정수 | 아라비아숫자 | 60 | 그 중에 10개 고르면 좋은거다. |
| | 고유어 | 34 | 그네 세 개 중 하나는 은옥이 이사가기 전과 마찬가지로 줄이 끊겨 있었다. |
| | 한자어 | 1 | 고참이 될 때까지 나는 이백 개도 넘는 음담패설을 늘 준비하고 있어야 했다. |

| | | | |
|---|---|---|---|
| 부정수 | 아라비아숫자 | 1 | 마다가스카르는 18-19개에 이르는 종족과 그만큼 다양한 방언 … |
| | 고유어 | 3 | 이것이 Z까지 계속되면 정확하게 기억할 수 있는 것은 겨우 **두세 개**뿐이고 나머지는 긴가민가하게 된다. |
| | 한자어 | 2 | 그러나 남자는 정자를 하루에도 **수백만 개**씩 만들어내죠. |
| 관형어 | 몇 | 9 | 그의 머리 위로 붉은 구름이 **몇 개**인가 떠 있었습니다. |
| | 여러 | 5 | 비디오 테이프는 대여점에서 한꺼번에 **여러 개**를 빌릴 수도 있고, … |
| 혼합 | 아라비아숫자 +한자어 | 14 | 특별 주문해 들여온 이 제품은 드라마 이후 한 달여 만에 **1만개** 이상이 팔렸다. |
| 수사+개 | | | 총 : 129 항목 |

‘명사+양수표현+개10’ 유형의 73 항목을 양수표현을 기준으로 하여 크게 정수, 부정수, 관형어, 혼합, 그리고 불분명으로 구분할 수 있다. 다시 세분하면 아라비아숫자(정수), 고유어(정수), 한자어(정수), {몇}, {여러}, 고유어+{반} 등으로 분류할 수 있다.

〈표 8〉 ‘명사 + 양수표현 + 개10’의 수량화 기능

| 수사 유형 | | 빈도 | 예문 |
|---|---|---|---|
| 정수 | 아라비아숫자 | 32 | 큰 가방 한 개와 보조 **가방 1개**, 허리 가방이나 크로스 가방 한 개 정도면 적당하다. |
| | 고유어 | 26 | “ANPK-미그기”는 AL-41F **엔진 두개**를 장착해 음속을 내는 것은 물론 위급 상황에서도 하나의 엔진으로 작동할 … |
| | 한자어 | 1 | 그 동전 바구니 하나에 **코인 백 개**씩 들어간다 쳐도 바구니가 열 개면 천 개, 바구니 스무 개면 … |
| 관형어 | 몇 | 12 | 옛날에는 **감자 몇 개**에 밥알은 가장자리에 겨우 눈에 띄게 붙어 있었다. |
| | 여러 | 1 | 그 솜씨가 마치 공중에 **공 여러 개**를 띄운 곡예사 같다. |
| 혼합 | 고유어+반 | 1 | **별 두개 반**((씨네21) 20자평)을 주면서 모욕을 줄 때는 언제고, 갑자기 최고의 영화라니 … |
| 명사+수사+개 | | | 총 : 73 항목 |

‘명사+{의}+양수표현+개10’ 유형의 1 용례는 {몇}과 호응하는 것이

다. 다음과 같다.

(1) 人材라고 하는 대부분의 사람들은 이러한 **조건들의 몇 개**를 서로 다른 비율로 나눠 갖고 있다.

정리해 보면 한국어 분류사 '개10'이 호응관계를 이룰 수 있는 양수표현은 아라비아숫자(정수, 부정수), 고유어(정수, 부정수), 한자어(정수, 부정수), 아라비아숫자+한자어, 고유어+반, {및}, {여러} 등이 있다. 구체적으로 다음 그림과 같다.

〈그림 1〉 수량화 기능 분포 양사

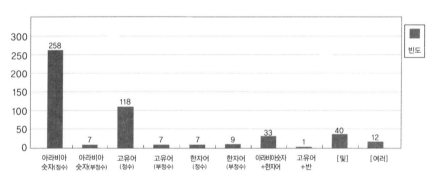

위 그림에 의해 분류사와 양수표현의 호응관계에 대해 몇 가지 설명해야 한다. 첫째, 아라비아숫자는 분류사와 가장 잘 결합한다. 그것은 글을 쓸 때 사람들의 시간 절약 경향에 기인하는 바 크다. 아라비아숫자로 표시하는 수사는 일반적으로 한자어이다. 또한 아라비아숫자 중에 소수로 나타나는 경우도 있다.

두 번째로 정수와 부정수에 대해 설명해야 한다. 통계 결과에 따라 정수의 빈도는 부정수에 비해 높다. 이것은 한국 사람들이 습관적으로 수량을 확실하게 말한다는 점으로 해석될 수 있다. 그런데 어떤 용례는 정수로 부정수의 의미를 표시하는 경우도 있다. 다음 예문을 보고자 한다.

> (2) 헤라의 진노를 사서, 그만 암소의 모습을 한 채 눈이 **백 개**나 달린 아르고스의 감시를 받고 있었지.

예문(2)는 눈이 진짜 백 개가 아니라 눈이 너무 많다는 뜻일 뿐이다. 이는 정수로 부정수를 표시하는 용례이다. 이러한 것은 주로 한자어 수사의 용례에서 발견된다.[13]

정수는 다른 어휘의 영향을 받아 부정수의 의미를 지니기도 한다. 예를 들어, '여', '내지', '미만', '이상' 등은 정수 수사에 부정수의 의미를 부여할 수 있는 어휘들이다. '여'는 수사와 밀접한 관련을 맺고 있기 때문에 '여'를 붙이는 것을 부정수로 분류하였다. 그 이외에 '내지', '미만', '이상' 등을 가진 문장은 수사를 기준으로 분류하였다. 예를 들어, '10개 미만'은 정수로 보았다.

셋째, 고유어와 한자어에 대해 설명해야 한다. 고유어의 용례(정수/부정수)는 한자어의 용례(정수/부정수)에 비해 극히 많다. 이것은 세 가지 가능한 원인이 있다고 본다. ①'개10'은 한자어보다 고유어와 더욱 자연스럽게 연결되기 때문이다. ②한자어를 써야 하는 많은 경우에 아라비아숫자로 표시하게 되기 때문이다. ③한자어와 아라비아숫자를 결합해서 혼합적으로 쓰이는 용례도 많이 있기 때문이다. 이로 인해 한자어 분류사 '개10'은 한자어 수사와 덜 연결된다.

---

13 말뭉치에서 '개10'의 용례는 총 4504 항목이 있는데 본고에서 그 중의 500개를 뽑아서 분석하였다. 그런데 여기 (2)는 500개 용례에서 포함하지 않는 것이다.

## 4. 한·중 분류사와 '한'/'ー'의 결합

한국어 수사 중에 '한'은 독특한 특징을 지니고 있다. 먼저 일부 분류
사는 통합되는 수량 표현이 '한'으로 제한되는 경우가 있다. 다음 예문[14]
을 보고자 한다.

> (3) ㄱ. {한, *두} 가닥의 희망
> ㄴ. {한, *두} 떨기의 꽃
> ㄷ. {한, *두} 바탕 웃음
> ㄹ. 소나기 {한, *두} 보지락

위 예문은 '한' 외에는 통합되지 않는 것으로 보인다. 이것은 명사와
분류사의 어휘적인 성격과 관련되는 것으로, '조기 한 손, 쌀 한 움큼,
쌀 한 줌' 등도 '한'으로 제약되는 특징을 지닌다. (우형식, 2001:316)

그리고 '한'은 수량화 기능 이외에 단수의 의미도 실현한다. 우형식
(2001:314)에 따르면 한국어는 단수와 복수가 형태적인 표지로 구분되지
않는 대신에, 분류사 구성에서 수량사가 '한'으로 나타나는 것으로 단수
를 표시하는 기능이 있고, '한'을 제외한 2 이상의 수를 나타내는 수량사
가 복수를 표시하는 것이다.

뿐만 아니라 '한'은 많은 다른 의미도 실현하고 있다. 아래 예문을 보
고자 한다.

> (4) ㄱ. 그는 **파지 한 장** 내지 않고 단숨에 붓을 휘둘렀다.
> ㄴ. 오늘 저녁에 **술 한 잔** 할까?

---

14  예문은 우형식(2001ㄴ:316) 참조.

위의 (4ㄱ) 중의 '한'은 지소적인 수량을 뜻하고, (4ㄴ) 중의 '한'은 명
사 '술'을 개체화하는 의미가 실현되는 것이다. 둘 다 수량의 의미는 두
드러지지 않는다는 것이다.

'한'과 대응되는 중국어 'ㅡ'도 '수량'을 뜻하는 동시에 다른 의미를 지
니고 있다. 예를 들어, 중첩구성 'ㅡ+C+C' 중의 'ㅡ'은 수량의 의미는
두드러지지 않고 '일일이'의 의미를 실현하는 것이다. 아래 예문과 같다.

(5) 如果把淋巴細胞比作士兵，那么這里就是一[个][个]兵站。

이렇게 '한'과 'ㅡ'은 분류사와 결합할 때 다양한 의미를 실현하기 때
문에 이에 대한 연구는 필요하다고 본다. 연구를 통해 한·중 분류사와
수사의 결합관계에 대해 더 깊은 인식을 형성할 것이다. 따라서 4.1절과
4.2절에서 한국어의 '한'과 중국어의 'ㅡ'에 초점을 맞춰 이들의 분류사
와의 결합관계를 살피기로 한다. 이를 위해 말뭉치에서 한·중 보편분류
사 '개10'과 '个'의 용례를 검토하고, 그 중에 수사가 '한'/'ㅡ'인 용례를
뽑는다. 각각 용례의 '한'/'ㅡ'은 어떠한 의미 기능을 실현하고 있는지
하나하나씩 분석하고 검토한다. 검토결과를 토대로 4.3절에서 한·중 분
류사와 '한'/'ㅡ'의 결합을 비교하도록 하겠다.

## 4.1. 한국어 분류사와 '한'의 결합

본고 말뭉치에서 보편분류사 '개10'의 500개 용례 중에 '한'과 통합되
는 것을 29개 발견하였다. 이 29개 용례를 대상으로 하여 '한'의 의미범
주를 분석한다. 우형식(2001)에 따르면 한국어 분류사가 '한'과 결합할 때
세 가지 기능을 실현할 수 있다. 먼저 수량을 뜻할 수 있다. 그리고 지소
적 의미를 뜻하기도 한다. 세 번째는 명사를 개체화하는 의미를 실현할

수 있다. 우형식(2001)에서 제시된 '한'의 세 가지 의미를 확인하기 위해 29개 용례 중의 '한'의 의미를 검토하기로 한다. 그 결과는 다음과 같다.

<표 9> 분류사와 결합된 '한'의 의미 기능 양상

| '한'의 의미범주 | 빈도 |
|---|---|
| 수량 | 11 |
| 지소수 | 9 |
| 개체화 | 8 |
| 일일이 | 1 |

위의 표에서 봤듯이 우형식(2001)에서 제시된 '수량', '지소수', '개체화' 등은 모두 말뭉치에서 확인하였다. 그 이외에 '한'이 '일일이'를 뜻할 수도 있다. 이것은 중첩구성 '한+C+한+C'에서 나타난다. 각 하나씩 예문으로 보여 주면 다음과 같다.

(6)  ㄱ. 넥타이를 **한** 개 이상 가질 필요가 있겠소.
ㄴ. 온갖 팝, 록음악과 재즈, 블루스, 클래식에 서태지의 앨범까지 **한** 개도 빠지지 않고 다 가지고 있었다.
ㄷ. 만일 10개 아미노산 가운데 **한** 개의 아미노산을 만드는 유전자 조각이 이미 특허를 받았다면 문제가 발생한다.
ㄹ. **한** 개 **한** 개 포장된 오이와 가지를 만지작거리며 빛깔로 보나 모양으로 보나 좀 외설스럽다고 생각지 않습니까?

위 예문을 보면, (6ㄱ) 중의 '한'은 '넥타이'의 수량, 즉 1의 수를 표현하는 것이다. 이렇게 '한'은 가장 적은 수량을 뜻할 수 있으므로 극한적인 의미도 뜻하기도 한다. (6ㄴ) 중의 '한'은 가장 적은 수량에 해당되어 지소적인 의미로 이해된다. (6ㄷ) 중의 '한'은 수량의 의미는 두드러지지 않고, 명사 '아미노산'을 개체화하는 의미가 실현되는 것이다. 마지막으로 (6ㄹ) 중의 '한'은 오이와 가지를 '일일이' 만지작거리는 과정을 뜻하는 것이다.

이상 논의를 정리해 보면 '한'은 '수량', '지소수', '개체화', 그리고 '일일이'의 의미를 실현할 수 있다.

### 4.2. 중국어 양사와 '一'의 결합

한국어와 마찬가지로 중국어의 '一'은 양사와 결합할 때 수량 의미 이외에 다른 뜻을 실현하기도 한다. 이에 대한 선행 연구는 何杰(2008), 閆文文(2010), 邊莉娜(2012) 등이 있다.

閆文文(2010)에서는 수사 '一'이 실현할 수 있는 22개 의미 기능을 기술하였다. 구체적으로 다음 그림과 같다.

〈그림 2〉 '一'의 22개 의미범주

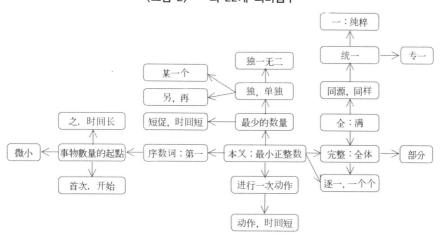

何杰(2008)와 邊莉娜(2012)에 따르면 위 그림에서 제시된 22개 의미범주 중의 "某一个"(개체화), "動作, 時間短"(순간적인 행위), "獨, 單獨"(단

독), "事物數量的起点"(수량), "逐一, 一个个"(일일이), "同源, 同樣"(동일) 등 의미는 양사와 결합한 '一'가 실현 가능한 의미들이다.

何杰(2008:162~165)에서는 양사 '个'와 결합할 때 수사는 '一'에 한정하고 다른 것으로 바꾸지 못하는 경우를 열거하였다. 총 다섯 가지가 있는데, 첫 번째로 양사 구성 '명사+수사+个' 중의 수사는 '一' 이외에 다른 수사가 되지 못한다. 둘째, 행위를 표시하는 명사를 연결할 때 수사는 '一'에 한정하고 '突然'(갑자기), '快速'(쾌속)의 의미를 뜻한다. 셋째, 수사와 양사를 결합하여 동사 앞이나 뒤에 나타날 때 수사는 '一'에 한정한다. 이 때는 '一'은 '單个'(혼자), '獨自'(단독)의 의미를 표시한다. 넷째, '동사+수사+个+동사+수사+个' 구성 중의 수사도 '一' 이외에 다른 수사가 되지 못한다. 마지막으로 '一'은 양사와 결합해서 어떠한 행위를 '逐一'(일일이) 반복하는 과정을 뜻하기도 한다. 이때도 수사는 '一'에 한정한다. 이상 말했던 다섯 가지 상황에 대해 각각 하나의 예문을 통해 보여주고자 한다.

(7)　ㄱ. 他明天就變成破瓜一个。

　　　ㄴ. 一个不留神, 把杯子打碎了。

　　　ㄷ. 你走以后, 這里就剩我一个了。

　　　ㄹ. 见一个爱一个

　　　ㅁ. 一口 (吃) 一个

정리해 보면 何杰(2008)에서 열거된 다섯 가지 경우는 분별적으로 '一'의 "某一个"(개체화), "動作, 時間短"(순간적인 행위), "獨, 單獨"(단독), "事物數量的起点"(수량), "逐一, 一个个"(일일이) 등 의미범주에 대응될 수 있다. 이 때는 '一'은 수량화 기능이 두드러지지 않고 다른 의미범주를 표시하므로 다른 수사로 바꾸지 못한다.

邊莉娜(2012)에서는 한국어 '개10'과 비교하면서 '一'과 양사 '个'의 결합을 분석하였다. 何杰(2008)와 비슷한 결론을 얻으며 행위를 표시하는 추상 명사를 지시할 때 '个'와 결합할 수 있는 수사는 '一'에 한정한다고 주장했다. 다음 예문을 보고자 한다.

(8) ㄱ. 一个箭步 (성큼성큼 뛰는 걸음)
　　ㄴ. 一个急刹车 (급브레이크를 밟다)
　　ㄷ. 一个眼色 (윙크 하나)

위 (8) 중의 명사는 '箭步', '急刹車', '眼色' 등은 추상 명사이며 이와 결합하는 수사는 '一'에 한정한다. 또한 邊莉娜(2012)에 따라 '一'과 양사 '个'를 결합할 때 수량 의미 이외에 "同樣"의 뜻을 실현하기도 한다. 다음 예문과 같다.

(9) ㄱ. 一个鼻孔出气。(주장하는 바나 태도가 같다.)
　　ㄴ. 一个桌子吃放。(같은 밥상에서 밥 먹는다.)

위 (9) 중의 '一'은 "同樣"(같다)의 뜻을 실현하는 것이다.

선행 연구에서 살펴봤듯이 양사와 결합하는 '一'은 "某一个"(개체화), "动作, 时间短"(순간적인 행위), "独, 单独"(단독), "事物数量的起点"(수량), "逐一, 一个个"(일일이), "同源, 同样"(동일) 등 의미범주를 실현할 수 있다. 이를 확인하기 위해 CCL 말뭉치를 토대로 중국어 보편양사 '个'의 용례를 중심으로 그 중에 '一'과 결합 용례를 검토하고 '一'과 양사의 결합관계를 살펴보기로 한다.

본고 500개 '个'의 용례 중 '一'과 결합하는 것은 141개가 있다. 141개 용례 중에 "某一个"(개체화), "動作, 時間短"(순간적인 행위), "事物數量的

起点"(수량) , "逐一, 一个个"(일일이), "同源, 同樣"(같은 근원) 등 의미가 확인되었는데, "獨, 單獨"(단독)의 용례를 찾지 못하였다. 그 이외에 선행 연구에서 제시하지 못하는 "最少的數量"(지소수), "完整, 全体"(전체), "另, 再"(다른 또 하나) 등 의미를 뜻하는 용례도 발견하였다. 구체적으로 다음과 같다.

〈표 10〉 중국어 양사와 결합하는 '一'의 의미범주

| '一'의 의미범주 | 빈도 |
|---|---|
| 事物数量的起点(수량) | 11 |
| 最少的数量(지소수) | 6 |
| 某一个(개체화) | 101 |
| 逐一(일일이) | 3 |
| 动作, 时间短(순간적인 행위) | 3 |
| 同源, 同样(동일) | 6 |
| 完整, 全体(전체) | 1 |
| 另, 再(다른 또 하나) | 10 |
| 独, 单独(단독) | 0 |

수량은 수사와 분류사를 결합하여 표시하는 가장 근본적인 의미이다. 이의 용례는 11개를 발견하였다. 그리고 한국어 '한'과 마찬가지로 중국어 '一'도 지소적 의미를 뜻할 수 있으며 총 6개 용례를 발견하였다. 그다음에 대상을 개체화 시키는 것은 빈도가 가장 높고, 141개 용례 중의 101개는 이 용법의 용례이다. '일일이'는 주로 중첩구성에서 나타나는 것이고 총 3개 용례를 발견하였다. 그리고 '순간적인 행위'를 표시하는 용례도 3개를 발견하였다. 또한 중국어 '一'은 '동일', '전체', '다른 또 하나' 등의 의미를 뜻하기도 하고 용례 수는 분별적으로 6, 1, 10이다. 마지막으로 선행 연구에서 제시된 '단독'을 뜻하는 용례는 발견하지 못하였다. '단독'을 표시하는 것은 주로 구어에서 나타나는 것이며 말뭉치에서 그리 많지 않다. 이들 의미 범주의 용례를 보여주면 다음과 같다.

(10) ㄱ. 由于一[个]氯原子只能与一个氫原子結合, 所以氯呈 −1价。

ㄴ. 确實每一根電線杆上都有, 只是通通被撕過了, 沒有留下一
[个]電話号碼。

ㄷ. 這个事實說明, 环境污染從開始到造成危害, 往往有一[个]
過程。

ㄹ. 如果把淋巴細胞比作士兵, 那么這里就是一[个][个]兵站。

ㅁ. 我想拿个籃板, 獨自運球穿過球場, 投一[个]三分籃, 但我不
能在我的首場全明星賽上爲了自己那樣做。

ㅂ. 其中五顆星以大致相同的速度朝着一[个]方向運動,  而"天
樞"和"搖光"則朝着相反的方向運動。

ㅅ. 8年, 這可是整整一[个]抗日戰爭的時間啊, 我才算讀懂了北
京, 讀懂了人生。

ㅇ. 那个夏天, 我給中國聯通又拍了一[个]广告。


위 용례 (10ㄱ)에서의 '一'은 '氯原子'의 수량을 표시하는 것이다. (10
ㄴ) 중의 '一'은 '지소수'를 의미하고 '電話号碼'를 하나도 남지 않았다는
뜻이다. (10ㄷ)의 '一'은 '過程'을 개체화 시키는 것이다. (10ㄹ)의 '一'은
중첩구성 '一个个' 중에서 나타나고 '일일이'를 의미한다. (10ㅁ)의 '一'
은 순간적인 행위 '三分籃'를 세다는 것이다. (10ㅂ)의 '一'은 '동일한 방
향'을 뜻한다. (10ㅅ) 중의 '一'은 '전체'를 의미하고 (10ㅇ) 중의 '一'은
'다른 또 하나의 광고'를 의미한다.

이상 논의를 정리해 보면 중국어 '一'은 양사와 결합할 때 '수량', '지
소수', '개체화', '일일이', '순간적인 행위', '동일', '전체', '다른 또 하
나', 그리고 '단독' 등을 뜻할 수 있다.

## 4.3. 한·중 분류사와 '한'/'一'의 결합관계 비교

4.1절에서 분류사 '개10'과 '한'의 통합관계를 밝히었다. 선행 연구에서 제시된 '수량', '지소수', '개체화' 등 의미 이외에 '일일이'를 표시하는 용례도 발견하였다. 그리고 4.2절에서 양사 '个'와 '一'의 통합관계에 대해 검토하였다. 선행 연구에서 제시된 '개체화', '순간적인 행위', '수량', '일일이', '동일' 등의 의미 이외에 '지소수', '전체', '다른 또 하나' 등 의미를 뜻하는 용례도 발견하였다.

한국어와 중국어 분류사와 '한'/'一' 의 통합관계에 대한 분석 결과를 바탕으로 한·중 분류사와 '한'/'一'의 결합을 비교하고자 한다. 먼저 실현될 수 있는 의미범주를 비교해 보면, 한국어의 '한'과 중국어의 '一'은 모두 '수량', '지소수', '개체화', '일일이'의 의미를 뜻할 수 있다. 그런데 중국어의 '一'은 그 이외에 '순간적인 행위', '농일', '진체', '다른 또 하나' 등을 뜻하기도 한다. 이것은 한·중 분류사와 수사의 결합관계의 첫 번째이며 가장 중요한 차이점이다. 구체적으로 다음 표와 같다.

〈표 11〉 '한'과 '一'의 의미범주 비교

| 의미범주 | 한국어 '한' 의 빈도 | 중국어 '一' 의 빈도 |
|---|---|---|
| 수량 | 11 | 11 |
| 지소수 | 9 | 6 |
| 개체화 | 8 | 101 |
| 일일이 | 1 | 3 |
| 순간적인 행위 | 0 | 3 |
| 동일 | 0 | 6 |
| 전체 | 0 | 1 |
| 다른 또 하나 | 0 | 10 |
| 합계 | 29 | 141 |

위 표를 통해 알 수 있듯이 한국어의 '한'은 실현하지 못하는 '순간적

인 행위', '동일', '전체', '다른 또 하나' 등 의미를 중국어 '一'은 뜻할 수 있다. 그 중에 특히 '개체화' 용례가 많다는 것이다. 비교하기 편하기 위해 다음과 같이 도식화 할 수 있다.

〈그림 3〉 한·중 분류사와 수사의 통합관계 비교

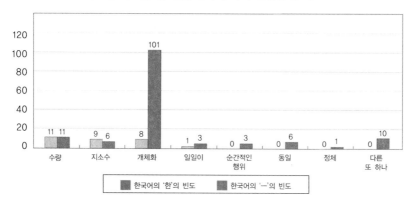

두 번째 차이점으로 한국어보다 중국어에서 '一'은 훨씬 많이 쓰인다. 각 500개 용례 중에 한국어 '한'의 용례는 29개만 있는 반면에 중국어 '一'의 용례는 141개가 있다. 이러한 빈도 차이는 한국어 수사는 두 가지 계열이 있는 반면에 중국어 수사는 단 한 계열만 있다는 것에서 그 이유를 찾을 수 있다. 그리고 더 한 가지 중요한 원인은 중국 문화 중에 '一'을 좋아하는 경향이 있다는 것이다. 중국 사람들은 양사와 결합할 때도 '一'가 많이 쓰이고 '一'을 가진 사자성어도 많이 만들어졌다. 중국 문화 중에 '一'은 '만사의 기원'을 의미한다.

한국어 '한'과 중국어 '一'은 분류사와 결합할 때 생략될 수 있는지 없는지에 차이도 있다. 邊莉娜(2012)에 따라 한국어 분류사와 결합하는 '한'은 생략되지 못하는 것이고, 반면에 중국어 양사와 결합하는 '一'은 생략될 수 있는 것이다. 구체적으로 양사 구성은 목적어로 쓰일 때 '一'

은 생략될 수 있고 주어로 쓰일 때 생략되지 못한다. 다음 예문을 보고자
한다.

    (11)  ㄱ. 나는 **사과 한 개**를 먹었다.

          ㄴ. * 나는 **사과 개**를 먹었다.

    (12)  ㄱ. **사과 한 개**는 천원이다.

          ㄴ. * **사과 개**는 천원이다.

    (13)  ㄱ. 我吃了一个苹果。(사과 한 개를 먹었다)

          ㄴ. 我吃了个苹果。

    (14)  ㄱ. 一个苹果一块錢。(사과 한 개는 일원이다.)

          ㄴ. * 个苹果一块錢。

  (11)과 (12)는 한국어 '한'의 예문이다. (11)에서 분류사 구성은 목적어
로 쓰이고, (12)에서 분류사 구성은 주어로 쓰인다. 그런데 두 개 예문
중의 '한'은 모두 생략되지 못하는 것이다. (13)과 (14)는 중국어 '一'의
예문이다. (13)에서 양사 구성은 목적어로 쓰이며 이때는 '一'을 생략될
수 있다. (14)에서 양사 구성은 주어로 쓰이어서 '一'은 생략되지 못하게
된다.

  유의해야 하는 것은 중국어 양사와 결합하는 수사는 '一'가 아니면 수
사가 생략되지 못한다.

  邊莉娜(2012)에서 한국어 '한'을 생략할 수 없는 것이라고 주장했지만
필자가 보기에는 예외도 있다. 위의 예문(12) 중의 '~는'은 보조사 '~당'
으로 바꾸면 '한'을 생략할 수 있을 것이다.

      (12)' 사과 개당 천원이다.

  위 예문과 같은 생략될 수 있는 상황도 있긴 있지만 중국어 '一'일만큼

자유로운 일이 아니다. 그래서 한국어 '한'이 자유롭게 생략될 수 없는 반면에 중국어 '一'은 많은 경우에서 생략될 수 있다는 것은 한·중 분류사와 수사의 결합관계의 세 번째 차이점이라고 본다.


## 5. 결론

본고는 실제 언어 자료를 바탕으로 분류사와 수사의 결합관계를 분석한다는 데 특징이 있다. 지금까지 두 가지 문제를 논의하였으며 결과를 다시 정리해 보면 다음과 같다.

1. 88개 한국어 분류사를 고찰하면서 특히 한자어 계열과 고유어 계열의 수사와의 결합을 고찰하였다. 대부분의 분류사는 고유어 계열의 수사와 잘 호응한다.

2. 한·중 분류사와 수사 '한'/'一'의 결합관계를 검토하였다. 지금까지의 논의를 통하여 한·중 분류사와 수사의 결합관계는 세 가지 차이점을 가지고 있다는 것을 알 수 있다.

첫 번째로 분류사와 결합할 때 '한'에 비해 '一'은 더 많은 의미를 지닐 수 있다. 구체적으로 '한'은 '수량', '개체화', '지소수', 그리고 '일일이' 등 뜻을 지니고 있는데 '一'은 '수량', '개체화', '지소수', '일일이', '순간적인 행위', '동일', '전체', '다른 더 하나' 등 의미를 표시할 수 있다.

두 번째, 한국어 '한'에 비해 중국 사람들은 '一'을 훨씬 많이 쓴다. 이는 중국 문화 중에 '一'을 좋아하는 관념과 관련이 있다.

세 번째로 '한'이 자유롭게 생략될 수 없다는 것에 비해 중국어 '一'을 가진 양사 구성은 목적어 자리에서 그 중의 '一'을 쉽게 생략할 수 있다.

이 글에서는 말뭉치 자료를 이용하여 구체적인 통계 결과 보여주기를 통해 결론을 유출하였다. 교육용 분류사와 수사의 결합을 자세히 분석하였고, '한'과 '一'에 초점을 맞춰 한·중 분류사와 수사의 결합 특징을 비교함으로써 선행 연구와 구별하여 연구 의의가 있으리라 생각한다. 분석 결과는 분류사와 수사의 결합관계에 대한 깊은 이해 형성에 있어, 학습자들이 한국어 분류사와 호응하는 정확한 수사를 선택함에 있어 모두 도움이 될 수 있으리라 본다. 그런데 분석할 때 필자의 직관을 완전히 배제하지 못하는 점은 아쉬움으로 남는다.

― 이 글은 『언어학연구』 19권 1호, 85~105쪽에 실린 논문을 수정·보완한 것임.

# 현대 베트남어의 'anh, chị, em' 호칭과 한국어의 대응 표현 대조 연구

**도 옥 루이엔**
연세대학교

## 1. 서론

본 연구는 베트남어의 가족 호칭[1]인 'anh, chị, em'[2]는 한국어의 어떤 호칭과 대응될 수 있는지, 그 대응된 호칭들이 어떤 공통점과 차이점이 있는지, 특히 차이점에 나타나는 문화적 특징이 무엇인지 밝히는 데 그 목적이 있다.

동양권에서 가족 호칭이 가족이 아닌 일반인에게 사용되는 것은 일반적인 현상이다. 그러나 같은 동양권에서도 가족 호칭 사용에 있어서 차이가 큰 경우가 많다. 다음의 예문과 같이 베트남 여학생이 한국의 동사무소에서 일하는 남자 공무원에게 하는 발화를 보면 한국어와 베트남어의 가족 호칭 사용에 대한 차이를 볼 수 있다.

---

[1] 호칭 개념에 대한 기존 연구들의 견해는 조금씩 다르다. 본 연구에서는 호칭을 '상대방의 주의를 이끌려는 말'과 '대화에서 상대방을 부르는 말로' 보고자 한다.

[2] 베트남어의 'anh, chị, em'를 한국어의 기본 의미로 번역하면, 'anh'은 '오빠'나 '형'이고, 'chị'는 '언니'나 '누나'이고, 'em'은 '동생'이다.

(1) '*오빠, 어떤 문제에 대해 *오빠한테 잠깐 문의해도 될까요?'

(1)과 같이 말을 하면, 질문을 받는 상대방뿐만 아니라 주변에 있는 사람들도 크게 어색하게 느낄 것이다. 그러나 위의 말을 그대로 베트남어로 번역하여 베트남어 화자에게 쓰면 아무런 문제가 없다.

따라서 언어 교육에서 가족 호칭을 확장해서 사용하는 현상을 연구하는 것을 넘어서 구체적인 자료를 통해서 나라마다 어떤 문화적 배경으로 인해 어떤 가족 호칭이 어디까지 확대 할 수 있는지, 그리고 잘못 확대해서 쓰는 경우 어떤 문제점을 갖는지를 살펴야 한다. 이런 맥락에서 본 연구는 응용 언어학적 측면에서 우선 베트남어의 가족 호칭 'anh, chị, em'이 한국어의 '오빠/형, 언니/누나, 동생'과 대응할 수 있는지 사전과 실제 발화 자료를 통해 검토하고, 이들의 의미와 사용의 공통점과 차이점을 분석한다. 대응이 안 되는 경우에 베트남어의 가족 호칭인 'anh, chị, em'은 어떤 호칭과 대응할 수 있는지 파악하고자 한다. 마지막으로 한국어와 베트남어의 가족 호칭 사용에 있어서 어떤 문화적 특징이 있는지를 밝히고자 한다.

본 연구에서는 베트남어의 여러 가족 호칭 가운데 'anh, chị em'과 대응하는 한국어 표현만을 대상으로 한정한다. 베트남 사회에서는 이 호칭들이 널리 사용되고 있지만 한국어에서는 한정된 관계에서만 사용되고 있고, 특정한 상황에서 이에 대응하는 한국어 호칭이 다양하게 나타나기 때문에, 베트남인 한국어 학습자들이 한국어 호칭 사용에 있어서 많은 오류를 범하기 때문이다.

본 연구에서 분석된 자료들은 다음과 같다.

### 〈표 1〉 분석된 자료

| 분류 | 한국어 | | | 베트남어 |
|---|---|---|---|---|
| 사전 | 연세 한국어 사전(2006) | | | 베트남 국어 사전(2010) |
| 드라마 | 1 | KBS2에서 2004년에 방송된 '꽃보다 아름다워' 30회 | | 베트남 VTV3에서 2011년에 방송된 'Cầu Vồng tình yêu'(사랑의 무지개) 70회 |
| | 2 | KBS2에서 2006년에 방송된 '굿바이 솔로' 16회 | | |
| 통계자료 | | 김덕호(2006) | 한국 여성 민우회(2006) | 연구자의 설문 조사 자료 |
| | 내용 | 사회관계에서 쓰는 호칭어와 지칭어 | 결혼을 매개로 한 가족의 다양한 관계에서의 호칭 | 가족과 사회에서 쓰이는 호칭 |
| | 대상 | 20세 이상 성인 남녀 350명 | 20세 이상 성인 남녀 1,000명 | 20세 이상 성인 남녀 109명 |
| | 기간 | 2006년 12월 1일 ~2006년 12월 22일 | 2007년 7월 27일 ~2007년 8월 1일 | 2012년 5월 |
| | 방법 | 설문 조사 | 전화 조사 | 설문 조사 |

## 2. 베트남어의 'anh, chị, em' 호칭과 대응되는 한국어 표현의 사전적 의미 대조

우선 베트남어의 'anh, chị, em'과 한국어의 '오빠/형, 언니/누나, 동생'은 사전에서 어떻게 기술되어 있는지 밝히고자 한다.

### 〈표 2〉 연구 대상 가족 호칭의 사전적 의미 비교

| 항목 | 베트남어 | 한국어 | 비교 |
|---|---|---|---|
| | Anh | 오빠/형 | 화자의 성별에 따라 다름 |
| 1 | 같은 부모에게서 태어난 나이가 화자보다 더 많은 남자 형제를 부르는 말 | 같은 부모에게서 태어난 사이에 손위 남자 형제를 부르는 말인데, 화자가 여자이면 '오빠', 남자이면 '형'이라고 함 | 의미는 차이가 없음 |
| 2 | 일가친척 중에 부모보다 손윗사람의 아들을 부르 | 일가친척 가운데 항렬이 같은 손위 남자 형제를 부르는 말인 | 의미는 차이가 없음 |

| | | | |
|---|---|---|---|
| | 는 말 | 데, 화자가 여자이면 '오빠', 남자이면 '형'이라고 함 | |
| 3 | 젊은 남자를 부르는 말이나 자기의 형이나 오빠처럼 생각하면서 부르는 말 | 남남끼리에서 나이가 어린 사람이 나이가 많은 남자를 정답게 부르는 말인데, 화자가 여자이면 '오빠', 남자이면 '형'이라고 함 | 의미는 큰 차이가 없지만 한국어에서는 '정다움'이라는 화자의 감정이 들어가는 데 비해 베트남어에서는 이와 상관없이 부를 수 있음 |
| 4 | 여자가 남편이나 애인을 부르는 말 | X | 상황에 따라 같을 수도 있고 다를 수도 있음 |
| 5 | 사위나 성장한 아들을 부르는 말 | X | 완전히 다름 |
| | Chị | 언니/누나 | 화자의 성별에 따라 차이가 있음 |
| 1 | 같은 부모에게서 태어난 나이가 더 많은 여자 형제를 부르는 말 | 같은 부모에게서 태어난 사이에서 부르는 말인데, 화자가 여자이면 '언니', 남자이면 '누나'라고 함 | 의미는 차이가 없음 |
| 2 | 일가친척 중에 부모보다 손윗사람의 딸을 부르는 말 | 일가친척 가운데 항렬이 같은 사이에서 화자보다 나이가 많은 여자 형제를 부르는 말인데, 화자가 여자이면 '언니', 남자이면 '누나'라고 함 | 의미는 차이가 없음 |
| 3 | 젊은 여자를 부르는 말이나 자기의 누나나 언니처럼 생각하면서 부르는 말 | 남남끼리의 여자들 사이에서 자기보다 나이가 위인 여자를 높여 정답게 이르거나 부르는 말인데, 화자가 여자이면 '언니', 남자이면 '누나'라고 함 | 의미는 큰 차이가 없지만 한국어에서는 '정다움'이라는 화자의 감정이 들어가는 데 비해 베트남어에서는 이와 상관없이 부를 수 있음 |
| 4 | 며느리나 성장한 딸을 부르는 말 | X | 완전히 다름 |
| | Em | 동생 | |
| 1 | 같은 부모에서 태어난 손아랫사람을 부르는 말 | 같은 부모에게서 태어난 사이에서 손아랫사람을 이르는 말 | 한국어는 '동생'이라는 말을 호칭으로 잘 안 쓰는 반면에 베트남어에는 사용하는 것이 차이가 있음 |
| 2 | 일가친척 중에 화자의 부모보다 손아랫사람의 자식을 부르는 말 | 일가친척 가운데 손아랫사람을 이르는 말 | |
| | | 혼인한 아랫사람에게 이름 대신 부르는 말 | |

| | | | |
|---|---|---|---|
| 3 | 자기보다 나이가 적은 사람을 동생처럼 생각하면서 부르는 말 | 친척은 아니나 나이가 자기보다 어리면서 아주 친한 사람 | 의미는 큰 차이가 없지만 한국어는 '아주 친함'이라는 화자의 감정이 들어가는 데 비해 베트남어는 이와 상관없이 부를 수 있음 |
| 4 | 남자가 배우자나 애인을 부르는 말 | X | 완전히 다름 |

이상의 〈표 2〉를 보면 다음과 같은 내용을 파악할 수 있다.

첫째, 베트남어와 한국어에서 가장 크게 차이가 나는 것은 베트남어는 손위의 형제를 부를 때 화자가 남자인지 여자인지를 구별하지 않고 같은 말인 'anh'이나 'chị'로 쓸 수 있지만 한국어는 부르는 사람이 여자이냐 남자이냐에 따라서 같은 의미를 가지고 있는 다른 어휘인 '오빠'나 '형', '누나'나 '언니'를 쓰는 것이다. 예를 들어 동생이 손위의 남자 형제를 부를 때 베트남어에서는 남동생과 여동생이 구별하지 않고 같은 말로 'anh'을 쓴다. 그러나 한국어에서는 여동생은 '오빠', 남동생은 '형'이라고 한다. 마찬가지로 동생이 손위의 여자 형제를 부를 때 베트남어에서는 남동생과 여동생이 구별하지 않고 같은 말로 'chị'라고 한다. 그 반면에 한국어에서는 여동생은 '언니'라고 하고 남동생은 '누나'라고 쓴다.

둘째, 일가친척 가운데 항렬이 같지만 베트남어에서는 부모를 중심으로 부모의 손윗사람의 자식을 부를 때 나이와는 상관없이 'anh, chị'를 써야 하지만 한국어에서는 부모와 관계없이 나이를 중심으로 손윗사람과 손아랫사람을 정하는 것이다. 즉 같은 사촌끼리인데 베트남어에서는 손아랫사람의 자식이 손윗사람의 자식보다 나이가 많아도 손윗사람의 자식을 'anh'이나 'chị'라는 호칭으로 불러야 한다. 그러나 한국어에서는 손아랫사람의 자식이 손윗사람의 자식보다 나이가 많으면 손윗사람의 자식을 '오빠, 형, 언니, 누나'라는 호칭으로 부르지 않아도 언어의 규칙과 예의에 어긋나지 않는다.

셋째, 베트남어의 'anh'은 사전적인 의미로 볼 때 한국어의 '오빠'와 달리 여자가 남편이나 애인에게, 그리고 언니나 누나의 남편에게도 쓸 수 있다는 점이다. 물론 한국어의 실제 담화에서는 현대 한국 젊은이들이 베트남어의 'anh'과 같이 여자가 남편이나 애인에게 '오빠'라는 호칭을 쓰는 경우가 있기는 하지만 이런 현상은 바람직한 언어 사용이 아니다. 허철구(2001)에 따르면 가정에서 남편을 '여보'라고 부르거나 신혼 초에는 'OO 씨'라고 부르는 것이 바람직하다고 하며, '오빠'라는 말을 쓰지 않는 것이 좋다고 하였다.

넷째, 베트남어에는 나이가 있는 부모가 성장한 자식이나 사위나 며느리를 동생인 자식의 입장에서 'anh, chị'라는 호칭으로 부르는 의미가 있다. 그러나 한국어에는 이런 의미가 없는 것을 차이로 볼 수 있다. 물론 한국어에는 동생인 자식에게 말을 할 때 '이거 언니가 사 준 거야?'와 같은 표현에 동생인 자식 입장에서 자식의 언니를 '언니'라고 하기는 하지만 이것은 호칭이 아니고 일반 명사로 쓰는 것이다.

다섯째, 베트남어에서는 'em'이란 말을 대명사로 쓰기도 하고 호칭으로 쓰기 때문에 자기보다 나이가 어린 아랫사람에게, 즉 자기의 동생 정도 되는 사람에게 'em'이라는 호칭을 쓸 수 있다. 따라서 남자가 애인이나 아내에게 'em'이라는 호칭을 쓰는 것도 남자들이 애인이나 아내는 자기보다 아랫사람으로 생각해서 부르는 것이다. 그러나 한국어에서는 '동생'이라는 말이 어떤 사람을 부르는 데 쓰는 호칭보다 어떤 사람을 이르는 일반 명사로 사용된다. 물론 위에서 보면 혼인한 아랫사람에게 이름 대신 '동생'이라는 호칭을 쓰기도 하지만, 베트남어의 'em'처럼 모든 아랫사람에게 쓸 수 있는 것이 아니다. 이와 같은 상황에서는 주로 '너, 니'와 같은 말이 사용된다.

이렇듯 베트남어의 'anh, chị, em'이라는 말은 한국어의 '오빠/형'이나 '누나/언니'와 같이 명사로서 같은 부모에게서 태어난 형제를 이르는 말이라는 의미는 같지만, 호칭으로서는 구체적인 상황에 따라 다른 점이 많다.

## 3. 호칭의 실제 사용 양상 고찰

앞에서는 사전에서 기술되어 있는 의미를 대조하였고, 이 절에서는 양국 드라마와 설문 조사 자료를 통하여 실제 생활에서 사람들이 호칭에 대해 어떻게 인식하고 어떻게 쓰고 있는지를 살펴보았다. 그 결과 다음과 같은 양상이 관찰되었다.

### 3.1. 가족 내[3]에서의 호칭 사용 양상 대조

〈표 3〉 연구 대상 호칭의 실제 가족 생활에서의 쓰임

| 항목 | 베트남어 | 한국어 | 비교 |
|------|---------|--------|------|
| | Anh | 오빠/형 | 화자의 성별에 따라 따름 |
| 1 | 같은 부모에게서 태어난 나이가 화자보다 더 많은 남자 형제를 부르는 말 | 같은 부모에게서 태어난 사이에서 손위 남자 형제를 부르는 말인데 화자가 여자이면 '오빠', 남자이면 '형'으로 부름 | 의미는 차이가 없음 |
| 2 | 언니나 누나의 남편을 그의 이름과 함께 부르는 말 | X | 대응 안 됨 |

---

3  본고에서 논의하는 '가족 내'라는 범위는 남편과 아내의 관계, 부모와 자녀의 관계, 형제 사이의 관계, 형제와 그 배우자의 관계, 사촌과 사촌끼리의 관계까지로 한정한다. 그 외의 관계는 한국어와 베트남어의 친족 체계가 다르기 때문에 차이가 나는 것이 당연한 것으로 판단된다. 또한 본고에서 한정한 가족의 범위는 언어생활의 큰 비중을 차지하므로 외국어 학습에서 중요하게 다루어진다.

| | | | |
|---|---|---|---|
| 3 | 남편의 형을 그의 이름과 함께 부르는 말 | X | 대응 안 됨 |
| 4 | 여자가 남편이나 애인을 부르는 말 | 여자가 남편이나 애인을 부르는 말 | 상황에 따라서 다를 수 있음 |
| 5 | 화자의 부모보다 손위 형제의 자식인 남자 사촌 형제를 부르는 말 | 화자보다 나이가 많은 사촌 형제를 부르는 말 | 한국어는 나이를 기준으로 사촌 형제를 부르지만 베트남어는 부모의 관계를 기준으로 호칭을 택하는 것에 차이가 있음 |
| 6 | 사위나 성장한 아들을 부르는 말 | X | 완전히 다름 |
| | chi | 언니/누나 | **화자의 성별에 따라 차이가 있음** |
| 1 | 같은 부모에게서 태어난 나이가 더 많은 여자 형제를 부르는 말 | 같은 부모에게서 태어난 사이에서 부르는 말인데, 화자가 여자이면 '언니', 남자이면 '누나'라고 함 | 의미는 차이가 없음 |
| 2 | 오빠나 형의 배우자를 부르는 말 | 여자는 새언니를 '언니'라고 하는 경우가 있지만 남자가 형수를 '누나'로 부르는 경우는 없음 | 친한 관계에서는 여자가 오빠의 배우자를 '언니'로 부를 수 있지만 남자는 형의 배우자를 '누나'라고 부를 수 없음 |
| 3 | 남편의 형의 아내(큰동서)를 부르는 말 | X | 동서 관계는 어려운 관계이기 때문에 한국어에서는 아주 친하지 않으면 '언니, 누나'라는 호칭을 쓰지 않음 그러나 베트남어에서는 대화 참여자의 감정과 상관없이 쓸 수 있음 |
| 4 | 며느리나 성장한 딸을 그들의 동생 입장에서 부르는 말 | X | 완전히 다름 |
| 5 | 화자가 화자의 부모보다 손위 형제의 자식인 여자 사촌 형제를 부르는 말 | 화자보다 나이가 많은 사촌 형제를 부르는 말 | 한국어에서는 나이를 기준으로 사촌 형제를 부르지만 베트남어에서는 부모의 관계를 기준으로 호칭을 택하는 것에 차이가 있음 |
| | Em | 동생 | |
| 1 | 같은 부모에게서 태어난 손아랫사람을 부르는 말 | 같은 부모에게서 태어난 사이에서 손아랫사람을 이르는 말 | 베트남어에서는 'em'이라는 말은 지칭으로도 쓸 수 있고 호칭으로도 쓸 수 있는 반면, 한국 |

| | | | 어에서는 '동생'이라는 말이 호칭으로 잘 쓰이지 않음 |
|---|---|---|---|
| 2 | 동생의 배우자를 부르는 말 | X | 이런 관계는 어려운 관계이므로 한국어에서는 '동생'이라는 호칭을 쓰지 않음 |
| 3 | 화자의 부모보다 손아래 형제의 자식인 사촌 형제를 부르는 말 | 화자보다 나이가 적은 사촌 형제를 부르는 말 | 한국어에서는 나이의 기준으로 사촌 형제를 부르지만, 베트남어에서는 부모의 관계를 기준으로 호칭을 택하는 것에 차이가 있음 |
| 4 | 남자가 배우자를 부르는 말 | X | 완전히 다름 |

위의 〈표 3〉을 비교해 보면 아래와 같은 공통점과 차이점을 알 수 있다.

첫째, 같은 부모에게서 태어난 경우는 의미 차이가 없지만, 손아랫사람이 손윗사람을 부르는 경우에 베트남어는 청자의 성별만 고려하지만 한국어는 화자의 성별과 청자의 성별을 같이 고려하면서 호칭을 쓴다.

1

ㄱ. (베트남 드라마에서-여동생이 오빠에게)

: **Anh, anh** đến đây để làm gì vậy? (**오빠, 오빠**는 무슨 일로 왔어요?)

ㄴ. (베트남 드라마에서-남동생이 형에게)

: **Anh** lo mà giữ gia đình **anh** kìa. (형은 형의 가족을 잘 지켜 봐.)

ㄷ. (베트남 드라마에서-여동생이 언니에게)

: **Chị** đừng như vậy mà. (언니 그렇게 하지마)

ㅁ. (베트남 드람에서-남동생이 누나에게)

: Có bao giờ **chị** nghĩ đến ngày hôm nay không? (누나는 오늘과 같은 날을 생각해 봤어요?)

ㅂ. (한국 드라마에서-여동생이 언니에게)

: 언니, 나 바쁘거든. 제발 묻는 말에만 대답해, 재수 왔어?

위 1의 예문들을 보면 베트남어는 여동생이나 남동생이 손위 남자 형제를 같은 말로 'anh'이라는 호칭을 쓰고 손위 여자 형제를 'chị'라는 호칭을 쓰는 반면에, 한국어는 여동생이 손위 남자 형제를 부를 때 '오빠', 남동생이 손위 남자 형제를 부를 때 '형', 남동생이 손위 여자 형제를 부를 때 '누나', 여동생이 손위 여자 형제를 부를 때 '언니'라는 호칭을 쓴다. 이런 점을 보면 호칭을 선택할 때 한국어는 화자와 청자의 성별을 함께 고려하지만 베트남어는 청자의 성별만 중요한 선택 조건이 된다는 것을 알 수 있다.

둘째, 형제들의 배우자를 부를 때 베트남어는 친형제를 부르는 호칭으로 쓰지만 한국어는 상대방이 누구냐에 따라서 다양한 호칭을 사용한다.

> 2
> ㄱ. (베트님 드라마에서−언니의 남편에게)
> : **Anh**, Cụ đang ở bệnh viện nào ạ? Em sẽ đi đến đấy. (**오빠**, 할아버지가 어느 병원에 계세요? 저는 저쪽으로 갈게요.)
> ㄴ. (한국 드라마에서−언니의 남편에게)
> : (웃으며) 우리 **형부**가 그렇게 기분이 좋으신데 당연히⋯
> ㄷ. (베트남 드라마에서−여자가 남편의 형의 아내, 즉 동서에게)
> : **Chị**, em đưa chị về nhé? (**언니**, 제가 **언니**를 모시고 갈까요?)

앞에서 언급한 바와 같이 베트남어는 가족 관계에 있어서 손위 남자 형제를 높이는 뜻으로 'anh'라는 호칭을 쓴다. 여기서 손위 남자 형제는 친형제뿐만 아니라 일가친척 형제까지도 포함하므로 이들에게도 'anh'이라는 호칭이 허용된다. 따라서 언니나 누나의 남편도, 남편의 형도 손위 형제로 생각하고 'anh'이라는 호칭을 그의 이름과 더불어 사용하면 된다. 이 호칭은 연구 대상 베트남 드라마에 나타나지는 않았지만 설문 조사 대상 중에서 88%가 언니나 누나의 남편을 'anh'이라고 부르는 것이 합리적이라고 답변하였다. 그런데 대화를 시작할 때는 'anh + 이름' 이라는 호칭을 쓰고, 대화중에는 'anh'만 쓴다. 물론 언니나 누나의 남편을 지칭할 때 'anh rể'라고도 하지만 이 말은 호칭으로는 쓰이지 않는다. 이에 비해서 한국어는 손위 형제를 부르는 말은 화자와 청자의 관계에 따라서 달라질 수 있다. 즉, 여자가 언니의 남편을 '형부', 남자가 누나의 남편을 '매형'이나 '매부'나 '자형'이라 부른다. 여기서 '매부'는 여동생의 남편도 부를 수 있는 호칭이다. 이에 대해 한국 여성 민우회 (2007)의 설문 조사 결과를 살펴보면 손위 여자 형제의 배우자를 '형부'로 부르는 여성 응답자가 98.7%가 되고, 남성은 91.0%가 '매형'이라고 부른다고 하였다. 이런 점을 보면 한국은 가족 내에서 엄격한 위계질서가 유지되어 있는 것을 알 수 있다. 한편, 베트남은 위계질서가 있기는 하지만, 같은 층위에 있는 사람들을 하나의 호칭으로 부르는 것에 차이가 있다.

셋째, 베트남어에서는 친형세의 호칭을 사용하여 배우자를 부를 수 있지만, 한국어에서는 이것이 표준적인 언어예절로 인정되지 못 한다. 베트남어는 혼인의 시기에 따라서 남편이나 아내를 부르는 호칭이 약간 다르기는 하지만, 일반적으로 결혼 초기부터 노년기까지 남편을 'anh', 아내를 'em'이라는 호칭으로 부르는 것이 일반적이고, 또 언어예절에도 어긋나지 않는다. 그러나 한국어에서는 결혼 초기의 경우에는 남편을 '오빠'라고 부르는 사람도 있지만, 이것이 언어예절에 부적절하다는 비판도 있다. 허철구(2001)와 국립국어원(2011)[4]에 따르면, 결혼 전의 호칭을 그대로 결혼 후에도 사용하여 '형', '오빠', '아저씨'라고 하는 것은 어법에 맞지 않으므로 써서는 안 된다고 하였다.

---

4  허철구(2001)와 국립국어원(2011) 참조.

3

ㄱ. (베트남 드라마에서-아내가 남편에게)

: **Anh** nghĩ rằng chúng ta vẫn sẽ đi cùng nhau được sao? (**오빠는** 우리가 아직까지 같이 다닐 수 있다고 생각해요?)

ㄴ. (베트남 드라마에서-남편이 아내에게 애원하면서)

: **Em**, anh xin em đấy. **Em** hãy tha thứ cho anh một lần. (**동생**, **오빠가 동생에게** 부탁한다. **동생이** 오빠를 딱 한 번만 용서해 줘.)

ㄷ. (한국 드라마에서-아내가 남편에게)

: **당신은** 당신이 되게 도덕군자인 것 같지? 모르는 소리 마.

3의 ㄱ과 ㄴ의 예문을 보면, 베트남어에서는 아내가 남편을 'anh', 남편이 아내를 'em'이라고 할 수 있지만, 한국어는 ㄷ과 같이 '당신'이라는 말을 쓴다. 그 외에 한국어의 표준 예절로 인정받고 있는 남편에 대한 호칭에는 혼인 초기인지, 자녀가 있는지, 손주가 있는지에 따라, '여보', '당신', 'OO 씨', 'OO[자녀의 이름] 아버지/아빠', '영감', 'OO[손주, 외손주의 이름] 할아버지' 등이 있다. 그리고 한국어에서는 아내를 '동생'으로 부르지 않고, 혼인 시기가 언제인지, 자녀가 있는지, 손주가 있는지에 따라 '여보', 'OO 씨', 'OO[자녀의 이름]엄마', '임자', 'OO[손주, 외손주이 이름] 할머니' 등으로 부른다.[5] 실제로 한국 사람들은 아내를 '자기'라는 호칭으로 부르기도 하지만 표준 언어 예절로 인정을 받지 못 한다.

넷째, 사촌끼리는 베트남어는 화자의 부모의 관계를 기준으로 삼아서 호칭을 쓰지만, 한국어는 화자의 나이를 기준으로 호칭을 쓰기 때문에 차이가 있다. 한국은 사촌 관계에서 나이가 많은 사람이 손위가 되는데, 베트남은 나이와 관계없이 부모가 손위가 되어야 자녀도 손위가 될 수 있다. 이런 호칭은 드라마에서는 나타나지 않았지만, 설문 조사 결과에

---

5  국립국어원(2011) 참조.

서 나타났다.

다섯째, 베트남어에서는 성장한 자식이나 사위, 며느리를 높여서 부르는 말로 'anh'이나 'chị'를 쓴다. 그러나 이런 호칭을 쓰면 약간의 거리감이 있다는 느낌을 줄 수 있다. 일반적으로 자식을 친근하게 부르는 말로 'con'(자식)이라는 말이 있는데, 특히 화가 났을 때와 같이 기분이 별로 좋을 않을 경우에는 'anh'이나 'chị'로 자식을 부르는 경우가 많다. 그러나 한국어에서는 화자가 화가 날 때 주로 성을 포함한 자녀의 전체 이름을 부른다.

4

ㄱ. (베트남 드라마에서-화가 난 아버지가 아들에게)
   : Hãy nói cho tôi biết chuyện gì đang xảy ra với lũ con của **anh**. (*형의 자식들에게 무슨 일이 있는지 말해 봐.)

ㅁ. (한국 드라마에서-화가 난 어머니가 아들에게)
   : **장인철**, 넌 왜 그렇게 싸가지 없어?

여섯째, 베트남어에서는 'em'은 호칭으로 쓰기도 하고 지칭으로도 쓰기 때문에 자기보다 나이가 어린 아랫사람에게, 즉 자기의 동생뻘 되는 사람에게 'em'이라는 호칭을 쓸 수 있다. 남자가 애인이나 아내에게 'em'이라는 호칭을 쓰는 것도 남자들이 애인이나 아내는 자기보다 아랫사람으로 생각해서 부르는 것이다. 그러나 한국어에서는 '동생'이라는 말을 어떤 사람을 부르는 데에 쓰는 호칭보다 어떤 사람을 이르는 지칭으로 사용한다.

5

ㄱ. (베트남 드라마에서-오빠가 여동생에게)
   : **Em** học xong rồi à? Anh đưa **em** đi đâu mua sắm nhé? (**동생이**

공부를 다 했니? 오빠가 **동생**을 데리고 어디 가서 쇼핑할까?)

ㄴ. (한국 드라마에서-누나인 미옥이 동생에게)

: **김재수**, 너 샘나니? 그럼 내가 해줄까?

위 예문에서 보이는 바와 같이 베트남어는 'em'이라는 말을 호칭으로 쓸 수 있지만, 한국어는 보통 동생을 이름으로 부르거나 '너'라고 부른다.

## 3.2. 사회⁶에서의 호칭 사용 양상 대조

이 절에서는 베트남어의 'anh, chị, em'이 한국어의 실제 발화에서 어떤 호칭과 대응되는지를 정리하고 분석하고자 한다. 이를 다음과 같은 표로 정리할 수 있다.

〈표 4〉 실제 발화에서의 사회생활 호칭 대조

| 항목 | 베트남어 | 한국어 |
|---|---|---|
| | Anh | 오빠/형 |
| 1 | 화자보다 나이가 많거나 처음으로 만나는 일반 남자를 부르는 말 | 상황에 따라 다름 |
| 2 | 예의를 갖춘 말로 화자보다 나이가 어린 남자를 부르는 말 | X |
| 3 | 젊은 남자 상사를 부르는 말 | X |
| 4 | 남자 친구를 부르는 말 | 상황에 따라 다름 |
| | Chị | 언니/누나 |
| 1 | 화자보다 나이가 많은 여자를 부르는 말 | 상황에 따라 다름 |
| 2 | 화자보다 나이가 많지 않지만 예의를 갖춘 말로 여자를 부르는 말 | X |
| | Em | 동생 |
| 1 | 화자보다 나이가 적은 사람을 부르는 말 | 상황에 따라 다름 |
| 2 | 선생님이 학생을 부르는 말 | X |
| 3 | 여자 친구를 부르는 말 | X |
| 4 | 남자가 자신보다 나이가 적거나 비슷한 여자를 부르는 말 | X |

---

6 본고에서 논의하는 '사회'의 범위는 가정의 단위를 넘어서는 것이다.

위 표를 보면 베트남어의 가족 호칭인 'anh, chị, em'은 사회에서 널리 사용되고 있지만, 한국어는 상황에 따라서 다양한 호칭을 쓴다는 것을 알 수 있다. 이에 대한 자세한 분석은 다음과 같다.

첫째, 베트남어와 한국어의 유사한 점은 아주 친한 사람들끼리 나이를 따져서 가족 호칭을 쓰는 것이다. 이것은 친한 사람들도 자기의 가족 식구처럼 생각하는 동아시아 가족주의의 영향을 받았기 때문이다.

6
ㄱ. (베트남 드라마에서-남자가 친하게 지내는 자기보다 나이가 많은 여자에게) : Chị này, tại sao chị lại tên là Trung? (**누나, 누나** 이름은 왜 중이지?)
ㄴ. (한국 드라마에서-남자가 친하게 지내는 자기보다 나이가 많은 여자에게) : **누나**도 알잖아요. **누나** 돈 많아. 삼백, 아니 쓰는 김에 천만 더 줘.

6의 ㄱ과 ㄴ의 예문을 통해 친족이 아니지만 화자가 자기보다 나이가 많은 사람에게 가족 호칭을 쓰는 것을 알 수 있다.

둘째, 베트남어와 한국어는 정이 들지 않은 상태에서의 호칭 사용에 차이가 난다. 베트남어에서는 스승과 제자의 관계와 같은 특정한 관계를 제외하고는 대화 상황이나 청자의 지위를 막론하고 화자보다 나이가 많은 자기의 형이나 오빠뻘이 되는 남자를 'anh+이름', 나이가 많은 자기의 누나나 언니뻘이 되는 여자를 'chị', 자기보다 나이가 어린 자기의 동생뻘이 되는 사람을 'em'이라고 불러도 언어 예절에 어긋나지 않는다. 즉 이때의 'anh'은 '오빠'나 '형', 'chị'는 '누나'나 '언니'의 의미를 넘어 상대방이 화자보다 높은 존재라는 의미를 포함하고 있다. 그러나 한국 사회에서 상대방을 부를 때 가장 먼저 고려해야 하는 요소는 상대방의 사회적 신분이다.

7

ㄱ. (베트남 드라마에서-경찰서에서 여자 경찰이 수사를 받고 있는 남자에게)

: Anh đã tận mắt nhìn thấy tôi gây chuyện chưa? (**오빠, 오빠**가 내가 문제를 일으킨 것을 직접 봤어요?)

ㄴ. (베트남 드라마에서-남자가 처음으로 아버지의 젊은 애인에게)

: Mời **chị**. Trước khi mọi người biết **chị** và bố tôi quen nhau, **chị** nên biết đường tìm cách rút lui đi. (**누나**, 드세요. 사람들이 **누나가** 우리 아버지하고 연애하고 있다는 것을 알아내기 전에 **누나가** 먼저 정리하시죠.)

ㅁ. (한국 드라마에서-사장이 투자를 받으러 온 상대 회사의 직원에게)

: **김미수 팀장**, 그렇게 자만하지 말아요.

ㅂ. (한국 드라마에서-상대 회사 사장에게)

: **사장님**, 제가 확률을 말씀드리는…)

위 예문들을 보면 베트남어는 처음으로 보는 모르는 사람에게도 'anh, chị'라는 호칭을 쓰는 반면, 한국어는 사회적 직책인 '사장님' 또는 '이름+직책'으로 호칭을 쓰는 것에서 차이가 난다. 따라서 베트남어의 'anh, chị, em' 호칭은 한국어로 번역할 때 적당한 한국어 호칭으로 대역해야 한다. 직함을 확실히 알고 있을 때에는 '(성+이름)+직함+님', '(성)+직함+님', '직함+님' 등과 같은 호칭어를 사용할 수 있고, 직함을 정확하게 파악하지 못했을 때에는 일반적으로 '(성+이름)+선생님', '(성+이름)+사장님' 등과 같이 사회적으로 존경을 받는 호칭어로 부른다. 또는 특별한 직함이 없는 청자의 경우는 보통 '(성+이름)+씨', '(이름)+씨', '(성)+선생님' 등의 호칭을 쓴다. 따라서 한국어에서는 사회생활에서 가족 호칭을 쓸 때도 있지만 상대방과 가족처럼 친하게 지내고 싶을 때만 사용한다. 그 반면에 베트남어는 사회주의의 평등 운동의 영향으로 모든 사회 구성원은 한 집 식구라고 생각하기 때문에 처음 만나는 사람에게도 가족 호칭을 편하게 쓸 수 있다. 그러나 상대방을 화자와는 완전히 다른 외부의 사람처럼 생각할 때, 상대방을 존경하거나 놀리듯 하는 말투에서 직함을 함께 쓴다. 이것은 한국어와 베트남어 사이에 있어서 가족주의의 확산 정도가 다르기 때문이다.

셋째, 베트남어에서 상사에게도 가족 호칭을 쓸 수 있는 점은 한국어와 큰 차이가 있다. 앞에서 언급한 바와 같이 베트남어에서는 가족의 손위 형제를 부르는 호칭을 상대방을 존중하는 의미로도 쓸 수 있는 반면, 한국어에서는 상대방의 사회적 신분에 걸맞은 호칭을 써야 한다.

8.
ㄱ. (베트남 드라마에서-남자 직원이 상사에게)
: Thưa **anh**, đây là bản báo cáo mới nhất mà em đã thu thập rồi ạ. (**형님**, 이것은 제가 최후로 만든 보고서입니다.)
ㄴ. (한국 드라마에서-여자 직원이 상사에게)
: **사장님**, 차가 준비됐습니다.

8의 ㄱ예문에서 남자 직원은 입사한 지 얼마 안 되는 직원이라서 상사와 친한 관계가 아니다. 그래도 상사를 부를 때 'anh'이라고 해도 언어예절에 어긋나지 않는다. 그런데 8ㄴ의 예문에서는 여직원이 상사를 '오빠'라고 할 수 없다. 이것은 베트남어와 한국어 호칭 사용의 다른 점이다. 이것은 한국어의 엄격한 위계질서 때문에 발생하는 차이이다. 한국어에서는 가족 안에서의 위계질서도 중요하지만 사회생활에서 서로의 사회적 위계질서를 고려해 주는 것도 중요하다. 위계질서가 있다는 점에서 한국과 베트남은 같지만 그 위계질서를 정하는 기준이 다른 것이다. 베트남어는 나이를 중심으로, 한국어는 사회적 지위를 우선으로 위계를 정한다. 한국에서도 회사는 가족이라고 보지만, 그 가족 내에서의 서열 관계가 분명하고 호칭을 쓰는 것에서도 위아래가 확실히 구별된다. 마음으로는 가족이지만 형식으로는 직책이 더 우선이기 때문에 상사를 부를 때 직함을 써야 하는데, 뒤에 '님'을 붙여서 부르는 것이 언어 예절에 맞다.

넷째, 연애하는 사이에서는 베트남어는 가족 호칭을 바로 쓸 수 있지만, 한국어는 관계의 친근함과 상대방의 사회적 신분에 따라서 다른 호칭을 쓴다.

> 9.
> ㄱ. (베트남 드라마에서-여자가 애인에게)
> : Anh đến đây để làm gì thế? (**오빠**, 왜 왔어요?)
> ㄴ. (한국 드라마에서-젊은 여자가 나이가 많은 애인에게)
> : **아저씨**, 어디 가? **아저씨**…(하고, 웃옷 들고 따라 나가는)
> ㄷ. (한국 드라마에서-여자가 애인에게)
> : (머뭇대다가) **지안아**, 나 좋아하는 사람이 생겼어, 미안해.

베트남어는 여자가 남자친구를 손윗사람으로 생각하여 'anh'이라고 부를 수 있는데, 한국어에서는 '오빠'라는 호칭을 쓰는 경우도 있고, 9의 ㄴ 예문처럼 애인이 자기보다 나이가 훨씬 많기 때문에 '아저씨'라고 하는 경우도 있으며, ㄷ의 예처럼 '이름' 또는 '(이름)+ 씨'라고 할 수도 있다. 연애하는 사이는 서로를 좋아하는 사이이기 때문에 가족처럼 생각하기 쉽다. 그래서 베트남어에서는 'anh'이라고 쓰고, 한국어에서는 화자와 청자가 자기가 좋아하는 호칭으로 쓰는 경우가 있다.

다섯째, 베트남에서는 선생님이 학생들을 후배나 동생으로 생각할 수 있을 때 'em'이라는 호칭을 쓸 수 있다는 점이 한국과 다르다. 즉, 베트남어에서는 선생님과 학생 사이에 나이 차이가 많지 않은 경우에 'em'을 사용한다. 나이 차이가 너무 큰 경우에 자식과 부모 관계로 여기게 되고, 상대방을 'con(자식)'이라는 호칭으로 부르게 된다. 이에 대응하여 한국어에서는 보통 선생님이 학생을 이름으로 부르거나 '(이름)+ 학생'이라는 호칭을 쓴다.

> 10
>
> ㄱ. (베트남 드라마에서–선생님이 학생에게)
>
>   : **Em** vào đi. Cô cũng đang chờ **em** đây. (**동생** 들어와. 선생님이 **동생**을 기다리고 있어.)
>
>   이런 경우에 한국 드라마에서는 호칭을 안 쓰거나 2인칭 대명사인 '너'를 사용하는 것을 관찰할 수 있다.
>
> ㄴ. (선생님이 학생에게) : 들어와. 선생님도 **너**를 기다리고 있어.

지금까지 실제 생활에서 베트남어의 'anh, chị, em'은 어떻게 사용되고 있는지, 그리고 거기에 대응하는 한국어의 호칭에는 어떤 것이 있는지를 대조해 보았다. 위의 결과를 살펴보면 베트남어는 사회생활에서 나이를 중심으로 상대방을 부르지만, 한국은 상황에 따라서 다른 것을 알 수 있다. 그렇다면 앞에서 언급한 상황이라는 것이 호칭을 택하는 데에 어떤 영향을 주는지, 전혜영(2005)에 따라 다음과 같은 호칭 선택 기제를 세워서 파악해 보고자 한다.

본 연구는 동일한 관계 조건을 갖는 청자와 대화할 때 한국어와 베트남어 호칭이 어떻게 다른지를 파악하는 것이 목적이므로 여기에 베트남어의 호칭과 한국어 호칭을 선택 기제로만 분류하지 않고 대화상에서 필요한 조건들을 모두 제시하기로 한다. 제시된 호칭 선택 기제에 따라서 한국 사람과 베트남 사람들이 대화상에 어떤 기제를 고려하는지를 비교하고자 한다. 대화상에 필요한 조건을 다음과 같이 정리할 수 있다.

**〈표 5〉 호칭 선택 기제**

| 대화의 상황 | 공식적 자리 | |
|---|---|---|
| | 비공식적 자리 | |
| 참여자의 관계 | 상하관계 | 서열관계 |
| | | 성별 |
| | | 연령 |
| | 친소관계 | 친 |
| | | 소 |
| 참여자의 태도 | 친해지려는 태도 | |
| | 거리를 두려는 태도 | |

우선 대화 상황을 가장 먼저 고려해야 하는 중요한 기제로 삼는 이유
는 같은 화자와 청자라도 대화 상황이 달라지면 호칭도 달라지기 때문이
다. 예를 들어 같은 회사를 운영하고 있는 부장인 아내가 사장인 남편에
게 회의에서 다음과 같이 발화하는 것은 불가능하지만 비공식적인 자리
인 집에서는 가능한 것이다.

11. 여보, 지난번에 내가 제안한 계획에 대해서 당신의 의견을 말해 봐요.

이와 관련하여 전혜영(2005)에 따르면 실제 대화에서는 호칭이 고정되
지 않고 담화 상황에 따라 자유롭게 전환되므로, 동일한 대화에서도 화
자가 선택한 처음의 호칭이 상황에 따라 전환될 수 있고, 다른 사람이
대화에 끼어들 경우, 그 사람의 관계를 의식하여 호칭이 다시 전환될 수
있다고 하였다.

우리는 여러 인간관계와 다양한 상황 속에서 다른 사람들과 의사소통
한다. 그리고 본고에서는 그 다양한 상황을 공식적 상황과 비공식적 상
황으로 나누어 보고자 한다. 대화 상황은 공식적 자리와 비공식 자리로

나눠서 볼 수 있다. 공식적 자리는 가정에서는 다른 식구가 있는 자리, 특히 어른이 있는 자리이고, 비공식적 자리는 화자와 청자만 있는 자리이다. 사회에서는 공식적인 자리는 많은 사람이 있는 자리이고, 비공식적 자리는 화자와 청자만 있는 자리이다.

다음으로 고려해야 할 것은 화자와 참여자의 상관관계이다. 상관관계도 크게 상하관계와 친소관계로 나눠서 보고자 한다. 상관관계는 가정 내에서는 서열관계가 있고, 사회에서는 상하관계가 있다. 서열관계는 손윗사람과 손아랫사람의 관계이고, 상하관계는 사회에서 직위를 중심으로 하는 높은 직위와 낮은 직위의 관계이다. 또 한편으로 한국어는 상대방 중심의 언어이기 때문에 실제로는 상대방보다 직위가 높을 수 있지만 상대방을 존중하는 뜻으로 상대방을 높은 직위로 자신을 낮은 직위로 생각하여 대하는 경우가 있다.

그 외에도 상관관계에 있어서 남자인지, 여자인지에 대한 성별 기제, 그리고 나이가 많은지 적은지에 대한 연령 기제도 있다.

마지막으로 대화 참여자의 태도가 있는데, 화자가 청자와 거리를 두고 대화하는 것이냐, 현재는 친하지 않지만 친해지려는 태도를 가지고 대화하는 것이냐, 상대방을 존중하는 태도이냐에 따라서 호칭이 달라질 수 있다.

이런 호칭 선택 기제를 바탕으로 한국과 베트남 드라마에 나타난 호칭들을 각 기제에 적용하면서 양국의 호칭 선택이 어떻게 다른지 보고자 한다.

〈표 6〉 베트남어와 한국어의 호칭 선택 기제 적용표

| 호칭 선택 기제 | 상황 | | | 베트남어 | | | 한국어 | | | | |
|---|---|---|---|---|---|---|---|---|---|---|---|
| | | | | Anh | Chị | Em | 오빠 | 형 | 언니 | 누나 | 동생 |
| 대화 상황 | 공식적 | | | O | O | O | X | X | X | X | X |
| | 비공식적 | | | O | O | X | O | O | O | O | O |
| 화자와 청자의 관계 | 상하 관계 | 화자의 사회적 직위 | 상 | O | O | O | X | X | X | X | ? |
| | | | 하 | O | O | O | ? | ? | ? | X | X |
| | | 화자의 연령 | 연상 | ? | ? | O | X | X | X | X | O |
| | | | 연하 | O | O | X | O | O | O | O | X |
| | | 화자의 성별 | 남 | O | O | O | X | O | X | O | O |
| | | | 여 | O | O | O | O | X | O | X | P |
| | 친소 관계 | 친 | | O | O | O | O | O | O | O | O |
| | | 소 | | O | O | O | X | X | X | X | X |
| | 친해지려는 마음 | | | O | O | O | O | O | O | O | O |
| | 거리를 두려는 마음 | | | O | O | O | X | X | X | X | X |

이러한 선택 기제를 따르면 베트남어의 'anh, chị, em'과 같은 가족 호칭이 한국어에서는 비공식적인 상황에서 이미 친하거나 앞으로 친해 지고자 하는 마음이 있을 때에만 가능하다는 것을 알 수 있다.


## 4. 호칭에 나타난 문화 현상 고찰

앞에서 베트남어의 'anh, chị, em' 호칭과 한국어의 대응 표현을 대조 분석하였다. 이 절에서는 분석된 양상들에서 어떤 문화 현상을 발견할 수 있는지, 그리고 한국어와 베트남어의 문화 현상에 어떠한 공통점과 차이점이 있는지 정리하고자 한다.

한국과 베트남은 유교 문화의 영향으로 양국 간에 유사한 점이 많은 데, 특히 언어 사용에 있어서 인칭 대명사보다는 친족을 가리키는 명사 를 호칭으로 쓰고, 가족 사이에서 쓰는 호칭을 사회생활에서도 널리 사용하는 것은 그 예이다. 이것은 인간관계에 있어서 화자와 청자가 한 가족이 되기를 바라는 마음이 강하고 개인보다 공동체가 우선시되는 경향이 있기 때문이다.

그런데 베트남은 나이를 기준으로 상하관계를 정하지만 한국은 사회적 직위를 기준으로 상하관계를 정하는 것도 양국의 호칭 사용에 큰 영향을 준다. 한국어에서 서로 신분을 모르는 경우에 '선생님, 사장님, 사모님' 등 높임의 호칭어 사용을 선호하는 것은 신분적 존비관계가 존재했던 과거 문화의 영향으로 상대방을 높이는 것이 상대방을 대접하는 것이라고 생각하기 때문이다.

또한 언어의 구조의 영향도 있다. 베트남어는 고립어이고 존대의 문법 체계가 발달하지 않았으므로 호칭도 사회의 변화에 따라 비교적 쉽게 바뀔 수 있다. 그러나 한국어는 경어법이 고도로 발달한 언어이기 때문에 호칭을 선택할 때 경어법과 함께 고려해야 하는 특별한 점이 있다.

다음으로 한국어는 상대방을 부를 때 상대적으로 다양한 호칭 선택의 기제를 고려하는 반면, 베트남어는 상대방의 나이를 가장 중요한 기제로 하여 호칭을 비교적 단순하게 선택할 수 있다. 베트남어는 호칭 선택에서 청자의 성별만 고려하지만 한국어는 말을 듣는 청자의 성별과 말을 하는 화자의 성별도 호칭을 택하는 데 중요한 기제가 된다.

그뿐만 아니라 친척 사이에서는 한국어는 나이를 기준으로 삼아 호칭을 쓰지만 베트남어는 부모의 관계를 기준으로 호칭을 택하는 것도 특이한 차이점이다.

따라서 베트남어의 'anh, chị, em'이라는 호칭은 나이를 기준으로 사회적 관계를 맺은 많은 사람들에게 쓸 수 있지만, 거기에 대응되는 한국어의 표현들은 여러 가지 기제를 고려해야 적절하게 선택될 수 있다. 베트남어의 'anh, chị, em' 호칭과 한국어의 '오빠/형, 언니/누나, 동생'은

정이 든 상태에서만 그 쓰임이 같고, 한국어에서는 거리를 두고 대해야
할 관계에서 이러한 가족 호칭이 허용되지 않는다.

## 5. 결론

지금까지 베트남어의 'anh, chị, em' 호칭과 한국어의 대응 표현을 대
조해 보았다. 그 결과 베트남어의 'anh, chị, em'의 세 가지 호칭이 다양
한 상황, 그리고 다양한 대상에 쓰일 수 있는 반면에, 이에 대응하는 한
국어의 표현들은 비교적 다양한 것을 알 수 있었다. 그것은 한국어와 베
트남어의 호칭 선택 기제가 각기 다르기 때문이다.

따라서 베트남어 모어 화자를 대상으로 한국어를 교육할 때에는 위에
서 기술한 차이점을 주의하여 교수해야 하고, 호칭의 사전적 의미뿐만
아니라 그 호칭이 사용되는 상황과 그 호칭이 선택되는 기제들을 함께
언급해 줘야 한다. 특히 이 연구를 통해 정리한 호칭 선택표는 베트남인
을 위한 한국어 교재나 사전을 만들 때 도움이 될 것이라고 생각한다.

본 연구는 한국어와 베트남어의 다양한 병렬 말뭉치를 활용하지 못했
다는 점에서 한계를 갖는다. 앞으로 이를 극복하는 것과 더불어 한국어
와 베트남어에 대한 다양한 자료를 통해 사회언어학적 대조 연구도 이루
어져야 할 것이다. 양국 언어의 호칭어 대조 연구는 한국어교육과 베트
남어 교육의 중요한 과제라고 본다.

―이 글은 『한국어교육』 24권 1호, 61~85쪽에 실린 논문을 수정·보완한 것임.

**참고문헌**

## 제1부 　교수 학습 방법론

【한국어 학습자의 연상 문장 쓰기를 통한 '한류'의 양상 분석 사례 연구】_ 이윤진

강보유, 「세계 속의 한류-중국에서의 한류와 한국어 교육 그리고 한국문화 전파」, 『한국언어문화학』 4-1, 국제한국언어문화학회, 2007.

강승혜, 「한국어 학습자의 "한류(韓流)"에 대한 인식 비교 -일본 학습자와 중국 학습자의 비교-」, 『이중언어학』 38, 이중언어학회, 2008.

곽추문, 「대만에서의 한국어교육 현황과 문제점 -한류와의 관계를 중심으로-」, 『이중언어학』 37, 이중언어학회, 2008.

교춘언, 「중국의 한류에 대한 태도 및 전망에 관한 이론적 연구 : 드라마 중심으로」, 한양대 박사학위 논문, 2011.

권기환, 「한국어 교육 서비스와 한류 관광 동기의 관련성에 관한 탐색적 연구」, 한중경상학회 학술대회, 2009.

권재현·권기환, 「외국인에 대한 한국어 교육은 한류 관광 동기에 영향을 미치는가?」, 『한국항공경영학회지』 10-4, 한국항공경영학회, 2012.

괴셀 튀르쾨쥬, 「터키에서의 한류와 한국어 교육 현황」, 『한국언어문화학』 4-1, 국제한국언어문화학회, 2007.

김경미, 「한류로 인한 문화적 친근감이 한국어 학습 효과에 미친 영향 연구」, 서강대학교 석사논문, 2007.

김은혜, 「의미 중심 어휘지도를 위한 고급 한국어 학습자의 단어 연상 조사」, 『새국어교육』 88, 한국국어교육학회, 2011.

김효일·권기환, 「한류 관광 유발 요인으로서 한국어 교육의 가능성에 관한 탐색적 연구」, 한국무역학회 세미나 및 토론회, 2010.

김현정·박정아, 「한류 애호가를 위한 한국어 교육 자료 개발의 방향성 고찰」, 『국제한국어교육학회 학술대회논문집』, 국제한국어교육학회, 2008.

김희숙, 「'한류' 전파에 비추어 본 한국어 세계화와 한자(漢字)」, 『한국어와 문화』 1, 숙명여자대학교 한국어문화연구소, 2007.

나카무라마유, 「일본에서의 한류와 한국인에 대한 인식 변화 : 삿포로 한국어학습자를 중심으로」, 한국외대 석사학위논문, 2012.

남상영, 「일본에서의 한류와 한국어 교육」, 『이중언어학』 39, 이중언어학회, 2009.

남애리, 「일본인들의 한국어에 대한 의식 변화 연구 : 한류 드라마의 언어적 영향을 중심으로-」, 중앙대 석사학위논문, 2007.

두  위, 「한류 미디어 콘텐츠를 활용한 한국어 교육방법 : 중국 중급 학습자를 대상으로」, 신라대 석사학위논문, 2007.

박미자, 「대학생과 초등학생의 단어 연상 비교」, 『인지과학』 19-1, 한국인지과학회, 2008.

박선옥, 「한국인과 중국인의 단어 연상의미 조사 분석과 단어 연상을 활용한 한국어 어휘 교육 방법」, 『한국어의미학』 25, 한국어의미학회, 2008.

박춘태·권연진, 「국외에서의 한국어 보급 방안에 대한 연구 -한류방 개설을 중심으로-」, 『우리말연구』 29, 우리말학회, 2011.

신재윤, 「일본인 한국어 학습자의 단어 연상 의미 구조 연구」, 이화여대 석사학위논문, 2012.

신현숙, 「의미망을 활용한 한국어 어휘 교육」, 『한국어문학연구』 56, 한국문학언어학회, 2011.

이종철, 「단어의 연상적 의미의 지도방법과 내용」, 『국어교육학연구』 6, 국어교육학회, 1996.

이창학, 「단어 연상 시험을 통해 나타난 효과적인 영어 어휘교육 방안」, 『언어연구』 23-2, 한국현대언어학회, 2007.

이희경, 「학습자 요구 분석을 통한 일본 대학생의 한국어 학습과 한류」, 『한국언어문화학』 3-1, 국제한국언어문화학회, 2006.

임지룡, 『국어 의미론』, 탑출판사, 2011.

장소원·안경화, 「한류 열풍과 한국어 보급의 전망」, 『한국문화』 38, 서울대학교 규장각한국학연구원, 2006.

장진태, 「단어연상과 이야기구성을 통한 초등영어 어휘 지도」, 『교과교육학연구』 15-3, 이화여자대학교 사범대학 교과교육연구소, 2011.

정성미, 「연상어휘 의미관계 고찰 : 여성결혼이민자 연상어휘를 중심으로」, 『다문화콘텐츠연구』 12, 중앙대학교 문화콘텐츠기술연구원, 2012.

오문경, 「한류 콘텐츠를 활용한 한국어 국외 보급 정책 연구: 한류 기반 잠재적 학습자를 대상으로」, 외국어대 박사학위논문, 2013.

이은경, 「의미장을 중심으로 한 중국어권 및 영어권 학습자와 한국인의 어휘 연상 반응 연구」, 이화여대 석사학위 논문, 2012.

이  빙, 「중국 대학생의 반한류 정서에 관한 연구: 자민족 중심주의와 문화간 커뮤니케이션 효과를 중심으로」, 성균관대학교 석사학위논문, 2011.

이유미·이찬규, 「"家族"單語의 聯想意味 硏究」, 『국어학』 50, 국어학회, 2007.

이창학, 「단어 연상 시험을 통해 나타난 효과적인 영어 어휘교육 방안」, 『언어연구』 23-2, 한국현대언어학회, 2007.

전동진·조경순, 「다문화 이주 학습자를 위한 문화 활용 한국어 쓰기 교육에 대한 제언」, 『우리말 글』 59, 우리말글학회, 2013.

정정숙, 「'한류'에 있어서의 인문학의 활용 방안」, 『인문정책 포럼』 5, 경제·인문사회연구회, 2010.

최주열, 「'신한류' 정책으로서의 한국어 교육」, 『비교한국학』 14-2, 국제비교한국학회, 2006.

한도치즈코, 「일본의 한국어 시민강좌에 미치는 한류의 영향-요코하마 한국어교실에서의 사례 소개」, 국제한국언어문화학회 학술대회, 2005.

한유석, 「한국어 학습과정을 매개로 한 한류의 재생산 과정: 태국의 한국어 학습을 중심으로」, 전북대 석사학위논문, 2005.

"이제는 '행정 韓流' 시대", 〈문화일보〉, 2013년 12월 27일자, 37면.

"뉴욕에 '한국어 한류'…정규과목 채택 학교 1년 새 40% 급증", 〈매일경제〉, 2013년 12월 12일자.

【재외동포 아동의 한국어 쓰기 교육을 위한 대화일지 쓰기 사례 연구】_ 황은하

강정순·이승국·이혜숙, 「Vygotsky의 학습, 발달 상호작용 이론」, 『한국교육논단』 5(2), 한국교육포럼, 2006.

고경숙, 「대화 일기가 쓰기 발달 및 쓰기에 대한 태도에 미치는 영향 -초등학교 6학년을 중심으로-」, 연세대학교 석사학위 논문, 2003.

김수경, 「대화일지 쓰기가 귀국 한국어 학습자의 쓰기에 미치는 영향 -전자우편을 이용한 대화일지 쓰기를 중심으로」, 이화여자대학교 석사학위 논문, 2008.

김정숙, 「사회적 상호작용을 활용한 재외동포 아동 한국어 교육 방안」, 『이중언어학』 42, 이중언어학회, 2010.

김혜리·경지숙, 「대화식 저널쓰기를 기반으로 하는 초등영어 문자교육 증진 방안에 대한 연구」, 『영어교육연구』 20, 팬코리아영어교육학회(구 영남영어교육학회), 2008.

민유경, 「수필을 활용한 대화일지 쓰기가 한국어 쓰기 능력에 미치는 영향 : 중급 학습자를 중심으로」, 연세대학교 석사학위 논문, 2011.

백봉자, 「교포2세의 한국어와 쓰기 교육」, 『이중언어학』 3, 이중언어학회, 1987.

신현미, 「대화일지 쓰기가 한국어 학습자들의 쓰기 불안감 감소에 미치는 영향 연구」, 연세대학교 석사학위 논문, 2003.

이동은, 「한국어 학습자의 철자 오류와 개선 방안 -북미지역 청소년 교포 학습자를 대상으로-」, 『한국어학』 35, 한국어학회, 2007.

이재민·임현우, 「대화식 저널 쓰기 활동이 한국인 중학생들의 영어쓰기에 미치는 영향」, 『영어어문교육』 16, 한국영어어문교육학회, 2010.

이정원, 「A Case Study on Written language Use and Interactions in Dialogue Journals」, 『영어교육』 62(2), 한국영어교육학회, 2007.

이지영, 「중급 재미동포 학습자를 대상으로 하는 한국어 쓰기 교육 방안 연구: 형태적 정확성 향상을 목적으로」, 고려대학교 석사학위 논문, 2006.

채상이, 「대화식 저널 쓰기와 교사의 피드백에 따른 한국어 쓰기 능력 향상 연구」, 공주대학교 석사학위 논문, 2011.

천은정, 「대화 일기를 통한 한국어 쓰기 교육 연구 : 초급 학습자를 중심으로」, 경

희대학교 석사학위 논문, 2003.

최수현, 「외국인 대학생의 말하기 준비 단계를 위한 대화일지 활용 방안 연구」, 한성대학교 석사학위 논문, 2012.

최은지, 「해외에서의 아동 대상 한국어교육의 쟁점과 과제」, 『한국어교육』 23. 국제한국어교육학회, 2012.

최은지·류선숙·이경, 「아동 대상 한글학교 한국어 교사의 교수 방법과 교사 효능감」, 『한국어교육』 24(2), 국제한국어교육학회, 2013.

최인실, 「해외 교포 소년기 아동들의 한국어 맞춤법 지도 방안」, 『국제한국어교육학회 학술대회논문집』, 국제한국어교육학회, 2006.

Kreeft, J., "Dialogue writing – Bridge from talk to essay writing." *Language Arts*, 61(2), 1984.

Lee, J. W., "A case study on written language use and interactions in dialogue journals", *English Teaching*, 62(2), 2007.

Nassaji, H.&Swain, M., "What's in a ZPD? A case study of a young ESL student and teacher interacting through dialogue journals", *Language Teaching Research*, 4(2), 2000.

Noordin, N. et al., "Use of e-mail dialogue journal in enhancing writing performance", *Asian social science*, 9(7), 2013.

Noordin, N., Foroutan, M.&Hamzah, M. S., "Use of E-mail Dialogue Journal in Enhancing Writing Performance", *Asian Social Science*, 9(7). 2013.

Peyton, J. K.&Seyoum, Mulugetta, "The Effect of Teacher Strategies on Students' Interactive Writing: The Case of Dialogue Journals", *Research in the Teaching of English*, 23(3), 1989.

Peyton, J. K., "Dialogue journals: interactive writing to develop language and literacy", *Emergency librarian*, 24(5), 1997.

Peyton, J. K. and Staton, J., editors, (1993), *Dialogue journals in the multilingual classroom: building language fluency and writing skills through written interaction*, Norwood, NJ: Ablex.

Peyton, J.K., "Teacher questions in written interation: promoting student participation in dialogue". In Peyton, J. K. and Staton, J., editors, (1993), *Dialogue journals in the multilingual classroom: building language fluency and writing skills through written interaction*, Norwood, NJ: Ablex. 1993.

Reyes, M. de la Luz., "A process approach to literacy using Dialogue Journals and Literature Logs with second language learners", *Research in the Teaching of English*, 25(3), 1991.

Shuy, R. W., "Using language functions to discover a teacher's implicit theory of communicating with students". In Peyton, J. K. and Staton, J., editors, (1993), *Dialogue journals in the multilingual classroom: building language fluency and writing skills through written interaction*, Norwood, NJ: Ablex. 1993.

Song, M., "A Promising Practice for Advancing Korean Students' Literacy: Using Dialogue Journals for Reading Courses", *English Teaching, 58(2)*, 2003.

Staton, J., "Dialogue Journals as a means of assisting written language acquisition". In Peyton, J. K. and Staton, J., editors, (1993), *Dialogue journals in the multilingual classroom: building language fluency and writing skills through written interaction*, Norwood, NJ: Ablex. 1993.

Todd, R., Mills, N., Palard, D.,&Khamcharoen, P., "Giving feedback on Journals". *ELT Journal, 55(4)*, 2001.

## 【시간 부사 '이미' 연구】 _ 장채린

김선희, 「현대국어의 시간어 연구」, 연세대학교 박사논문, 1987.

김진수, 「시간부사 "벌써", "이미"와 "아직"의 상과 통사 제약」, 『한글』 189, 한글학회, 1985.

문숙영, 「한국어 시제 범주 연구」, 서울대학교 박사학위논문, 2005.

민현식, 『국어문법연구』, 도서출판 역락, 1999.

봉원덕, 「時間副詞의 相的 意味 표현 양상」, 『어문연구』 32-3, 한국어문교육연구회, 2004.

우인혜, 「우리말 시제/상 표현과 시간부사」, 『한국언어문화』 9, 한국언어문화학회, 1991.

임서현·이정민, 「한국어 상 부사의 쌍대성에 관한 연구-'이미'와 '아직'을 중심으로-」, 『국어연구』 3, 서울대학교국어학연구소, 1999.

임유종, 『수식언의 문법』, 경진문화사, 2005.

임채훈, 「시간부사의 문장의미 구성」, 『한국어 의미학』 12, 한국어의미학회, 2003.

조민정, 「국어의 상에 대한 연구」, 연세대학교 박사학위논문, 2001.

Comrie, *Aspect*, Cambridge, 1976.

_____, *Tense*, Cambridge, 1985.

Michaelis, L., Aspect and the Semantics-Pragmatics interface: The Case of Already, *Lingua 87*, 1992.

_____, On The Use And Meaning of "Already", *Linguistics and Philosophy*, Vol. 19, No. 5, 1996.

Smith, *The Parameter of Aspect*, Kluwer Academic Publishers, Dordrecht, 1991/1997.

Van der Auwera, "Already" and "Still": Beyond Duality', *Linguistics and Philosophy 16*, 1993.

**제2부**  **교재 연구**

【한국어 고급 교재의 듣기 활동 타당성 연구】_ 원미진·최수정

강현화·김미옥·김제열·우인혜·이숙, 『한국어 이해교육론』, 형설출판사, 2009.

강현화·이미혜, 『한국어교육론』, 한국방송통신대학교 출판부, 2011.

기준성, 「한국어 교재에 나타난 학습 활동 연구 -최근 주요 한국어 교육기관의 교재를 대상으로-」, 『한국언어문화학』 3, 국제한국언어문화학회, 2006.

김수미 외, 「중급 듣기 교재의 구성 원리와 실제 -연세대 중급Ⅰ 듣기 교재의 개발에 관하여-」, 『외국어로서의 한국어교육』 33, 연세대학교 한국어학당, 2008.

나은선, 「한국어 교재의 과제 분석과 활용방안 -초급 한국어 교재를 중심으로」, 이화여자대학교 대학원 석사학위 논문, 2002.

마쯔자키 마히루, 「일본에서의 한국어 듣기 교재 분석 연구 : 듣기 자료의 담화 유형 및 듣기 활동 분석을 중심으로」, 『언어연구』 25, 경희대학교 언어연구소, 2008.

박선영, 「아동·청소년 대상 한국어 교재의 과제 활동 연구 : 다중지능. MI. 을 바탕으로」, 계명대학교 대학원 석사논문, 2012.

이상희, 한국어 교재의 과제 활용 방안 연구 -한국어 중급3을 중심으로-」, 대구가톨릭대학교 대학원 석사논문, 2010.

이준호, 「듣기 활동의 다양성 분석 연구」, 『한국어학』 52, 한국어학회, 2011.

조위수, 「과제 중심의 한국어 말하기·듣기 교재 구성 방안」, 부산외국어대학교 교육대학원 석사논문, 2005.

조항록, 「외국어로서의 한국어 듣기 교육에 관한 일 고찰」, 『외국어로서의 한국어교육』, 연세대학교 한국어학당 18, 1993.

차경환·이경민, 「영어듣기 교재 문항연구, Studies in English education」, 『글로벌영어교육학회』 3, 1998.

허지은, 「상세화가 초급 한국어 학습자의 듣기 이해에 미치는 영향」, 이화여자대학교 석사논문, 2007.

Anderson, A.&T. Lynch, *Listening*, Oxford University Press, 1988.

Buck, G., *Assessing Listening*, Cambridge: Cambridge University Press, 2001.

Field, J., Skills and strategies: towards a new methodology for listening, *English Language Teaching Journal 52*, Oxford University Press, 1998.

Long, M. H.,&Ross, S., *Modifications That Preserve Language And Content*, In, M. L. Tickoo (Ed.), simplification; *Theory And Application*, Singapore: SEAMEO Regional Language Centre, 1993.

Oh, S. Y., Two types of input modification and EFL reading comprehension: Simplification versus elaboration, *TESOL Quarterly 35*, 2001.

Peterson, P. W., *A Synthesis Of Methods For Interactive Listening*, In Marianne Celce-Muricia (Ed.), *Teaching English As A Second Or Foreign Language* (2nd ed.), MA: Heinle&Heinle Publishers, 1991.

Rost, M., *Listening In Action*, Hemel Hempstead: Prentice-Hall International, 1991.

_____, *Listening In Language Learning*, London: Longman, 1990.

Tomlinson, B., *Coursebook Listening Activities*, Developing Materials for Language Teaching, Continuum Intl Pub Group, 2003.

White, G., *Listening*, Oxford: Oxford University Press, 1998.

**【학문 목적 한국어 읽기 교재의 읽기 후 활동 분석 연구】_박효훈**

김계현, 「학문 목적 학습자를 위한 읽기 전략 사용 연구 -그래픽 조직자를 활용한 읽기 전략을 중심으로-」, 경희대학교 석사학위논문, 2009.

김다혜, 「학문 목적 한국어 학습자의 읽기 능력 향상을 위한 마인드맵 활용 연구」, 이화여자대학교 석사학위논문, 2007.

김명순, 「읽기 활동의 이해와 읽기 교육의 관련 문제」, 『국어교육학연구』 제16권, 국어교육학회, 2003.

김유정, 「설문 결과를 통해 본 한국어 학습자들의 인식」, 『한국어교육』 제10권, 국제한국어교육학회, 1999.

김인규, 「학문 목적을 위한 한국어 요구 분석 및 교수요목 개발」, 『한국어교육』 제14권 3호, 국제한국어교육학회, 2003.

김정남, 「학문 목적 학습자 대상 읽기 교육의 방향 정립을 위하여 -교재 텍스트의 진정성을 높이는 개작을 중심으로-」, 『비교문화연구』 제11권 2호, 경희대학교 비교문화연구소, 2007.

김정숙, 「학문적 목적의 한국어 교육과정 설계를 위한 기초 연구 -대학 진학생을 위한 교육과정을 중심으로-」, 『한국어교육』 제11권 2호, 국제한국어교육학회, 2000.

용재은, 「대학 수학 목적의 한국어 읽기·쓰기 교육 방안 연구」, 고려대학교 석사학위논문, 2004.

윤혜리, 「학문 목적 한국어 읽기 교재 개발 연구 -중국인 학습자를 대상으로-」, 경희대학교 석사학위논문, 2006.

이덕희, 「요구 분석을 통한 학문 목적의 한국어 교육과정 설계 연구」, 연세대학교 석사학위논문, 2004.

이동연, 「대학 수학 목적의 한국어 읽기 교재 개발 연구 -상경계열 외국인 유학생을 중심으로-」, 부산외국어대학교 석사학위논문, 2007.

이은주, 「고급 단계 한국어 교재에 사용된 읽기 활동 유형 분석 -학문 목적 읽기 활동 유형을 중심으로-」, 이화여자대학교 석사학위논문, 2008.

전수정, 「학문 목적 읽기 교육을 위한 한국어 학습자의 요구 분석 연구」, 연세대학교 석사학위논문, 2004.

Barnett, M., Teaching reading strategies: How methodology affects language course articulation, *Foreign Language Annals 21*, 1988.

Breen, M., Learner contributions to task design. In Candlin, C.&Murphy, D.(Eds.)., *Language learning tasks*, Englewood Cliffs, NJ: Prentice Hall, 1987.

Cohen, A. D., *Language learning: Insights for learners, teachers and researchers*, New York: Newbury House, 1990.

Jensen. L., Advanced reading skills in a comprehensive course. In F. Dubin, D. E. Eskey&W. Grabe (Eds.), *Teaching second language reading for academic purposes*, Reading, MA: Addison-Wesley, 1986.

Jordan, R., *English for academic purposes: A guide and resource book for teachers*, Cambridge: Cambridge University Press, 1997.

Nunan, D., *Designing Tasks for the Communicative Classroom*. Cambridge: Cambridge University Press, 1989.

## 【한국어교재 지시문 분석】_ 서세정

김민국, 「학문목적 한국어 교육용 어휘와 연어 추출: 키워드 개념의 활용을 중심으로」, 『문법교육』, 11, 한국문법교육학회, 2009.

서세정, 「통사적 숙달도 진단을 통한 한국어 학습자의 중간언어 발달 연구」, 연세대학교 석사학위 논문, 2009.

이보라미, 「학습 목적 한국어 교육을 위한 초등학교 국어과 교과서 '활동 지시문' 연구」, 『이중언어학』, 43, 이중언어학회, 2010.

임지아, 「한국어 교재에 나타난 교육용 어휘 분석: 유의어를 중심으로」, 『국어국문학』 24, 동아대학교 국어국문학과, 2009.

Kellogg W. Hunt, "grammatical structures written at three grade levels", *NCTE research report No. 3.*, National Council of Teachers of English, 1965.

Ortega, Lourdes, "Syntactic Complexity Measures and their Relationship to L2 Proficiency&colon; A Research Synthesis of College&hyphen; level L2 Writing", *Applied linguistics, v. 24 no. 4*, 2003.

## 제3부 학습자 사전 연구

## 【한국어학습자를 위한 〈한국어기초사전〉 구축 방안 연구】_ 강현화 · 원미진

강현화, 「새로운 사전의 필요성과 발전 방향」, 『새국어생활』, 국립국어원, 2009.

강현화 · 신자영 · 원미진, 「한국어 학습자 사전 어휘 선정을 위한 자료 구축 및 선정 방법에 관한 연구」, 『한국 사전학』16호, 한국사전학회, 2010.

국립국어원 편, 『표준국어대사전』, 1999.

김하수 외, 『한국어교육을 위한 한국어 연어사전』, 커뮤니케이션북스, 2007.

서상규, 「한국어 학습 사전 편찬과 기본 어휘의 선정을 위한 기초 연구」, 『조선어
　　　　연구회』 3, 2006.

_____, 『교육용 기본 어휘 선정을 위한 기초 연구』, 국립국어원, 2009.

서상규 외, 『외국인을 위한 한국어 학습사전』, 신원프라임, 2004.

신현숙, 『현대 한국어 학습사전』, 한국문화사, 2000.

연세대학교 언어정보연구원 편, 『연세한국어사전』, 1998.

_____, 『연세 초등국어사전』, 두산동아, 2001.

원미진, 「한국어 학습자 사전의 용례 기술 방법에 대한 연구」, 『한국사전학』 18호,
　　　　한국사전학회, 2011.

조남호, 『현대 국어 사용 빈도 조사: 한국어 학습용 어휘 선정을 위한 기초 조사』,
　　　　국립구어 연구원, 2002.

_____, 『한국어 학습용 어휘 선정 결과 보고서』, 국립국어 연구원, 2003.

【한국어 학습자 사전 뜻풀이 어휘 통제를 위한 기술 방법에 관한 연구】

_ 원미진·한승규

강영환, 「국어사전의 뜻풀이 원칙에 관하여」, 『백록어문』 15, 제주대학교 사범대학
　　　　국어교육과 국어교육연구회, 1999.

강현화, 「새로운 사전의 필요성과 발전 방향」, 『새국어생활』 19-4, 국립국어원,
　　　　2009.

고석주, 「어휘의미망과 사전의 뜻풀이」, 『한국어 의미학』 24, 한국어 의미학회,
　　　　2007.

교학사, 『옥스퍼드 워드파워 영영한 사전』, 2005.

국립국어원 편, 『표준국어대사전』, 두산동아, 1999.

_____, 『표준국어대사전』 개정판, 2008.

금성출판사, 『롱맨 영영한 사전』, 2005.

김광해, 『등급별 국어교육용 어휘』, 박이정, 2003.

김동언, 「뜻풀이로 본 국어 사전 편찬사」, 『한국어학』 2-1, 한국어학회, 1995.

남기심, 「표제어의 풀이와 표제어 설정의 문제」, 『새국어생활』 2, 국립국어연구원, 1992.

남기심·고석주, 「국내 사전 편찬의 현황과 과제」, 『한국사전학』 1, 한국사전학회, 2002.

박수연, 「한국어 학습 사전의 연구 동향 분석」, 『이중언어학』 31, 이중언어학회, 2006.

서상규, 『한국어 기본어휘와 말뭉치 분석』, 한국문화사, 2002.

서상규 외, 『외국인을 위한 한국어 학습 사전』, 문화관광부 한국어세계화재단, 2004.

서상규·강현화·유현경, 『한국어 교육 기초 어휘 빈도 사전의 개발 사업 결과 보고서』, 문화관광부, 2000.

연세대학교 언어정보개발원 편, 『연세한국어사전』, 두산동아, 1999.

연세대학교 언어정보연구원 편, 『연세 초등 국어사전』, 두산동아, 2001.

유현경·남길임, 『한국어 사전 편찬학 개론』, 역락, 2009.

이기황, 「사전 뜻풀이문의 패턴 분석을 위한 기초 연구」, 『한국사전학』 9, 한국사전학회, 2007.

이병근, 「『표준국어대사전』에서의 정의(뜻풀이)에 대하여」, 『새국어생활』 10-1, 국립국어연구원, 2000.

이상섭, 「사전의 뜻풀이에 대한 소견」, 『사전편찬학연구』 8-1, 연세대학교 언어정보개발원, 1997.

임동훈, 「어미의 사전적 처리」, 『새국어생활』 8, 국립국어연구원, 1998.

전태현, 「사전 편찬과 번역」, 『한국사전학』 2, 한국사전학회, 2003.

정영국, 「외국인을 위한 한국어 학습 사전의 전망」, 『한국사전학』 14, 한국사전학회, 2009.

조남호, 『한국어 학습용 어휘 선정 결과 보고서』, 국립국어원, 2003.

조재수, 「『표준국어대사전』의 뜻풀이 살펴보기」, 『한국사전학』 2, 한국사전학회, 2003.

조평옥 외, 「사전 뜻풀이말에서 구축한 한국어 명사 의미계층구조」, 『인지과학』

10-4, 한국인지과학회, 1999.

조현용, 『한국어 어휘교육 연구』, 박이정, 2000.

홍종선, 「국어 사전 편찬, 그 성과와 과제(5): 풀이말 항목들의 설정」, 『어문논집』 56, 민족어문학회, 2007.

홍종선 외, 『국어사전학개론』, 제이엔씨, 2009.

황은하 외, 「『연세현대한국어사전』의 뜻풀이용 어휘 통제를 위한 기초 연구」, 『언어정보와 사전편찬』 22, 연세대학교 언어정보연구원, 2008.

Bauer, F., "Vocabulary control in the definitions and examples of monolo-ingual dictionaries" in F.J. Hausmann, et al (eds), *An International Encyclopedia of Lexicography*. Berlin: Walter de, Gruyter, 1989.

## 【한국어 학습자 말뭉치의 자료 구축 방안 대한 기초 연구】 _ 강현화

고석주·김미옥·김제열·서상규·정희정·한송화, 『한국어 학습자 말뭉치와 오류분석』, 연세국학총서, 한국문화사, 2004.

김미옥, 「학습 단계에 따른 한국어 학습자 오류의 통계적 분석」, 『외국어로서의 한국어교육』 27, 연세대학교 언어연구교육원 한국어학당, 2002.

김유미, 「외국어로서의 한국어 학습자 말뭉치를 이용한 오류 분석」, 연세대 교육대학원 석사학위논문, 2000.

김유정, 「한국어 학습자 말뭉치 오류 분석의 기준 연구」, 『한국어교육』 16-1, 국제한국어교육학회, 2005.

서상규, 「한국어교육 말뭉치와 학습사전의 개발」, 『제1차 한국어교육 국제학습대회 발표 논문』, 2000.

유석훈, 「외국어로서의 한국어 학습자 말뭉치 구축의 필요성과 자료 분석」, 『한국어교육』 12-1, 국제한국어교육학회, 2001.

이승연, 「한국어 학습자 말뭉치 오류 표지 방안 제고」, 『이중언어학』 31, 이중언어학회, 2006.

_____, 「한국어 학습자 말뭉치의 구축과 활용」, 고려대 박사학위논문, 2007.

Granger S. and Granger S. and Wynne M., "Optimising measures of lexical

variation in EFL learner corpora. In Kirk J. (ed.) Corpora Galore",
Amsterdam and Atlanta: Rodopi, 1999.

Granger S., "The International Corpus of Learner English: A New Resource
for Foreign Language Learning Teaching and Second Language
Acquisition Research", *TESOL Quarterly, Vol. 37*, No. 3, 2008.

Tono Y., *Learner corpora: design, development and applications*. In Archer
et al. (eds.) 2003.

제4부 **대조 연구**

【중국어 '叫, 讓, 給' 피사동 표현에 대응되는 한국어 표현 연구】_ 이문화

도혜진, 「현대 중국어 '被', '讓', '叫', '給' 피동문 분석」, 영남대 석사학위논문,
2009.

민경모, 「병렬 말뭉치의 개념 및 구조에 관한 몇 문제」, 『언어사실과 관점』 제25집,
연세대학교 언어정보연구원(구 연세대학교 언어정보개발원), 2010.

박미정, 「현대중국어 사동법의 의미에 대하여-給를 중심으로-」, 『중국어문학논집』
제23집, 중국어문학연구회, 2003.

박향란, 「유형론적 관점에서 본 중국어 사동, 피동 의 기원」, 『중국언어연구』 제41
집, 한국중국언어학회, 2012.

유현경·황은하, 「병렬 말뭉치 구축과 응용」, 『언어사실과 관점』 제25집, 연세대학
교 언어정보연구원(구 연세대학교 언어정보개발원), 2010.

이상억, 『국어의 사동·피동 구문 연구』, 집문당, 1999.

이윤옥, 『현대 중국어 피동문의 통사구조』, 창문, 2005.

신자영, 「병렬 코퍼스 및 학습자 코퍼스를 이용한 중간언어 연구 방법론」, 『언어정
보와 사전 편찬』 제25, 연세대학교 언어정보연구원(구 연세대학교 언어
정보개발원), 2010.

장효만, 「試論漢語表致使義的"讓"字結構及其對應的韓語表達」, 『중국언어연구』제

46집, 한국중국언어학회, 2013.

최길림, 「한국어와 중국어 사동문의 대조 연구」, 연세대 석사학위논문, 2007.

최 영, 「한국어와 중국어 피동문의 대조 연구」, 연세대 석사학위논문, 2008.

최현배, 『우리말본』, 정음사 출판부, 1961.

## 【말뭉치기반 한·중 분류사와 수사의 결합관계 연구】_유정정

곽지영, 「외국인을 위한 한국어 어휘 교육: 무엇을 어떻게 가르칠 것인가?」, 『외국
　　어로서의 한국어 교육』 22, 연세대학교 한국어학당, 1997.

김영희, 『한국어 셈숱화 구문의 통사론』, 한국학술정보, 2006.

김한나, 「초급 한국어 어휘 교육을 위한 보조 자료 활용 방안」, 부산외국어대학교
　　석사학위논문, 2008.

석주연, 「국어 분류사의 수량화 기능에 대한 일고찰 : '붕치류' 분류사의 기능과 발
　　달을 중심으로」, 『우리말 글』 47, 우리말글학회, 2009.

신경철, 「형형 단위 명칭 고찰」, 『홍익어문』 10·11 합병호, 홍익대학교 사범대학
　　홍익어문연구회, 1992.

오상언, 「한국어 교재 분석을 통한 한국어 교육용 분류사 선정 연구」, 『언어학연구』
　　105~121, 한국중원언어학회, 2010.

우형식, 「국어 분류사의 수량화 범주 분석」, 『外大論叢』 19, 부산외국어대학교,
　　1999.

＿＿＿, 『한국어 분류사의 범주화 기능 연구』, 박이정, 2001.

유정정, 「말뭉치기반 한국어 식물성 분류사에 대한 일고찰」, 『인문과학연구』 19,
　　대구가톨릭대학교 인문과학연구소, 2013.

이남석, 「명사구의 통사적 구성에 있어 수량 단위 표현의 기능」, 『獨逸文學』 81,
　　韓國獨語獨文學會, 2002.

이연화, 「한국어 수분류사의 의미분석」, 건국대학교 대학원 석사학위논문, 2000.

정재도, 「셈숱말과 셈낱말의 어울림」, 『한글 새소식』, 한글학회, 1997.

조현용, 「어휘 중심 한국어 교육 방법 연구」, 경희대학교 박사학위논문, 2000.

邊莉娜, 「韓國語分類詞'개'和漢語量詞'个'與數詞的搭配」, 『青年文學家·語言研究』 第23期, 2012.

何傑, 『現代漢語量詞研究』(增編版), 北京語言大學出版社, 2008.

Wilkins. D. A., *Lingustics and language teaching*, Cambridge, 1972.

【현대 베트남어의 'anh, chi, em' 호칭과 한국어의 대응 표현 대조 연구】
_ 도옥루이엔

강현자, 「한국어 호칭의 특성: 사회언어학적 접근」, 『언어와 문화』 제1권 2호, 한국언어문화교육학회, 2005.

구엔민충, 「한국어와 베트남어의 호칭 대조 연구」, 인하대학교석사학위논문, 2007.

국립국어원, 『표준 언어 예절』, 국립국어원, 2011.

안경환, 「베트남어의 경어법과 문화 속성에 대한 연구」, 『이중언어학』 제21호, 이중언어학회, 2002.

연세대학교 언어정보개발연구원, 『연세 한국어 사전』, 두산동아, 2006.

전혜영, 「한국어 호칭의 교육 내용과 과제」, 『Korean 연구와 교육』 제1호, 이화여자대학교 한국어문학연구소, 2005.

정주희, 「드라마에 나타난 현대 호칭·지칭어 연구」, 국민대학교 석사학위논문, 2009.

강병주, 「한·일 친족 호칭 대조연구」, 『일본어문학』 제53권, 일본어문학회, 2011.

한국 여성 민우회, 「설문 조사로 떠나는 가족 호칭 탐방 -가족 호칭에 관한 조사」, 『한국 여성 민우회』 2007년 제1호, 한국 여성 민우회, 2007.

허철구, 『언어 예절, 한국어 연수 교재』, 국립국어연구원, 2001.

황나보영, 「현대국어 호칭의 사회언어학적 연구」, 서울대학교 석사학위논문, 1993.

Bui Minh Toan, *Tu trong hoat dong giao tiep tieng Viet*, NXB Giao duc, 1999.

Dinh Lan Huong, 「호칭에 반영된 한·베 문화 비교 연구」, 『베트남연구』 제11권,

한국베트남학회, 2011.

Pham Quang Vinh, 「한국어-베트남어의 인칭대명사 비교 연구」, 동의대학교 석
    사학위논문, 2002.

Tran Ngoc Them, *Co so van hoa Viet Nam*, NXB Giao Duc, 1999.

Viện ngôn ngữ học, *Từ điển tiếng Việt*, NXB Khoa học Xã hội, 2010.

# 찾아보기

## 저자소개

**강현화**
연세대학교 국어국문학과 교수

**도 옥 루이엔**
연세대학교 국어국문학과 박사과정 수료

**박효훈**
연세대학교 국어국문학과 박사과정 수료

**서세정**
시마네현립대학교 강사

**원미진**
연세대학교 국어국문학과 조교수

**유정정**
중국 상무인서관 편집부 책임편집자

**이문화**
남서울대학교 교양과정부 조교수

**이윤진**
연세대학교 국어국문학과 BK21플러스사업단 박사후연구원

**장채린**
이화여자대학교 언어교육원 한국어교육부 강사

**최수정**
연세대학교 국어국문학과 박사과정

**한승규**
연세대학교 국어국문학과 박사과정 수료

**황은하**
연세대학교 국어국문학과 박사과정 수료

한국 언어·문학·문화 총서 **2**

## 효율적 한국어 교수를 위한 자료 기반 연구

2015년 7월 31일 초판 1쇄 펴냄

**지은이** 강현화 외
**펴낸이** 김흥국
**펴낸곳** 도서출판 보고사

**책임편집** 이유나
**표지디자인** 이유나

**등록** 1990년 12월 13일 제6-0429호
**주소** 서울특별시 성북구 보문동7가 11번지 2층
**전화** 922-5120~1(편집), 922-2246(영업)
**팩스** 922-6990
**메일** kanapub3@naver.com
http://www.bogosabooks.co.kr

ISBN 979-11-5516-426-6 94710
      979-11-5516-424-2 94080(세트)
ⓒ 강현화 외, 2015

정가 26,000원
사전 동의 없는 무단 전재 및 복제를 금합니다.
잘못 만들어진 책은 바꾸어 드립니다.

이 도서의 국립중앙도서관 출판예정도서목록(CIP)은 서지정보유통지원시스템 홈페이지
(http://seoji.nl.go.kr)와 국가자료공동목록시스템(http://www.nl.go.kr/kolisnet)에서 이
용하실 수 있습니다.(CIP제어번호 : CIP2015018368)